김수현 드라마 전집

김수현 드라마 전집

08

완전한 사랑 1

솔

1. 대사 문장에는 띄어쓰기 원칙을 적용하지 않았다.

가장 먼저, 김수현 극본의 대사에는 마치 악보처럼 리듬이 존재한다는 것을 알면 이해가 한층 쉬워진다. 대사의 리듬과 더불어 대사의 타이밍, 대사의 전환점, 호흡의 완급, 감정선의 절제 또는 연장 등이 대본 자체에서 표현되고 있다. 따라서 문법적 원칙보다 대사의 리듬, 장단이 우선하는 이유로 띄어쓰기 원칙은 간혹 무시되고 있으며 이러한 작가의 의도를 손상시키지 않기 위해 띄어쓰기 문법을 적용시키지 않고 원본 그대로 실었다.

2. 대사에는 맞춤법을 적용하지 않은 경우가 적지 않다.

김수현 극작품의 대사는 구어체에 가까운 것으로 한글, 곧 '소리 나는 대로 읽기-쓰기'에 충실하다. 사투리가 대사에 적용될 때, 캐릭터의 어투나 억양을 강조하기 위한 수단으로 쓰일 때에도 그러하다. 곧 모든 대사의 바탕은 실제 생활 속 일상 언어의 발성이며, 때문에 공식적인 맞춤법이 적용되지 않은 경우가 많다. 외래어 또한 대부분 표기법을 적용해 사용하지 않았고, 문장부호의 사용 또한 일부 맞춤법을 적용하지 않았다.

> 예) "가께 오빠"("갈게 오빠") "늘구지 마세요 선생님"("늘리지 마세요 선생님") "택시 타구 갈께요"("택시 타고 갈게요") "어뜩해. 들으셨어요?"("어떡해. 들으셨어요?") "잔소리 피할려 그러지."("잔소리 피하려 그러지.") "친구 잘못 사겨 착한 내 아들 버렸다는 거랑 같아"("친구 잘못 사귀어 착한 내 아들…") "납쁜 자식"("나쁜 자식") "이제 여덜시야"("이제 여덟 시야") "키이"("키key")

마침표(.)를 넣지 않은 대사 문장에 대해
마침표의 유무에 따라 호흡과 말투, 대사와 대사와의 연결, 뉘앙스에서 차이가 있음을 지시하는 것으로 원본 그대로 실었다.

3. 의성어 및 의태어의 사용은 김수현 작가만의 언어를 반영하여 최대한 수정하지 않은 원문을 싣거나, 부분 삭제하였다.

> 예) '식닥식닥'(화나거나 흥분해 가만히 있지 못 하고 숨을 헐떡거리는 상태), '채뜰 듯'(낚아채서 빠르게 들어 올리는 모양)

4. 작품에 쓰인 용어의 설명은 다음과 같다.

S#: S: Scene의 약자. / #: Number를 의미하는 기호.

E: Effect의 약자.
E는 여러 쓰임새가 있다. 이번 전집에서는 대체로 다음 두 가지로 쓰인다.
> ① 화면상에서 A의 얼굴 위로 B의 목소리를 나오게 할 때
> ② 특별한 음향효과를 지시할 때
> 이번 전집에서는 ①에서처럼 화면 연출상의 기법을 위한 경우로 쓰일 경우에는 전후 문맥상 반드시 필요한 경우를 제외하고 부분 생략하였다. 그러나 ②에서처럼 전화벨이나 음향효과를 위한 장면에서는 원문 그대로 E라고 표기하였다.

> 예) E 전화벨 울리고 있고 / E 볼륨 줄여놓은 피아노 연주곡.

F: Filter의 약자.
이것은 예를 들면 A와 B가 통화를 할 때, A가 화면에 나와 있는 상태에서 B의 전화 목소리를 들려줘야 하는 경우, 상대방의 목소리를 전화 저편에서 말하는 것처럼 들리게 하는 음향적 효과를 지시하는 부호이다.

오버랩: Overlap.
앞의 장면과 뒤에 연결되는 장면이 겹쳐지며 다음 화면으로 넘어가게 할 때 쓰는 부호이다. 대본에서의 오버랩은 앞 사람의 대사가 끝나기 전에 다음 사람의 대사를 겹쳐서 말하게 할 때 주로 쓰이고 있다.

인서트: Insert.
일련의 화면에 글자나 필름을 삽입하는 것을 뜻한다. 이 대본에서는 대부분의 경우 이 지시 사항은 생략되었고, 건물의 외경이나 풍경 등의 씬을 삽입할 때 주로 쓰였다.

디졸브: Dissolve.
한 화면의 밀도가 점점 감소되어 사라짐과 동시에 점차 다른 화면의 밀도가 높아져 나타나는 장면 전환 기법 중 하나. 대본에서의 디졸브는 시간이나 장소의 변화를 보여주기 위해 사용되었다.

페이드 인: Fade in.
영상이 검정색 상태에서 다음 이미지가 점차 선명하게 나타나는 장면 전환 효과를 말하는 것으로 대본에서는 'F.I'로 표기했다.

페이드 아웃: Fade out.
화면이 어두워져 완전히 꺼지는 상태. 장면의 전환, 또는 시간을 건너뛸 때 주로 쓰인다. 대본에서는 'F.O'로 표기했다.

스니크 인: Sneak in.
해설이나 대사 등이 진행되고 있는 사이에 음악이나 효과음을 서서히 삽입시키면서 점점 확대해가는 오디오 연출 용어이다.

5. 기호와 지시문에 대한 설명은 다음과 같다.

/ : 대사 속의 / 부호와 지문 속의 / 부호가 있다.

① 대사 속의 / 부호

대사 도중에 나오는 / 부호는 말투, 억양을 바꿀 때, 텀term 혹은 호흡을 지시 할 때 쓰인다. 그 길이는 길 수도, 짧을 수도 있으며 바로 전 대사의 호흡을 끊고 바로 다음 대사로 빠르게 연결해야 할 때도 쓰인다.

예) **수정**   (일어나 아들 앞으로 가 서며)너 어떻게/어디 아파? 돌았어?

② 지문 속의 / 부호

연출할 화면을 나열, 혹은 순서대로 지시하는 부호이다.

예) **서연**   ???(허둥지둥 다른 손으로 무릎에 놓은 가방 휘저으며 전화 찾는/도저히 전화가 손에 안 잡힌다/브러시질 멈추고 아예 가방 내용물을 무릎에 몽땅 쏟아버린다/지갑 수첩 필통 손수건 콤팩트 립스틱 선글라스 두통약병 등등/그러나 전화는 없다/설마 하는 얼굴로 내용물들 다시 손으로 움직이며 체크/역시 없다)

③ 지문과 대사 속의 //

/ 부호를 겹쳐 사용한 것은 대사와 지문 모두 호흡을 위해 그대로 표기하였다. 행동이나 대사를 완전히 끊고 마무리할 때 사용되었다.

예) 지문: (대화 시작되고 유창하게 응답하는 이모//매일 전화로 학습시키는 영어 회화)

대사: ⋯그럼 // 충격받을 준비해.

( ): 배우의 연기에 대한 지시 사항.

[ ]: 작중 정황을 지시하는 지문.
설정, 행동, 환경, 동선 등을 지시하는 부호이다.

…: 말줄임표
    ① 대사의 말줄임표: 배우의 대사에서의 감정선에 따른 호흡의 길이를 지시하는 부호.
    ② S#의 말줄임표: 도입되는 장면에 대한 연출의 길이를 조절하라는 뜻이다.
    ③ [ ]의 말줄임표: 해당 장면에 대한 추가 연출이 필요하다는 뜻으로 쓰인다.

(오버랩의 기분): 오버랩처럼 대사가 완전히 겹치지 않고 앞 대사가 마무리될 때쯤 대사를 시작하는 것을 말한다.

    예) **이여사**   글쎄 기분 나쁜 이유가
       영주   (오버랩의 기분)엄마 내가 말하구 싶지 않은 거 그래서 알아
   내본 적 있수?

(에서): 장면의 마지막 대사 뒤에 붙여 대사 후 화면이 바로 전환됨을 나타낸다. 간혹 대사 후 바로 화면 전환을 하지 않고 그대로 두어 여운을 줄 때도 사용한다.

    예) **채린**   어머니 꿈꾸셨어요?(에서)
    S# 준모의 침실

6. 배우의 연기나 대사, 작중 정황 등 대본의 서술과 실제 방영된 드라마 방송분이 다를 경우 대본을 우선으로 한다.

주요 인물

하영애 37세. 시우의 아내.
박시우 34세. 영애의 남편.
문지나 34세. 시우의 친구.
홍승조 34세. 시우의 친구.

영애네 가족

엄마 영애의 어머니.
나경자 영애의 이모.
하정호 영애의 남동생.
박은혜 영애 부부의 딸.
박준서 영애 부부의 아들. 은혜의 남동생.

시우네 가족

박(박회장) 68세. 시우의 아버지.
장(장여사) 65세. 시우의 어머니.
박재우 시우의 형.
정원 재우의 아내.
박연우 시우의 누나.
허(허서방) 연우의 남편.
허미주 연우 부부의 딸.

소정네 가족

소정모   소정과 유정의 어머니.

소정   정호의 아내.

유정   소정의 여동생.

차례

제1회

S# **신축 아파트촌 전경(새벽)**

E 그 위에 알람 운다.

S# **부부의 거실**

E 어두운 거실에 알람 연결되면서 짧게/ 바로 침실로

S# **침실**

[영애의 손이 알람을 끄면서]

영애   여보 일어나. 일어나야 해..

시우   …

영애   (상체 일으켜 사이드 테이블의 핀 집어 머리 아무렇게나 틀어 집게
핀으로 집으며)얼르은?……(그래도 기척 없자 돌아보며) 으으응? 여보
….박시우…(잠깐 더 기다려주다가).. 시우야 여러 말 시키지 말구.(좀 강
력하게)얼르은..

시우   (오버랩의 기분으로 벌떡 일어나 앉아서 잠깐 있다가 별안간 영애
쓰러트리며 시트로 뒤집어씌운다)

영애   (밀어내려 하며)어어? 안돼. 하지 마아..왜 이래애.. 이럴 새 없어

어어.

시우 (상관없고)

영애 아이 참 하지 마아아.. (벌컥 심하게 밀어내고 시트 벗겨내며)늙은이 근력부쳐 못살겠어 진짜아. (침대 내려서려)

시우 (오버랩의 기분/잽싸게 옷 잡아끌면서)할머니 할머니/ 할머니는 그냥 가만히만 있음 돼.

영애 (옷 잡은 시우 팔 잡아 떼려 하면서)나 파김치야아. 진짜 너무 한다아아..(너무한다아 하는 영애의 입을 막아 쓰러트린다)

영애 (시우 밀어내려 얼굴 피하며 애쓰면서)하지 마아..하지마 하지 마아아아...

S# 새벽 5시 근처의 거리/

[아직 한산하다/ 달리고 있는 시우네 자동차. 가장 작은 소형 승용차·· 그 위에]

영애 E 오늘두 화장실 해결 안해주면 나 뒤집어 엎을 거야.

S# 차 안

시우 (운전하며)놔둬. 차례오면 해줘.

영애 교양 있는 척하면 빨리 안 해준대. 목청 큰 집 순서라는데 뭘.

시우 그런 게 어딨어.

영애 (그런 게 있대) 날마다 사무실 처 들어가 거품 뿜은 집은 벌써 예엣날에 다 끝났대.

시우 날마다 사무실 처 들어와 거품 뿜는 아줌마들/진짜 오백년 재수야.

영애 어차피 오백년 재순데 뭘.

시우 (힐끗 보고 그만둔다)

14

영애　(괜한 말 했다/변명하듯)안 내려가는 변기 에이에스는 영순위 래야 하는 거 아냐?

시우　실언했어 미안해.

영애　나두……좀 알아봐라 박시우. 우리 아파트 쪽에 혹시 자기 후배 나 선배 있는가.

시우　알아봤는데 없어.

영애　진짜 알아보구 없다는 거야 그냥 입막음이야.

시우　진짜야아아‥

S#　고급 주택가 시우 친가 대문 앞‥전경(새벽)

　　　[시우의 자동차 와서 멎는다‥]

　　　[대기 중이던 정원사 문 열고 나온다.]

　　　[시우와 영애 동시에 같이 내리면서 정원사에게 인사 닦고⋯]

시우　이리 내‥

영애　(망고 한 박스 시우에게)

　　　[대문으로 들어가는 두 사람]

S#　정원에서 집 건물로 움직이는 두 사람

시우　(문득 영애 돌아보고 과일 보자기 왼손으로 옮겨들고 영애 어깨에 팔 두른다)

영애　(잠깐 돌아보며 피식 웃는다)

시우　무리했나봐. 다리에 힘이 없어

영애　(째지게 흘긴다)

시우　(소리 조금 내어 웃는데)

재우　(집에서 나와 서며)어서 와라/어서 오세요. 제수씨 (환영하는데 어 쩐지 소리가 죽었다)

영애   안녕하세요..아주버님.

재우   예에..안녕하세요/

시우   아버지요..(일어났나 어디 있나)

재우   (집 돌아보며)일어나셨을 시간이지...아직 나오시지는 않으셨어..

S# 현관과 거실

　　　[재우 앞서고 시우와 영애 들어선다..]

재우   (과일 박스 시우에게서 빼내며) 뭐냐.

시우   (아내 돌아본다)

영애   망고 좀 샀어요..

재우   (웃으며)내가 좋아하는 건데..인사 드려....(부모에게)

시우   예..

　　　[둘 안방으로 움직이는데]

박회장   (불쑥 나오다 두 사람 보고 멈춘다)

영애   (철렁하고 그래도/목례)

박   (영애 보며)

영애   (얼른 시선 내리고)

시우   (영애와 함께 목례하며)즈이들 왔습니다 아버님.

박   (재우에게 다짜고짜)누가 불렀냐.(언성은 높일 필요 없습니다)

재우   어어어머님 생신이잖아요..

박   누가 불렀냐 말야.(일갈)

시우   즈이들이 왔어요 아버지..

박   (오버랩의 기분)너 ..가..(영애)

둘   ....

재우   .....(늘 하는 짓이다)..

16

박   말이 말 같지 않아? 내가 죽어두 너 오지 말랬잖아. 좋은 말 할

       때 가.

박   (서재 앞에서 뒤돌아보며 다시 시작)생일 밥 체해. 얼른 가..

시우   아버지(한바탕하려고)

박   (오버랩의 기분) 빨리 몰아내 이 자식아!!(재우에게)

재우   아버님 저기/

박   오백년 재수 몰아내 빨리!!

재우   ....(어정쩡)

시우   ..(입 꾹 다물고)

영애   ...(눈 내리고/)

박   (서재로 아웃)

영애   ....(시아버지 들어가자 남편 돌아본다)

시우   (인상 벅 그으며 서재로)

영애   (남편 한 팔 급히 잡는다)

시우   (모질게 뿌리치고 움직이려)

재우   (질겁해서 잡아 다른 쪽으로 끌며)야 참어참어..

시우   혀엉.(참기 어렵다)

재우   (달래듯)참어 시우야 참어 니가 참어..참어참어..제발 참어 엉?

       ...(아우 등 떠밀 듯 안방으로 움직이며)오세요 오세요 제수씨(소리 죽여)

재우   (노크 하려다가 새어나오는 불경 소리에 노크 그만두고 그냥 살며시

       방문 연다)

S# 안방

재우   (들어선다)

       [시우의 두 아이 바닥 이부자리에 아직도 자고 있고/]

장여사 (불경 외면서 돌아본다/멈추지 말기를/)

재우 시우내외 왔어요‥

장 (불경은 계속)

  [들어서는 시우 내외‥]

시우 (들어서면서)즈이들 왔어요 어머니‥(영애는 목례)

장 (들었는지 말었는지 불경 여전히 소리내어)

S# 시우 본가 주방‥

정원 (송이버섯과 대파 소고기 길게 자른 것을 번갈아 꼬치에 끼는 중이
  다. 영애도 함께.)

  [가정부는 설설 끓고 있는 소고기 미역국에서 거품을 걷어내는 중이고]

정원 (화면 시작과 동시에)무리하지 말구 천천히 해‥ 이사 한번 하면
  꼬박 두 달은 지나야 살던 집처럼 편해진다더라. ‥‥(안 보면서 나
  지막히 조용조용)

영애 (역시 안 보면서 산적 꿰면서/작은 소리로)아직두 멀었어요. 옷
  장 정리두 다 못했는걸요, 구석구석 청소가 장난이 아니에요‥보름
  동안 청소만 한 거 같아요.

정원 사람 안 쓰구 혼자 다 했어?(잠깐 보며)

영애 (피식 웃으며)네‥

정원 아휴우‥‥ 하긴 그렇게 지독했으니까 목돈 만들어 집 샀겠지만

영애 (그냥 혼자 웃고)

정원 (잠깐 부엌 시계 보고)아주머니 나물 물 좀 한번 더 바꿔 주세요‥‥

여자 예에‥‥

영애 ‥‥‥(문득)우리 애들 너무 치대죠 형님‥

정원 치대기는/너무 잘하구 있어‥세수하구 나면 세면기까지 닦아

18

놓구 나와. 그러는 거랬다면서?

영애 혼자서는 라면으루 때워두 그만인데 애들 있으면 애들 일이 또 한 보따리잖아요··애들 맡아줘서 얼마나 도움됐는지 몰라요··

정원 애들 덕에 우리두 잘 지냈어··오늘은 그이가 풀장 데리구 가기루 했어···

영애 네에··

정원 ····(작은 소리로)요즘 ··· 많이 불편하시대···· 쇼핑 몰 오픈 준비두 순조롭지 않은 거 같구/ 대구 아파트 공사장 /며칠 전에 인사사고 났잖아··

영애 (보는)···

정원 합의가 잘 안되나봐····게다가 인허가에 무슨 불법한 게 있다구 누군가 투서를 했다구두 하구··아직 신문에는 안났는데 조사받나봐···계속 저기압이시라 안 그래두 걱정했더니

영애 괜찮아요··저 도통한지 오래돼요···

정원 (잠깐 안됐어서 보고 나서 손 움직이며)그런데 이상하시지? 애들은 싫다 안하신다?

영애 ·····

정원 이번에는 말두 거시두 대답두 하시구 잘 대하셔.

영애 ······

가정부 (나물 손으로 짜면서/오버랩의 기분)이번 나물은 잘못 들어왔어··

정원 (돌아보며)좀 억세죠··아주머니.

S# 이 층 거실

재우 야 워낙 출중하신 분이니 누구 하나 맘에 드는 사람 있니? 모

두들 아침 저녁으루 허벅지게 깨지는데 전무구 상무구 멀쩡한 양
반들이 정신을 못 차린다 그냥..매일이 살얼음판야.. 완전히 꼭대
기까지 오르셨어.

시우　……(화난 것 삭이는 중/안 보는 채)

재우　그래서 말인데 너 백기 들구 투항해…

시우　(보는)

재우　모든 거 다 잘못했으니 용서해 주세요 아버지한테 들어와.

시우　….(그냥 보는)

재우　아버지 입장에서 한번 생각해봐. 너 임마 말두 못하게 패씸한
높야..

시우　알아요 그렇지만 어제 그저께 일두 아니구 아직두 애들 엄마
한테 하시는 거 봐요…

재우　야 그거야

시우　(오버랩의 기분)나는 여기 오기 진짜 싫어요. 그래두 오는 건 순
전히 저 사람 때문이에요.. 도리는 도리라구../ 곰팡내 팍팍 풍겨요
저 사람.

재우　(웃으며)야 원래 선생이었잖아..선생이 제대루 가르쳐야지 그
래.. 맞어 그래 그게 원칙이지. 어디까지나 도리는 도리야. 맞는 말야..

시우　….

재우　그런데 /아버지두 이제 늙으셨어…너 들어와.

시우　들어오란 말씀두 없는데 어떻게

재우　(오버랩의 기분)아버님이 먼저 들어 와라는 죽어두 안 하실 분
야. 너 몰라?

시우　….

재우 ……니가 굽히구 들어와야 하는데 안 그러니까 더구나 괘씸죄
가 자꾸만 가중되는 거야.

시우 (안 보는 채)형이 오바하는 걸 거에요‥ 굽힌다구 받아주시지두
않으실 거에요‥

재우 아냐 많이 힘들어하셔./나는 변변치 못해서 별 도움이 안 되
구 어차피 결국은 니가 해야 할 일인데 내 아버지 회사 놔두구 남
의 회사 월급쟁이 웃기잖어,

시우 나는 편해요…

재우 (보며)……

S# 거실

연우 (들어선다)……(주방으로)

S# 주방

　　[아침 준비 중인 정원/ 영애/ 아줌마.]

연우 (들어온다)

정원 애기씨 오셨어요?…

연우 커피 줘요‥ 블루마운틴으루 해줘요.(해놓고 나가려다 되돌아보
며)나 안보여?

영애 오셨어요?

연우 뭐 어마어마한 저택 사서 이사했어? 무슨 집 정리가 그렇게 오
래 걸려?

영애 어지간히 끝나가요‥

연우 애들 언제 데려갈 거야. 어제까지 안 데려갔던데…

정원 (원두 꺼내들고 돌아보며)오늘 수영하구 수족관 구경하구 집에
가요‥‥

연우 애들 여기 보내 풀어놓는 거/노인네들 세뇌시키기 작전 아냐?

영애 (그저 연우 보고)

연우 애들 앞세워 어떻게 해 보구 싶어?

정원 (웃으며)애기씨는

연우 (오버랩의 기분)근데 애들이 왜 커가면서 점점 못생겨져? 상놈
자식이 그렇다면서?

영애 (안 보는 채)글쎄요 상놈 자식인가부죠··

연우 ??뭐?

정원 애기씨.

연우 (째려보다가 횡하니 나간다)

영애 ····(그냥 조용히 움직인다)

정원 (잠깐 영애 보는)···

S# 안방

영애 (무릎 꿇고 앉아서 방바닥 물걸레질하고 있다)····

S# 식당

[식사 중인 노부부와 은혜 준서와 재우 시우. 연우.]

[박회장이 압도하는 분위기로 숨이 막힐 것 같이 무거운데/]

박 변서방/어디/어딜 갔어?

연우 상해요 ······(반응 없자)아버님이 급히 호출하셔서 어제 아침에
갔어요··

박 무슨 일루.

연우 그건 몰라요··

재우 미주는

연우 (오버랩의 기분)섬머스쿨 아직 안 끝났지 오빠··

재우   내내 말이 그 말야..(하며 아버지 눈치 보는)

장여사   (아무 상관없이 평온하게 아이들 앞으로 반찬 옮겨 주기도 하고)

재우   (제일 얼어서 아버지 눈치 봐가며 더듬더듬 먹고 있고)

시우   (좀 화가 난 채 먹고 있다)·····

박   집을 샀어?(풀쑥)

시우   ···(잠깐 보고 시선 내리며)네··

박   몇 평 짜리야.(풀쑥)

연우   서른 여덟 평짜리라네요?

박   얼마짜린데···

시우   평당 칠백입니다.

박   돈이 어딨어서··

재우   제제수씨두 계속 벌었잖아요 아버님··

박   (아내 쪽으로 고개 돌리며)임자가 줬어?

장   ······

연우   엄마가 보태줬니?

시우   ······(들은 척도 않고)

연우   귀 먹었니?

장   밥 먹어··

연우   (그만두고)····

　　[다시 숨막히는 침묵]

재우   어 참/하하 준서랑 은혜/ 할아버지께 오늘 집에 간다구 안녕히
　　계세요 인사 드려.

은혜   할아버지 저희 오늘 집에 갈거에요···

박   (대꾸 없자)

은혜   (할머니 본다)

장   그래 알었다‥‥곧 개학인데 숙제 정리두 하구 그래야지 응?

은혜   네에‥ 준서야 (인사하라는 눈짓)

준서   할아버지 우리 집요 엄마가 사셨어요‥

재우   ??(좀 당황해서 아버지 보고 준서 보고 하는데)

준서   (계속한다)아빠 월급은 우리 먹구 사는 데 쓰고요 엄마가 번 거
        는 전부다 저금해서 집 샀어요‥‥

시우   준서야‥(하지 마)

준서   (아빠 본다)

시우   인사드려‥

준서   (노인들 잠깐 보고)할아버지 할머니 안녕히 계세요.(식탁에 코 박
        는 절하면서)

장   오냐 집에 가두 큰어머니한테 전화 자주 하구 그래라.

은혜   네에.

박   쩟.

장   (영감 돌아본다)

박   지 자식은 못 낳구 / /

재우   (어쩔 줄 모르고)

장   (못마땅해서 영감 보는)

시우   (그저 먹는다)‥‥

S# 안방

박   (양말 신으며)오백년 재수 없는 것/.

장   나무 관세음 보살…

박   (일어나 장여사가 들고 있는 상의 팔 꿰면서)질겨빠진 거 같으니

24

라구…

장　나무 관세음보살‥

박　쇠심줄 같은 것.

장　누구두 못지 않아요‥‥

박　뭐야? (돌아본다)

S# 거실

[박회장 출근하는 것 배웅하려 나와 서 있는 큰아들 내외 시우와 영애/ 준서, 은혜, 연우.]

시우　(작은 소리로)수영복은 갖구 왔어? (두 아이 양쪽에 하나씩 아빠 손잡고 있고)

은혜　엉 큰어머니가 어제 사주셨어…

시우　집에 있는데 또 샀어?

은혜　수영복두 유행이 있어 아빠.

재우　하하 자식. 하하(은혜 만지며 괜히 이뻐서)

연우　뭐가 될려구 벌써 유행 밝히냐?

영애　애들이 커서 안 그래두 바꿔줄 참이었어요‥(하는데)

[박회장 내외 안방에서 나온다]

박　(두어 걸음 움직이다가)너 가라는데 왜 아직 안 가구 있어.

재우　아버지‥(한 걸음 나서는데)

박　(그대로 조인트 까고 손바닥으로 머리 갈기고 하면서)이눔으 자 식/애비 말이 개코냐? 개코야? 개코야? 개코냐? (하는데)

장　(오버랩의 기분)아미타불아미타불 아미타아부울!!!(버럭)

박　??(아내 돌아보고 슬그머니 그냥 현관으로)

정원　(얼른 구두 내놓고)

박   (나가고)…

재우   (허둥지둥 따라 나가며)야 시우야 나와 나와..(하며)

시우   (그냥 섰고)

정원   (나간다)

두 아이   (엄마 옆으로 바싹 붙어 있다가)

준서   (갑자기)이이이이잉 (서럽게 큰 소리로 울음 터트리며)

영애   (두 아이 어깨 싸안고)

은혜   울지 마..바보야..

시우   (환장하겠으며 엄마 돌아보는데)

장   (자기 방으로 이미 움직이고 있다)

준서   집에 갈래. 집에 갈래 씨이이이 앙앙

영애   뚝 울지마. 그만/…뚝…뚝/(하며 주방 쪽으로 아이 데리고/ 은혜
        도 엄마 옷자락 잡고 따르는데)

연우   (이 층으로 움직이며)가라 누가 겁나니?

시우   (인상 북 누나 쪽으로)

연우   (올라가며)니 엄마가 할아버지한테서 니 아빨 훔쳐갔단 말야…

시우   (버럭 오버랩의 기분)애한테 무슨 소리야!!

연우   (돌아보며)왜? 애들한테 노인네만 이유 없는 악당 만들구 싶니?

시우   (노려보는)

연우   애 하나두 안 무서워. 힘 빼 이 빙충아. 엉? (하고 움직이고)

시우   …..(쥐어 패버리고 싶지만)….

S# 안방..

영애   (시우와 들어와 서서/)…..가요…..

장   (두 무릎 아래 두 손 찔러 넣고 눈 내리깔고)……가라..

26

시우 어머니..

장 (오버랩의 기분)하지 마라..무슨 얘기를 하겠다구…당하는 느이들이나 그러시는 양반이나 그걸 봐야하는 우리나….모두다 업인걸..

시우 어떻게 구경만 하세요.. 어머니 기도는 무엇을 위한 기도에요.

장 (아들 보며 차분하게)시비 걸지 말어.. 니들이 뿌린 씨야….

시우 (잠시 보다가 김새서 돌아선다)갑시다..(나가고)

영애 ….(장 잠시 더 보다가 목례하고 나간다)

장 …..(그대로 잠시 있다가…사경 시작할 차비 하는데)

연우 (들어와서 풀썩 앉으며)나 이혼하구 싶어요……

장 ?(보는)

연우 도오저히 더 이상은 도저히 못살겠다구요..이건 어떻게 된 게 딴 년 없이는 단 육개월을 못견디니 구역질이 나서 진짜 더 이상은 못참겠다구.

장 ….(그냥 물끄러미 보며)

연우 이젠 아주 뻔뻔하기가 송판대기라구.. 뭐라는지 알어요? 니 어머니두 참구 살구 즈 어머니두 참구 사는데 너는 뭐가 잘나서 못참느내애..

장 …(딸에게서 시선 거두고 붓 집어 드는데)

연우 …….(한동안 보다가)아버지 요새 이태원 새끼 마담한테 빌라 사 주구 벤츠 뽑아줬대요…

장 (먹물 통에 넣으려던 붓 든 손 멈춘다)

연우 그 마담/허 서방 친구한테서 아버지루 갈아탔대요..허서방이 한 소리니까 틀림없어……

장 (조용히)나가서 비누루 입닦구 늬 집에 가‥그런 드런 소리 말구

　　니 남편 단속이나 제대루 해‥ 그런 뜬소문에 휘둘렸으면 니 에미 벌

　　써 옛날에 백골이 진토됐어‥ (하고 붓 먹물 통에 넣는데 먹물 통이 쓰러

　　져 버린다)‥‥(먹물 보며)…

연우 그렇게 우기면 우겨지는 거유?‥ 어이구 참 엄마는…(하고 닦으려

　　달려드는데)

장 (딸 손 탁 쳐서 치워버린다)‥‥

연우 ???(엄마 보며)

S# 박회장 대문 앞‥

　　[배웅 나와 있는 두 아이…‥입이 열댓 발 나와 있다‥]

　　[재우와 정원‥]

영애 (준서 머리 만져주며)심통 부리지 말구 입 들이 밀어.응? …빨리이‥

　　(좀 보다가)어이구우…여기다(준서 나온 입 집게와 엄지로 잡으며)엄마

　　옷두 걸겠네.

시우 거기 아빠 바지두 같이 걸어두 되겠다.(준서 엄마 손 떼어낸다)

재우 (괜히)하하하하.

영애 웃는 얼굴루 얼른 빠이 해줘. 그래야 아빠 기분 좋게 출근해서

　　우리 위해 열심히 일하시지이‥

정원 그래 준서야 응? 우리 준서는 멋있잖아아 그치?

준서 (대답 대신 영애 허리 안으며 얼굴 퍽 묻어버린다)

영애 …(잠깐 속상하고)

S# 달리는 시우 자동차 안

　　[둘 다 아무 말 없이………]

시우 ‥‥‥(운전하며)

영애　……(묵묵히 앞 보며)

시우　……(힐끗 아내 돌아본다)

영애　……(모르는 척)

시우　……..여보야..

영애　(오버랩의 기분)됐어. 굳은 살 백힐대루 백혔는데 뭐. 진짜 쫓겨 난 거는 한두 번이냐? 작년 추석 때두 쫓겨났었잖아……

시우　……

영애　(약간 가벼워지며 남편 잠깐 돌아보고)형님은 요새 바깥 일이 잘 안 풀리셔 그러신다는데 무슨/…(조금 더 가볍게)내키시는대루잖 어. 어느 날은 보구두 못보신 척 완전 개무시 하시구 어느 날은 또 아까처럼 그러시구..

시우　(아내 기색에 같이 가벼워지며)개무시가 뭐야 명색이 선생이..

영애　정식 교사 아니구 깡패 과외선생이라 괜찮아……(사이 좀 두었 다가)돌아가실 때까지 그러실 거야. 아무리 그러셔두 내가 안 아프 면 그만야. 쿡쿡쿡 이제는 아버님 귀여워질려구 해…

시우　??(돌아보는)

영애　애들이 몇 살야. 그래두 상관없이 아직 여전히 나는 니가 싫어 팔짝팔짝 뛰겠다 싱싱하게 그러시는 거/참 대단히 귀여우셔. 후 후후.

시우　그만 둬 잘난 척..

영애　……(있다가—무슨 소린지 안다/반론처럼)구박받을 때마다 다쳐 서 아야야야 하면 비참하잖아..

시우　……(뿌우우)

영애　(불현듯)아아 그래두 힘나요/(한 주먹 쥐어 보이며 좀 우스꽝스럽

게)내 아들이 크구 있어요/

시우 (잠깐 보고 뿌우한 채 대꾸 없이 커브 튼다)

영애 (그러는 시우 돌아보며)...........

S# 아파트로 들어서고 있는 자동차…

S# 주차하고 있는 자동차··

S# 차 안

영애 (벨트 풀며)승조씨랑 지나씨 얘기했어?

시우 그럼.(벨트 풀며)

영애 괜찮대?

시우 엉·· 그럼·· 왜··

영애 아냐···차 갖구 가지?

시우 지하철이 편해···(하고 입 내밀고)

영애 응 그래.(가볍게 입 맞춰주고)

　　[둘 거의 동시에 내린다.]

시우 (자동차 문 잠그고 키 영애 주면서)간단히 해.

영애 복잡하게 할 기운두 없어.

시우 간다··

영애 엉.수고·····

시우 (움직이는데)

영애 (보다가)아 저기 여보/(돌아보는 시우)우리 엄마한테 전화해 드
　　리는 거

시우 (오버랩의 기분)아 그래 알았어·· 할게··

영애 (웃으며 끄덕이고)·····(남편이 저만큼 가자 돌아서 걷기 시작하며)·····
　　(착잡한 얼굴····)

30

S# 아파트 승강기

영애　·····(숫자판 올려다보며 서 있는데/ 돌연 눈에 핑글핑글 눈물이 돌아
난다/혼잣소리)어이·····시이···(왜 눈물이 나구 그래) ····(뺨으로 구르는
눈물 손끝으로 닦아낸다/닦아도 자꾸 흐르는 눈물)

S# 서울 어느 호텔 옥외 수영장

S# 붐비는 수영장 풍경 속에

[준서와 은혜 데리고 장난치며 놀고 있는 재우. 서로 물속으로 쑤셔 박
기를 한다든지 하면서··· 애 어른들로 복잡하다··]

[수영장 소음 시끄럽고]

[의자에 앉아서 재우와 아이들 쪽 바라보며 웃고 있는 정원···차분하고
우아하면서도 맑다····웃다가 더운지 잠깐 들고 있던 부채로 얼굴 부치
다가 순간]

정원　? ? ?

[물속의 준서/은혜 /재우의 귀를 양쪽에서 잡아 늘구며 물에 처박고
있다··]

재우　(아파서 비명 올리며 버둥거리고)

정원　(부채질 멈추고 소리내어 웃고 있다)····

S# 한창 입주 중인 새 아파트 단지 풍경/이삿짐 부려지고 있는/짧게/그 위에

영애　E 저기 있죠 나 아주 질이 납쁜 아줌마거든요? 지금까지 죽을
힘 다해 참구 있었는데요/

S# 영애 아파트 거실

영애　(작업복/ 틀어올려 커다란 집게 핀으로 고정한 머리 좀 흐트러져 가
닥 몇 개 내려왔는데 땀범벅이다/한 손 허리에 올려붙이고 서서)이제
도오저히 더 이상은 못참겠거든요? 다른 에이에스는 한달이구 두

달이구 밀려두 좋으니까요 (여기까지는 비교적 나긋나긋하게 하다가 갑자기 악을 써 버린다)제발 변기 파이프 먼저 좀 뚫어달라구요 오오오!!(악쓰며 허리를 반으로 꺾어 접는다)

S# 다른 고급 아파트 어떤 집 거실··

사모님 (50대쯤/있는 대로 올랐다)대체 언제 해줄 거야 언제 해줄 거야 어엉?!

시우 (오버랩의 기분)죄송합니다 사모님.

사모님 (오버랩의 기분)(빼액)그눔으 죄송소리루 사람 놀리지 말구 우우!!!

시우 ····

사모님 (좀 눙치듯이)아니 이사에 부장에 우루루루 몰려와 보구두 일주일인데 아직두 해결책 찾는 회의 중야?

시우 죄송합니다.

사모님 (다시 짜증)도대체가 평당 얼마짜리 아파튼데 이 모양야. 엉? 이거 천오백짜리야 천오백/이 염천에 누구 한증왔어?

시우 죄송합니다.

사모님 (오버랩의 기분/빼액)죄송소리 필요없어 글쎄··언제 해결 볼 꺼야··내일야 모레야.

시우 다음 주 중에는 무슨 일이 있어두 완전하게

사모님 (오버랩의 기분)다음 주 월요일야 토요일야 확실하게 해요 (단호하게)

시우 (보며)그게요 저기 사모님 인테리어 파트하구 닥트 파트하구

사모님 (오버랩의 기분)구구한 소리 생략하구/ 다음주 무슨 요일이냔 말야!!··

S# 고급 아파트 승강기에 들어 있는 시우

> [약이 올라서 아래 턱 내밀어 악문 이빨 보이면서 식닥거리며.]

시우 이구십팔 구이 십팔 삼육십팔 육삼십팔(하면서 주머니에서 핸
드폰 꺼내서)

> [진동으로 해놓았던 핸드폰/번화 확인하고 열면서 대뜸]

시우 당신 남편 지금 헐크야.

영애 F 당신 마누라두 지금 헐크야.. 전화받는 태도가 틀렸어. 나
뒤집어 엎으러 내려갈 거야..

시우 (오버랩의 기분)하지 마.

S# 영애의 거실

영애 E 할거야.

시우 F 하지 마.

영애 F (오버랩의 기분)변기 뚜껑 닫아놓구 보름이야!!

시우 F (오버랩의 기분)안 막힌 변기 있잖아! 안 해준다는 거 아닌데
좀 참아 주란 말야!!!

영애 세상에 어떻게 물두 안내려가는 파이프 위에 변길 앉히냐 말야..

S# 시우가 지은 아파트 승강기 안

시우 내가 앉힌 거 아냐.. 당신이 그 아파트 좋다 그랬잖아.. 차례 올
때까지 기다려. 암만 방방 뛰어두 업자 스케줄 안 나면 별 수 없는
거야 이 사람아·····(잠시 듣다가) 신축 아파트 에이에스가 무슨 냉장
고 티비 에이에슨 줄 알어?(하다가 기어이)왜액 왜애액/(하며 전화
끊고)

S# 영애 거실

영애 ?? (전화 끊어졌다/전화기 보며 뿌우우/또 구역질하네)

S# 이 층 승강기 앞

[승강기 문이 열리면서]

시우   (입을 막고 튀어나와 열려 있는 201호 현관으로 뛰어든다)

S# 아파트 201호

[인테리어 공사 중이다··]

지나   (상황에 따라 뭔가 지시해주세요/그러는데)

시우   (뛰어 들어오자마자 화장실로 들어가 왝왝거린다)

지나   (???/화장실 앞으로 가 선다)···

[왝왝거리며 다 토해버리는 소리.]

지나   ·····

[물 내리는 소리와 씻는 소리]

지나   ·····(기다리는데)

시우   (손수건으로 입 닦으며 나온다)어이 씨이 삼계탕 먹었는데···언제 왔니.

지나   방금··커피 줘?

시우   물 줘··(주방 쪽으로 움직이며)양쪽 뛰느라 발바닥 아프겠다··

지나   (따르면서)엉 ···실속없이 발바닥만 아파·····

시우   한 우물만 파라 엉?

S# 주방··

지나   (물 있는 곳으로)내가 승조 아양에 약하잖아·· 누가 또 토하게 만들었어?

시우   에어컨이 비행기 이착륙하는 소리라구 뻥치는 할머니. 이집저집 불려다니며 허벌나게 터지는데 우리 집사람은 그쪽 에이에스 뒤집어 엎겠다 공갈협박이지/ 환장부르스가 따루 없다···

지나 킬킬 어떻게 부부가 동시에 각각 딴 아파트에서 에이에스루 골을 썩니이? 그렇게까지 천생연분일 건 없잖아. 누구 밸 꼬이게‥ (물 따르며)

시우 (그냥 픽 웃어버리고)

지나 (물 내밀면서)근데 너 너무 자주 토하는 거 같다‥‥스트레스 앨러지 아니구 속병 나 있는 거 아냐?

시우 속병 아냐‥ (마시고 컵 내밀며)아우성들 칠 때들 됐어.

승조 E (오버랩의 기분)먼지나 있지?

지나 엉 왜.(돌아보며)

승조 (인부들에게 인사 닦으며 나타난다)805호 식당거실 칸막이 잘못 없앤 거 아냐? 산만하겠든데에‥‥어 너 한가하니?

시우 한가하긴. 일봐라.(벌써 움직이며)

둘 (적당히 대꾸하고)

지나 스트레스 앨러지/토하러 뛰어들어왔어.

승조 (빼논 커피 따르면서)토하다 볼일 다보겠다‥ 805호말야 거 칸막이 잘못 없앴어‥ 산만해.

지나 (오버랩의 기분)답답하다잖아. 나두 말렸었어.

승조 평수가 얼만데 답답해.(커피 마시면서)1001호 커텐두 별루구‥

지나 입주자께서 직접 디자인하구 고르구 우리는 제작만 했어. 전문가 말 안들어 집 망치는 표본 케이스야.

승조 우리가 한 걸루 안했으면 좋겠더라.

지나 푼돈이라두 벌어야 한다면서어어어.

승조 (픽 웃으며)701호는 쓸만하겠더라.

지나 고마워. 방배동 가구 도착했다며?

승조　엉/ 통관했대. 4시에 넣어 주기루 했어…

S# 에이에스 사무실

시우　(전화하고 있다)글쎄 드레스룸에 구멍하나 뚫어서 닥트루 나가
　　　는 바람을 드레스룸으루 분산시키는 방법 밖에 없어요 양과장…
　　　(버럭)아 빌어먹을 되지두 않는 연구에 시간낭비 말구 일단 뚫어놓
　　　구(에서 멈추고 잠시 듣다가)빌어먹을 소리 안하게 생겼어 양과장?
　　　현장에서 멱살 잡히는 건 나잖아. 처음부터 에어컨 설치업자한테
　　　닥트 공사까지 맡겼으면 이런 일 없었잖아. 있는대루 찢어발겨서
　　　는 에에이이/ 아 누가 양과장이 찢어발겼대??(옆에서 에이에스 전
　　　화 접수 받고 있던)

여직원　(기죽어서)네에‥네 잠깐만요‥(하고)과장님.

시우　??(전화 들으며 고개 여직원에게)

여직원　싱가폴 아줌마요.

시우　??(인상 쓰며)그 아줌마 왜 또오.

여직원　(난처하면서)과장님 바꾸래요‥

시우　양과장 내 다시 걸께요.(끊고 받는다)네에 박시웁니다…네‥네
　　　대리석 에이에스 다음주 수요일루 잡혀 있습니다. 네 주방가구는
　　　월요일에 나오기루 돼 있구요….네?…(듣다가)아니 저 술 못합니다
　　　사모님‥

여직원　??(해서 보고)

시우　아니 정말입니다‥전 활명수만 먹어두 취하는 체질이에요 네
　　　…네 맥주두 못합니다‥죄송합니다 사모님….네…네에‥(전화 끊으
　　　며)이 아줌마 징그럽게 왜 이러는 거야…

여직원　(킥킥거린다)

36

E (오버랩의 기분)전화벨./시우 책상에/

시우 네에 박시웁니다. 아 본부장님/..네..네 알겠습니다.(전화 끊으며/벌써 서류들 챙기며)나 본사 들어갔다 곧장 퇴근해요.

여직원 네에..

S# 영애의 거실

영애 (무릎 꿇고 앉아서 마루 열심히 닦고 있다....땀 뚝뚝 흘리며 완전히 땀에 목욕하듯)

E 주방에서 삐삐 주전자 울리고

영애 후우우우 (숨 한꺼번에 내쉬며 걸레 놓고 일어나 주방으로)

S# 주방

영애 (가스 불 끄고 인스턴트 커피 한 잔 만들어 후우후우 불면서 거실로)

S# 거실

영애 (나와서 커피 잔 탁자에 놓고 소파에 앉으며 꺼내 놓았던 땀수건으로 얼굴이며 목덜미 닦으면서 소파에 앉는다...왼손으로 수건 바꾸고 오른손으로 찻잔 집어 들다가 문득 시선에 들어온 그림이 조금 비뚤다. 찻잔 든 채 일어나 그림 바르게 만들고 두어 걸음 물러나 느긋하게 그림 보며 마신다)

S# 아파트 현관 입구..

영애 (나와서 움직이는데/샤워 말끔히 하고 머리는 디스코풍으로 땋아 놓았다.. /)

[몇 걸음 걸어나오다가 문득 몸 돌려 아파트 전체 건물을]

영애 (훑어보며 뿌듯함)...

S# 시내버스 안

[입 조금 벌어져 있고 꾸벅꾸벅 졸고 있는 영애...버스 급브레이크에 흔

들리면서 눈 번쩍 뜨는데 정류장 안내.]

E 다음 내리실 곳은 ***입니다. ***입니다.

[하마터면 지나칠 뻔했다··서둘러 정신 차리는 영애]

S# 상가 골목길

영애 (작은 케이크 상자 들고 있다 /씩씩하게 걸어 들어오며/)안녕하세
요 아주머니··

여자1 아이구 영애 오는구나.

영애 (움직이며)네에.

여자2 아파트 사서 이사했다면서?

영애 네에 . (여전히 움직이며)

[상인들에게 먼저 아는 체 하고 상인들은 적당히 대꾸해 주는데]

(어째 혼자 와./네 그렇게 됐어요 아주머니··· 이사하느라 힘들었나부
다아··얼굴이 홀쭉하다 얘··/네에··아직두 정리 멀었어요··)

S# 떡볶이집 안

영애 (들어온다)

[선풍기 돌아가는데 손님은 아무도 없다.]

경자 (라면 먹으면서)어서 오세요오··(하며 일어선다)

영애 파리 날리구 있네요?

경자 (돌아보며)우리 지금 비철이잖아··· 혼자 와?

영애 애들 형님이 데리구 수영장 갔어요··· 엄마요··

경자 들어가 봐.

영애 (안채로 움직이려다가)근데 이모 /라면 너무 자주 잡숴요·· .

경자 엉 나 라면중독이야··

S# 안채 엄마 이모의 방

엄마   (흰 인조견으로 고쟁이 박음질하고 있다··이마 만들어놓은 고쟁이 열대여섯 장에 아직 박아야 할 것 대여섯 장 정도/아주 옛날 구닥다리 발 재봉 돌리고 있다)

영애   (들어온다/한여름이니 방문은 열어놓기를)

     [발치로 바람 가게 선풍기]

엄마   (박음질에 몰두해서)····

영애   엄마?··

엄마   ??(떵한 채 돌아보고)집이나 치우지 뭐하러 와.

영애   (케이크 상자 들고 냉장고 쪽으로 움직이며)미역국은 잡쉈수?

엄마   그러엄···(바느질거리 놓고 일어나며)아그그그 좀 쉬자··

영애   뭐하는 거유?

엄마   할머니들 고쟁이 하나 씩 갈어 입힐라구··(앉으며)시댁에는.(어 떡했어)

영애   갔다왔지이··정호/ 이번에 뭐 큰 거 한다구 까불던데 뭐 해 쳤수? (엄마 쪽으로)

엄마   에어컨 논 거 못 봤어?

영애   선풍기 돌아가던데?(앉으며)

엄마   전기값 무서워 껐구나 또. (허리 두드리며)개발에 편자야. 손님 들어오면 켰다 금방 꺼 흐흐흐흐.

영애   (엄마 등 뒤로 허리 두드려주는)

엄마   육수랑 편육이랑 해 놨어. 김치두 마침맞게 익었구.

영애   네··

이모   (오버랩의 기분/들어오며)화장실은 고쳤냐?

영애   아니이. 속상해 죽겠어요 이모오··(좀 어리광스럽게)

이모 (아는 척)그거 박서방네 회사가 공사비 계산 제대루 안해서 업
      자가 애 먹이는 거야…

엄마 아는 거두 많다. 애비 아까 전화했더라‥

영애 어 안 잊어먹었네? 암말 안했는데…

이모 즈 엄마 생일이 장모생일인데 잊어먹으면 나쁜 놈이지.

영애 나쁜 놈이지이‥(하며 백에서 봉투 꺼낸다)엄마 나는 약소해‥나
      중에 잘 할게요‥

엄마 나중에 잘한다는 말 자고로 백프로 공수표더라.(이모 돌아보며)

이모 하하하

엄마 (봉투 받으며)이사하는데 거들지두 못했는데 뭘…(꺼내며)상품
      권이네‥(두 장)

영애 박서방이 만들어 왔더라구‥

엄마 너 필요한 거 사‥(내밀며)

영애 그런 게 어딨어‥ 나중에 박서방한테 뭐 샀다구 꼭 얘기해야 해.
      내가 떼먹은 줄 알면 안되니까‥

엄마 (상품권 봉투 이모 주며)잘 둬. 너머 잘 둬 못 찾지는 말구 금방 찾
      게 두라구.

이모 으하하하하(하는데)

      E 전화벨‥

이모 네에. 어 정호냐?‥‥아니 안 왔다‥

S# 소정이네 약국/

정호 안 갔어요?‥‥간다는 전화도 안 했어요?‥‥‥지금쯤 도착했을
      시간이라요‥‥‥‥아뇨 그냥 저한테 전화하라 그래 주세요 이모‥네‥
      네…더운데 갈비탕은 무슨요‥그냥 소정이 따라 나오세요‥ 그럼 돼

40

요....

S# 엄마의 방

이모 그래 알었다……응..그래…어엉..(끊는데)

엄마 소정이 찾어?

이모 우리 데리구 나갈려구 오나봐.

엄마 구찮어..

영애 (오버랩의 기분)저기 엄마…

엄마 (보고)?

영애 소정이 개 정호 짝으루 암만 생각해두 나는 별루야..(하는데)

소정 E 어머니..(오버랩의 기분)

엄마 쉬 암말 말어.. 오냐…(해놓고 중얼거리는)즈들 좋다는데 뭘..

이모 (엎드려 열린 방문 밖으로 몸 반 빼내고 내다보며)소정이 왔니?

소정 E 네에.

이모 들어와..

엄마 놔둬..아서.

소정 (들어온다/커다란 케이크 상자 하나 들고) 생일 축하..드려요..(인사는 하는데 흔쾌하지는 않다)

엄마 그래 고맙다.(함빡 웃으며)

소정 오셨어요?

영애 엉..오랜만이네?

소정 네에..

영애 그런데 어른께는 생일이 아니라 생신이라 그러는 거야..

소정 네에…

이모 (케이크 상자 빼내며)누가 먹는다구 이렇게 큰 걸 사와아.

엄마   (오버랩의 기분)먹을 사람이 왜 없어..저건 까마귀야.

이모   아아하하하…그러네…하하..

영애   앉어?

소정   네…(하고 앉으려는데 덥석 앉아지지가 않는)

영애   …(그런 소정 보며)……

S# 버스 안

영애   …(생각에 빠져)….(있다가 문득 정신 차리고 핸드폰 꺼내 번호 찍는
        다)……(작은 소리로)정호야 응 나야….엄마 에어컨 놔 췄더라?

S# 약국

정호   (조제한 약 봉지 내주면서)네.. 안녕히 가세요.. 아니에요 안 바빠
        요..(소정이 동생 유정/컴퓨터 검색하고 있는 중이다/등 뒤로 슬쩍 보
        려는)

유정   (밀어내고)

정호   (좀 밀려나며)좋아하세요?(그러엄) 나한테는 쓸데없는 돈 썼다
        구 별루 그러시더라구요…(아냐 좋아하셨어)그럼 됐어요..땀 좀 덜
        흘리셔두 되구…손님들두 그렇구요..네…한정식 집으루 갈려구요..
        네..네..(하는데 소정모 들어온다/외출에서)누나 끊어야겠어요. 네..네..
        (끊으며)많이 더우시죠..

소정모 (더워서 푸우우우하고 들어와서/소지품 놓고 우선 상의부터 벗으
        며 안 보는 채 툴툴거리는)여기가 천당인 줄 알어.. 집에 들어가 샤워
        하구 나온 거 주차장에서 여기 고 잠깐에 말짱 도루묵야…(벗은 옷과
        핸드백 들고 조제실로 들어가려다가 딸 보고)너 또 사고 칠려구 그래?

유정   사고 안쳐어..

소정모 집에 컴퓨터가 없어서 여기 꺼 건드리냐구우.

유정　집은 심심하잖아..(자판 두드리며)

소정모　한번만 더 사고쳐어?

유정　안 친다니까아?

정호　(그동안 조제실 들어가 소정모의 가운 들고 나와 내밀면서)주세요..

소정모　(돌아보고)엉..(벗은 옷과 핸드백 주고 가운 받아 입으며)그러구 쓸데없는 수다 떠는 시간에 책을 보면 좀 좋아?

유정　(화면 보며 갑자기)와하하하하하..하하하하하하 아하하하하하하(한 손으로 컴퓨터 테이블 두드리며)

소정모　???? 어이구 증말 바보 같애..(정호는 옷과 핸드백 받아들고 조제실로 들어갔다 나오고/돌아보며)소정이는/

정호　(대답하려는데)

유정　(냉큼)엄마 아이스크림 먹자아..

S# 아파트 근처 버스 정류장‥

[버스에서 보자기에 싼 보따리 들고 내리는 영애/보따리를 잡는 손‥]

영애　??(활짝 놀라고 좋아서)어떻게 알구?

시우　점 쳤지.

영애　많이 기다렸어?(아파트 쪽으로)

시우　엉/ 이십분.

영애　뭐하러어.

시우　그냥. 심심해서..

영애　더운데..

시우　어 정말 죽인다.. 장아찌여사 암만 배아파두 오늘은 에어컨 돌려야겠어.... 손님두 치르는데..

영애　아홉시쯤 오라 그럴 걸 그랬지? 그때쯤이면 견딜 만한데..

시우   어이그으/

영애   (웃는데)

　　　　[승조 자동차 옆으로 서면서]

지나   (열린 유리 밖으로)언니!

영애   ??(멈추고)어 벌써 오는 거야?

시우   야 일곱 시랬잖아‥(차 안 들여다보며)

승조   (운전대에서)사무실서 나왔는데 갈 데가 없어.

지나   영화두 볼 수 없구.

시우   나 참‥

지나   (뒷자리 손짓하며)빨리 타아‥빨리 시작하면 되지 뭐‥

시우   타자‥

영애   엉‥

S# **수족관 구경 중인 아이들과 정원 내외‥**

　　　　[자유롭게 떠들어 주세요‥ 준서는 완전히 풀렸고/]

S# **거실**

　　　　[네 사람 들어오는데/ 승조는 두루마리 화장지 엄청나게/지나는 바구
　　　　니에 와인 병과 치즈, 기타 안주 세트 포장된 것과 와인 글라스 포장된
　　　　것 들고/]

영애   (문 열고 맨 앞에 들어서면서)큰 아버지 큰어머니가 오늘까지 맡
　　　　아줘요‥어 저기 냉면해 준다 그랬는데 와인과 냉면 조합이 좀 웃
　　　　겨서 스파게티 할 거에요 승조씨.

승조   칼자루 쥔 사람 마음대로 하세요.

시우   (영애에게 보따리 넘기며)국수 내가 삶을께‥그건 내가 전문이
　　　　니까……

지나 옷부터 갈아입으시죠 두 분은··(바구니와 박스 식탁에 올리면서) 와인 글라스 없대서 집들이 선물/ 와인 글라스루 해요··

영애 (되게 좋아하는)와아 땡 잡았다.

시우 대머리두 아닌데 좌우간 공짜 디게 좋아해.

영애 깔깔깔깔

S# 아파트 전경(밤이 시작된 풍경)

S# 식탁

　　[다 먹은 스파게티 접시와 포크 승조가 거두고 있는데]

영애 (와인 글라스 들고)제일 좋은 거····우리 애들/전적으루 내가 챙겨줄 수 있다는 거지 뭐···(남편과 눈 맞추고)이제 세시에 도우미 아줌마랑 바톤 타치하구 나가는 거 안해두 돼···· 세시에 나갔다 열두시에 들어오면 우리 애들은 늘 자구 있구·· 당신 ·· 퇴근하는대루 곧장 들어올려구 애써줬지만····그래두 늦어야할 때두 꽤 많았잖아·· (두 사람에게 고개 돌리며)엄마 아빠 없는 애들처럼 도우미 아줌마랑 ··그게 참 속상했었어·· (목이 좀 메이며)이젠 안 그래두 되는 게 제일 좋아·· (웃지만)

시우 (옆자리/어깨 가볍게 안아주며)미안해미안해··

지나 (두 사람 보는)······

영애 (한 모금 마시고 글라스 내리며)우리 네식구 다같이 할게 너무 많아. 그동안 너무너무 하구 싶었는데 못했던 거/ 케익두 같이 굴 거구 봄에는 나물두 뜯으러 다닐 거구 약숫물 뜨러두 같이 갈 수 있구 홀아비 자식처럼 아빠하구만 청룡열차 타러 가게 안해두 되구 /낚시두 다닐 거구 (물소리/돌아보며)승조씨 뭐해요.

승조 신경쓰지 말아요 (설거지하며)

시우 (오버랩의 기분)야 너 뭐해 이리 와.

지나 (오버랩의 기분)냅둬. 취미생활 말리지 마··(돌아보며)

승조 (웃으며)말리지 마.

지나 전부다 네 식구 단체루/옛날옛적 자유당 시절 표어에 뭉치면 살고 흩어지면 죽는다가 있었다든데 완전히 그거네··

영애 <u>호호호홋</u> (남편 돌아보며)뭉치면 살고 흩어지면 죽는다.

지나 (오버랩의 기분)치즈 좀 더 먹자··(일어나며)치즈 어딨어?

승조 저기(씻으며 턱으로 가리킨다)

지나 (치즈 가지러 움직이고)

영애 (시우 보며)나 좀 취한다·····

시우 (그러는 아내 뺨에 가볍게 입 맞춘다)

영애 (고개 돌려 시우 입에 가볍게 쪽)

지나 (치즈 들고 움직이다 보고 얼른 못 본 척 딴청 피며)승조야 와인두 새루 따야 해.

승조 어 내가 할게··

　　　　E 시우 핸드폰 벨(정해진 음악벨. 오버랩의 기분)

시우 (영애와 같이 고개 돌려 전화기 어딨나 찾는데)

지나 저기/티비 오른 쪽 장식장 위/ 아까 회사 전화받구 거기 놓더라··

시우 어··(하고 빠지는데)

영애 (지나 보는)···

지나 (시선이 시우를 따르고 있고/승조는 와인 코르크 따는 중이고)

시우 (전화)어 형 나에요·· 예 ··예 알았어요 금방 내려가요··(전화 끊고 벌써 움직이며)승조야 잠깐 내려가자.

승조 어··(영문 모르는 채)

46

영애　(벌써 일어나며)여보.(뭐야?)

시우　(오버랩의 기분)애들 둘 다 곯아 떨어졌대‥ 당신 그냥 있어‥(승조와 시우 나가고)

영애　(일어난 참이다)그래두 나가봐야지이.

시우　나오지 마 나오지 마‥(나가고)

영애　‥‥(잠시 어정쩡하다가) 지나씨 잠깐마안? (하고 은혜 방으로 들어가며)잠옷 꺼내 놀려구……

지나　(그냥 보고)‥‥

영애　(금방 되 나와 준서 방으로)…

지나　(와인 잔 천천히 비운다)

　　　[잠시 후]

영애　(준서 방에서 나와 안방으로 들어가면서)애들 화장실 아직 못 고쳐서 우리 화장실 같이 써‥

지나　(그저 영애 들어간 쪽 보면서)‥‥‥‥(가만히 있다가)‥‥(와인 잔 비우고 글라스 놓으며)……

영애　(나오는데 치약과 애들 칫솔 두 개)어쨌든 이는 닦아서 재워야지(웃으며)들어오면 하나씩 물려 줄 거야‥(하며 칫솔에 치약 묻히기 시작하며)

지나　‥‥‥(물끄러미 보며)

S# **아파트 현관 입구‥(밤)**

승조　(준서 받아 안고 있고)

재우　(차에서 꺼낸 준서 시우에게 넘기며 화면 시작과 동시에)야 아냐‥ 아버님 집에 도착하실 때 됐대… 빨리 들어가야지‥

시우　벌써요?

재우 글쎄 말야 아버님한텐 초저녁인데.. 뭐 또 잔뜩 언짢으신가 부지..

시우 얼른 가요 그럼..

재우 그래..승조야.(하다가)야야 빨리 올라가라 애들 무거워 빨리 올라가 승조야.

승조 안녕히 가세요 형님..(재우/그래그래)안녕히 가세요 형수님..

정원 승조씨 반가와요..

승조 네..하하(두 사람 차로 움직이는데)

시우 고맙습니다 형수님..집사람이 형수님 밖에 없대요..

정원 곧이 들어요오..

시우 아 그럼요 하하..

   [두 사람 타는 데서]

S# 박회장 집 동네를 달리는 박회장의 자동차

S# 자동차 안

박 ….(부우우 있다가 나직이)또 해봐.

기사 (전화 단축 다이얼)………

박 안 받어?

기사 네 회장님..

박 끊어.

기사 (끊는다)

박 쩟/(못마땅한)

S# 대문 앞…

   [불 환하게 켜져 있고/]

   [정원사 경비들 나와 서 있다..]

[자동차 와서 멎고/ 열어주는 문으로]

박   (내려서 들어가려다가 문득)누가 이렇게 불을 있는대루 켜 노랬어..(아무도 대답 못 하고)전기료 누가 내는 거야.. 불 꺼.. 돈 나가..(하고 들어간다)....

S# 대문 안

박   (들어와 두어 걸음 움직이다 벼락같이)불 꺼어어!!!

경비   (후닥탁 놀라서 불 끄러 뛴다)

S# 거실

박   (들어온다)

가정부   (밖에서 따라 들어온다)

장   (입구에 섰다가)어서 오세요..수고가 많으십니다..(점잖게)

박   (안방으로 움직이면서)코같이 / 입에 발린 염불..(하고 돌아보며 아줌마에게)위에 물건 내려오래요.

장   (아줌마 장여사 보는데)아직 안 들어왔어요.

박   지깟게 무슨 사무가 바뻐서..

장   지깟 거두 바쁜가부네요..어이 들어오세요..(앞서 들어가며)

박   밥만 축내는 밥충이..(혼잣소리처럼 하며 움직인다)

S# 안방

박   (들어오며)어이 신경질 나.

장   E 아들은 밥만 축내는 밥충이구 너는

박   ?

장   (양 허리에 두 손 얹고)기집만 밝히는 색충이지 그렇지.

박   허..허허허허 이 사람 왜 이러나 또..

장   야 이자식아 이 거지 밑따개야..쓰레기 통이란 쓰레기 통은 다

아 쑤시구 댕기다 못해 이제 사위 친구눔한테까지 물려 받냐(소리
는 무섭도록 낮춰서)이 드러운 인간아?

박　????

장　너 내가 말했지/ 그러구 살다 결국 거기 썩어 문드러져 죽는다구‥

박　아 대체 무슨 소릴 하는 거야 장여사‥(에서)

S#　**지나의 매장 건물 앞(밤)**

　　[승조의 자동차 와서 멎는다‥]

S#　**차 안‥**

승조　(운전대에서 지나 돌아본다)

지나　(앞 보며)‥‥‥(골똘한 것 같기도 하고 멍한 것 같기도 하고)

승조　지나야‥

지나　(돌아보며 변명처럼)심하게 마신 거 같아‥‥‥

승조　운전하지 마‥

지나　응‥‥

승조　기다렸다 데려다 줄 수 있어‥‥

지나　(벨트 빼며)할 일 있다 그랬잖아‥

승조　취했는데 무슨 일을 해‥

지나　아까 차 타기 전에 잠깐 가을 냄새나더라‥‥‥

승조　무슨 얘긴지 알아‥

지나　알지‥

승조　좀 이르지 않아?

지나　진짜 그랬었어‥

승조　(보며)‥안아줘?

지나　(보다가)‥안 그래두 돼‥

승조　오바야?

지나　오바야..(하고 내리고)

승조　(잠깐 보다가 차에서 내려 지나에게)

S#　**매장 앞**

지나　(카드로 매장 경보 풀고 키 꺼낸다)

승조　(키 뺏으며)해 주께……(문 열어놓고 키 주고)

지나　(받으며)안녕..

승조　모범 불러 타구 들어가..

지나　(크게 한 번 끄덕이며)그래/ 니 핸드폰에 택시 남버 찍어놓구..

승조　그래..

지나　(손 들어 보이는 척하며 매장으로 들어간다)

　　　[불 켜지는 매장 안.]

S#　**매장 안··**

　　　[지나 들어와서 곧장 작업실 쪽으로….]

S#　**매장 밖**

　　　[매장 안의 불이 꺼지자]

승조　(문 앞에서 자동차로 돌아선다)

S#　**작업실 안**

　　　[어두운 작업실에 불이 켜진다··]

지나　(스위치에서 손 떼며 작업 테이블로 움직이며 핸드백 처리하고 상의
　　　벗어 처리하고 냉장고로 가 물병 꺼내 병째 들이킨다)·····

S#　**시우의 거실**

시우　(시디 걸고 있다/플루트 연주 중에서)

　　　[음악 시작되고….]

시우 (탁자에 와인 병 집어 두 개의 새 글라스에 따라 놓고 털듯이 병 비우
    는그래도 아내가 안 나오자 병 놓고 준서 방 쪽으로‥)
    [조금 열려 있는 준서의 방문 조금 밀어 들여다 보는]

S# 준서의 방

    [엎어진 준서의 등을 잠옷 안으로 손 넣어 가만가만 쓸어내려 주며]

영애 제주도 말목장 푸른 풀밭에 애기 말이 아홉 마리/ 열 마리/ 열한
    마리/ 열 두 마리…

시우 잠 안 온대?

영애 (사라지라는 손짓하며)열두 마리 맞지 준서야…다시 세어볼까?
    한 마리 두 마리 세 마리 네 마리

시우 (문에서 떨어져 나간다)

S# 거실

시우 (소파로 와서 와인 글라스 들고 한 모금 마시고 티브이 켜려는데)

    E 전화벨/핸드폰

시우 (받는다/보고)어 /(방 안의 아내가 의식되는)어디야‥ …승조가 안
    데려다 줬어?…야 일은 무슨 일이야 취해서…그래 냉수 마시듯 잘
    두 마시더라‥ 너 와인/지나치면 골 때려/

S# 준서의 방

영애 (아이 등에 손 넣어둔 채 듣고 있다)

시우 E (너) 말리면 더하는 애잖아‥ 뭐얼 스파게티루 때워서 미안
    한데‥‥

S# 거실

시우 (연결)가만 있어봐‥자리 잡히구 정신 들면 장식으루 양갈비 스
    테이크 한 번 먹여달라 그럴게‥ 어 지금 준서 재우구 있어(하다 보

면 영애 나오고 있다)어 나온다…알았어..(전화 막고)당신 애썼다구..

영애　천만에 말씀이라구..(하며 옆에 와 앉는다)

시우　(전화 영애 대답하자 그쪽으로 띄우듯 하고 나서)들었지?

S# 지나의 작업실

지나　그래 들었어..(하고 그냥 끊어버리고 물컵 집어 든다)

S# 거실

시우　??(끊긴 전화 들고)…

영애　끊겼어?

시우　엉.

영애　걸어..

시우　걸겠지..(전화 접어 좀 멀게 치우듯/얘기하다 김 새면 끊는 버릇 익히 안다)..

영애　금방 올텐데?(기다리지 않고?)

시우　할 얘기두 없어..다 했어.

영애　마지막 멘트 없이 끊긴 거 아냐?..그럼 찜찜하잖어.

시우　아아 됐어됐어..신경쓸 거 없어..(하고 소파에 앉은 영애 다리 베고 천장 보는 자세로 벌렁 눕는다..한 다리 다른 다리에 꼬면서) 야아아아 이거두 디게 오랜만인 거 같네…

영애　(남편 내려다보며)그러네..

시우　(몸 좀 일으켜 와인 글라스 집어 아내 주며)마셔..

영애　(받으며)별루 안 땡겨..

시우　병 비웠어 남겨둬봤자 약 안돼..(도로 누우며)심장병에 좋다잖아..부지런히 마셔두자구.

영애　휴가 전에 화장실 끝내야 되는데..

시우 야 제발 그눔으 화장실 좀 잊어버려라. 냄새나··

영애 (웃으며)끝나야 잊어버리지··(하고 한 모금 마시는데)

시우 (벌떡 일어나며)아 참.(하는 바람에 와인 흔들려 반은 쏟아진다)

영애 아 뭐야아아··

시우 어 미안/ (서둘러 일어나 움직이며)닦아닦아··

영애 (벌써 휴지 뽑아 술 닦으면서 돌아보는)바보야아아····

시우 E 그래 나 바보야····

영애 (그냥 픽 웃고)····(닦은 휴지 들고 주방으로 빠르게 가서 행주 물에 적셔 들고 와 다시 닦는데)

시우 (큰 대봉투 하나 들고 나오면서)당신한테 줄 거 있어··

영애 ?···뭔데?

시우 집 만드느라 고생했어··감사의 뜻으루 받아 주세요··(하며 알맹이 꺼내며 옆에 앉는다)

영애 ??

시우 자···경애해 마지 않는 하영애 선생님··

영애 웃겨. 뭔데에··(하고 받아 보는/)??(해서 차례로 만지는)

  [어느 호텔 피트니스 클럽 멤버 서류. 회원 수칙/ 브로셔/카드]

영애 이게 뭐야?

시우 글 읽을 줄 몰러유? 거기 카드 봐. 누구 이름 찍혀있나··

영애 ??

시우 석달 기다렸어·· 도무지들 안 내놓드군 거기·· 그거 최근에 암 수술하신 철강회사 팔순 할머니 꺼야.

영애 (오버랩의 기분)이걸··· 샀다는 거야?

시우 그럼 어디서 주워 왔을까봐?

54

영애 ······(그냥 보는)

시우 형수님이랑 누나처럼 매일 거기 가 운동하구 사우나하구 에어로빅두 하구 요가두 해·· 형수님하구 시간 맞춰 같이 다녀··

영애 얼마 줬어.

시우 그건 알아서 뭐해··

영애 돈이 어딨어서.

시우 백원짜리 동전 모아 샀다 왜··(웃으며 와인 잔 든다)

영애 미쳤니? 호텔 휘트니스가 나한테 무슨 사치야. 한 달에 몇 만원이면 동네 헬스 충분한데 이런데 왜 돈 써어···

시우 (잔 비우고 내리면서 아무렇게나)아 꼭 해주구 싶었어. 누나랑 형수님 다니는 휘트니스 클럽/ 당신두 폼 잡구 다니게 만들어 주구 싶은 게 내 오랜 꿈이구 소망이었어. 그게 나한테는 남북통일보다두 더 큰 소원이었단 말야··

영애 ·····(그냥 보는)

시우 좋잖아··애들 학교 가 있는 빈 시간에 두 시간 쯤 신나게 운동하구 밥두 먹구 차 마시구

영애 (오버랩의 기분)철없는 표를 이렇게 내야겠니? 거기가 어딘데 밥 먹구 차 마셔/한잔에 만원짜리 커피에 아이구 거기다 밥까지 먹으라구?

시우 매일 그러라는 건 아니구우/ 한 달에 한번은 할 수 있잖아. 아니 그럴 게 뭐 있어 형수랑 같이 다니면 형수가 다 내 줄텐데···

영애 (오버랩의 기분)당신 누나 뭐랄 거 같어. 어머님 아버님 뭐라실까.

시우 (좀 굳으며)상관하지 마. 당당하게 떳떳하게 다녀. 당신 그러는 거 꼭 보구 싶어.

영애   ·····(보며)

시우   과외 뛰면서 애 둘 낳아 키우구 살림하구 속에 골병들었을 거
　　야·· 운동해야 해. 당장 시작해.

영애   알았어. 운동할게. 그런데 나 이거 도루 판다.

시우   ??(심상찮게 꼬려보는)

영애   돈 아까워어. 이거 팔구 동네서

시우   (오버랩의 기분)안마셔? 내가 마신다.(영애 와인)

영애   (반은 포기했다)당신 누나 당장 아버님께 꽈 박을 거야.

시우   (홀쩍 마시고)그 기집애 내가 언제 한번 죽게 패줄 거야··

영애   엉 그러구 당신은 아버님한테 맞아 죽음 되겠다··

시우   (픽 웃으며 영애 머리 손끝으로 튀긴다)

S# 박회장 안방

박　(방바닥에 앉아서)아 글쎄 그게 그건 게 아니에요. 한주 천 회장
　　이 (새끼 손가락 들어보이며)요거한테 벤쓰를 사줬다구 하길래 내
　　가 농으루 너두 한 대 사주까? 한 마디 하구 지나간 얘기라구/ 아
　　니 어떻게 술자리서 한 말까지 내 집 안방으루 날라 드는 거야 어
　　디 무서워서 세상 살겠나/(비굴하다)

장　(오버랩의 기분)빌라두 농으루 사주구.

박　농으루 사줬지 그러엄/ 내가 골이 비었어? 그깟 게 뭔데 빌라
　　는 무슨 코같은 빌라구 벤쓰는 무신 코딱지같이

장　(오버랩의 기분)그 벤쓰 끌어다 중고시장에 내놨는데 농이야?

박　에?

장　잠원동 빌라/ 내가 오늘 해약시켰는데 그 거두 농이야?

박　??

장   농이야?

박   ……(아내 인상 쓰며 보다가)대체 어느 늄야 당신 심부름하는 하구 먹구 사는 늄이!!

장   (물끄러미 보며)에프비아이..

박   놀구 있네.

장   놀아? 오냐 니가 노는데 나라구 못 노냐?

박   여보 장여사

장   (오버랩의 기분 눈 갑자기 딱 감으며)나무관세음보살 관세음보살 관세음보살 (관세음보살을 계속 염하는데 숨이 막힐 듯하다)

박   (힐끗거리면서 입만으로 풀풀풀풀하다 보면)

장   (어느 사이에)아이그 드러아이그드러 아이그드러 아이그드러 ..(염불하듯이)

정원   E 어머님 즈이들 들어왔어요..

박   ?? 오오냐 늦었다 올라가거라..(부드럽다)

S# 거실
    [안방 문 앞..]
    [재우 정원?? 해서 서로 보고는/]

재우   네 아아버님..안녕히 주무십시오..
    [대꾸 없고. 부부 이 층으로 몸 돌린다..]

S# 정원 부부의 방
    [들어오며]

재우   당신 피곤하겠어요.. 간단히 씻구 얼른 쉬어.

정원   먼저 씻어요.(소지품 놓으며)

재우   먼저 해요.. 내가 나중 할께...(하고 화장실로)나 소변보구 나올께요.. 목욕물 물 받아 줄까요?

정원 아니에요/여보 상의 벗구 들어가요.

재우 어.(상의 벗어 정원주고 들어가려다 돌아보며)수고했어요 베로니카..

정원 (웃어 보이며)당신두요..

정원 (상의 들고 돌아서며 테라스로 나가 탁탁 옷 터는 모습 보이는데)

  [일부러 잡은 건 아니고 천주교 신자라는 성물들이 슬그머니 보이도록/]

S# 아파트 전경(밤)

S# 부부 거실··(빈 거실)

S# 침실··

  [어둠 속.]

  [나란히 한 방향을 보고 누워서 한동안 사이··두었다가.]

영애 박시우…

시우 네에…(잠들려고 애 쓰는 중이다)

영애 …나 늙었니?…

시우 왜 또오…

영애 늙어 보여? 누가 뭐래?

시우 누가 뭐래..

영애 (천장으로 향하며)그런데 왜 운동하래..

시우 나 원….곰곰이 그 생각하구 계셨어요?

영애 그런 거야?

시우 나 졸려….

영애 ……(잠시 있다가 불끈 일어나며)아이구 그래 맘대루 해라…내가
  먼저 살자구 옆구리 콕콕 찔렀나. 찐드기 모양 붙어서 안 떨어진 거
  누군데··저 좋아 한 짓인데 내가 왜 신경써··(하고 픽 도로 드러눕는다)

58

시우 (팔로 안으려)

영애 더워어…(밀어내며)

시우 할머니 할머니..

영애 그래 나 늙었어 할머니다(밀어내며)

시우 (일어나 앉으며)어 나 어떡하냐.. 죽게 피곤한데에에에..(하며
엉겨붙으려) 나 어디 고장났나봐아..

영애 왜 이래 돌았나봐…으으/ 나몰래 약 먹었니?(마구 밀어내며 떠
밀면서)어어? 어어? 어어어어어어어?

　　　[실갱이 좀 하면서]

S# 시우 아파트 전경(이른 아침)

　　　E 울리는 전화벨

S# 거실 주방

영애 (손 빠르게 간단한 아침 식탁 준비/울리는 전화벨 쪽 돌아보며)여
보오 전화받을 수 없어?

시우 (상의 들고 넥타이 목에 걸고 안방에서 나오는 중이다)어 있어..(하
고 받는다)네에..

재우 E 야 난데 출근 아직 안했구나..

시우 어 무슨 일이에요….

재우 F 사람 안 갔냐?

시우 무슨 사람이요..

S# 테라스

재우 (소리 반쯤으로)늬 집 화장실에 변기 새루 앉혀야 한다면서.. 너
형 됐다 국 끓여 먹을래?…… 내가 어제 우리 쪽 설비팀에 일러서 양
재동 현장에서 한 사람 보내준댔거든? 아침 일찍 보낸다 그랬으니

까 금방 갈 거야..어제 얘기한다 그러구 깜박했다.. 딴 일두 아니구
전화 한 통이면 식은 죽 그릇 비우긴데..쓸데없이 괜히 왜 제수씨 신
경쓰게 만들어.

S# 거실 주방

시우 ..뭐…그냥 여기서 해결하라 그랬죠.(타이 매는 중이다) 아버지
신세지는 거 싫으니까..

영애 ??(움직이다 돌아보고)

재우 F 너두 나빠..임마..좋은 놈은 아냐 알아?

시우 예 알구 있어요.(하는데)

  [현관 벨..]

시우 형 왔나봐요. 끊어요.

재우 F 어 그래..

시우 (전화 놓으며 벌써 움직이고 있는 아내에게)문 열어. 빨리.

영애 (띠잉한 채 움직이며)네에 누구세요오..

남자 E 양재동 현장에서 왔습니다 사모님.

영애 ?(한 채 남편 보는)

시우 뭐해애. 화장실 고치러 왔어.. 형이 보냈대..

영애 ???(눈이 화등잔만 해지며)어머나 형님이 얘기했나봐. (현관으로
내달으며)여보 이 순간 나 당신보다 아주버님 더 사랑해.

시우 됐어 빨리 열기나 해..

영애 (문 열며)어서 오세요.. 안녕하세요..

남자 (들어서면서)안녕하세요..박사장님 지시 받구 왔는데요 사모님..
(연장통 들고)

영애 (오버랩의 기분)네 (들떠서)올라오세요.. 오세요..(남자 오르고)

이리 오세요(고장난 화장실 쪽으로 안내한다 문 열어주면서)변기 파
이프가 거의 완벽하게 막혔나봐요..어쩌면. 큰 공사 될지두 모른
다구 심난한 소리하던데 제발 큰 공산 아니었으면 좋겠어요..(괜히
사정하듯/너무 반가운 나머지 약간 비굴한 느낌일 수도 있다)

남자 (웃으며)예 제가 한번 보죠..사모님은 문 닫구 일 보세요..

영애 아니에요 더우니까 열어놓구 하세요.. 우린 괜찮아요..

남자 예 일 보세요…

영애 (남자는 화장실로 아웃/식탁 쪽으로 와서 벌써 밥 먹기 시작하고 있
는 시우 겨드랑이를 간질이며)우후후후후후/(너무 좋다)

시우 (간지러워하며)아 하지 마아아…

영애 국 좀 더줘? (싱크대로 움직이며)휴가 전에 해결 보잖아아.. 너
무 신나구 좋아..

시우 ….(먹으며)

영애 (국 뜨다가 돌아보는)내가 좋아하는 게 당신은 뚫어?

시우 오기두 없냐? 바보야?

영애 아버님 메에롱 우리끼리 살짜쿵 이러는 거두 재밌잖아아아. 흐
흐흐흐흣

시우 쯔쯔 무뉘아..

영애 깔깔깔..

S# 박회장 거실

   [정원 부부 서 있고/연우. 가정부도.]

박 (안방에서 나온다)

장 (따라 나오고)

박 니 집에 언제 갈 거야..

연우   식구 아무두 없는데요 머.(굳이 갈게 뭐 있어요)

박   (오버랩의 기분)곧장 내 뒤 따라 회사루 나와.

연우   ?? (좀 불안하지만)용돈 주시려구요?··

박   (벌써 움직이며)열시 넘으면 안돼.

연우   네에··(약간 쩔려서 엄마 보고)

장   (모르는 척)

박   (그냥 나가려고 아들 부부 앞 스치다가 문득 돌아본다)

재우   ?···

박   애 안 낳구 뭐해 느들은.

장   ?

재우   (아내 신경 쓰이며 당황/정원은 그저 다소곳)

박   혼인한지가 몇 년인데 그러구 자빠졌는 게야 무골충아··

장   (오버랩의 기분)생기잖는 애를 어떻게 나아요.(부드럽게)회장님.

박   (오버랩의 기분)멀쩡한 것들이 왜 안 생겨. 둘 다 멀쩡하다면서 왜 안 생기냐 말야 내 말은.

장   나가기나 하세요··

박   당신 부처님은 뭐해.

장   (그냥 보는데 곱지는 않다)

박   (슬그머니 그만두고 아들 쏘아보며)빙충이 같은 녀석. 이건 으떻게 어이그으으으(나간다)나와 이 자식아··

재우   (아내 눈치 잠깐 보면서 기죽어 나간다)

S# 현관 밖

박회장   (나와서 아들 기다렸다가 재우가 나오자 소리 조금 죽여서/그러나 콕 쥐어박듯)낳아갖구 들어오면 될 거 아냐 이눔아.

재우　？？..

박　밭이 나쁘면 밭을 바꿔 그 요령두 없어?

재우　아아아버님 아이 없어두 즈이는 행행복(하는데)

박　(잽싸게 조인트 까버리고)

재우　(너무 아프지만 악 소리도 못 내고 오만상)….

박　(노려보다가 획 돌아서 움직인다/빠르게)못나빠진 놈…

재우　(아버지 움직이자 겨우 맞은 촛대뼈 문지르는데)

박　(획 돌아보자)

재우　(얼른 아닌 척 똑바로 서며)다녀 오십시오‥(꿈벅)

박　(경비 정원사 대기 중/ 대문으로)……

재우　(몸 돌린다)

S# 안방

연우　뭐때매 아버지가 날 보자 그러셔..

장여사　(방바닥 훔치는)볼일이 있으신가부지..

연우　혹시 허 서방 친구 어쩌구/… 엄마 했어요?

장　그런 일 없다시더라.

연우　(펄쩍)그럼 어떡해 엄마아.. 엄만 진짜 아우 나 돌아아아아….(하
　　는데)

재우　(픽 문 열고 들어오며)제발 (하다가 연우 보고)너 좀 나가..

연우　(벌써 픽 일어나며)무슨 큰 비밀이라구 나가래.. 뻔한 얘기할 거
　　면서.

재우　나가라면 나가!!

연우　(나가며)나가구 있잖아.

재우　(연우 방문 닫히자 소리 좀 죽여서)제발 아이 문제 좀 안 꺼내시

게 어떻게 좀 해 주세요 어머니..

장   (잠깐 보고 방바닥 훔치고)

재우   잊어버릴만하면 한번 씩 저러시는데 저 정말 돌겠어요..

장   어떡해..느이 들이 할 일을 못 하구 있으니 별 수 없지..

재우   할 일 못하는 즈이는 오죽하겠어요오.. 저 사람 괴로워 죽어요

        오. 아버지 좀 해결봐 주세요오..

장   ....

재우   네에?

정원   E 출근 안해요?

재우   ?..어..나가요... 나갑니다...(해놓고)어머니..

장   (오버랩의 기분)됐다...나가 일이나 봐...

재우   .....(보다가 답답하고 속상한 채 나간다)

S# 거실

재우   (나오고)

정원   (재우 상의 들고 서 있다가 입혀주려)

재우   (그냥 상의 빼내면서)더운데 뭐...

정원   ....(그냥 잔잔히 약간의 미소로 보는)

재우   (눈 못 보면서).....미안해요..

정원   (웃으며)얼른 나가요..나 아침 먹어야해요..

재우   어..(끄덕이며)그래요. 수고해요 그럼...나오지 마요 나오지 마..

        (현관으로 움직이며)

정원   저녁에 만나요..

재우   (뒤로 손 들어 보이고 아웃)

정원   (남편 나가자 주방 쪽으로 돌아서는데)

S# 박회장의 회사 빌딩 앞(중간 규모)

연우   (자동차 몰고 와 세우고 내린다)

수위   (보고 와서 경례 붙이면)

연우   의자 움직이지 마세요··(거만하게 안으로 들어가고)

수위   예··(주차하러 운전대로)

S# 회사 승강기에서 내리는 연우··

연우   (시계 보며 회장실 쪽으로)

S# 회장실

박회장   (현장 작업복으로 갈아입는 중이면서)들어와··

연우   (들어온다)····

박   (할끗 보고 작업복 단추 채우는데 노인이라 손이 굼뜨다)

연우   ······(말 없는 것에 기죽어서)

박   (안 보는 채)······

연우   (주춤주춤 아버지 쪽으로)

박   ·····

연우   아버지 저기 이태원

박   (오버랩의 기분)그딴 시시한 소리 할 거 없구 (해놓고 연우 쪽으로
         돌아서며)너 오백 년 재수 좀 없애치워··

연우   ?? 네에?(믿기지 않아서)

S# 영애와 두 아이가 같이 할 수 있는 놀이가 뭐가 있을까. 연구해봅시다.

제2회

S# 박회장 사무실

연우 (마주 앉아 있는 박회장)아버지두 참….(잠시 난감하다가) 아직두 포기 안하신 거에요?

박 (오버랩의 기분)누가 포기했댔어.

연우 이삼년 아무 말씀없으셨잖아요.

박 (오버랩의 기분)내 사전에 포기 없어‥너 해결해.

연우 (오버랩의 기분)아이가 둘이에요 아버지. 그건 너무 무리구 가능하지두 않은 일이에요‥

박 (오버랩의 기분)니가 저지른 일 니가 해결해.

연우 ‥‥(아버지 보며 잠시 난감하다가)아버지 이러실 때마다 정말 열나 죽겠어요. 누가 이렇게 될줄 알구 시우랑 묶어줬어요? 그 자식이 세 살이나 많은 과외선생한테 빠질 걸 누가 상상이나 했겠어요‥

박 너두 알구 나두 아는 얘기 할 거 없어. 어쨌든 니가 빌미가 돼서 벌어진 일이야. 전적으루 니 책임이야‥

연우 아버지가 포기하세요 이제 그만.(오버랩의 기분)될 일 같으면

66

벌써 옛날에 됐어요·· 죽어서 떨어지면 모를까 살아있는 동안은 절대루 안 떨어져요··

박   잔말 말구 해.

연우   안 그래두 시우랑 껄끄러운데 원수되게 왜 절 시켜요····

박   (오버랩의 기분)니가 만든 일이니까··(하며 일어서 테이블로)···

연우   (잠시 보다가)····(일어서며)이제 그만 잊어버리세요·· 애들은 어떡하구요.

박   (테이블 위 종이들 치우며)재우가 키우면 돼··

연우   (황당하다)??

박   (오버랩의 기분)재우 놈은 반 등신/ 있으나마나구 /이 구석 저 구석 쥐새끼들 기둥뿌리 갉아먹는데 인간이 없잖아.

연우   (아무리 그래두)좋은 생각 아닌 거 같아요 아버지··

박   (오버랩의 기분)해봐. 해보기나 했어?

연우   ····(보고)

박   (봉투 하나 테이블에 던지듯 하면서)용돈 소린 왜 해. 용돈두 못 얻어쓰구 살어?

연우   아버지 용돈이 더 맛있어요··

박   허 서방 들어오면 좀 보자 그래·· 칠칠치 못한 녀석 같으니라구. 여편네한테 할 소리가 따루 있지 쩟/(구두로 바꿔 신으며)

연우   (혀 잠깐 나왔다 들어간다/ 아주 조금)

S# 회사 현관 앞

　　[작업복 차림의 박회장과 연우 나온다.]

박   (열어준 문으로 타며)*** 현장.

기사   네 회장님··(운전대로)

[자동차 뜨고 인사하는 경비들··]

연우　······(가는 아버지 차 보며 뿌우-우-우)

S# 아파트 근처 피자집

[작은 피자 한 판 시켜 놓고 치즈 찌익 늘이면서 아이들한테 주는 중이다··]

영애　(찌익 늘이면서)이제 점심은 어떡할 거야··맛있는 비빔국수 만들어 줄라 그랬는데

준서　먹죠오··

영애　또 먹어?

준서　(먹으며)먹을 수 있어요.

은혜　(피자 옮겨지고)살쪄어··

준서　누나나 쪄 나는 안찔 거야··

영애　(웃으며)엄마두 한쪽 먹을 수 있나?

준서 은혜　응 그러엄. 네 엄마 잡수세요.

영애　(피자 한 쪽 떼어내는데)

준서　그런데요 엄마··

영애　??(얼굴만으로 왜?)

준서　얘기할 거야··

은혜　?? 너어/ 하지 마··

준서　엄마가 궁금한 건 뭐든지 물어서 알구 넘어가라 그랬단 말야.

은혜　하지 마. 바보야··진짜야 하지 마.

영애　왜애 뭔데에····뭔데 그러는 거야?

준서　질문이 있어요··

영애　응 해.

68

은혜   진짜 너 꼴통야. 하기만 해.

준서   (오버랩의 기분)엄마가 아빠를 어떻게 훔쳤어요?

영애   ??

은혜   어이구 참.(하며 엄마 눈치 보고)

영애   우우움.. 아빠가 주무시는데 엄마가 커다란 자루에다 아빨 집어 넣어서 짊어지구 나왔지?

준서   (눈을 빛내며)진짜요?

영애   .....(잠시 아들 보다가 딸에게)너두 궁금해?

은혜   나는 뭐 별루..

영애   그래 알었어..피자 먹구 집에 가서 얘기해 줄게..

준서   (쏘아보는 은혜 돌아보며)뭐...(어때서/ 괜찮잖아)

은혜   (눈 흘긴다)

S# 박회장 거실

    [사용인 여인 둘 청소하는 중이다..]

정원   (주방에서 녹차 쟁반 들고 나와 안방 쪽으로)...(잠시 귀 기울였다)어머님.(조심스럽게)

장   E 들어 와..

S# 안방

장   (사경하고 있다)

정원   (들어와 차 쟁반 놓고 한 잔 따라 내놓는다)....

장   (들어서 한 모금 마시고 내려놓는다).....(안 보면서)

정원   나가 보겠습니다..

장   (오버랩의 기분)잠시 있거라...(여전히 안 보는 채)

정원   .....(보며)

장   (안 보는 채)꼭 잘하는 짓인지 모르겠구나‥

정원   ‥‥‥(무슨 얘긴지 모르겠다)

장   (며느리 보며)가만히 계셔두 너한테 면목이 없는데/내막 모르
      시는 양반 심심하면 한번씩 널 괴롭히시니

정원   (오버랩의 기분)어머님 저는 괜찮습니다

장   ‥‥(가만히 보며)

정원   심려 마세요‥저는 정말 괜찮아요 어머님‥

장   언제까지나 너한테 뒤집어 씌워논 채 사니‥이것두 큰 죄야‥

정원   아니에요 어머님‥그렇게 생각하지 마세요‥제 마음에 그런 불
      평 조금두 없어요‥

장   마음이 천근만근이구나‥가지나 어여뻐라 안 하시는데 그거
      까지 부실하단 거 알리면 니 남편 더더욱 취급 못 받을 거 같아 너
      하구 나 입 다물구 지냈다만

정원   (오버랩의 기분)마음 무겁게 생각하지 마시구 그냥 지금처럼
      가요 어머님…혹시라두 그이까지 알게 되면…‥그이…‥너무 힘들어
      요‥그이 힘든 거 저…‥싫어요…(시모 보며)

장   ‥‥‥(가만히 보며)‥‥

정원   하느님께서 주시지 않는 아이…‥‥저 욕심 안 낸다구 말씀드렸잖
      아요…그이만으루두 불만 없습니다‥

장   니 아버지가 성가스럽게 하시니 말이지‥

정원   ‥‥‥(가만히 보며)

장   속 모르는 인사/입양두 못하게 하시구 너만 닦달을 하시니 원
      …한번 그러실 때마다 너 보는 게 큰 죄인이야‥

정원   차 식어요 어머님…드세요…

70

장   (고개 좀 옆으로 돌리며)끄으으응··(한숨)

S# 거실

정원   (나와서 이 층 쪽으로 움직이며)볕이 좋겠어요 아주머니··

가정부1   으응··장바구리 베껴지겠어··(가정부2 웃고)

정원   (웃으며)장독 좀 열어노면 좋겠네요··

가정부2   벌써 열어놨어요··

정원   네에··(하고 이 층으로)

S# 재우 부부 침실···

정원   (들어와 기도 방으로)

S# 기도방

정원   (들어와 두터운 방석 내놓고 묵주 집어 들고 무릎 꿇고 앉아서 성호
긋는다)

S# 핸드 프린팅사

[원단 보따리 몇 뭉치. 조끼 모양으로 자른 원단들··]

지나   레드하구 블랙은 이대로 좋으니까 250피스씩 해 주시구요 카
키는 골드라인을 좀 진하게 넣어주세요.어 그리구 블랙두 노란색
을 조금만 더 짙게 부탁해요.(웃어 보이며)패션쇼용으루 만들었던
카키 반응이 아주 대단했어요.

업자   특별주문이라 신경 굉장히 썼어요.

지나   (원단 지적하면서)이쪽 건 이달 말까지 무슨 일이 있어두 맞춰
주셔야해요.먼저 주문한 거 언제 나오죠?

업자   일주일내로 최대한 맞춰보죠··용즘 일손이 딸려서

지나   (오버랩의 기분)곤란해요 닷새 안으로 맞춰주세요.

업자   정말 문실장한테는 못 당한다니까요··약속 어기는 거 싫어서

일주일이랬는데/ 별일 없으면 닷새면 돼요.

지나 사장님만 믿습니다아. 흐훗/(노가다 작업복에 운동화)

S# 운전 중인 지나··

[이어폰 전화 받는다··]

지나 네 문 지납니다.··그래 먼지나다··왜··

S# 인테리어 사무실 실장 자리

승조 (서서 한 허리에 한손 짚고)방배동 가구 소박맞으면 너 갖구 간다 그랬니?···· 물건들일 땐 아뭇 소리 없다가 지금 갑자기 마음에 안 든단다···· 값에 비해 볼품이 없다나 뭐라나. 아무래두 개발에 편자 아닌가 했더니 내 예감 죽인다··(테이블 위 종이들 건드리며)마음에 안 들면 니가 갖구 간다 그랬으니까 부담없이 없었던 일로 하자니까 너 가져가··

S# 지나의 자동차

지나 어이구 참 그 아주머니 수준 좀 확 띄워 줬더니 ····내 드림 퍼니츄언데·· (듣다가)너는 손바닥만한 오피스텔에 그걸 어떻게 끌구들어가 얘가 누구 오장을 지지구 있어어? (아니면 가구점에 위탁하구)아냐아냐 그러지 마. 내가 소화할게/··엉 내가 꼬시면 금방 엎어질 애 하나 있어 가진 건 돈 밖에 없는 애··끊어··오분 안에 처치할께··(끊고 전화 버튼 찍는데서)

S# 지나 작업실(매장을 통해 들어올 수 있으면 거치면서)

지나 (핸드폰 하면서 아주 빠른 걸음으로 씩씩하게)쟈켓 나왔어요? 그럼 내일 오전까지 한꺼번에 다 갖구 들어와 주세요···아 네 그거 제가 시간이 없어서 아직 결재 못 올렸어요 이따4시까지 연락 드릴께요··네에 수고하세요.(끊고 다시 단축 찍고)매장에 깔 음악 아직 안나

72

왔어요? 좋아요 내 자리에 두 하나 갖다 놔줘요··(하며 작업실 안으로 들어온다/전화 끊으며)후우우 언니 미안해요··그래두 약속보다 5분 당겼어요.

연우 (보던 책 아무렇게나 놓으며)그래 바쁜 줄 알어 생색은.(일어나며)밥 먹자.

지나 어 언니 우리 그냥 여기서 먹죠. 초밥 잘하는 집.

연우 (오버랩의 기분)너 나 얼마만인데 그래. 싫어 애.

지나 알았어요. 그럼 나 전화 세통만 간단히 하구요.(테이블로 움직이며)

연우 오분 넘기지 마.

지나 흐흣 뭐 속이 불편하구나 언니. (구내전화 버튼 누르고)나 문실 장인데요(에서)

S# 아파트로 들어오고 있는 자동차··

S# 자동차 안

영애 (운전하면서)·····(다소는 착잡하다)

준서 E (갑자기)아야아!!

영애 ? (돌아보며)왜 그래.

준서 누나가 꼬집었어요.

영애 왜 꼬집어어. 괜찮아 은혜야 준서 꼬집지 마··

준서 어야야야야!

영애 으으응? 은혜 왜 그래··

은혜 몰라요··(창 쪽으로 고개 돌리며)

준서 뭘 몰라 말했다구 꼬집는 거면서··

은혜 멍충이.

영애   못써 그건 나쁜 말이야..

은혜   ·····(입 꼭 다물고)

영애   ·····(착잡해지며 주차하는)

S# 아파트 거실··

　　[시장 본 것들 냉장고에 집어넣고 있는 중이다··]

영애   (아이들한테서 시장 물건들 건네받아서 냉장고에 집어넣고 있는 중
　　이다··얘들한테 어떻게 얘기해야 하나 때문에 좀 착잡)·····

준서   (아무 생각 없고)

은혜   (엄마 눈치 보다가)엄마··

영애   ??왜.

은혜   정리 안하구 그냥 막 넣어?

영애   (코 찡긋하며)이따 할거야. (하다가)아 늬들 씻어야지 참. 얼른 들
　　어가 세수하구 이닦구 나와 얼른··

준서   아아 귀찮도다아···

은혜   (앞서며)잔소리 말구 와아··

준서   (움직이고)

영애   (두 아이 움직이는 것 보며 있다가 다시 움직인다)····(움직이다가 손
　　이 잠시 멈추어지고)······(식탁 위에 놓아둔 핸드폰 집어 단축 다이얼)
　　 E 신호 가는 소리와 전원을 끈 상태라는 메시지··(핸드폰 접고 식탁 위
　　의 시장거리 싱크대로 옮겨 놓고 식탁 깨끗이 닦는다)

은혜   (나온다)

영애   ? 니가 먼저 했어?

은혜   응···

영애   먼저하게 해 주지이···

은혜   날마다 그러는데 뭐‥

영애   …(잠깐 보고는 움직이면서)아빠가 무지 바쁘신가부다. 전화 못

하시는 거 보니까‥

은혜   진짜아‥삼십분에 한번씩 전화하시는데‥

영애   (웃으며)삼십분에 한번은 아니다‥

은혜   (냉장고로)

영애   왜.

은혜   물.

영애   엄마가 줄게‥ 앉어‥(은혜 식탁 의자로/물병 꺼내고 컵 두 개 꺼내

는데)

준서   (나온다)

은혜   벌써 다 했어?

준서   응. 엄마 나두 물‥

영애   응‥

은혜   세면기 닦았어?

준서   (의자에 앉으며)닦았어‥

영애   (물 두 잔 놓아주며 앉는다)

은혜   (물 마시고 내리며)이 닦구 나면 물 맛두 이상해 엄마.

준서   오렌지 쥬스는 써어‥(물 잔 집으며)

영애   (그냥 한번 웃고 준서 물 마시고 컵 놓을 때 기다렸다가/ 앉으며 아

무렇지도 않게)자아 그럼 우리 준서가 궁금하게 생각하는 거/

은혜   (오버랩의 기분)근데 엄마 그거 얘기 안해두 돼.(식탁 내려다보며)

영애   ?? 왜애?

은혜   엄마 슬퍼지잖아. 주책이야 진짜‥

준서 (그랬나 해서 누나 본다)

영애 아냐 엄마 괜찮아.(했다가)으음 그래 조금은 슬퍼질지두 모르겠다. 그렇지만 이제 느이들두 많이 자랐구 지금쯤은 얘기해두 될 거 같아…(시선 잠깐 내리면서)할아버지 댁에 갈 때마다 … 속 많이 상했지..(아이들 보며)엄마 아빠/ 정말 미안하게 생각해..

두 아이 ….(엄마 보며)

영애 그런데….할아버지 …. 그러실만한 이유가 있어..

은혜 외할머니 떡볶이 장사하시는 거랑 엄마가 아빠보다 나이가 많다는 거 때문이잖아..

영애 …..(잠시 보다가)누가 그래?

은혜 이모할머니…..저번 설에 …할아버지 난리 치셨을 때…내가 속상해서

영애 (오버랩의 기분)그래 됐어….. 근데 엄마가 가진 조건은 꼭 할아버지가 아니래두/ 딴 집안들두 다 싫다 그럴 거야. 할아버지가 특별히 나쁜 분이신 건 아냐 은혜야..

은혜 그렇지만 둘이 서로 사랑해서 결혼한 거잖아..

영애 …(잠시 말문이 막혔다가)아빠한테 기대를 많이 하셨었어.. 부모는 누구나 그렇거든.. 아빠가 할아버지 자식 안한다 그러구 집을 뛰쳐나왔거든. 그건 부모로서는 정말 기 막히구 참을 수 없이 괘씸하구/무지 화나는 일이야….할아버지 그러실 수 있어 준서야…엄마두 부모 되니까 할아버지 조금은 이해가 돼..느이들두 이담에 부모 돼 보면

준서 (오버랩의 기분)그런데 왜 엄마한테 그러세요? 엄마를 사랑해서 아빠가 그러신 건데 왜 엄마를 미워하세요?

76

영애   엄마두 아빠를 사랑해서…엄마가 안 그랬어야하는데 엄마두
       아빠를 사랑하구 결혼까지 해버려서 엄마 밉구 싫으신 거야‥

은혜   말두 안돼‥

준서   누가 먼저 사랑했어요?

영애   ?….(웃으며)그건 하늘에 맹서하는데 아빠가 먼저‥

준서   그럼 아빠 잘못이 더 큰데 왜 엄마한테만 화를 내세요?

영애   아무래두 아빠는 자식이니까 그러시겠지?

은혜   고모는 왜 엄마가 아빠를 훔쳤대요? 아빠가 먼저 좋아했는데?

영애   (잠깐 찡그리며)엄마가 아빠보다 나이두 더 위구 아빠 선생이었
       으면서 제자를 바른 길로 인도 안하구 우웅‥ 아빠를 홀렸다구 생각
       하는 거 같아 아마.

준서   엄마가 그러셨어요?

영애   어머 아냐 준서야.(한 손 들어 보이며)아까 맹서했잖아‥아빠가
       엄말 얼마나 귀찮게 쫓아다녔는데‥아빠 안 붙여 줄려구 엄마 무지
       노력했었어어…

준서   아 그러니까 엄마는 첨엔 아빠가 싫었었구나‥

영애   싫은 게 아니라 너무 기막히구 어이 없었지이이‥

준서   그럼 언제부터 엄마두 아빠가 좋아졌어요?

영애   안돼‥ 오늘은 여기까지야. 그 담은 중학생 되면 얘기해줄게. (일
       어나며)엄마 바뻐‥고기두 나눠야 하구 할 일 많어‥

S# 일식집

    [초밥 한두 개 남아 있고]

지나   (장국 마시다가 멈춘)?…‥(보다가 장국그릇 내리면서)네에?

연우   (들고 있던 젓가락 놓으며 안 보는 채)우리 아버지 집념의 사나이

잖아..

지나 (황당해서)……

연우 (입 닦은 냅킨 내리며 여전히 안 보는 채)우리 아버지 황당하신 건 하느님두 못 말릴 거야..(사용한 냅킨 적당히 접으며)원래 지구는 못 사는 분인데 세월이 암만 가두 도대체 해결 안 나시나봐.. 언제가 되든 기어이 아들 도루 찾는 걸루 끝내구 싶으신 걸 거야 아마.

지나 ……(보다가 엽차 잔 집어 들어 마신다)

연우 ?(보며)왜.

지나 너무 비인간적이세요..아들한테 이기구 지구에 목숨 거셨어요? 벌써 아득한 옛날 일이구 애들이 둘이에요.. 말두 안돼요..(하고 잠시 보다가 다시)네 식구 너무너무 기분좋구 행복하게 잘 살구 있다구요./어이구 참 말….

연우 너 바보니?

지나 ??에?

연우 니 남자 뺏어간 여자 카버 하느라 침까지 튀겨?

지나 (그냥 본다)

연우 하기는 유치원 때부터 눈독들인 시우/늙은 여우한테 넘겨줄 때 벌써 알아봤지만.

지나 (그냥 본다)

연우 초등학교 같이 다니구 중고등학교 같이 다니구 도대체 몇십년이냐 /우리 집에 드나든 건 몇 백 번이구 그러구두 나자빠져?

지나 (웃으며)다 아물은 상처/진자 만날 때마다 비수루 그렇게 폭폭 찌를 거유?

연우 야 내가 너같으면 /어린 때 혹시나 또 해서 눈이 반짝반짝하겠

78

다..비인간적? 어이구 천치.

지나　나 혼자 짝사랑이었어어어.

연우　시끄러..시우두 너 좋아했었어..

지나　지금두 좋아는 해애. 사랑하질 않는 거지이이..

연우　초연한 척 하지 마 야..

지나　……(웃음기 없이 잠시 보다가)재미없다 언니..시우 행복하게 잘
　　　　살아요..지 와이프 정말 눈꼴시게 사랑하구 은혜 엄마두 정말 잘해
　　　　..좋은 사람이라구요…

연우　위선 떨지 마 너. 그리구 이런 얘기 입 쫑쫑 꼬매는 거야…극비야.

지나　….(잠깐 보고 시선 내려 엽차 잔 집으며)그 정도는 돼요 언니..

S#　운전하면서 골똘한 지나··핸드폰 건다··

　　　　F 신호 가는 소리.(금방 받는다)

시우　F 야아 나 좋아하는 사람이 왜 이렇게 많으니.. 핸드폰 켜자마자
　　　　연방이네…

지나　흐훗 그랬어? 지금..바뻐?

S#　아파트 현장 화장실

시우　(변기 물 내리면서)다른 현장 갈려구 움직이기 전에 오줌 눗는 중
　　　　이었어..왜.

지나　F 그냥..뭐하나 그래서. 난 점심 먹구 들어가는 중이거든.

시우　(화장실 밖으로 움직이며)모처럼 시간 맞춰 먹었다?

S#　지나 차 안

지나　엉 손님이 있었어..

시우　F 승조가 전화할 거야….

S#　지나 차 안

지나 왜 무슨 일루?

시우 F 걔 뭐 30억짜리 공사 끝구 들어갔다더라.

지나 (펄쩍)어머 동숭로 꺼 땄구나 걔…브라보. 간만에 애인 덕 좀 봤네 승조…

시우 F 그 친구가 물어다 준 거야?

지나 걔 외삼촌 건물이거든.

시우 F 아아..

지나 승조 한턱 쏴야겠다 시우야.

시우 F 엉 안 그래두 그 얘기야.. 뭉치자구.

S# **시우의 아파트 거실**

영애 (아이들과 긴 소파에 양쪽에 한 아이씩인데 준서는 영애 무릎 베고 누워 졸리고/은혜는 옆에서 엄마에게 기대어 책 보고 있다/작은 소리로 달콤하게 노래해주고 있는데)·····(노래 좀 나가다가)

준서 엄마..

영애 으응?

준서 있잖아요..

영애 네 말씀하세요.

준서 (몸 일으켜 엄마 보며)내가 나중에 커서 엄마 맘에 안 드는 색시랑 결혼하면 엄마두 내 부인 할아버지처럼 미워할 거에요?

영애 (웃으며)어어 너 그거 걱정돼서 아까부터 졸리다면서두 못 자구 있는 거야?

준서 엄마두 그러실 거에요?

영애 엄마 안 그래 걱정 마.

준서 약속하실 수 있어요?

영애   약속해‥

준서   후우우 살았다.(도로 눕는데)

　E 전화벨

두 아이   (동시에)아빠다‥

준서   (이어서)내가 받을래‥(수화기 든다)네에 박준서입니다‥

시우   F 어 준서야 엄마 안계셔?

준서   안 계시기는요. 바로 옆에 계시죠오‥

시우   F 점심 먹었어?

준서   그럼요.

시우   F 뭐 먹었어.

준서   피자요‥

시우   F 맛있었어?

준서   네 그런데 아빠 왜 전화 안 하셨어요?

S# 운전 중인 시우/쇼핑몰 근처 길

시우   (핸즈프리)어 아빠 오늘 쭈욱 회의하구 엄청 바빴거든. 엄마 좀
　　　바꿔줘.

준서   F 네에.(하고)아빠 엄청 바쁘셨대요.(전화 밖에서 하는 소리/스
　　　피커로 나오는)

영애   F 응 그래‥바꿨어요‥

시우   여보 나 점심 먹은 거 체했나 봐. 영 거북해 죽겠다.

영애   F 얼른 소화제 먹어둬. 안 먹었어?

시우   먹었는데 안 뚫리네. 어이 거북해.

영애   F 뭐 먹었는데/

시우   함흥냉면.

영애   F 그 매운 건 왜 먹어··걸핏하면 토하는 사람이. 배는 안 아파?

시우   아프지는 않아···배가 빵빵하게 부풀어 오르구 정말 죽겠어 여보··방구가 뿅붕 나왔으면 좋겠는데···

S# 영애 거실

영애   가스 찼나부다. 가스제거제 하나 사먹어봐 그럼··

시우   F 어 그래 그래야겠다····알았어. 나 지금 목동 현장 가는 중이야. 틈나면 또 전화할게··

영애   약 꼭 사먹어.

시우   F 응.(하다가)어 참 여보 나 오늘 좀 늦겠다··승조가 큰 공사 땄다구 한잔 쏜대··

영애   속두 거북하다면서/ 알았어··물론 지나씨두겠지?

시우   F 그럼. 빼면 섭하다지이··

영애   약 사먹어··

S# 차 안/

시우   네에 선생님. 하라는대루 하죠··· 끊어··(끊으며 기웃이 바깥 보면)

S# 시우 시각으로 쇼핑몰 전경

S# 쇼핑몰··

시우   (오픈 직전의 쇼핑몰 두리번두리번 훑어보며 빠른 걸음으로 걷고 있다)

S# 분양 사무실 앞

시우   (와서 노크한다)

여직원   (대답 소리)

S# 사무실 안

시우   (문 비죽이 연다)

[사무실에서는 분양 상담이 진행 중이다]

여직원 무슨 일로 오셨나요‥

시우 (시선으로 찾으며)예 저기…(하다 그만둔다)

재우 (소파에 길게 앉아서 신문으로 얼굴 덮고 낮잠)

여직원 사장님…(대꾸 없자 다가서서)사장님…

재우 (신문 치우고 찌푸리고 본다)

여직원 손님 오셨어요‥

재우 (무심히 고개 돌리다 반색으로 일어난다)어 왔니? 왔어?(부지런히
일어나 움직이며)들어와 들어와‥

시우 형이 나와요‥

재우 짜식 그래 알았어 임마.(하고 문으로)

[분양 상담은 한편으로 진행해 주세요‥]

S# 분양 사무실 문 앞(복도)

재우 (나오면서)못 온 다더니.

시우 아 불효자식 어쩌구 걸리잖아요‥목동 현장 가는 길에 잠깐 들
렸어요.

재우 (시우 등 가볍게 치면서)짜식 끝내주는 불효자식이면서두 그래
두 불효자식 소린 걸리디?(움직이면서)와 와 임마‥(시우 따르고)말
이야 바른 말이지야 그래/아버님이 심혈을 기울이신 작품/자식이
돼서는 아직 발자국 한 개두 안 찍구 말이 돼? 오픈이 낼 모렌데‥대
충 한번 훑어 보기라두 해라‥그렇게 심하게 싸가지없이 굴지 말구‥

시우 내가 봐서 뭐….분양은 어때요‥

재우 분양이야 다 됐지 99점 9프로 꽉 다 찼어‥

시우 분양 상담하구 있던데요?

재우   영점 1프로 남은 거..

S# 다른 공간/

재우   (간단하게 장소에 대한 설명하고 나서)너 우리 아버님 우습게 보
지 마라..기존에 어떤 대형 백화점하구두 다르구 상가하구두 다른
우리나라 최초에 쇼핑몰 시스템이야.직선거리가 300미터다 야..
건물과 건물 사이가 28미터구 보행 전용 공간이 총 3천평이나 돼..
달라. 따라와..(다시 걷기 시작하면서) 기찬 이벤트 얼마든지 할수
있구 휴식공간으루두 끝내줘..부지만 이만이천평 아니냐..

시우   ....(그저 같이 걷는)

재우   그뿐인줄 알어? 아버님 벌써 딴 꿈으루 달리구 계시다..저쪽에
민속촌 부지 매입해서 민촉촌은 그대로 살리면서 가구단지를 꾸
며 보시겠다구 물밑작업하구 계셔..사업은 점점 커지는데 믿을 인
간은 없구 여기저기서 크구 작은 사고는 터지지 지금 극도로 날카
로우시게 돼 있어..그러니까 니 생각만하면 그냥 오르시는 거야..

시우   너무 벌이시는 거 안 좋은데..경기두 불투명하구..

재우   아버진 운이 좋으시잖니..

시우   지금까지는 그랬지이..

재우   초치지 마라.. 아버지 혼자서 삼바춤 추시구 지루박 추시는 거
뵈면 정말 죄스럽구 송구해 죽겠다.. 수족 같은 사람이 백명두 부
족할 지경에 요즘 인재없다 정말..점점 인재난같아..

시우   ....

재우   속이 불편하시니까 요즘은 더 더욱이나 눈 만 마주치면 (걸음
멈추며 두 손 바지 주머니에 찌르고 바닥으로 고개 내리며)화 내시구 아
침에두 출근하시다가 느닷없이 니 형수더러 애 못낳는다구....어

84

어이 참 안 그래두 가여워죽겠는 사람한테 내가 아주 찢어진다 찢어져..

시우 .....(그저 보며)

S# 앉을 수 있는 휴식 공간

재우 오늘은 …밭이 나쁘면 밭을 바꿔보라는 말씀까지 하시더라구..

시우 (콜라 마시다가)? (멈추고)

재우 밖에서라두 낳아 들어오라구..

시우 형 그건 아니에요..

재우 아니지 야 그럼 그게 인간으루 할 짓이냐?

시우 ……(콜라 마시는)

재우 그런데 정말 그라구 닥달하시면 어떡하니 시우야..난 아주 소름이 끼친다…

시우 그거 한 번 해 보지 그러우 왜…인공수정..

재우 그 생각은 왜 안했겠니…조사해 봤는데 그거 확률두 이십 퍼센트 밖에 안 되는 데다 여자만 거의 다 죽게 고생스럽대. 도구나 서른 다섯이 넘으면 이십퍼센트 밖에 안되는 확률두 확 더 떨어지구 ….승산두 별루 없는 일에 그 고생까지 시켜가면서 그건 싫다..

시우 ….(보며)

재우 니 형수두 그렇게까지는 안 하구 싶다 그러구..(하다가)우리는 아무 문제없단 말야..애 없으면 어때.

시우 있으면 좋죠오..

재우 야 너 말이라구 하냐?

시우 답답해서요…

S# 영애의 거실 주방··

[소파에서 두 아이 발과 발이 마주된 자세로 낮잠 들어 있는데 그 위에 속살거리는]

경자 E 그래 알어 니말 무슨 뜻이지 알어. 나두 걔 뭐 그리

경자 썩 그런 건 아냐..(주방 식탁에서 깍두기 버무리며)

영애 …(그렇죠 하는 얼굴로 본다/ 옆에서 양념 거드는 중이다)

경자 애가 앵기는 맛이 도통 없는 게 밤낮 손님이지 어디 며느리감 같어? 깨 너..

영애 (통깨 볶은 것 한 숟가락 넣는데)

경자 하나 더 너.

영애 (한 숟가락 더 넣어주고)

경자 (버무리면서)그렇지만 니 어머니가 구린 입두 띠지 말자는데 뭐..그리구. 그 집이라구 우리 쪽이 좋기만 해서 그러겠어? 딸이 워낙 목을 매구…뭐냐 정호가 보니까 애가 그만하면 됐구 약사 사위 자기가 쓸모두 있구 그러니까 하자 그런 거지 /뭐 솔직히 톡 깨 놓구 우리가 트집잡을 처지야? (하나 먹어보고)됐다. 들이대..(영애 아구리 넓은 유리병 대고/깍두기 들어가기 시작)싫다구 하러 들려면야 그 집에서 뒤루 자빠질 일이지 우리가 텁텁한 얼굴 할 건 아냐…여름깍두기는 맛없다 너..

영애 엄마때매 그러죠오..

경자 정자 좋구 물 좋은 데가 어딨니..난 애 되려 그 여자가 잘났다 싶다..니 시집만큼 빽적지근하진 않어두 그래두 욕심을 부릴라면야 정호가 눈에 찰 거야?

영애 붙임성이 너무 없어요.

경자 싹싹한 맛은 없지. 그래두 정호랑은 잘 히히덕거려..

영애   아유 모르겠어요..암튼 전 찜찜해요..(하는데)

   E 전화벨

   [영애 화닥닥 달려나와 받는다/ 소파에서 잠든 두 아이 깰까 봐.]

   [아이들 큰 타월 한 장씩 적당히 덮어주세요.]

영애   (소리 죽여)네에.. (소리 죽여 대답하는데)

시우   F (그윽)

영애   ?여보세요? (무선전화 들고 주방 쪽으로 움직이면서도 애들이 신
   경 쓰여 돌아보며)

S# 운전하는 시우 자동차 안

시우   (마이크에 가까이 대고 그으윽 트림)

영애   F ? 당신?

시우   어 콜라 먹었더니 내려가는 모양야. 어떻게 난 줄 알아?..

영애   F (웃으며)전화에 이런 장난할 사람 누가 있니..다행이야 축하
   해.. 저기 마침 전화 잘했어 여보 /나두 잠깐 외출하는데 이모가
   오셔서 애들 봐 주실 거구 애들 저녁은 들어와 해줄 수 있어.

시우   F 어디 가는데.

영애   F 엄마..정호 결혼때매

시우   알았어..끊어..이따 만날 때까지 안녕 내 사랑.

S# 거실

영애   안녕..(전화 끊어 식탁에 놓고 싱크대의 눈같이 흰 행주 집어 드는데)

이모   얘 내가 해. 얼른 준비해.

영애   아직 시간 있어요..(식탁 훔치면서) 엄마 무릎은 좀 나지구 있는
   거유?

이모   (행주 뺏으며)나지기는 /더해지잖으면 다행이지..어제 박은 고쟁

이 스무벌 들구 밤 열시까지 돌아댕기면서 죄에 갈어 입히구 새벽
같이 된장에 박은 장아찌 꺼내 죄에 채썰어 묻혀서는 모르겠다 지
금쯤 다 나눴는지‥나보다 두 시간은 일찍 나섰는데‥

영애   (딱한 얼굴로 이모 보며)‥‥‥

S#   어느 독거 파파 노인 방‥

엄마   (노인 목 아래 높은 베개 넣어 놓고 머리 감겨 헹궈내는 마지막인 참
이다) ‥(대야에 물이 맑다.)다 됐어요 아주머니.(하며 타월로 머리 싸
고 대야 뽑아낸다)목 아팠지요‥(노인 못 듣고/악쓰듯)목이 불편했잖
으냐구요‥

노인   으응 괜찮어어.

엄마   (일으켜 앉히면서)내가 기운 있으면 번쩍 업어다 목욕탕에 데
리구 가 벅벅 씻어줬으면 좋겠는데 미안해요‥(뒤로 돌아가 머리 물
기 닦아주면서)기운 없어두 자꾸자꾸 움직여야해요 아주머니 엉금
엉금 기어서라두 끼니 거르지 말구 꼭꼭 잡수시구요‥아셨어요?

노인   (주억거리고)

엄마   요강 전부 다 비워서 깨끗이 씻어다 놨에요‥(요강 세 개) 에이
구 그리구 소변 보다 흘렸으면 종이루라두 좀 닦어요‥ 원 그거는
할 수 있잖어요‥

노인   몰렀어어‥

엄마   냄새두 안나요?

노인   (웅얼거리듯)몰렀어‥

엄마   (빗 집어 들고 숱 없는 머리 빗겨내리면서)에이그으으으(한숨 쉬
고)(혼잣소리)몰랐으니까 그랬겠지‥‥‥아주머니 씻겨 노니까 보얗
구 예쁘네 응? 으흐흐흐흐

S# 산동네

엄마 (구부리고 무릎 좀 서너 번 두드려 주고 허리 펴며)아ㄱㄱㄱㄱㄱ…후
 우우우우….(갈길을 보는)

S# 산동네 2

엄마 (걸어오고 있는 엄마··적당한 간격을 두고 후우우우 후우우우 숨 내
 쉬면서/ 버릇이다…)

S# 영애 아파트 승강기/

영애 (숫자판 보고 서 있다/ 승강기 멈추자 내릴 차비··문 열리고 내리
 려다)?

연우 (타려고 서 있다가)?…

S# 승강기 앞

영애 (내린다…벙벙한 채)

연우 (보며 조금 물러서듯)

영애 ……(웬일이에요?)

연우 (잠깐 시선 피하듯 하며)뭐… 올려면 못 올 거두 없는 집 아냐?(하
 며 본다)

영애 … 어떻게 알았어요?

연우 알려면 못 알 거두 없구·· 시우한테 안 건 아니야··

영애 ……(보는)

연우 (약간은 호의적인 냄새)어디 가는 길이야? 잠깐 한 십분 쯤 내가 필
 요한데··

영애 ……(보며)

S# 근처 카페··

 [놓여지는 냉커피]

연우   (커피에 시럽 부으며)밝은 데서 보니까 많이 상했다..힘들었나
       부지?

영애   ....(잠깐 보고 만다)...

연우   이사하는 게 힘들지이....(시럽 놓는)

영애   (시럽/아마 따로 줄 거예요/들어 따른다)

연우   (빤히 보며 커피 젓고)

영애   (그냥 커피 젓는다/젓고 젓는 막대 빼내며 본다)

연우   (얼른 시선 내리고 커피 잔 집어 들어 마시는)

영애   (가만히 보는)

연우   (마신 글라스 내리며 안 보는 채)누군 이사 안해봤나(하고 본다)

영애   (그저 가만히 본다)

연우   (잠깐 마주 보다가 털듯이)그래 본론 들어가자. 나두 정말 너랑
       내 사이가 왜 이렇게 됐는지 짜증나..내 입장이 이게 뭐니... 날 악역
       으루 만든 건 너야..

영애   나 시간 그렇게 많지 않아요..

연우   야 그냥 편하게 해. 시누 올케하지 말구.

영애   (쓴웃음)나중에 꼭 뒷말하잖아요..

연우   얘는 내가 언제

영애   (오버랩의 기분)나는 이게 편해요..

연우   .....(보다가)아버지가 애들하구 시우 놓구 너 나가랜다.

영애   ???(표정에 특별한 변화는 필요 없음)

연우   한동안 별말씀 없으셔서 이제 그냥 넘어가시나부다 그랬는데
       그게 아니셔..

영애   .....(그저 보며)

연우 아버지 특사루 왔을 뿐야. 아버지 뜻 전달만 하는 거지 나하군 상관없어. 이번에는 보상이 크더라. 건물 하나 줄 테니까 팔아서 들구 외국으루 나가든지 어쩌든지 행방 감추래.. 청담동 자동차 대리점 들어가 있는 거/ 알지? 평생 잘 먹구 쓰는데 아무 지장없겠드라..

영애 ……(그저 보며)

연우 우리 아버지 황당한 건 뭐 새삼스럴 거 없는 거구 너두 지긋지긋하지 않니? 아버지 돌아가실 때까지 이러구 살아야할텐데 너두 알다시피 우리 아버지 너무 건강하셔..백살 너끈히 사시구두 남을 거야……(보다가)심각하게 한번 생각해보는 게 어때 응?

영애 (오버랩의 기분)내…목숨을 포기해두 애들하구 그이는 포기 못해요…아니 안해요….

연우 ……(보다가)그래 쉬운 일은 아냐…나두 알어..그렇지만 너/ 너에 대한 아버지 증오심 징그럽지 않니? 도망치구 싶지 않어?

영애 (오버랩의 기분)한 시기에는 옛날에 ..그 옛날에 정말 ….도망쳐 버렸으면 좋았을 걸 /생각해요..

연우 (달래듯)지금두 안 늦어.

영애 (오버랩의 기분)지금은 그런 후회 안해요. 어떤 압박을 받아두 나는 내 결혼과 선택…. 완성품 만들 거에요..

연우 …(보다가)애 그래 니 말은 멋있는데?

영애 (오버랩의 기분)나 약속 늦겠어요..(소지품 챙기며)그만 일어나야 해요..

연우 ….(보다가 저도 소지품 챙기면)할 짓이 아니다 정말..

영애 (나간다)….

연우 (일어나며 혼잣소리로)몰라 용돈 값은 했으니까··(하고 카운터 로/ 찻값 내고 있는 영애)얘/ 은혜엄마 내가 낼게.

영애 이 정도는 할 수 있어요··(나간다)

연우 (약간 병 찌는 기분)

S# 버스 타고 있는 영애···

영애 ·····(무심하게 창밖 보면서)······(무심한데 황량한 심정이다/)

S# 어느 일급 호텔 로비로 들어서고 있는 영애

정호 (기다리고 있다가)누나··

영애 어 나 좀 늦었어 미안해··

정호 (벌써 라운지 쪽으로 움직이려 하며)막혔어요?

영애 아냐 좀 그랬어.(같이 걸으며)예쁘네?

정호 (조금 웃으며)사주셨어요.

영애 엄마는

정호 오셨어요.

영애 모시구 나왔니?

정호 아뇨··우리는 약국에서 오구요··

영애 으응(그래 그렇지)

S# 라운지··

[엄마는 엉거주춤. 다 같이 일어나 있는 상황]

영애 죄송합니다 제가 좀 늦었어요··

소정모 네에 많이 늦지는 않으셨어요··

영애 은혜 엄마라고 합니다··

소모 소정이 엄마에요··애는 작은 딸.

유정 (오버랩의 기분)유정이에요. 미인이시네요.

소모 쯧(결례야) 천방지축이에요. 죄송해요‥

영애 아니에요 기분 좋아요‥고마워요.(유정에게)

정호 앉으세요 어머니/ 앉으세요(장모)‥

[모두 앉는다‥‥‥다른 사람은 모두 찻잔이나 주스 잔이 있다‥]

정호 누나 뭐 차‥

영애 어 아냐. 그만둬‥‥방금 마시구 왔어‥

정호 그래두

영애 됐다니까‥ 부르지 마‥(정호 그만두고)

엄마 (작게/오버랩의 기분)늦지 말지‥

영애 죄송해요‥‥(하는데 영애 핸드폰 울린다/ 조금 당황하며)죄송합니
다‥(전화 보고)잠깐요. 실례하겠어요/(조금 돌아앉으며 작은 소리로)
왜요‥

S# 목동 건설 현장

시우 뭐 어려운 자리야? 왜 그렇게 기어 들어가‥‥그럼 간단히 할게‥이
모님 애들 쭉 봐주심 안되나? 지나가 저녁 자리에 당신두 나오면 안
되냐 그래서‥‥엉 그래 알았어. 들어가.

S# 로비

영애 (전화 끊고 전원까지 끈다)

엄마 애비?

영애 네‥

엄마 전화는 참 뻔질나게 하지‥(사돈에게)저거(핸드폰)없을 땐 어떻
게들 살았는지 모르겠어요‥

소모 네 그렇죠?

엄마 (영애에게 따로 말하듯 작은 소리로)더위 좀 가시면 식 올리자 그

러신다..

영애 네에..(하며 소정모 보고)

소모 어차피 시켜야 할 결혼이면 늘쩡거릴 거 뭐 있나 그러네요..(딸
보며)합치구 싶어 몸살난 애들 고문할 거 없이 구월 시작하면

소정 (속 느글거려 인상 쓴다/그 위에)

소모 E 바로 식 올렸으면 해요..

영애 (정호 보며)너무 급하지 않니? 팔월 다 됐는데..

소모 급한 건 우리 쪽이지요..그렇지만 뭐 돈이면 안되는 거 없는 세
상이니까 하러들면 하루에라두(하는데)

소정 (입 틀어막고 나간다)

엄마 ???

영애 ??(엄마랑 한 화면에서/ 시선이 정호에게)

정호 ..(아는 일이다)

소모 뭐해. 나가 봐.(좀 화나서)

유정 뭐 아는 병인데.

소모 (째리고)

유정 (불만이지만 일어나면서)주책.(나가고)

정호 (슬그머니 일어나 나간다)

소모 그래서....듣기루 유서방 있는 방은 혼자 지내기두 그렇다 그러
구 따루 집 만들어 주시기두 부담스러우실 테구(하는데)

엄마 (오버랩의 기분)저기 혹시 쟤가……

소모 부끄럽네요..(시선 내리며)

엄마 (아아 그래서 서두는구나..하는 얼굴하고 영애 돌아본다)

영애 (시선 내리고)….

엄마 (그만두고)이거 원···죄송스러워서 즈쯔즈즈 망한녀석·····

소모 세태따라 가야죠···요즘 젊은애들 드문 일두 아니구요··어제 밤에 알았어요·· 유서방한테 실망을 안 한 건 아니지만 이해해야지 어쩌겠어요··그래서 여러 가지루···혼수 들이기두 그렇구 출퇴근 하기두 훨씬 낫구···애들 살림을 즈이 집에 차렸으면 하는데요···

영애 (엄마 돌아본다)

엄마 (한 화면/소정모 보면서)······

소모 서운하시겠지만

영애 저기(오버랩의 기분)

엄마 (오버랩의 기분)가만 있어··저기·······(한참 동안 머뭇거리는)

소모 (무슨 말인가 하려는데)

엄마 예 그렇게 하세요··

영애 엄마··

엄마 그렇게 하세요··(끄덕이며)우리 집은 좁아터지구 또 덥구 춥구 소정이가 힘들 거에요··그러세요··

소모 이렇게 흔쾌히 허락해 주셔서 고맙습니다··

엄마 (딸 돌아보며)정호 출퇴근두 수월하구··(변명하듯)

영애 ···(그냥 보며)

S# 호텔 화장실 근처··

정호 (안 나오는 두 여자 기다리며 좀 안절부절)

S# 화장실 안

소정 (변기 끌어안고 왝왝)

유정 (등 두드려주며/화면 시작과 동시)웃긴다 진짜···어디서 비린내가 났다 그래. 비린내 날 게 있어야 나지··

소정   낳다 말야..

유정   (물 내리며)아 그래 낳다그래 낳다 그래.. 어이그으 주책..(휴지
        잘라 주면서)나두 토하겠어..어으 드러.

소정   (닦으며 나간다)

유정   (따라서)

S# 화장실

소정   (거울 앞에서 얼굴 다듬는)

유정   (같이 제 얼굴 거울에 들이대고 만지며)피임하면서 놀지 바보.

소정   (째려본다)내가 놀았니? 우리가 논 거야?

유정   쪽 팔리잖아..

소정   뭐가 팔려. 난 하나두 안 팔려.

유정   ??(보는/어으 뻔순이)

S# 엄마의 방

엄마   (평상복 상의 단추 꿰면서)호텔이라는 데가 증말 호사스럽더라..

영애   (엄마가 벗어놓은 모시 치마 저고리 간추리면서)정호 따루 갔다면
        서요. 어떻게 찾아갔수?

엄마   택시 탔지이..(버선 집어 간추리며)그 왜 비잉빙 도는 문 있잖냐.
        보니까 사람들이 그리루 통해서 잘두 들어가구 나오는데 왜 그렇게
        다리가 후둘거려? 잘못하다가는 끼어 죽을 거 같구/ 그런데 마침/
        어떤 청년에 날 보더니 눈칠 챘어..그 청년 손 잡구 들어갔잖어..

영애   고맙네요..(가슴 아픈데)

엄마   고맙다구 했지이..

영애   (오버랩의 기분)왜 허락을 해요..그건 데릴사위 주는 거나 마찬가
        지잖아요..

엄마　……(웃음기 없어지면서/영애가 갖고 있는 치마 저고리 빼낸다)

영애　으응?

엄마　데릴사위 하라지…

영애　엄마‥

엄마　소정이 엄마가 박사랜다 얘 약학박사.

영애　아이 박사거나 말거나 엄마 (그 얘기가 아니잖아)

엄마　(오버랩의 기분)요즘 아들놈들 장가가면 다 황이래‥ 괜찮어.

영애　원룸 얻어줄 돈은 만들어 놨다면서 왜 아뭇 소리 안하구 앨 내
　　 놔요‥

엄마　즈이끼리 사는 거 보단 얻어먹는 거두 더 잘 얻어먹을 거 아냐‥

영애　……(보며)

엄마　내가 무슨 권리가 있어

영애　……

엄마　나 정호한테 권리 없다‥저 똑똑해 공부 잘 하구 박사하구 사둔
　　 묶어주구 그저 고마울 따름이야‥

영애　(엄마 보며 속상해 죽겠다)……(눈물이 크렁크렁)

엄마　(딸 보며)너 어이 가서(애들 챙겨/하려다가) 왜 그래애애‥

영애　아니에요‥

엄마　참 승격 이상하다…괜히 왜 그래(하는데)

청년　E 할머니이 장사 안해요?

엄마　아이구 손님왔다‥(무릎 짚고 일어나며)예에에에‥

S# 서울 야경 인서트

S# 아파트 거실

영애　(빨래 개키고 있다/특별히 분위기 잡지 말고 일상적인 손놀림으로/

대부분이 아이들 것/남편 것도 섞여 있지만)....

    M 플루트 음악 흐른다.....

    E 현관 벨‥

영애   (일어나 현관으로)정호니?‥

정호   E 네에.

영애   (현관으로)

S# 아파트 공원‥

정호   …(잠깐 땅 보고 있다가 누나 보며)네‥나두 동의했어요…

영애   아무하구두 의논 한 마디 없이‥

정호   (시선 내리며)네…

영애   내가 이렇게 섭섭한데 엄마 어떠실 거 같니……원룸 싫다대?

정호   그돈 그냥 어머니 갖구 계신 게 좋잖아요‥

영애   엄마 생각해 줘 그런 거야?

정호   소정이가 힘들어요…편안하게 자유롭게 살던 애가

영애   원룸이 부자유스러울 게 뭐 있어‥

정호   …그렇게 됐어요‥

영애   (오버랩의 기분)엄마나 나나 도 이모님이나‥우린 그렇게 생각 안 하는데 너는 우리랑 다른 것 같아서‥‥좀 그렇다…

정호   그런 거 아니에요‥

영애   나두 엄마한테는 조금두 좋을 거 없는 결혼이구…나때매 얼마 나 많이 겪으셨니‥‥그래서 너만이라두 우리 형편하구 크게 안 다 른 집에서 자란/그냥 평범하구 소박한 아이였으면 했었어‥

정호   누나 난‥그런 게 싫어요‥

영애   ……(보는)…어떤 게.

정호　힘겹게 사는 거요…

영애　……(보다가)그럴 수 있어 그래…이해해……그럼 더 말할 거두 없
　　　　겠다…엄마두 양해하셨구…엄마가 그러시는데 내가 주제넘을 거두
　　　　없지 뭐·· 그래 알었어…

정호　뭐가 걱정돼 그러는 지 알어요…잘 할게요…너무 걱정하지 마세요
　　　　누나··

영애　응…그래 고맙다……니가 아들이니까…·너 엄마/ 아들이잖아…

정호　네··

영애　가…

정호　들어가세요··

영애　그래 나는 들어가구 너는 가구 그러자··(둘 같이 움직이며)엄마
　　　　한테 재롱 좀 떨어드리구 자라··

정호　네…매형이 늦으시네요··

영애　모처럼 술 먹는다 그랬어··

S# 어느 바

승조　어 평당 2천육백짜리야··

시우　(술잔의 얼음 흔들며)순 도둑들·· 무슨 인테리어가 평당 이천 육
　　　　백식이나 들어 뭐 금바르구 거기다 다이아몬드까지 박냐?

승조　금 바르구 다이아몬드 박구 에메랄드 루비 사파이어 다 박지이··

지나　바닥은 비취루 깔구. 호호호호홋

시우　그래 알었다 무식하단 소히 합작으루 하는 거지?

지나　머리 좋으네에?

승조　하하하하

시우　죽는 소리 하더니 사장한테 면 좀 섰겠네··

승조 그 정도로 면까지 세울 건 아냐..

지나 뭐어 요즘같은 불경기에 가뭄에 단비 아냐?

승조 단비까지는 아니구 손닦는 타월로 입술 닦는 정도는 되지.

지나 엄살 공주야 암튼.

승조 정말야 애는 내말은 곧이를 안 듣더라..

지나 너 그러면서 내 돈 박박 깎는 거 나 알아...

승조 어 또 비열한 놈 만드네..

시우 아 우리 집 화장실 고쳤다 참..

지나 어 축하해.. 은혜엄마 가쁜하겠네? 죽겠는 모양이던데..

시우 팔짝팔짝 뛰더라..그럴 때 보면 은혜보다 더 어려.. 하하하

지나 (아니꼬와 쏘아보는)

시우 (지나 보며 일부러)귀여워서 깍 깨물어줬지.

지나 (물 잔에 손가락 넣어 튀긴다)

시우 (피하며 으흐흐흐흐)

승조 성생활 전혀 안되는 노처녀놓구 그거 악취미야.

지나 되는지 안되는지 니가 어떻게 알어?

승조 왜 몰라.

지나 애 (검지 까딱거리며)요 손가락 요러면 허겁지겁이구 (가운데 손가락 까딱거리며)요 손가락 이러면 허둥지둥이구 (새끼손가락)요 거 요러면 죽자사자 최소한 셋은 거느리구 산다 내가.

승조 푸우(술 품으며)그거 한꺼번에 하면 볼만하겠다 하하

시우 징하네에에..

지나 깔깔 말이 났으니까 말인데 박시우/니네 성생활은 어떠니.

시우 왜 남에 규방이 궁금해.

100

지나 남자들 결혼하구 좀 지나면 마누라한텐 시들하대잖어. 넌 어
     떤가 오래 전부터 궁금했었어‥

시우 웅‥ 하영애 선생님께서 좀 버거워하시지‥ 내가 아주 용감하구
     무식하구 씩씩한데다 타고난 밝힘증이거든‥

지나 (아예 물 잔 집어 부어 버린다)

시우 아으으 야.

승조 하하하 그러니까 그건 왜 물어‥본전두 못 찾을 걸‥

지나 후우우 /(한숨 토하듯 하고 일어서며)나 체중 좀 줄이구(나가는데)
     [승조 또래 청년 하나 들어온다.]

지나 어 경구씨

경구 안녕하세요‥

지나 (손 내밀며)오랜만이네요? 우린 벌써 취했는데 왜 늦었어요‥

경구 선약이 있었어요‥

지나 조기요‥승조야.

승조 (벌써 일어나 서서)어(손 들어 보이며)

경구 좀 늦었어‥ 안녕하세요.

시우 (손 내밀며)반갑습니다‥배경이 막강한 모양인데 앞으로도 승
     조 좀 팍팍 밀어주십쇼‥

경구 제가 뭘요‥

시우 야 여기 잔 달래.

승조 어 이 친구는 술 못해‥(시우 ?)앉어 (경구 앉히고)저기 여기 다이
     어트 콕 하나 주세요‥

종업원 네엣

승조 (경구 옆에 앉으며)얘기 잘 됐어?

경구　영 뺑알거리기만 하구 잡히질 않아··

승조　요새 말루 코드가 안맞아?

경구　안 맞아./ 다른 선 찾아야겠어.

시우　(술 마시는 시우 위에)

경구　E (연결)많이 마셨나?

승조　E 아냐 적당히··싫어하잖아··

S#　바 바깥(밤)

[나오는 세 사람··]

경구　(자동차 몰고 나와 선다)···

승조　니가 배달해··(타려 하며)

지나　빠아이.

시우　너 피봤다··

승조　(타며)그래 산하를 벌겋게 물 들이구 있다··

[같이 웃고··이어서 지나 자동차 대리운전사가 댄다··]

시우　(뒷좌석 문 열어주고)

S#　차 안

지나　(타면서)***으루 갔다가 ***까지 부탁해요.

기사　네에

시우　(타면서)아냐 너 내려주구 나 택시 탈게··

지나　시끄러. 내가 배달하기루 했잖아··

시우　시끄러··***로 갑시다.

기사　예에.(출발한다)

시우　쟤들 얼마나 됐지?

지나　한참 좋을 때지··한 사 개월 되나?

시우　.....

지나　애 괜찮지?

시우　음 괜찮아..

지나　편하게 기대..잠깐 졸아라.

시우　그럴까? (기댄다)

지나　많이 마셨니?

시우　적당히..근데 피곤해..오전 내내 터지느라 정신 없었구 오후두 발바닥 불나게 바빴었어.

지나　에이에스?

시우　아니 본사에서..(하며 눈 감는다)

지나　.....(보며)

S#　아파트 거실··주방··

영애　(주방에서 녹차 빼고 있다)·····(녹차 잔 들고 거실로)·····(한 모금 마시며 시계 보면)

　　[열한 시가 넘어 있다··]

영애　(찻잔 든 채 버티컬 조금 열고 테라스로 나간다)

S#　테라스

영애　(나와서 차 마시며)·····

S#　인서트/영애 시각으로 맞은편 아파트 건물/ 시선이 움직여 광장으로/

S#　영애·····차 마시며······

S#　거실

시우　(열쇠로 문 열고 들어오며)여보 나 들어왔어··

　　[거실은 비었고 침실문 열었다 닫으며]

시우　??(두리번거리다 버티컬 한쪽이 좀 흔들리는 것 보고 그쪽으로)

S# 테라스

시우   (망 창 열며)여보.

영애   ? 어 몰랐어.(서둘러 거실로)

S# 거실

영애   (들어오며)이 시간까지 술 먹느라구 고생했네?

시우   뭐야 나 안 들어와서 슬퍼하구 있었어?

영애   응 뛰어내릴까 어쩔까 갈등하구 있었어.

시우   하하 홀애비될 뻔했나?(가볍게 안고 쪽 하고)애들 먼저 봐야지.(애
      들 방으로)

영애   깨우지는 마.

시우   알았어.(은혜 방으로)

S# 은혜의 방

시우   (은혜 침대에 옆으로 걸터앉아 은혜 안고 귀에 대고)은혜야 아빠 들
      어왔어.

은혜   (대답처럼 아빠 머리 안는다)

시우   그래 잘자아아?(은혜 대답 없고 시우 일어난다)

S# 거실

시우   (나와서 준서 방으로)

영애   (마시며 보고 섰다가)속은 괜찮아?

시우   ?...어...잊어버렸었다...(하고 괜히 끄으윽 해보고)아직도 좀 그래..
      (하고 준서 방으로)

영애   (찻잔 놓고 침실로)

S# 준서의 방

시우   (은혜한테 했던 것처럼)준서야 아빠 들어왔어..

준서   (반응 없고)

시우   (궁둥이 두 번 툭툭 두드려준다)

S# 거실

시우   (나오는데)

영애   (긴 소파에 앉아서)이리 좀 와 봐.

시우   씻어야지.

영애   씻기 전에 좀 보자구‥

시우   (옆에 와 앉으며 한 팔로 어깨 안고)왜 여기서 일 벌이자구?

영애   (밀어내며 한 손 잡아당긴다)체한 거 내리는데는 이게 최고야/(사혈침 들고)

시우   (기겁을 해서 손 빼며)아아 아냐 다 내려갔어 다 났어‥(벌써 침실로 달아난다)아무렇지두 않아. 시원해.

시우   E 완전히 깨끗해‥다 내려 갔다구‥

영애   (사혈침 들고/전 같았으면 깔깔거렸겠지만)

S# 불 꺼진 거실‥

S# 침실

영애   (침대에 기대어 앉아 책은 펼쳐진 채 내려놓고)‥‥

　　　　[마지막 물소리 들리다 그친다.]

영애   (시선이 욕실로‥)

시우   (젖은 머리에 타월 길게 덮고 드라이어 들고 나온다)

영애   (벌써 침대 내려서고)

시우   (화장대 의자에 앉는다)

영애   (드라이어 받아서 꽂아 놓고 타월로 머리 물기 더 닦아주며)승조씨가 데려다 줬어?

시우 아냐 걔 술 못 마시는 친구 차 타구 가구 지나 차 대리운전 시켜
데려다 주구 거기서 택시타구 왔어.

영애 승조씨 친구 누구? 새루 사귄다는 사람?

시우 엉··술을 못마시더라구··

영애 대리운전이면 당신 먼저 떨어트려주구 감 되지 왜 남에 남편 택
시 값 쓰게 해?

시우 그럴 작정이었구 지나두 그러자는데 그게 늦은 시간에 여자
혼자 태워보내는 게 좀 찜찜하더라·· 사람 믿을 수가 있어야지··(하
며 뒤로 한팔 돌려 아내 안듯이)

영애 잘했네···(하고 드라이어 스위치 넣어 머리 말리기 시작)···

시우 (드라이어가 작동되자 아예 돌아앉아 아내 허리 두 팔로 안고 머리
붙이고 눈 감는다)·····

영애 ······(머리 말려주면서)

S# 박회장 거실

　[박회장 들어오고 재우 따라 들어온다.]

　[사용인들과 정원 인사/]

박 연우는 지 집에 갔나?

장 자나봐요·· 허서방 오면 간대요··

박 (이 층으로 몸 돌린다)

장 자는 애 왜 깨워요··

박 애비 들어오는데 잠이 뭐야··자식이··

S# 연우의 방

연우 (엎드려서 체리 먹으며 아주 편한 자세로 전화하는 중이다)미투우
···미투우라구 <u>ㅎㅎㅎㅎ</u>···응···응···엉·····그래애 좀 당겨봐··보구 싶어

죽겠어어어‥‥그래 몸살난다 몸살나‥응? 낄길길길‥(하는데)

　　[문 펄쩍 열리고 박회장 들어선다‥]

연우　(기겁을 하게 놀라 벌떡 일어나다가 체리 씨가 걸려서 캑캑 씨 토하고)어이 아버지지이‥ 노크두 안하시구 그럼 어떡해요오오‥ 끊어 응(끊고)‥ 기절하는 줄 알았어요오‥

박　　누구야‥

연우　허서방이지 누구겠어요‥

박　　어떻게 됐어.

연우　만났어요.

박　　그래서

연우　목숨을 내놓지 시우랑 애들 못 내 놓는대요‥

박　　(딸 보며)‥‥‥

연우　그렇지 그럼 순순히 물러난다 그러겠어요? (다음은 혼잣소리처럼)버틸 때까지 버티면 차지가는 게 얼말텐데 고거 받구 나가 떨어져요. 나래두 그렇게 안하겠다‥

박　　차지갈 게 뭐가 있어. 그놈은 상속 포기 각서 쓴 놈야. 변호사한테 넘겨놨어‥

연우　시우한테 미련 못 버리시잖아요‥

박　　그리구 또 뭐래‥

연우　어떤 난관이 있어두 자기 결혼과 선택 완성시킨대요.

박　　문자는/꼴에‥그래 너는 뭐랬어.

연우　저두 애 엄마에요 아버지‥더 이상 뭘 어떡해요 잔인하게‥

박　　이년아 고게 용돈 값이야? 도루 내놔.

연우　다 썼어요‥

박   ....(노리듯 보다가)비싼 심부름 값 치렀다..(하고 돌아선다)

S# 계단 /거실

박   (이 층에서 내려와 아직도 대기 중인 사용인들과 재우 내외 스치면서

정원 한번 일별하고 안방으로)

재우 안녕히 주무십쇼 아버님.

박   (무응답/ 들어가 버리고)

재우 들어가세요.. 올라갑시다..

S# 안방

박   (아내 옷 시중 받으며)큰애하구 애기 좀 했어?

장   무슨 애기를요.

박   거 뻔히 알면서 되묻지 좀 마. 기운 빠져.

장   .....

박   아앙?

장   나무랄 데 없는 애 에요. 괴롭히지 말구 가만 내버려둬요.

박   생산을 못하는데 나무랄 데가 없다는 게 이게 무슨 소리야..

장   글쎄 그건 인력으루 안되는 거에요. 점지를 안 해 주시는데 으떡

해요.

박   당신 불사에 을마나 바쳤어..

장   (조금 날카로와지면서)부처님 들먹이지 말어요..

박   (타협적으로)애 데리구 백일기도라두 해보던지 무슨 방도를

좀 찾아보란 말야 내 말은..

장   중생들 소원 들어주시느라 부처님 현기증나요.. 양말이나 벗어요..

박   (주저앉아 양말 벗으며)부처님한테 산삼이라두 바치구 애 얻어 와..

장   (보며).....

박   답답한 눔 같으니라구……누굴 닮아 저렇게 맹꽁이야 저눔은.

장   준서 있으면 됐잖아요‥

박   그눔이 내 손자야?

장   ??시우 녀석 씨다른 자식이냐?

박   늙으니까 발에 땀두 안나‥

장   체신 좀 지켜요‥며느리 생산 못하는 트집 시아버지가 잡을 일 아
        니에요‥

박   당신이 강 건너 불이니까 그러지.

장   나무 관세음보살.

박   아미타부울‥

S# 시우의 침실‥

시우   (기대어 누워서 한팔 베개 아래에 넣고)……

        [욕실에서 물소리…]

시우   뭐해애…

영애   E 다 됐어…

시우   ……(뭔가 생각하는)

영애   (타월에 손 닦으며 나오며)어디서 물 맞았어? 와이셔츠 가슴이 왜
        쭈글거려‥ 날씬하게 다려 입혀 내보냈는데?

시우   어어 지나가 장난치느라 물벼락 줬어‥

영애   ??

시우   술 마시다 …내가 싱거운 소리 했거든‥

영애   (침대로 오르며)무슨 소릴 했는데 남의 남편한테 그런 짓 해?

시우   우리 잠자리 궁금하다 그러드라‥

영애   ?

시우   E (영애 위에)내가 그랬지. 나는 선천적인 밝힘증 환자라

시우   당신이 상당히 버거워한다구. 그러니까 확 끼었더라구.(아내 안
        으려 하며)

영애   (밀쳐내서 싫어서)무슨 그런 얘기까지 하는 거야?

시우   질문하니까 대답해줘야잖아.

영애   갠 별게 다 궁금하다··

시우   글쎄 말야.

영애   버거워한다는 건 내가 늙었다는 뜻?

시우   ??(좀 그렇다)아니 이 내가 짐승에 가깝다는 뜻이었어··(안으려
        하며)

영애   (밀어내며)싫다··걔랑 나 없는 자리서 그런 얘기까지 하면서 히
        히덕거리는 거.(등 돌리고 스탠드 끄고 눕는다)

시우   (슬그머니 일어나며)···그런 건가? 기분 나뻐?

영애   (도로 일어나 퍽퍽 두드려 베개 편하게 만들면서)내 남자가 지 자
        랑하느라 나 나이 많다는 거 은근슬쩍 강조하구 걔들은 물 끼얹으
        며 재밌어라하구 기분 좋겠니?

시우   뭘 그렇게···기분 나쁘면 미안해···미안해요 은혜 엄마.(건드리며)

영애   (쳐내면서)언제 철 날 건지 참·· 어이구우우 내 팔짜야··

시우   (건드리며)잘못했다구우··

영애   (쳐내고)

시우   진짜 화 나셨네···(퍽 누우며)기집애 쓸데없는 질문은 해갖구 가
        정불화 만드네 그거··

영애   ····

시우   (고개 돌려 아내 눈치 보는)·······(그러다가)어이 아무래두 다 안 내

려간 거 같다… 거북해…(하며 일어난다/아내 눈치 또 보며)그으윽 그
으윽/(가슴 쿵쿵 치고)

영애 ??

시우 여보 나 좀 따 줘야겠어.. 바늘 어덨어..

영애 (벌써 일어나기 시작/ 화장대 서랍에서 바늘 꺼내 들고 침대로 마주
앉는다)

시우 (눈치 계속 보며)

영애 (뚝뚝한 얼굴로 어깨서부터 손까지 두어 번 훑어 내리고 엄지 손가
락 잡는다)

시우 (저도 모르게 오그라드는 손)

영애 싫으면 말구..

시우 아냐 안 싫어 해 해..

영애 (바늘 들고 찌르려는데 찌르기도 전에)

시우 아야야야야야야(펄쩍 펄쩍)

영애 (보는/어이없어)

시우 (손가락 보고)아직 아니구나..

영애 (픽 웃어버린다/어쩔 수 없이)

시우 (그러는 영애 안고 벌렁)

영애 (밀어내며)늙은이 버거워어 저리 가. 저리 가아아아아!!

시우 아니 그냥 안기만 하자구…당신 냄새만 맡으면 돼…나두 기운
없어어어..

영애 (밀어내던 것 그만두고)

시우 (안고 숨 들이마시며)우우움 냄새 좋다아아아…

영애 ….(한동안 그대로 두었다가 가만히 머리 만져주기 시작하며)…..

S# 아파트 전경(이른 아침)

S# 침실

영애 (아침 준비하다 들어와서 시우 깨운다)여보 일어나 그만. 일어날 시간이야..

시우 오분만..

영애 오분 찾아 먹었어 얼른 일어나 응?....(반응 없자 이불 홀랑 제치고 엉덩이 두드려주면서)얼른 얼른 착하지? 얼르으으은..

시우 (일어난다)

영애 얼른 내려서..

시우 알았어알았어..(움직이는데)

S# 욕실

영애 (들어와 칫솔에 치약 묻히는데)

시우 (들어온다)

영애 소변부터 보구.

시우 엉..(변기로 가서 소변 보려)

영애 (나가려는데)

시우 잠깐 있어봐..

영애 ??

시우 (소변 보는 데 길다)

영애 참 기일어..(픽 웃으며)

시우 (세면기로 오며)있지이....아니다 이렇게 할 얘기가 아냐..나중에 합시다.(칫솔 집어 들어 입에 넣는데)

영애 왜 뭔데에…

시우 나중에 해..

영애 신경쓰여 무슨 얘긴데에..

시우 (칫솔질하며)나중에..

영애 그만 살자구?

시우 ?뭐?

영애 얘기 해 뭐야..

시우 (칫솔 빼고 뱉으며)알았어 그래. 내가 성격 모르나...(입 대충 헹구고)당신 아들 하나 더 낳을 수 없을까?

영애 ???미쳤다..어이 세수나 하셔..(하고 나간다)

시우 ....(칫솔 들고)

S# 주방..

영애 (부지런히 상 차리는 중)

시우 (옷 다 입고 나와 식탁에 앉으면서)형네 말야 애 없다구 아버지한테서 스트레스 엄청 받나봐..

영애 ??(움직이다 돌아보는)

시우 (콩나물국 한 번 먹고 밥 말면서)형이 아주 환장하겠대 속상해서..

영애 뭐야...아까 그 얘기가 그럼

시우 (오버랩의 기분)형이 그런 건 아니구 그냥 우리가 어떻게 도울 수 없을까 그래서

영애 (오버랩의 기분)기막혀 무슨 조선왕조에 사니? 그리구 둘 다 이상 없다는데 그럼 인공수정이라두 시도해보면 될텐데 그거 안하잖아..

시우 알아봤대. 근데 형수 나이두 너무 먹었구 확률두 형편없구 여자만 죽게 고생하구 그렇다는데?

영애 그럼 그냥 살면 되지 두 사람 서로 좋잖아..

시우 아버지가 괴롭히시니까 그러지··

영애 (불현듯)당신 아버진 며느리 괴롭히다 죽은 귀신에 씌었나봐··

  (물병 집어 들며)

시우 ??(처음 듣는 소리다)

영애 (물 따라 식탁에 놓아주며)그런다구 내가 아버님 환심 살 거 같아?

시우 (먹으며 좀 김새서)그런 생각은 하지두 않았어··형네가 안됐어

  서지.

영애 별 걸 다하래 기막혀··

시우 싫으면 그만둬··

영애 싫어··

시우 (먹으며)그래 됐어··

S# 놀이터에서 놀고 있는 준서 은혜···

S# 테라스

영애 (상추 쑥갓 고추 판에 물 뿌려주고 있다)······(심란스러운)·····

  E 현관 벨··

영애 (제 생각에 빠져서 처음에는 못 듣다가)

  E 다시 울리는 벨··연거푸 누르는

영애 ??(문득 듣고 거실로)

S# 거실

영애 (들어와 현관으로)네에 누구세요오오?

박   E 문 열어라···

영애 ?······

S# 신나게 놀고 있는 준서/ 은혜···

114

제3회

S# 시우의 거실

　[박회장과 영애 앉아 있다. 박회장은 일인용에 영애는 삼인용에/두 사람 잠시 한 화면에 그대로 놓아두었다가]

박　(영애 안 보고 시선 저쪽 아래로 한 채 나직하게 조용하게)십 년이나 살았으니 살만큼 살았고 어린 거 꼬여내 그 동안 너 좋은 거 다 해봤을 테고 이제 그만 내 놔도 그다지 억울할 거 없을 거다··

박　E (시선 내리고 있는 영애 위에)내가 십 년 묵인하구 양보했으니 이제 손 털구 나가라.

박　(영애에게 시선)내 자식 내가 필요해··(어디까지나 나직이)······ (말하고 잠시 영애 보다가)··처음부터 잘못 끼워진 단추··그건 니 무 경우 때문이었으니까 전적으로 니 책임이야. 그럼에도 불구하고 평생 넉넉히 쓰구 살 보장을 해 주겠단 말이야····(대답 기다리듯 보며)····

영애　······

박　(기다리다가 일방적으로)그거 갖구는 안되겠냐? 더 필요해?····

더 줄 용의두 있어‥나두 그렇게 비정하기만 한 사람은 아니야. 얼
마면 되겠냐‥

영애   ‥‥(할 말이 없다)‥‥

박   (보다가)‥‥(답답해지지만 소리는 낮은 채)말을 해. 얼마면 풀어줄
거야‥

영애   (저도 모르게 투두둑 떨어지는 눈물 손으로 훔치면서)아버님.(차분
하게)

박   (오버랩의 기분)아버님소리 하지 마. 소름끼쳐.

영애   (그 소리에 잠깐 눈 감았다 뜨며/오버랩의 기분)애들 고모한테 이
미 말했어요‥저는

박   (오버랩의 기분)목숨을 내놔두 못 한다구‥

영애   네…

박   …(보다가)니 목숨이 그렇게 비싸냐? 도대체 얼마짜리야 말을 해‥

영애   (오버랩의 기분)저 때문에 상처받으신 거 (소파 아래로 미끄러지
듯 내려 무릎 꿇으면서)몇 천번이라두 사죄드려요. 힘드시게 만들어
죄송합니다…이제 그만 용서해 주세요.

박   그저 니가 나가주면 돼. 애들 걱정은 할 거 없다. 훌륭하게 자알 키
울테니까.

영애   (오버랩의 기분 고개 젓는 듯)

박   시우 놈 그렇게 등신모양 살 녀석 아니야‥너는 양심이라는 게 진
정 한톨두 없냐? 너 때문에 발 묶여 죽두 밥두 아닌 거 가책두 안 받
아? 평생 그 모양으로 살게 할거야?(하는데)

   E 집 전화벨 울린다‥

영애   (잠깐 탁자에 전화 보지만 받을 수 없다)

116

E 전화는 계속 울리는데

박　(상관없이 연결)너두 나이 먹을만큼 먹었어.. 시우놈하구 애들 장래를 위해서도 스스로 빠져 주는 게 도리라는 생각은 눈꼽만큼두 없는 거야? 영리하게 자알 생각해.. 한번 눈 질끈감으면 니 어머니하구 평생 안락하게 살어.

S# 에이에스 하고 있는 아파트 벤치/

시우　(벤치에 앉아서 햄버거 먹으면서 전화 들고 있다)·····

　　F 울리고 있는 벨··서너 번 더.

시우　(전화 끊고 이번에는 핸드폰으로)·····

　　F 핸드폰 벨 간다··

S# 거실 주방

　　[식탁 위에서 울리는 핸드폰 전화벨··]

　　[상관없이 진행되는]

박　(일어서면서)같잖은 사랑이니 모정이니 일 그르치지 말구 대범하게 니 자식들하구 시우 장래를 생각해 하루 빨리 결심해··금년 가기 전에 정리하자··(현관으로)

영애　…(그대로)

박　(나가고)

영애　(무릎 꿇은 채 이 악물고 울지 않으려 애쓰지만 감당할 수 없다)·····

　　E 계속 울리다 끊어지는 핸드폰 벨··

S# 벤치

시우　(핸드폰 다른 넘버 찍고 잠시 벨 가는 동안 콜라 벌컥벌컥하다가 사레 들면서 황급히)저예요 형수님. 캑캑 그런데 이 사람 잠깐 집 비운 거 같은데요? 전활 안 받아요.아마 핸드폰 까먹구 안 들구 나갔나봐요··

S# 영애 아파트 주차장

정원 (주차 막 끝낸 참이다/핸즈프리 /기어 파킹으로/사이드 채우고 하면 서)그럼 어떡하죠? 나 벌써 도착했는데요 서방님……(듣고)그럼 어디 가까운데 잠깐 나갔나보죠..암튼 제가 올라가 보구 연락 드릴께요 서 방님..네..네 알아서 할께요..(전화 끊고 내려서 자동차 잠그고 움직이며 현관 보다가)????

박 (현관에서 나와 대어져 있는 자동차로 오르고 차 뜬다)…..

정원 (황당하다)…….(황당하면서 서둘러 현관으로)

　　 [출입구/ 마침 문 열리고 들어가는 다른 사람..]

정원 잠깐요..(하고 그 사람 뒤따라 들어간다)

S# 빈 거실

　　 [울리고 있는 현관 벨..]

S# 영애 욕실

영애 (흐느끼면서 얼굴에 퍽퍽 물 끼얹고 있다가 타월 집어 얼굴 닦는데)

　　 E 잠시 멈추었다가 다시 벨 소리 들린다..

영애 (아이들인가 싶어 얼른 수습하는)

S# 거실

영애 (얼굴 만지면서 나와 비디오폰 수화기 들고 버튼 누르면 화면에 뜨 는 정원)…..?? 웬일이세요..

　　 [화면 속의]

정원 F 엉 은혜엄마..나야..

영애 (잠시 망설이다가 문 열고)

정원 (들어오며 눈치 보는) 혹시…. 아버님 오셨던 거 아냐?

영애 (시선 피하듯 움직이며)들어오세요…

118

정원   ....(움직이며)은혜엄마..

영애   (오버랩의 기분 잠시 멈추며 안 보는 채)아주버님껜 아무 말씀 마
       세요.. 애들 아빠 알면 안돼요...

정원   .....(보며).....

영애   ...(잠시 있다가 떨치듯 보며)뭐 드릴까요..커피는 인스탄트에요.
       냉 녹차드려요?

정원   (오버랩의 기분)뭐라 그러셔. 왜 오신 거야..

영애   (보며).....

정원   동서.

영애   (오버랩의 기분)애들 놓고 나가라 그러시네요..(쓴웃음)

정원   ????

영애   그 말씀하러 오셨었어요..(하며 주방으로)

정원   (그러는 영애 보면서).....

S# **피트니스 클럽이 있는 호텔 커피숍**

직원   (멀끔한 남자)오랜만에 나오셨습니다 사모님..

장   (직원이 빼주는 의자에 앉는 참이다)예에 그렇지요?

직원   운동하셨습니까?

장   목욕했어요..

연우   (같이 앉았다)엄마 콘소메 슆?

장   그래..

연우   나는 어니언요..

직원   예 알겠습니다(빠지고)

연우   운동 좀 하라니까..

장   (땀 닦으며)....

연우   한번 올라가 봐요. 엄마 나이 할머니들 많아아. 그냥 수영장에
　　　서 걷기만 해두 좋는데..

장　　됐어...

연우　(괜히 휘이 둘러보고)모두 휴가가구 없나? 한산하네....

장　　(손수건 핸드백에)...

연우　아버지 많이 힘드셔요?

장　　?? 왜..

연우　아니이...그러신 거 같아서...

장　　뭐라 그러셔?

연우　...(보며)

장　　으응?

연우　나 말두 안되는 심부름 했잖아..

장　　(그저 보는/무슨 심부름)

연우　애들 놓구 나가라는 심부름..

장　　?

연우　E (장 위에)말이 되우?

연우　떼어 놓을려면 애들 생기기 전에 수단방법 가리지 말구 떼어놨
　　　어야지 이제와 새삼스레 /아부지두 참 내 아버지긴 하지만 (남아 있
　　　는데)

장　　(오버랩의 기분)그래서 그 심부름을 했다구?

연우　금 어떡해요 아버지 명령을..

장　　……(보다가)그래서 걔는 뭐래..

연우　아 목숨 내놓기가 쉽지 못한대..

장　　……(그저 보며)

120

연우   회사가 뭔가 깝깝하신가봐요··기둥뿌리 갉아먹는 쥐새끼들만
        있구 사람이 없대··

장   쯔쯔쯔쯔

연우   아버지 직접 가실 건가봐요··

장   ??

연우   아파트 어디냐구 챙기시는 거 보니까··

장   아미 타부우불···(거의 안 들릴 정도로 하며 눈 감는다)·····

연우   ······(보다가)시우가 알면 일 커질텐데···걔 뒤집어질 걸? ·· 불안
        해요··

장   니 입이나 다물어··(끄으응 한숨같은 숨 내쉬며)···(물 잔 집는다)

S# 영애 거실··

        [찻잔 놓고/앉아서 찻잔에는 손도 안 대고]

정원   ······(보다가 조용히)아버님 억지 모르는 바 아니잖아··이런 말 당
        하는 사람한테 별 위로 안되겠지만 어떡해··안 들은 걸로 치고 은혜
        엄마/···그냥 삭혀버려··

영애   그러잖으면 내가 뭘 할 수 있겠어요.(안 보며)

정원   아버님두 설마···정말 그렇게 하라 그러신 건 아닐 거야··

영애   (오버랩의 기분)연말까지 해결하래요·· 그런 거 아니면 뭣때매
        여기까지 오셔 그런 말씀 하시겠어요··우리 결혼하구 처음이에요
        집에 오신 거··

정원   워낙 특별하신 성품이시라 잘은 모르겠지만······(시선 내리고 있
        다가 시선 들어 보며) 서방님/ 아버님께 무릎 꿇구 아버님 회사루 들
        어오게 해. 그이두 안타까와해··

영애   그런 얘기 안한 줄 아세요?

정원 ··했었어?

영애 난 이러구 사는 게 마냥 좋기만 하겠어요? 어떻게 해서든지 아
버님 맺힌 맘 풀어드리구 화해하길 나 이상 더 바라는 사람 어딨겠
어요··애들 아빠는 이상한데 없는 줄 아세요? 입두 못 벌리게 해요··

정원 ·····(보며)

영애 (분위기 바꾸려)그런데 왜 오셨어요··

정원 엉··두시에 애들 영어 선생님 온다며(시계 보며)다 됐네.···· 멤버
쉽 선물 받았다며. 처음에 혼자 가면 어리버리 할테니까 같이 가 길
터 주라구 서방님 전화했어··

영애 ····(그냥 가만히 정원 보면서 한심하다)

정원 ······갈 기분 아니지··

영애 ······(시선 내리고)

정원 다음 날 갈까?

영애 (떨치듯)아니에요 가요 형님·· 아버님 핍박에서 씽씽하게 살아
남으려면 건강해야 해요·· 운동할래요··(벌떡 일어나며)뭐 준비하
면 돼요··추리닝 운동화 타월 뭐 그런 거

정원 (다라 일어서며 웃는다)그냥 조깅화랑 목욕하구 쓸 간단한 화장
품만 있음 돼··어 그리구 실내용 슬리퍼 있음 되구··

영애 (웃으며)어쩌다 산책할 때 신던 조깅화 있어요··· 슬리퍼 있구요··
잠깐만요 금방 해요··

정원 그래··난 서방님한테 전화할께··(돌아보는 영애)은혜 엄마 전화
안 받는다구 어디 나간 줄 알아.

영애 잠깐 나갔었다 그러세요··

정원 알았어··(핸드폰 꺼내는데)

준서 (뛰어들며)엄마아 선생님 오셨어요오.(하다가 정원 보고)어 큰
　　　어머니 언제 오셨어요?

정원 지금?(지금 왔지?)

은혜 (뒤따라 들어왔다)큰 어머니‥(반갑게)

정원 엉 안녕? 곰방 보는데두 너무 반갑네에에?(달라붙는 두 아이 안
　　　으며)

영애 (한편 현관에서)어서 오세요 선생님.

선생 (처녀)안녕하세요‥

영애 선생님 어떻게/ 놀이터에서 잡아오는 거에요?

준서 아니에요. 엄마

선생 (오버랩의 기분)공부 시간이라구 들어오는 거 만났어요…

영애 시계두 없는데 공부시간인 건 어떻게 알었어?

은혜 시계 있는 애한테 물었지.

영애 으웅/근데 엄마 큰어머니랑 운동갈려 그러거든? 저기요 선생
　　　님 혹시 시간 괜찮으면 우리 애들하구 한시간 쯤 더

선생 (오버랩의 기분)네 그러세요‥다섯시까진 괜찮아요.(에서)

S# 헬스 접수대

정원 하영애…새 회원이에요.

직원 (체크하고)네 회원님/(하고 라커 키 두 개 내 준다)

정원 (받으며)그리구 사물함 빈 거 없죠?

직원 네 회원님. 지금은 없는데요‥

정원 웨이팅은요‥

직원 많으세요‥

정원 웨이팅에 좀 올려놔 주세요‥

직원 알겠습니다.

정원 (받아들고)와..

영애 (아무래도 좀 쭈빗거리며 따른다)

S# 라커룸..

영애 (약간은 더듬거리며 자기 라커에 키 꽂아 열어놓고/두리번거린다)

정원 (운동복 두 벌 들고 나타나서 한 벌 주며)갈아입어.

영애 (받아든다)

S# 운동실

정원 (들어서면서 입구에 준비된 이어폰 집어 영애 주며)텔레비전 이어폰..지루하거든..

영애 네..

　　[둘 안으로 움직이는데]

연우 E 이게 누구야?

영애 ?

정원 아직 계셨었어요?

연우 (땀에 흠씬 젖은)엄마 씻겨드리구 친구랑 잠깐 차 마시구 (하면서 시선 영애에게)운동할려구?

영애 네.

연우 언니는 괜히 이런 데 뭐하러 데려와요..여긴 입장료만 4만원돈인데 매번 데리구 다닐 수두 없는 거구 딴 데 싼데 많은데

영애 (오버랩의 기분)나 멤버에요 아가씨..

연우 ??

정원 서방님이 그 동안 고생했다구 선물하셨대요.. 같이 만나 운동하구 밥두 먹구 잘됐죠 애기씨.

124

연우 잘됐네요.. 출세했다?

영애 (정원 돌아보며)그런 거에요?

정원 무슨.

연우 반갑다 가끔 보자..

영애 그래요....

연우 (그냥 돌아서 움직인다)..

정원 (그런 연우 보며 얼른 영애 손잡듯이 빈 러닝머신으로 움직여 조작 법 가르쳐 준다)

연우 (나가다가 돌아서서 보는)

S# 러닝머신 하고 있는 두 여자..둘이 속도가 다르다.

영애 ......(정원 의식하면서 걷는)

정원 ......(눈 맞추고 웃어주고)

영애 (걸으면서 약간 숨이 차다).....

정원 ......

영애 ......형님은 빠르네요. 전 그렇게 못하겠어요..

정원 하다보면 빨라져..무리하지 마..

영애 이걸루두 벌써 숨이 찬데/형님 몇이에요?

정원 칠..

영애 (놀라는)

정원 곧 나처럼 돼..열심히 해..

영애 표 너무 나네요..팔십 노인같아..

정원 (조금 소리내어 웃고 그 끝에)벌써 마치구 갔을 줄 알았어..

영애 ??(했다가)신경쓰셨어요? 괜찮아요 언제 부딪히면 안부딪혀요? ..

정원 그렇기는 하지만.

영애   내가 오백년 재수잖아요. 그러니까 첫날 딱 걸리죠.

정원   (눈 흘긴다)

영애   으ㅎㅎㅎ.

S# 커피숍

　　[찬 음료 마시면서]

정원   은혜 엄마 종합검진두 받자.

영애   ??

정원   오랫동안 썼으니까 어디 잔 고장 날려구 하는 덴 없나 미리 알아서 유비무환/수선할 게 있음 하구 그러는 게 어때?··

영애   괜찮아요··이제 운동 시작했는데요 머··특별히 신경 쓰이는 데두 없는데 낭비에요.

정원   내가 벌써 예약해뒀거든?

영애   ??

정원   ··그이가 뭐라 그러드라구·· 내가 생각 모자랐어··미안해. 금년부턴 같이 하자··

영애   ···(보며)

정원   내 선물이라 생각해··

영애   (컵 집어 들며)나 죽을라나봐요 갑자기 왜 이렇게 좋은 선물이 마아구(과장 좀 해서) 들이닥치죠?

정원   못써 그런 소리하면.(흘기며)

영애   ㅎㅎㅎㅎ

S# 아파트 놀이터(밤)

　　[영애 두 아이 놀이 거들어주면서/그네가 있다면 그네 밀어 주면서]

은혜   (밀려나가면서)아아 우리 아빠 왜 안오시지?

준서   (밀려나가며)아아 우리 아빠 왜 안 오시지?

은혜   (밀려나가며)곰방 오신다 그랬는데…

준서   곰방 오신다 그랬는데··

은혜   (밀려나가며)왜 흉내내니.

준서   아냐 나는 내가 하구 싶은 말 하는 거야··

은혜   따라쟁이

준서   따라쟁이

　　　[그러는 두 아이 그네 밀어주면서 조금씩 웃지만 착잡하다··]

준서   엄마 아빠한테 전화 한번 해봐요.

영애   뭘얼··금방 오실텐데. 금방 오신댔잖아··

준서   안오시니까 그렇죠··

은혜   그래 엄마 전화해 봐.

영애   (그네 밀던 것 멈추면서)그럼 그럴까?(두 아이 그네 멈추고/주머
　　　니에 핸드폰 꺼내 단축 누른다)

준서   (엄마 전화 뺏어서 제 귀에 대고)신호 가요….아빠…왜 아직 안 오
　　　세요?

S#　아파트 입구

시우   (걸으면서)지금 거의 다 와 가는데 고새를 못 참아 전화한 거야?
　　　····글쎄 어디 쯤일까··거의 다 왔어····하하 어디쯤인지 알아맞춰봐
　　　······으음 한 백 발자국쯤?

S#　놀이터

준서   백발짜국? 어디 어디?(두리번거리며)

은혜   아빠다··(하며 벌써 뛰고)

준서   (전화 엄마한테 앵기듯 주고 뛰는데 전화 받으려는 영애와 안 맞아서

놓친다)

영애 저 녀석이?(전화 집어 올리고)

　[아이들 엉겨붙은 시우..목말 타려는 준서에게]

시우 얌마 이거 하구 싶어서 그렇게 기다린 거야?(하면서도 몸 돌려
　　대고)

준서 하하하하 네에..

은혜 야 아빠 피곤하셔 너느은?

시우 어 아빠 아직은 괜찮아. 은혜야.(하며 일어나면서 일부러 약간 힘
　　든 척하며)어 어어..

은혜 ??(무슨 일인가 싶어)

시우 언제 이렇게 무거워진 거야아아아? 대단한데에에?(하며 제대
　　로 서고 아들 올려다보며)이제 곧 아빠 이거 못해주겠다..

준서 (기분 좋아서)으ㅎㅎㅎㅎ

은혜 무거워지기만 하면 뭐하니 키가 커야지.

준서 걱정마 키두 클 거야..

은혜 안 크잖아.

준서 아빠두 크시구 엄마두 크시니까 나두 클 거야. 외할머니가 그
　　러셨단 말야.

은혜 글쎄 과연 그럴까? 그런데 너는 큰아빠 닮았을 걸?

준서 (약 올라서)이/내가 큰 아빠 아들이니? 울아빠 아들이지..(시우
　　는 그저 싱글거리며 애들 보고 있다가)자자 그만해. 누나는 걱정돼 그
　　러는 거구 준서는 오늘부터 쑥쑥 크면 돼..(다가와 서는 영애 보며)잘
　　지냈어?

영애 잘 지냈지 그럼.(다 같이 움직이며)애들이 만화 보잰다..산더미

128

처럼 빌려왔어.

시우   어 그래.. 좋지이..(준서 올려다보며)

S# 거실

[아이들 파자마 차림으로 제 방에서 만화 보따리들 들고 나와 풀어 놓는데]

S# 침실

시우   (파자마 바지 입다가 멈춘)?..

영애   아버님 학대에서 씽씽하게 버틸려면 건강진단 받아서 허술해진데 미리 알아 보수공사해둬야지 그래서 그런다구 했어..

시우   (바지 입으며)그래 잘했어..사실은 카드 긁는 거 싫어서 보너스 나오면 시켜줄라 그랬는데 형수님이 어떻게 알구 선수 쳤지?

영애   아주버님이 뭐라 그러셨대나봐.

시우   ?? 어 한 뒤달 전에 한 마디 들었었어. 부려만 먹구 종합진찰두 한번 안시켰냐구..난 회사에서 매년 받으면서 숭악한 놈이라 그러드라.

영애   아무래두 아주버님하구 결혼할 걸 그랬나봐..

시우   (힐끗 한번 눈총 주고 내밀고 있는 파자마 상의 받아 입기 시작)사실은 얼른 씻구 자구 싶은데..

영애   목 빼구 기다렸어.

시우   알았어

영애   ....연우 만났어..

시우   ?....어디서

영애   스포츠 센터 들어가는데 부댔어.

시우   야 어떻게 첫날 딱 걸리니.

영애　원수 외나무다리…

시우　뭐래‥

영애　입장료만두 사만원 돈인데 매번 데리구 다닐 거냐구 싼데 많
　　　다더라.

시우　(인상 쓰며)그래서.

영애　거만하게 나 멤버에요 했지‥

시우　아주 잘했어.

영애　출세했다 그러든데?

시우　(또 인상 쓰며)싸가지 암튼.(하는데)

두 아이　E (합창)아빠아아아

시우　어 그래 나가나가‥ 빨리 합시다 빨리빨리(화장대로 앉으며)

S# 스탠드 바

　　　[멀쩡한 어떤 남자와 술 마시면서 소곤거리는데/ 은밀한 얘기 색깔‥]

연우　(무슨 얘긴가 남자한테 길게 듣고는 자지러지게 웃으며 남자 가슴을
　　　때린다)

S# 거실

　　　[머리를 상투에 하나 꽁지에 하나 묶은 모양으로 애들하고 똑같은 포
　　　즈로 배 깔고 엎드려 만화 보면서 아이들과 자유롭게]

S# 주방

영애　(간식 준비하면서 혼자 침울하다)

　　　E 아이들과 아빠 히히덕거리는 소리 들리고/

영애　(표정 밝게 바꾸며 간신히 쟁반 드는데)

　　　E 전화벨 소리‥

영애　(빠르게 움직이며)내가 받을게……(세 사람 잠깐 신경 썼다가 그만

두고)

준서   아빠아빠(뭔가 말하려고)

시우   잠깐 엄마 전화 받으시구.

준서   네..

영애   (간식 놓아주고 전화 받는다)네에에? (날아갈 듯이)

시우   (혼잣소리처럼)날아간다날아가.

영애   잠깐 기다려요.(좀 언짢지만 전화 넘기며)받어.

시우   (받으며)누구.

영애   받으면 알겠네.

시우   여보세요?

S#   오피스텔

지나   (서서 와인 따르며/승조는 샐러드 섞고 있다)은혜 엄마 왜 그러
      니? ..아니 내 전화 싫은가봐 인사할 새도 없이 바꿔준다? 그건 내
      가 싫다는 뜻이거든? ....엉 승조랑 같이 들어와서 한잔 할려구 승조
      가 샐러드 만들구 있어..너는 뭐해?......(애들하구 만화 보고 있어)그
      래애...끝내주는 아빠다 암튼.

승조   뭐하는데?

지나   애들이랑 만화보구 있대..

승조   (웃으며 샐러드 두 접시에 나누고)

지나   (연결)금주 토요일 아홉시 출발 이상없는 거지? 재확인야...얘
      물론 그럴 필요없다 그랬는데 여기 꼼꼼쟁이 기어이 체크하라
      는 거야..만사불여튼튼이래나 문자 써가면서..성가셔 죽겠다 진
      짜..알았어 그럼 놀아 우린 마신다. 빠아이.

S#   거실

시우 빠아이.(끊는다)

두 아이 (책 한 권 머리 붙이고 같이 보면서)(소리내어 웃는다)

시우 뭐야 뭐가 그렇게 우스워.

준서 (벌렁 누우며)아하하하하하

은혜 (준서와 함께)깔깔깔깔…(손으로 그 페이지 가리키고)

시우 (들여다보고)으하하하하하

영애 뭔데에.(기웃이)

시우 (영애에게 눈 신호하며/별로 안 우습지만 웃어주라는 뜻)

영애 (픽 웃어버리고)

시우 야 디게 재밌다 응? 디게 재밌어..(하는데)

영애 뭐라구 그래?

시우 ?? 뭘.

영애 뭐가 그런게 아냐..그런 게 아니랬잖아..

시우 아아(대수롭잖게)당신이 지 전화 싫은가봐. 인사할려 그랬는데 벌써 바꿔버렸다구.

영애 (보는)

시우 애가 예민하잖아..

영애 ?누구는 곰팅이니? 전화할 때마다 거두절미하구 당신부터 찾는 건 누군데. 인산 그러기 전에 해야하는 거 아냐? 전화 예의두 모르구 진짜.내가 무슨 전화 교환대두 아니구 오히려 뭐래 기분 나쁘게..대짜고짜 시우 있어요? 하는데 있어요 그러구 인사할 때까지 기다리란 거야?

시우 ….(잠깐 벙쪄서 보다가)별 거두 아닌 걸루 툴툴 거려 왜…일하는 애라 그래. 곧장 본론으로 들어가는 거.(하며 보던 만화로)

영애 ??..(보다가)참 엄청 싼다..

시우 싸기는

영애 담요 한 장 갖구 되겠어? 그렇게 틈틈이 싸는데..

시우 아 싸기는 뭘 싼다구 그래.

준서 싸우시는 거에요?

시우 어 아냐아아..대화하는 거야 대화..(아들 옆구리에 목 당겨 끼면서)

S# 오피스텔

지나 (천천히 마시고 내리며 글라스 내려다보며)……

승조 (보며)……

지나 (다시 마시고 내린다/똑같은 반복)

승조 지나야..

지나 전화 받는 와이프 소리 들으면 대충 행복지수가 나오거든? 시우
       네는 만점이야…네에에?….네에에에?(흉내)

승조 (그저 보며)

지나 네에에에? 내 심뽀는 그때마다 김이 샌다..어쩌다 한번씩은 그
       냥 여보세요 거나 심드렁한 네에두 들었으면 좋겠어..

승조 (와인 마신다)

지나 못됐지..

승조 그 정도 심통은 누구나 다 있어.

지나 대체 어떻게 아직도 그렇게 좋을까 십년이 훨씬 넘었는데..

승조 천생연분…아니면 그럴 수가 없어..

지나 강조 안해두 알어야..(하고 훌쩍 비운다/다시 따르려 병 드는데)

승조 (병 빼내 따르면서)천천히 했으면 좋겠다.

지나 왕창 마시구 뻗을 거야..그러구 싶어..그래야 해..

승조 (따르다 말고 잠시 보는)……왜…뭐 이유 있어?

지나 나 나빠..나쁜 나를 죽이는 방법은 자는 거 밖에 없거든? 진짜 죽일 수는 없으니까.

승조 자학까지 할 건 없어..그 감정은 누구두 속수무책인 거라구..

지나 (오버랩의 기분)너는 막내 동생 결혼까지 시켜 홀가분하겠다..

승조 응 나는 빈털터리지만 기분 좋아. 이제부터 부지런히 벌어야지.. 한 삼년이면 되겠지.

지나 엄마두 개운하실 거구..

승조 후후후 노친네. 아우 눔 살 집 보러 다니시다 그로키 되셨어. 아침에 못 일어나시더라구..

지나 너는 착해서 좋겠다..

승조 뭐야아..

지나 (마시고 내린다)

승조 시우는 지구상에 딱 한 놈 뿐이야..

지나 ? 누가 뭐래?

승조 이제 쓸쓸한 사랑 좀 그만두면…참 이쁘겠다..

지나 ….(보며)

승조 너 나이 먹는 거 보면 내가 초조해…

지나 그래?

승조 금년두 얼마 안남았어. 금방 낙엽지구 금방 크리스마스구 금방

지나 (안 보며)한 살 더 먹어..그래 알어..

승조 …(보며)

지나 (시선 들어 좀 웃으며)쓸쓸한 사랑?

승조 아냐?

지나 (와인 잔 들고 벌떡 일어나 오디오로 빠르게 움직이며)죽인다…한 마디루 끝내주네‥

　　　M 음악 나오는데 촌스럽지 않은 블루스로

승조 지나야 너 시우자식

지나 (오버랩의 기분)희망없어 알아‥‥그런데 그래두 혹시나‥ 그런 게 전혀 없다구는 못하겠다/(와인 잔 아무 데나 놓고 돌아보며 일부러 가볍게)혹시나가 뭔지 알아? 혹시나 교통사고 같은 건 안날까. 혹시나

승조 (오버랩의 기분)지나야.(일어나며)

지나 흐흣 나 무섭지? 그래 나 무서운 년이야.

승조 (지나 쪽으로 움직이며)너 말야.

지나 (오버랩의 기분/두 팔 벌리며)무서운 년하구 춤한번 춰 주라. 춤 추구 싶다‥

승조 (대꾸 없이 다가가 안아주고)

　　　[춤으로 넘어가는데 스텝 크게 의식하지 말고 그냥 안고 움직임 크지 않게 제자리에서 조용히 부드럽게/]

승조 지나야‥

지나 (바싹 안고 붙으면서 오버랩의 기분)쉬이‥ 그러니까 쓸쓸한 사랑이니 뭐니 미화시키지 마‥안됐어하지두 말구/(상체만 떼어서 보며 가만히)나는 악독한 년이야 승조야(하는데 눈에 눈물이 크렁)

승조 ‥‥(머리 당겨 안아주며)우리 지나 큰일났다아아아‥‥

지나 ‥‥‥(잠시 그대로 있다가 다시 상체 떼면서)그런데 그 아줌마가 나보다 더 악독한 지두 몰라. 벼락을 맞구두 네에에에? 할 수 있는 사람이니까.

승조   (머리 붙이게 하면서)춤이나 춰··

S# 빈 거실

S# 침실

[욕실에서 물소리와 함께 시우 노래 부르는 소리··〈산타루치아〉를 원어로 어떨까요··노래 중간 부분부터/]

영애   (침대에 걸터앉아서 가만히····생각이 엄마에게로)

S# 떡볶이 가게··

엄마   (커다란 양푼 두 개/이모와 한 개씩 맡아 배추 막김치 버무리면서) 고추가루 너머 들어간다니까··노인네들 속 아프구먼··

이모   아이구 널만큼은 넣어야지 언닌 물에 빨아논 거 모양 허어옇게 둥둥 뜨면 무슨 맛이유··배추두 들 절었구먼··

엄마   속 편하면 됐지 백김치두 있다.

이모   백김치 담는 거 아니잖어.

엄마   한마디두 안져 그냥 말 떨어져 고물 묻을 새 읍서.

이모   아하하하하

정호   (앞세운 소정에게 플라스틱 김치통 중간 것 서너 개 들리고 저도 그만큼 들고)어머니 이거 씻어노신 거죠··

엄마   그러엄.

이모   (오버랩의 기분)애 소정이랑 둘이 좀 담아··아그그그그 허리야. 얘들 더러 하라 그러구 우린 좀 앉읍시다··(장갑 벗으며)

엄마   해 볼래?

소정   (정호 눈치 보며 겨우)네에··

정호   장갑 이거 껴.(소정에게 얇은 비닐장갑 준다)

소정   (받아서 끼는데 거의 생전 처음 껴보는 장갑)

[두 여인네는 적당히 아그그 소리 내며 의자에 앉는데]

엄마　(앉으며)얘 물 좀 먹자.

이모　엉/(가볍게 일어나 냉장고로 가며)소정이 갖구온 쥬스 주까?

엄마　물 줘‥

이모　(물 따라 들고 움직이다가 소정에게)아이구 얘 한손으루 그러지 말구 두 손으로 요렇게(두 손 모은다)해서 담아‥ 정호 봐라 응?

소정　네에‥

이모　(엄마에게)해본 놈이 틀리네. 하하.(하며 물컵 주고)

엄마　(받으며) 니가 해‥ 아무래두 재 불안해.

이모　그러까? 얘 (벌써 움직이며)소정아 장갑 벗어 내가 하께 벗어.

소정　네에‥(벗는데)

정호　그냥 해애.

소정　?

이모　아냐아냐(정호에 연결)벗어벗어‥내가 하께 벗어/(하며 김치 양 푼 자리 움직이다 그만 소정의 흰 원피스 앞자락을 쓰윽 긋는다‥)

소정　(펄쩍 물러나며)아우우우우

이모　이잉?아우 어떡하냐. 이거 김치물 잘 빠지지두 않는데 큰일났 다큰일났어(하둥지둥 흰 젖은 행주 집어 들고 덤벼드는데)

소정　(손 좀 거칠게 밀어내며)이거 드라이하는 거에요 아우 차아암? (하며 벗은 장갑 아무렇게나 놓고 안채로 나간다)

정호　(그러는 소정 보며)

엄마　(벌써 일어나 움직이며)하던 김에 해 치우지 고걸 꾀를 피구 쯔쯔 즈쯔…어이 나가봐‥

정호　괜찮아요.

엄마　나가봐…

정호　(장갑 벗으려)

S# 안채 마당

정호　(나오다보면)

소정　(신경질 나서 발 구르고 있다)····(두 번)

정호　(옆에 가 선다)

소정　첨 입은 거란 말야아아이

정호　모르구 그러신 건데 어떡해··

소정　몰라. 안 온다는데 기어이 끌구 와서는 이게 뭐야··

정호　(보며)····

소정　아우 우 우 우(발 구르며)

정호　그만해··

소정　(본다)

정호　그만하라구··(하고 마루 끝에 있던 소정 핸드백 집어 든다)

S# 가게

　　[김치 담기 마무리하는데]

　　[나오는 두 사람. 두 여인 돌아보고]

이모　아유 애 미안해서 어떡하니 소정아··미안해 응? 미안해··

소정　(대꾸 없고)

정호　괜찮아요. 세탁하면 될 거에요··어머니 저 소정이 데려다주고

엄마　(일하며/오버랩의 기분)그래 어이 나가··데려다 주구 와··

정호　(인사하라는 뜻으로 소정 보고)

소정　(부어 터진 채 목례만)

엄마　(손짓으로 어이 나가라는 시늉)

[두 아이 나가는데]

이모 잘 가라…잘 가라아 응?(두 사람 아웃되자)조 기집애 조거 대답 두 안하네..

엄마 ….(그냥 움직이고)

이모 영애가 왜 뜨아한데…

엄마 (대꾸 없이 빈 양푼 들고 안채 쪽으로 움직인다)

S# 영애의 침실

[화장대에 시우 앉혀놓고 머리 말리는 것 마무리하고 있다. 두 팔로 영애 앞으로 안고 머리 붙이고 눈 감고 있고.]

영애 (드라이어 끄며)다 했어…..(반응 없자)자?

시우 (화장대로 돌아앉으며)졸려..(거울에 머리 비쳐 보면서 하품)

영애 (드라이어 줄 간추리면서)졸리면 얘기 못하겠다.

시우 뭐 무슨 애긴데..

영애 (드라이어 욕실로 들고 들어가고/문 열어놓은 채)아냐 그냥 자..

시우 뭔데에에..

영애 (나오면서)졸린 사람이랑 무슨 얘기를 해.

시우 괜찮아 해.. 들어주께 해..(파자마 바지 고무줄 늘려 아랫도리 보며 침대로 움직인다)

영애 (움직이다 보고)아이구 참 당신 그러니까 준서두 좋은 거라구 배워서 가끔 그러잖아..

시우 낄낄낄 문득 잘 있나 궁금하다니까..(하며 침대로)

영애 (침대로 움직이며 투덜거리듯)잘 있지 그럼 이상한 취미야..

시우 뭐/ 뭔데..

영애 (침대로 오른다)

시우 어엉?

영애 (베개 만지면서)당신 돗자리 말아들구 가서 아버님 앞에 깔구 엎드려 이마 짓쪄 피 흘리면서 석고대죄해…

시우 (누우려다 만다)‥‥‥(잠깐 멈췄다가 누우며)잡시다아아‥

영애 (앉은 채 보며 /오버랩의 기분)아버님 힘드시대‥당신 정말 아쉬우신 거 같대‥

시우 자자구.

영애 용서 안 하실 때 안 하시더라구 한번 해봐라 응? 어쨌든 한번은 해볼 일이란 말야‥어떻게 자식이 부모님이랑 똑같이 그러니‥죽을 죄를 졌습니다 한번만 용서하시구 사면해주세요 해애‥

시우 안 잘 거야?

영애 여보.

시우 (오버랩의 기분)우리 아버지 몰라?

영애 알아. 용서 안하시더라두 한번은 하란 말야.

시우 (상체 두 팔꿈치로 버티며 조금 일으킨다)뭣때매 그래야하는 데.

영애 (달래듯)힘들어 하신대‥당신이 필요하시대.

시우 필요하면 나한테 직접 말씀하시라 그래.(하며 눕고)

영애 박시우.

시우 (오버랩의 기분)그만 안하면 나가 잔다.

영애 ‥‥(보다가)당신이랑 아버지 사이 이렇게 된 거 전적으루 내 탓이잖아.

시우 바보같은 소리 마. 아버지하구 내 문제야.

영애 부자간 화해노력조차두 안한다구 생각하실 거란 말야.

시우 많이 했어. 내가 아니까 상관없어.

영애　소원이야 한번만 해줘.(나직하게)

시우　?··(약간 분위기가 이상하다/ 일어나 앉으며 보는)

영애　한번만 응?

시우　무슨 일야·· 나가 뭐래?

영애　(고개 저으며)자꾸만 세월이 흘러가잖아··

시우　····(보며)

영애　(가만히 손 올려 시우 뺨에 대고)·····소원이야······ 한번만 해 줘···

시우　······(가만히 보다가 손잡아 내리며)와인 남은 거 있지··(하며 침대 내려서려)

S#　**장여사의 안방··**

　　[이부자리 깔려 있고/]

박　(잠옷으로 물 마시고 있는데)···

장　(보며)······

박　(물그릇 놓고 이부자리 위로 자리잡는데)

장　눕기 전에 나 좀 봐요.

박　이태원 안 갔었어··귀찮아··

장　은혜에미한테 왜 그렇게 못질을 해요··그 업을 다 어쩔려구요.

박　···(인상 쓰며 아내 보다가)이눔으 기집애 공업용 미싱으루 입을 박아버리던지.

장　애 사는 집은 왜 챙겨요··설마 당신이 직접 애 잡으러 나설 건 아니겠지요··

박　내가 그렇게 한가해?

장　그러지 말아요··과거지사야 어찌됐거나간에 당신 핏줄을 둘이나 생산한 애에요. 쳐낸다구 쳐내질 사이두 아니구 설령 쳐내진

다한들 그게 무슨 못할 짓이에요..그것들 생이별 시키구 무슨 영화
를 보겠다구 그러십니까..그러는 건 아니에요..

박   피곤해..(이부자리 들치는)

장   화탕지옥 칼산지옥 박피지옥 음혈지옥 사각지옥 협산지옥/지
옥이란 지옥은 다 거치구 싶으세요? 아무리 흉악무도한 인간두 좁
쌀알만한 자비심은 있답디다.....욕심 버리구 비워요...나무 관세음
보살...그냥 내 버려둬요.

박   뭐 알지두 못하구서는/지옥이 삼천 개래두 오백 년 재수는

장   (오버랩의 기분)개가 오백년 재수면 당신은 오십만년 재수다.

박   ???

장   아미타불아미타불아미타불아미타불

연우 E 아직 안 주무세요?

박   이 망할 너 들어와!!(벼락같이)

연우 ???(쫄아서 들어오는데)

박   (연우에게 베개 날리면서)이 기집애야 어떻게 니 주덩이는 터진 콩
자루냐? 망할 거/

연우 엄마한테까지 비밀루 할 순 없잖아요.

박   니년두 화탕지옥 칼산지옥 가구 싶어?

연우 (풀썩 앉으며)그 보다두요 아버지..은혜엄마 완전히 개야 짖어
라에요..

장   ?(딸 본다)

연우 E 오늘 우리 다니는 운동하러 헬스 왔더라구요. (다음 얘기 계속
하려 빼끔하는데)

장   (주먹으로 연우 냅다 갈긴다)

142

연우 아야야야 엄마아아..

박 (눈이 튀어나올 듯하며 방바닥 두드린다)봐/그게 그렇게 발칙하다니까 내가 이유없이 싫다는 게 아니라니까!!

장 (오버랩의 기분)싫다는 거 재우댁이 억지루 끌구 갔대요··재우댁이 얘기합디다··

연우 그게 아니라 엄마(하는데)

장 안 나갈래? 안나가?

연우 (별수 없이 일어나는데)

박 (벼락같이)너는 왜 이렇게 늦게 다녀 엉??

S# 거실

재우 (계단 내려오다가 고함소리에 멈춘다)??

연우 (나온다 곧장 계단 쪽으로)

재우 (황급히 연우 쪽으로)아버지 화나셨니? 화나셨어?

연우 아 몰라아아..(그냥 스치고)

재우 심기두 불편하신데 왜 너까지 속 썩여어..

연우 (멈추고 돌아본다)

재우 혼날 줄 알았다. 가정주부가 너 허서방두 없는데 니 시집에서 알면 좋다 하시겠냐?

연우 오빠 앞가림이나 해요. 내 일은 내가 알아서 할테니까··(하고 올라간다)

재우 ·····(보고 있다가)······(혼자 뭐라고 중얼거리며 주방으로)

S# 주방

재우 (들어온다)

조 E (바싹 마른 굴비 잘게 듣고 있다가/통보리굴비)뭐 필요해요··

재우 아니 여태 뭐 할 일 있으세요?

조 (일어나 있다/마른행주에 손 닦으며)다 했어요··뭐 줄까요··

재우 아니 제가 하면 돼요··(냉장고로 가며)좀 출출해서요··집사람은
기도중이이요. 하하하

조 우동이라두 끓여주까요?(재우 쪽으로 움직이며) 소면이든지.

재우 소면/소면이 좋겠는데요?

조 앉아요 금방 돼요…

재우 죄송합니다 아주머니··

S# 시우의 주방

[식탁에 앉아서]

시우 (좀 올라 있다)신경쓰지 말구 잊어버리구 살라 소릴 얼마나 더
해야해. 그냥 갈일 있는 날 잠깐 가서 당하구 대문 나서며 또 잊어
버림 돼·· 상관마··눈만 마주치면 험한 소리하는 양반을 당신이 알
게 뭐야. 아는 척 하지 말란 말야··

영애 (달랜다)애들 깨…소리 낮춰어··

시우 (와인 한꺼번에 벌컥벌컥 마시고 글라스 놓는다)

영애 화 내지 말구··당신 아버지구 애들 할아버지잖아아.

시우 내가 얘기해? 내가 빌지? 그럼 아버지 용서하는 대신 당신하구
끝내라 그러실 거야··보나마나 뻔해. 해 하나 달 하나만큼 확실해.
그럼 나 아버지하구 또 대판 해야하구 관계는 훨씬 더 악화될 거구
그걸 왜 하라는 거야··

영애 ….(보며)

시우 왜 하라는 거야. 그래서 얻을 게 뭔데. 그걸루 당신이 얻는 소득
이 뭐야··

144

영애 (쓸쓸하게 좀 웃는 듯)부자루 살구 싶어서..

시우 헛소리 말구..

영애 (오버랩의 기분)혹시나...용서해 주실지두 모르잖아..

시우 .....(보다가)내가 당신보단 아버지 더 알아... 구걸하지 맙시다..
이대루두 좋잖아..

영애 ......(술 따르는 남편 가만히 보다가)아버님 판박인 거 알아?

시우 ?.....(잠깐 보고 마저 따르며)아무렇게나 말해....상관없어..(술잔
들고 일어나 방으로).....

영애 ....(그냥 앉아서)......(한동안 두었다가)

F.O

S# 다른 날/ 어느 종합병원 현관 앞(오후)

   [두 여자 같이 나오면서]

정원 배 고프지? 빨리 어디가서 밥 먹자..뭐 먹구 싶어?

영애 그럴 새 없어요..낼 휴가 뜰 준비두 해야구 바빠요..

정원 그래두 밥은 먹어야지이.

영애 집에 가 적당히 때우면 돼요..애들두 기다리구요..(하는데)

재우 (자동차 댄다)

정원 (움직이며)얼른 타..

영애 적당한 데 내려 주세요..(차로 움직이며)

S# 차 안

   [오르는 두 여자..]

재우 (운전대에서)힘 드셨죠..

영애 (타며)아뇨. 덕분에 호강해요. 고맙습니다 아주버님..

재우 하하 뭘요.. 어디루 모실까요 베로니카...

정원 동서 바쁘대요 여보..아파트루 가 주세요..

재우 식사 안하구?(돌아보며)

정원 애들 기다린다구요 낼 휴가 준비두 해야하구요..

재우 으으응...(하며 출발하는데)

　　E 정원의 핸드폰이 울린다

정원 (전화 보고)전화 안 켰어? 서방님.(하고 영애에게)

영애 (아차 하는 얼굴로 받는다)여보세요..

시우 F (좀 화내는)아 왜 전화 안받아. 형수님은 받는데..

영애 미안해. 깜박했어..(제 전화 꺼내며)지금 살릴게..

시우 F 끝났으면 전화먼저 살려야지 뻔히 알면서 사람 답답하게

영애 몇분이나 됐다구 그만해..

S# 사무실

시우 (책상어질러진 것 치우며 누그러져서)위내시경 그거 장난 아니지..
난 할 때마다 다시는 안 한다구 결심하잖아..어 애들 샌드위치 찾아
먹구 비디오 보구 만화보구 잘 놀구 있어..당신 뭐 먹어야지..형한테
맛있는 거 사달라 그래..엉..엉..아냐 안 늦어 곧장 들어갈께...어 당신
내 수영팬티 사는 거 잊지 마..

S# 달리는 차 안

영애 별 걱정을 다해. 그런 거 까먹는 거 봤어?.....아 그래 알았어..전
화 켜는 건 까먹었어 그래..응.....응..(끊어서 정원에게 주며)남자가
말이 많아요..

재우 지 식구들한테만 그래요 허허허허..

영애 (그냥 웃고)

S# 아파트 앞

[재우의 차 들어와 멎는데]

[두 아이 기다리고 있다가]

준서   엄마아아/

영애   (내리며)큰아빠 큰엄마한테 인사드려야지?

준서   (창에 달라붙으며)안녕하세요 큰 아빠 안녕하세요 큰 엄마··(앞
        자리로 옮기려고 내리는 정원)

정원   (아이들 만지며)안녕? 집 잘 지키구 잘 놀았어?

은혜   네에.

준서   엄마엄마 내방 유리 지저분한 거 에이에스 했어요··딴 걸루 바
        꿨어요··

영애   그냥 덜컥 문 열어줬어?

은혜   아냐 엄마 시키는대루 경비 아저씨랑 같이 올라오라구 했어어.

준서   (오버랩의 기분)엄마엄마

영애   (오버랩의 기분)나중에/ 큰아빠 큰엄마 가시거든. 준서야·· 얼
        른 가세요··아주버님··(재우도 나와 서서 싱글거리고 있다)

재우   네 그럼···일 보세요··(부부 두 아이와 적당히 다시 인사 나누고 차
        에 오르고 뜬다)

영애   (보고 있다가)자 우리두 출동하자.(움직이며)준서 뭐?

준서   (같이 걸으며)아빠가 글쎄 일곱 번이나 전화하셨었어요··

영애   일곱번이나?

은혜   귀찮아 죽는 줄 알았어··

영애   귀찮기는 느이들끼리만 있으니까 걱정되셔서 그런 건데··왜
        겨우 일곱 번 만 했지?

은혜   에에엥?

준서   우리 차 안타요?

은혜   할머니네 주차가 안되잖아..바보같애.

준서   아 참 나 바보다....하하...

　　　　E 영애 핸드폰.

영애   (받는다)엉 여보..

은혜   또 아빠다 아아 싫증나..

준서   싫증나아..

영애   엉 당신 전화 너무한다구 싫증난대.. (시우가 뭐래서 조금 웃고)
　　　　알았어 시간 맞출테니까 걱정마..응..응...(끊고)아빠가 니들 섭섭
　　　　하시대.

은혜   겁 안나.

준서   (누나와 같이)겁 안나요..

영애   배짱들 좋아아아아?

S# 할인마트 수영용품 코너..

시우   (남편 수영복 고르고 있고/애들은 수경 써보면서 고르고 있다/서로
　　　　품평하면서)

S# 선크림 코너

영애   (이것저것 꼼꼼하게 체크하며 고르는 중이다)...

S# 다른 복도

은혜   (수경 박스 하나 들고 저쪽 복도에서 주르르르 미끄러지는 장난하고
　　　　있는 준서에게 소리도 크게 안 내고)너 엄마한테 이른다아..

준서   (다시 뛰려고 폼 잡다가 그만두며)안하께..

은혜   이리 와..(다가오는 준서 손 탁 잡아 옆에 붙이며)남자들은 정말
　　　　이상해.. 그게 뭐가 재밌어..

148

준서 누나는 여자니까 모르지..

은혜 엄마가 젤 싫어하는 거잖아.

준서 부들부들(떠는 시늉하며)떨면서/

은혜 에이그 언제 철이 날라는지..

S# 정호 약국

손님 세 사람 앉아서 기다리고 있다..

정호 (조제실에서 나오면서)이순이님.

아줌마 (일어나 다가서며)예에..

정호 하루에 두 번 드시구 연고 처방이 돼 있는데 이게 약값이 좀 삐싸요 아주머니..연고 없으면 만 팔천 이백원인데 연고가 만원이거든요?

여자 (돈 꺼내면서)무슨 눔으 약값이 그렇게 비싸아..

정호 네 좀 그러네요..

여자 아무때나 발르나?

정호 하루 두 번 정도 발라주세요.....안녕히 가세요..이순정님.

처녀 (다가들고)

정호 용법은 아시죠?

처녀 네..(약 받아들고 나가고)

　　　[(소모는 자기 일 끝나자 곧장 다른 처방전 들고 조제실로 들어갔다가 내다보며)약 다 있어요. 조제해 드릴께요..]

20대 청년 (앉아 있다가 엉거주춤 일어나는 시늉하며)네에..

준서 (뛰어들며)삼추운.

정호 어 준서야..

영애 (은혜 앞세우고 들어오며)준비해 놨어?

정호   네··잠깐요.(하고 은혜 머리 잠깐 흐트러트리는 시늉 하고 따로 준
비해 놓았던 비상약 봉지 꺼내서 거죽에 쓴 것 읽는다)지사제/ 소화제/
가스제거제/알콜/거즈//파스/밴데이드/안약/싫어서 피부 화상
연고두 하나 넣었어요··

영애   잘했어·· 얼마?

정호   좀 돼요··(봉투에 적힌 약값 보이며)

영애   혼자 보니?

정호   아니에요 나와 계시구(조제실 잠깐 보며)휴가간 한 선생 내일 와
요.(하는데)

소모   (조제한 약 봉지 들고 나오며)어서오세요. 반갑습니다··

영애   네에 안녕하세요··

소모   애기들두 왔네?

영애   (얼른 두 아이 직신하자)

두 아이   안녕하세요··

소모   호호호호 안녕하세요? (벌써 나와 서 있는 청년에게 약 주며)＊＊＊＊
이에요··(청년 돈 내는데)

유정   (뛰어들어오며)나 뭐하라구 엄마? 어머 안녕하세요?

영애   안녕하세요.

유정   느이들은 누구니이이? 니들 둘다 너무 이쁘게 생겼다아아아?

정호   내 조카야.

둘   (또 직신거려지고)안녕하세요··

유정   누나 이뻐? 이쁘다구 해봐··그럼 아이스크림 사주께 응?

소모   저건/ 유정아··

유정   응? 누나 이뻐? 이뻐?

준서   (엄마 돌아치켜 본다)

영애   이쁘잖아 발레 선생님이래.

준서   그래두 난 엄마가 더 이쁜데요?

유정   에이 (하며 준서 엉덩이 탁 때린다)

준서   어이 왜 때려요!!(정식으로)

모두   ???

S# 엄마 가게가 있는 골목/

   [쇼핑한 것 들어주세요··]

준서   (화면 시작과 동시에)그럼 거짓말을 하라는 거에요?

영애   거짓말하라는 게 아니라 이쁘잖아아 이쁜데 왜 엉뚱한 소릴 해.

준서   내 눈에는 별루였단 말이에요··

은혜   아 그래 됐어 꼴통아.

S# 엄마 가게··

   [뛰어드는 아이들/할머니이이이 부르면서]

엄마   (야채 다듬다가)아이구 아이구우우 내 강아지들 왔네에에에?

이모   (금방 만든 떡볶이 플라스틱 도시락에 열댓 개 담아놓고 기계로 랩
      잘라서 덮는 중이다/마지막 서너 개)이것들아 이 할머니는 안보여?

애들   할머니이이이이(엄마에게 들러붙어 있으면서 소리만 지른다)

이모   아하하하하 오냐아아아

영애   어디 배달 있어요?

이모   시장 사람들이 우리 굶어 죽을까 겁난댄다. 하하하. 굶어 죽일
      수야 있냐구 하하.

영애   그렇게 안돼요?(엄마에게)

엄마   (아이들 의자로 밀듯하며)아니야··이제 곧 찬바람 불텐데 뭐··애

참 애들 덥다 저거 틀어줘..

이모 덥냐? 더워?

둘 네에..

이모 (에어컨 틀려 움직이려는데)

영애 놔두세요 제가 할께요..(움직이는데)

엄마 (애들 데리고 의자로)안 남었어?

이모 잠깐 기다려 이모 이거 배달하구 와서 만들어주께..(마저 랩 씌우면서)

두 아이 네에..

엄마 병원에서 뭐래..(냉장고로)

영애 (에어컨 켜며)엄마는 한 일주일 있어야 결과 나와요..

엄마 으응...

이모 아퍼서 간 거 아닌데 나올 게 뭐 있어. 돈 많은 맏동서 덕에 호사한 거지..

영애 맞어요..(이모 거들려 움직인다)

엄마 (사이다 하나 꺼내 따르면서)며칠이나 비울 거야..

영애 (배달통 꺼내며 돌아본다)사박 오일요..은혜야 엄마 백에서 우리아파트 열쇠 꺼내 이모 할머니 드려..

은혜 응.(가방 뒤지는)

영애 (아이 대답하자마자 곧장 연결)이틀에 한번씩만 주세요 그래두될 거에요..

이모 알었어.니 끔찍한 농사 안 망칠테니까 걱정을 하덜 말어라 으ㅎㅎㅎㅎ..(한편 아이들한테 사이다 내면서)

엄마 시원해 먹어.

두 아이　네에..

영애　(담으며)환기두 좀 시켜주시구요..문 달아 놓구 나갔다 들어가 면 눈이 쏴요..

이모　알었어 그래…(배달통 번쩍 들며)갖다올게..

영애　같이 갈까?

이모　얘는 무슨 더운데 /있어/금방 퍼돌리구 와..(이미 문으로 가며)

영애　다녀 오세요..

이모　어엉.

두 아이　다녀 오세요오..

이모　E 오냐아아.

엄마　(아이들 옆 테이블에 서서 보다가 두 아이 뒤통수 한꺼번에 건드리 면서)어이구우우 인사성 하나는 세계 제일이지 그냥 으흐흐흐흐

영애　(돌아보고 좀 웃으며 야채 앞으로 앉는다)

엄마　왜 그래..

영애　노느니 염불할려구요..

엄마　뭐얼…다 했는데…(하고 마주 앉으며 딸 얼굴 슬그머니 살피는)

　　　[잠시 야채만 다듬다가]

엄마　(중얼거리듯이/애들이 의식돼서)뭐 …무슨 일 있는 거야?

영애　??…무슨 일?

엄마　……뭐가… 있는 거 같어…

영애　아무 일 없어요..(다듬으며)

엄마　그런데 왜 얼굴에 끄름이 앉었어….

영애　…(잠깐 보고 웃으며)엄마 또 넘겨짚기 점치네..

엄마　(조금 올려보는 시선으로 보며)별반 안 틀리잖어..그렇게 보인

다 뭐··

영애   병원가 진빼서 그렇겠죠···어제 저녁 여섯 시부터 굶구 몇시간 이리저리 끌려다니는 거 보통 일 아니더라구요···

엄마   ····(보다가 그만둔다)

영애   결혼 날짜는 그쪽에서 잡는다겠죠?

엄마   그러겠지··박사님이 하겠지··

영애   박사 디게 부러운가봐아?

엄마   부럽다마다··공부 많이 한 사람이 젤 부럽더라··

영애   ···(엄마 가만히 보며)···

S# 아파트 근처 어느 닭집··

　　　[닭 먹고 있는 네 식구.]

시우   (닭 물어뜯다가 멈춘 자세)??아/ 야 그럼 어떡해애··그럴 땐 이쁘다구 해 주는 거야 임마··

준서   안 이쁜데요?

은혜   이뻤잖아아아

준서   안 이뻤어.

은혜   이뻤어.

준서   내가 안 이쁘면 안 이쁜 거야.

은혜   너는 이쁜 사람이 이 세상에 엄마랑 지나 아줌마 밖에 없으니까 그렇지.

준서   그래 이쁘지두 않은데 징그러워 죽을 뻔했다 머.

시우   어떻게 생겼는데··

영애   (맛있는 부분 집어 은혜 주며)멀쩡하게 이뻐어어.

은혜   그치 엄마,

영애　응.

준서　아 이뻐.

시우　(오버랩의 기분)준서야준서야.. 누구 아들이지?

준서　아빠 아들..

시우　아빠는 누구지?

준서　준서의 하느님.

시우　그럼 아빠 말 들어야지?

준서　네..

시우　앞으로는 아까처럼 어떤 여자가 자기 이쁘냐구 묻거든 무조건
　　　이쁘다구 해.

준서　안 이뻐두요?

시우　안 이뻐두. 모과처럼 생겼거나 지렁이처럼 생겼어두 무조건/
　　　할머니거나 아줌마거나 여자한테는 무조건 이쁘다 그러는 거야..
　　　왜냐면 여자는 늙었거나 젊었거나 어리거나 이쁘다는 말을 제일
　　　좋아하거든? 이쁘다 소리만 들으면 여자들은 황홀해서 정신을 못
　　　차리구 비틀거린단 말야...

영애　여성 비하 발언 아냐?

시우　사실이잖아..

은혜　응 엄마 나두 누가 이쁘다 그럼 기분 좋아.

시우　봐아..(영애 그냥 웃어버리고)

준서　거짓말하라구요?

시우　거짓말이래두 상대를 기분 좋게 해주는 거짓말은 큰 죄가 되
　　　는 게 아니거든..니가 이쁘다구 해줬으면 아까 그 누나 디게 기분
　　　좋구 행복했을 거란 말야. 누구를 기쁘게 만들어주는 건 착한 일

하는 거구 좋은 일 하는 거야 임마··알았어?

준서 알았어요··(하고 닭 먹는다)

시우 아아 이제 해결봤다.

영애 왜 그렇게 길어?

시우 장래가 걱정되잖아·· 너무 정직해서 여자들한테 인기없으면 어떡해.

영애 (픽 웃으며)별 게 다 걱정이야.

준서 누나(지나가는 종업원)

아가씨 네에·· (하고 와 선다)

준서 (웃으며)요거 좀 더 주시겠어요?(닭하고 먹는 흰 깍두기)

아가씨 네에··(하고 돌아서는데)

준서 누나 디게 이뻐요··(시우 부부 ???/사실은 별로 안 이쁜데)

아가씨 어머 고마워···오호호호호 (입 가리고 웃으며 저쪽으로 뛰어간다)

준서 진짜네···(닭 집으며 진지하다)

영애 (고개 돌리고 소리는 안 내고 웃고)

시우 (웃음 나지만 닭 집으며)아아 이 집 닭 맛있다··진짜 맛있다··

S# 아파트 거실

[아이들은 배낭 내놓고 제 짐들 넣고 있고/중형 가방 두 개에 아이들 갈아입을 옷과 어른 것 따로 시우가 싸고 있는데 꼼꼼하기가 보통 솜씨가 아니다. 가방에 집어넣을 건 전부 다 꺼내져 있고/]

[영애는 주방에서 포도 복숭아 과일 준비하는 중.]

준서 (열심히 집어넣다가)앗 만화책/

은혜 어 나두··(둘 같이 발딱 일어나 제 방으로)

시우 야야늬들 만화책 말구 위인전 두권씩만 갖구 가는 게 어떨가 엉?

156

준서 (그냥 움직이며)위인전 다 읽었어요 아빠··

은혜 나두우··

시우 늬들 또 짐꾼 부르게 갖구 갈 거 아냐·· 얼마나 무거운지 알아?

아빠 어깨 빠져 이 자식들아아아······(혼잣소리)들은 척두 안 하네··

(싸던 것 계속하고)

영애 (과일 쟁반 들고 나오며)한 사람이 다섯권씩만 해애··

은혜 E 너무해애·· (내다보며)열권·· (두 손가락 펴 들어보이며)

영애 아빠 힘드신단 말야··

은혜 다섯 권은 내 배낭에 넣을께··그래두 되지 아빠?

시우 열권 다 너··

은혜 너무해애··

시우 갖구 나와 갖구 나와 일단·· (하고 영애가 찍어서 내밀어주는 복숭

아 한 쪽 받아 먹으며)야 빨랑 나와 복숭아 먹어. 무지 맛있다 엉?

준서 (한 아름 안고 나온다)

영애 열권이야 약속이 틀리잖아.

준서 (와르르 쏟으면서)스무권.

영애 (소리 죽여)니가 그럼 누나두 그런단 말야··

준서 이거 누나두 아직 안본 거니까 같이 보면 돼요·· (은혜 열 권 챙겨

들고 나온다)누나 이거***(만화 제목)우리 같이 보자··

은혜 그래··

영애 이거 먹구 해···(포크 두 개에 복숭아 두 쪽 찍어 각각 물려주며)자··

은혜 (씹으며)난 포도 먹을래.

준서 (손 뻗으며)나두.

은혜 따라쟁이.

준서 (벌떡 일어나 은혜 앞에 대고 부욱 방귀 꾼다)

은혜 아아아아이/(하며 준서 퍽 떼밀고)

준서 (아빠에게 엎어지며)으하하하하

영애 야야야야 너어(그러면 안돼)

준서 (오버랩의 기분)내 독가스 맛이 어떠시오.

시우 (가볍게 준서 쓰러뜨려 안고 엉덩이 때리며)얌마 그건 야비한 짓
     이야..

영애 누구 아들야..

시우 내 아들.

영애 아들이 누구보고 배워. 하느님이 그러니까 존 건 줄 알구 그러지..

시우 한방 멕여줘?(하고 엉덩이에 손 갖다대고)

영애 (옷가지 아무거나 집어 때린다)어이그 어이그으으으..

시우 (낄낄거리며 준서 안고 쓰러지며)레슬링다 레슬링.

     [준서와 시우 뒤엉켜서 나부대고]

     [과일 쟁반 위험하니 영애 얼른 치우고 은혜도 뭔가 얼른 치우고]

S# 아파트 전경(밤)

S# 거실

     [보이든 안 보이든 짐들 현관께에 놓여져 있고/]

시우 (마룻바닥 휴대용 청소기로 여기 저기 빨아들이는데)

은혜 (잠옷 바람으로 나와 아빠 안고 쪽 뽀뽀)

시우 굿나잇

은혜 굿나잇(하고 들어가는데 껐던 청소기 다시 작동시키는데)

     [영애의 가만가만 노랫소리]

     [엄마가 섬그늘에]

시우   (작동시키다 다시 끄고 듣는다)····

　　[굴 따러 가고]

S# 준서 침실

영애   (등 쓸어주면서)아기가 혼자 남아 집을 보오다가···파도가 들려
　　주는 자장 노래에 스르르 눈을 감고 잠이 듭니다./

준서   (뒤로 손짓/이제 됐다는)

영애   잘자아?

준서   엄마두요··(졸리며)

영애   (뒤통수에 뽀뽀해주고 나간다)

S# 거실

　　[영애/나와서 불 끄고 침실로/]

S# 침실

영애   (들어와 화장대로)····

시우   (침대에 기대어 앉아 있다가 돌아본다)····

영애   (밤 화장 시작)······

시우   있잖아···

영애   ····응···(얼굴 만지며)

시우   왜 그런 말 있지··슬픈 노래만 부르면 인생두 슬퍼진다구···

영애   (돌아본다)··응···

시우   당신 준서 자장가 그거 다른 걸로 바꾸는 게 어때···

영애   슬퍼?

시우   안 슬프냐?···생각해봐···애기 혼자 두구 굴 따러 가야하는 엄마
　　···혼자 놀다가 자는 아가····

영애   슬퍼····

시우 바꿔봐… 정식 자장가 있잖아 왜·· 앞뜰과 뒷동산에 그런 거두 있구 또 뭐가 있더라 있잖아 암튼.

영애 준서가 딴 건 싫대… 갓난쟁이부터 듣던 거잖아··

시우 그러니까 애초에 선곡이 잘못된 거야·· 많구 많은 노래 중에 하필 왜 그거야··

영애 슬프지만 평화롭기두 하잖아··

시우 맘에 안든다.(하며 눕는다)

영애 십년 듣구 이제서?

시우 글쎄 말야··

영애 (화장대에서 일어나 침대로 오른다)·····

시우 (아내 눕기 기다렸다가)··이번에는 지나 고모님 계시대··그저께 주네브 아들 집에서 오셨대.

영애 금년에는 뵙겠네··

시우 응··

영애 (몸 일으키며)어떡해? 선물 준비 안했어··진작 말하지. 작년 재작년 여름마다 안 계셔서 /아니 이건 변명이구 솔직히 생각두 못했어··

시우 (끌어 눕게 하며)괜찮아 승조가 홍삼 좀 넉넉히 산다 그랬어··

영애 얼마치나. 우리두 반 내자··

시우 내가 줄 거야··

영애 됐네 그럼··

시우 잡시다·· 졸리다···(스탠드 끄고 영애 안으려)

영애 더워어··(가볍게 밀어내고)

시우 (밀려나 돌아누우며)안녕히 주무세요···

영애 잘 자…(하고 눈 뜬 채)………(가만히)

S# 아파트 현관 앞(아침 7시쯤)

　　[잠이 안 깬 준서를 승조가 업고 역시 아직 졸린 은혜는 걸리고 영애 시
　　우 짐 나눠들고 나온다‥ 대어져 있는 승조와 지나 자동차.]

지나 (기다리고 있다가)안녕하세요 (영애는 그저 웃어 보이고)하이/
　　(은혜에게 아는 척하며 볼 잡아 흔들며)오호호호호 너 아직 잠 안깼
　　구나.

은혜 (부어서)네에.

지나 아저씨 차루 빨리 타 언니두 준서랑 승조 차 타세요(승조는 벌
　　써 준서 태우려는)‥시우 너 내 차 운전해‥

영애 ?(위에)

지나 E 내 차 뭔가 기분이 나뻐‥가끔 기침 비슷한 소리 내.

시우 야 가다 서는 거 아냐?(지나 열어놓았던 트렁크에 짐 싣다가)

승조 플러그가 아픈가봐 걱정할 정돈 아냐‥지나 쫄았어‥니가 해.

시우 그래 그럼‥(하고 짐 다 싣고 트렁크 닫고)타‥(아내에게)

영애 엉‥

지나 이산 가족 만들어 미안해요.근데 장거리 여행할 땐 한 가족이
　　몽땅 한 차 타지 말라 그러대요?만에 하나.

시우 (오버랩의 기분)야 너 뭐 그딴 소리야 재수 없게.

지나 말두 못하니?

시우 너 운전 잘해애애.

승조 별 걱정을 다하서 (차 뒷좌석 문 열면서)타세요‥

영애 (타려다 보면 아이 두 마리 아예 자리 다 차지하고 자고 있다)앞에
　　타야겠네요‥

지나 (차 안 들여다보고)하하 녀석들··(하고 앞 문 열어준다)

영애 (움직이는데)

시우 보구 싶어두 잠깐만 참아··

영애 알았어어.(타고 승조 문 닫는데)

시우 너 운전 잘해. 내 보물들야··

승조 알았다니까아··(움직이며)

지나 (동시에)너나 잘해라 너나··

시우 하하··(가볍게 웃으며 운전대 쪽으로 움직이는데)

S# 제주공항 앞··주차장

문 (앞서서 움직이며)세에상에 (두 아이 손잡고)얘들이 언제 이렇게 큰 거야아아? 이태 못 봤는데 그동안에 어른이 다 됐네 그냥. 그때만 해두 둘다 애기 냄새가 몽클몽클 났었는데 응?(뒤돌아보며)

영애 네에··(남자들은 짐 들고 앞서 움직여서)

지나 애들 크는 거 잠깐이에요 고모··

문 그러게에??

승조 (어느 좋은 밴 트렁크 쪽에서 오버랩의 기분)고모님 트렁크 좀 열어주세요··

문 어 그래··(트렁크 열어주고 남자들 짐 싣기 시작)

지나 고모 우리 배 고파요··

문 사십분만 참어··자 타자···타자아아?····(애들 데리고 움직이며) 뒷자리 남자들 태우구 지나 운전석 옆에 타··시우댁은 애들 데리구 가운데 응?

영애 네에··

S# 달리는 밴 위에

162

[애 어른 함께 합창하는 소리‥]

S# 밴 안

문　(운전하고 있고)

　　[다 같이 합창한다‥]

S# 박회장실‥

　　[멀쩡한 임원들 너댓과 재우 고개를 못 들고 있는데]

박　(흙 씹은 얼굴로 차례차례 훑어가듯 남자들 본다)‥‥‥(한동안 그러고
　　있다가 낮은 소리로 중얼거리듯)다 해결됐다구 했잖아 이 사람들아‥

모두　‥‥‥(할 말이 없다)

박　해결된 일이 어째 이 모양야. 어떻게 해결을 했길래 이 모양이냐
　　말야‥

임원1　마지막 처리하러간 실무자가(덜덜덜 떨면서)유가족 심정을 배
　　려하는 것이 좀 부족했던 모양

박　(오버랩의 기분)그 자식 사표 받구 당신 사표 쓰구 가 애 봐‥도대
　　체 어떤 빌어먹을 녀석을 보냈길래 일을 망쳐. 유가족이 어떤 사람
　　들야. 그 앞에가 잘난 척할 놈을 뽑아 보내? 실무자는 무슨 빌어먹
　　을 실무자야 합의 봤으니 아무나 보내두 된다 띤띤하게 생각했어?
　　당신들은 다 뭐하구 자빠졌구 서툰 놈 보내 다 된 죽에 코 빠트리
　　냐구!!(뒤에 가서 좀 오른다 오르기는 하지만 고함은 필요 없음)당신들
　　다 그만둬‥책상 정리하구 집에들 가‥(결론 내듯)

재우　저저저기 아버님.

박　유가족은 가족을 잃은 사람들야. 하늘같은 남편을 잃구 대들보
　　아버지를 잃은 자식들야‥ 평생 노동으루 허리가 휘게 고생만 하다
　　죽은 남편에 아버지가 원통절통 해서 지금 다같이 환장을 하겠는

사람들이야..그 비위 제대루 맞출 인간 하나가 없어? 내가 이런 사
람들 월급 쥐가며 회사라구 굴려가구 있다는 거야?(벼락같이)나가
!!(아무 거나 발로 차면서)모두들 나가!! 나가나갓!!!

　　[모두 무서워서 뒤로 빠지고 누군가 등에 숨으려 하고 재우는 머리를
　　감싸고 상당히 우스꽝스럽다.]

S# 달리는 밴…

　　[재미있는 노래는 계속되고]

제4회

S# 바다 풍경 걸치면서 어느 별장으로 들어와 멎는 문여사의 밴

[우루루 다 같이 내리는데 남자들 먼저 내려 아이들 안아 내려주고 영
애 내리는 것 도와주고 지나는 운전대 옆에서 상관없이 내리고 트렁크
열고 짐들 내리고 하면서]

승조 자기 짐은 자기가 책임지기이··

시우 (오버랩의 기분)짐 제일 많은 문지나는 짐꾼 불러야겠다야.

지나 남자들 됐다 삶어먹니? (벌써 운전대 옆으로 움직이며)고모오 차
빨리 보내주세요.

문 (운전대 문 열고 내다보고 있다가)걱정두 팔짜다··밥 먹은 거 좀
꺼지면 올라와··서둘 거 없어··자 키이··(별장 키 준다)

지나 네에··(받는데)

문 시장꺼리 대충 봐놔줬어. 모자란 거 있으면 전화하구··

지나 네 고모.

문 온수는 스물네시간 나오구··

지나 물론이죠오··(하고 뒤쪽 보며)다 내렸니? 다 됐어?

시우 (대답처럼 트렁크 닫아주며)엉 다 됐어..(영애는 벌써 두 아이한테 배낭 매어주고 자기 가방 챙기는 중이다) 놔둬. 내가 할게..

영애 무거운 거 당신이 들어..

문 (오버랩의 기분)다 됐으면 그럼 나는 뜬다아아..

남자들과 지나 네 고모/네에..(등 각자 대답)

문 자 그럼 이따 보자구 (하면서 부웅 뜨고)

지나 (애들에게)가자..문 열자..(앞서는)오세요 언니..

시우 야 니 짐 안 들어?

지나 들어주기 싫음 놔둬어...(상관없이 문 열러 움직이고)

승조 화장케이스라두 들어라..(소리치고)

지나 참 쫀쫀하게 구네..(돌아서서 팔 벌리며)던져어 그럼..

승조 (별수 없이 웃어버리고)참 타고난 얌체다..

지나 깔깔갈깔..

영애 그거 이리 줘요..(지나 화장 케이스 받아들고)

지나 (문 열고 아이들 몰아 넣듯)들어가들어가(하고)들어오세요..(영애에게)

　　　[남은 남자들/일단 짐들 현관까지 옮기면서/]

시우 (지나의 무지무지 큰 트렁크 들고 낑낑거리며)얘는 밤낮 이민보따리야 밤낮. 이거 한 뒤달 치 보따리 아니냐?..

승조 (옮기면서 웃는)완전 이삿짐이지 뭐 낄길..

S# 별장 거실

지나 (창문부터 활짝 열면서)커피부터 마셔야겠죠?

영애 내가 준비할게..

지나 내가 할게요..준서랑 은혜는 (주방으로 움직이며)과일쥬스 만

들어줄께‥(냉장고 열어보며)와아 복숭아가 잔뜩 있네? 복숭아 쥬
스 괜찮지?

두 아이 네에‥

[두 남자 짐 들고 들어오는]

S# **영애의 방‥**

[두 아이 만화책들 기타 제 것들 정리하고 있고 시우는 제 양복 한 벌 바
지 두어 개 꺼내 옷걸이에 걸어 장에 넣고 영애는 기타 아이들 옷가지
와 자기 옷들 서랍이며 장에 정리하는 중이다. 그러면서]

시우 어어 난 아무래두 너무 심하게 먹은 거 같다 여보.

영애 그렇지 싶더라. (약 상자 찾으면서)이상하게 가끔 평생 굶은 사람
처럼 식탐을 부리더라‥(상자 꺼내 놓으며)여기 소화제 찾아 들구 나
가 우선 먹어둬.

시우 소화제 도움은 안 받구 싶구 그냥 잠깐 누워있게만 해주면 좋
거 같은데‥아그그그(벌렁 눕는다)

은혜 아빠 이제 소된다‥

시우 어? 벌써 소가 될려나분데? 음메에에에에에(하며 은혜 간지르며
껴안고)

은혜 까르르르 (간지러워서)아으으으으(아빠 밀어낸다)

영애 (흘기며/오버랩의 기분)도와주기 귀찮으니까. 그러면서 애들한
테 협동정신이 어쩌구 그래? 빨랑 일어나 협동해‥빨리‥

준서 (오버랩의 기분)네 아빠 빨리 일어나 협동하세요‥

시우 아빠 배가 아플려구한단 말야 임마. 아으으으으(배 아픈 시늉)

은혜 누가 속나?

준서 누가 속나요?

영애 (오버랩의 기분 돌아보며)어머님께 전화드려.

시우 애들 시켜··은혜야 할머니께 전화드려라 엉?

영애 여보··(안되지이)

시우 (벌떡 일어나며)그래 알았어··내 핸드폰··

은혜 (아빠 일어나는데 벌써 집어 들어 내밀며)여기··

S# 장여사 안방··

　　E 불경 테이프 틀어놓고 가을 이부자리 준비하고 있다··(화면 시작과 동시에)

장 그러게 유난히 비가 많아서 여름인가 싶다가 가을되겠어··

조 (거들면서)워낙에두 싫어하시지만 금년에는 에어컨/한번두 안 돌리구 그냥 지나겠어요 사모님··

장 흠흠 그렇겠어.(하는데)

　　E 전화벨··

조 (받는다)네에····잠깐요··(전화 장여사에게)준서 아빠에요···

장 오냐···알구 있었어··그래···애들 배탈 안 나게 조심시키구····그래···어엉 은혜냐? 오냐 자알 놀다 오렴···아니 비 안와··거기는 날씨가 어떤데···그래 놀기 좋아 좋겠구나····응 준서야 그래···응 그래··· 오냐····오냐오냐···

S# 시우네 방

준서 그럼 할머니 아빠 바꿀께요···네 안녕히 계세요··(전화 시우에게)

시우 저에요 어머니···네···네 그럴께요···네··(하고 끊는데

지나 E 시우야 커피이이이

시우 (벌떡 일어나며)어 그래애애·· 나가자 나가나가··(애들 데리고 나가며)여보 빨리 나와··

168

S# 거실 /식탁

　　[식탁에 자리 잡고 앉는 사람들··]

승조　(원두 내린 커피 어른들 잔에 따르면서)커피 향 죽인다··지나가 갖

　　구 왔어··

시우　(앉으며)원래 담당이잖아··으음 좋다아아··

지나　(복숭아 주스 주서기에서 두 컵 따르다가 냉장고 문 여는 영애 보고)

　　왜요··

영애　아냐··(하고 물 한 컵 따라 시우에게 약 내민다)먹어둬··

지나　(주스 식탁으로 옮기며)왜 속 나빠?

시우　응 과식인 거 같아서··

승조　신나게 먹더라··(시우 약 넘기고)

지나　설탕 넣구 싶음 넣구 응?(애들에게 주스 잔 놓아주며)

영애　그냥 먹어주는 게 좋을 걸?(앉으며)

은혜　울 엄마 설탕 싫어해요 아줌마··

지나　그래 그럼 그냥 마셔··그게 좋지··(앉으며)서울보다 덥네에에?

승조　당연하지 얼마나 남쪽인데··

지나　이런 땐 나 바보같지··

시우　너 바보같을 때 많어어어.

지나　??어떤 때?

시우　유우명한 울보였잖아··

승조　하하하하

지나　그래 나 울보 만든 주범이 누군데/여기 또 하나는 종범 중에 하

　　나였구 응?

승조　어 나 아냐 나는 아냐 야. 시우가 짓궂었지 나야 태생적으루 우

아한 사람인데 얘는/

시우　우아 좋아한다..너 지나 팬티 사건/(지나 기절하겠는 위에)

시우　E 아 이건 애들 있는데 할 얘긴 아니다. 나중에 우리끼리 하자.

은혜　뭔데 아빠 응 뭔데에에?

지나　너어? (시우에게 위협)

시우　(낄낄거리며)그래 안해애애..

지나　(오버랩의 기분)암 거두 아냐 은혜야. 아드윽한 옛날 아빠랑 승
　　　조 아저씨랑 아줌마랑 유치원 시절 얘긴데 별거 아냐. 아주 시시한
　　　얘기야.

시우　엉 아주 시시한 얘기야. 은혜야.

준서　시시한 얘기래두 듣구 싶은데/엄마는 안 궁금하세요?

영애　응 엄마는 안 궁금해..

준서　울엄마는 참 성격두 이상해서..궁금하실텐데에에에?

시우　(아들 가볍게 쥐어박으며)이녀석 누굴 닮아 이렇게 느물거려.

지나　누구 아들이지?

시우　(승조에게)야 니 아들이냐?

승조　엉 내 아들야..

영애　그럼 난 어떻게 되는 거야?

　　　[다 같이 조금씩 웃고]

S# 승마장/말 목장..

　　　[아이들 조랑말 타는 것 배우고 있다. 현지 조달.. 마음대로 떠들어도
　　　상관없음..승조와 시우 옆에서 거들고 있고/은혜는 무섭다고 꽁무니
　　　좀 빼도 좋고 그러는 은혜를 살갑게 달래는 승조..무섭기는 뭐가 무섭
　　　냐고 잘난 척하는 준서..지나와 승조는 완벽한 승마 복장/시우는 적당

170

한 차림..]

S# 마구간 안

문   (영애 데리고 도는 중이다/새끼 한 마리 쓰다듬으며)애가 아주 잘 빠진 새끼지…어린데도 몸 기본이 근육질형이거든? 이래야 커두 근사해….

영애   네에..

문   (다른 말로 움직여서/어미 임신한 말)얘는 오늘 낼 하는 엄마구..

영애   배가 부르네요..

문   막바지니까 한껏 부르지.. 몇 마리 남았댔나 김부장..(새끼 낳을 말)

태우리   (한 걸음 뒤에서 따르다가)스물 한 마리 중에 이제 열 세 마리 남았습니다..

문   쟤는(팔려나갈 말)언제 내보낸댔지 참?

태우리   구월 십오일에 나갑니다..

문   (또 다른 말)엉 얘는 수태가 안돼 속썩이던 앤데 여섯 번 시도 끝에 간신히 성공했어…임신 못하는 말은 놀구 먹는 공태마라구(웃으며)목장주 돈만 까먹는 놈이야….내 돈 까먹는 거두 아깝지만 어미 말 돼야 하는데 못 되구 있음 가엾거든..얘 임신 판정 나구 우리 바비큐 파티 했잖아..

영애   (그냥 웃어 보이고)

문   특별히 신경쓰는 거 잊지 마.(태우리에게)

태우리   신경쓰구 있어요 원장님.

문   (영애에게)유산 조심해야거든..임신 육개월에두 아차 유산하는 놈이 있어..

영애   네에..

문　얘(새끼말)는 지 에미 닮아 당근을 안 먹는 녀석이야..에미가 극
　　성맞으면 새끼두 극성맞구 우습게 닮아 나온다니까? 재미 있어..

태우리　옆 목장에서 며칠 새 새끼 열한 마리 낳았는데 열 마리가 암
　　놈이래요 원장님.

문　저런 그 집 골 아프겠다..

태우리　네 ㅎㅎㅎ

문　숫놈이 비싸게 팔리거든..최하 오백 차이는 나..

영애　(표정으로 그렇게 많이?)

문　경주마는 수놈이 인기니까 암놈은 처지지..

영애　네에..

S# 마구간에서 나오면서

문　그게 알 수가 없어..경매에서 최고가루 팔린 말이 성적 형편없어
　　서 구겨논 목장주 체면을 싼값에 넘긴 말이 씽씽 좋은 성적 내줘 만
　　회시켜 주기도 하고/그래서 우리 그러잖아..꼴 보고 다 모른다. 일단
　　뛰어봐야 안다..하하하하

영애　(같이 웃어주고)

문　쟤들 시작했네..

영애　(그쪽 보면)
　　[영애와 문여사 시각에서 /지나 승조 시우 말 타고 승마장 시원하게 돌
　　고 있다……]

S# 말 달리는 세 사람..

지나　와아아아 너무너무 시원하다아아아..

승조　너무 오랜만이라 그런지 나는 자세가 안 나온다..

시우　(마지막으로 달리며)있는대로 뻐쳐입구 무슨 자세 타령까지야…

172

여기 청바지 입구 폼 안나는 사람 있는데‥

지나 괜찮아아아 서부의 총잡이 같다니까?

시우 이 녀석 작년에 내가 탔던 놈 아닌 거 맞어?

승조 아니라잖아‥작년아이는 지금 번개돌이루 경마계 스타잖아‥

시우 그런데 왜 자꾸 그 녀석 같지?

지나 승마복 하나 맞춰주까 시우야?

시우 엉 현찰이면 고맙겠다‥

S# 영애 시각에서 희희낙락 말 달리는 세 사람‥‥

영애 ‥‥‥(보면서)‥‥‥

문 은혜엄마두 배워서 네 사람 같이 타면 좋잖아‥

영애 (그냥 웃고)

문 얼마나 보기 좋아‥

영애 네에‥

문 착한 애 한 녀석 데리구 나오랄테니까 한번 시도해 봐.

영애 아니 아니에요

문 (오버랩의 기분)꽁무니 빼지말구 한번 해보자‥이거 봐 김부장‥

영애 (문 잡으며)아니에요. 아니에요 부장님. 저 겁 많아요. 그냥 이렇게 보는 게 좋아요 안 할래요‥

문 (흘기면서)용기 한번 내보면 좋겠구먼‥시우랑 결혼할 때 용기 다 어디갔어.

영애 그 용기 죽었어요 선생님‥

문 쯔쯔

부장 (오버랩의 기분)저기 원장님‥회의‥‥

문 어 나 잠깐 회의하구 나올게‥

영애   네에…(문여사는 부장과 뭔가 얘기하면서 화면에서 빠지고 영애는
다시 몸 돌린다)

　　　[달리는 어른들과 졸랑졸랑 걷는 조랑말 위의 두 아이…한꺼번에……]

S# 관광지 1

　　　[자유롭게 떠들면서 사진 찍으면서….제법 놀다가]

지나   자아 이제 단체사지인/(애들 찍어주다가)모여모여..승조야 시
우야!! 언니이..(다른 관광객에게)저기 잠깐 신랑님(신혼부부 티 확 나
는 한 쌍) 결혼 축하합니다..그런데 우리 요거 한방만 부탁드려두 될
까요?

남자   네 그럼요..

　　　[한꺼번에 모이는 승조 영애 시우 그리고]

지나   그냥 찍으면 재없으니까 재밌는 포즈 응?

준서   애애애(혀 있는대로 빼물고)

은혜   (준서 보고)엄마 애 좀 봐..

영애   준서야 하지 마. 그건 숭해.

준서   그럼 아빠 나 목말탈래요.

시우   야야 가만 있어 그럼 너 사진에서 짤려어어..

준서   (쭈그리고 앉으며)그럼 응가할까?

영애   (준서 일으켜 세우며)아이구 좀 진정해애. 사진 찍어주는 분 기다
리시잖아..

준서   죄송합니다아아.(꾸벅)

시우   자자 빨리 찍자 빨리. 죄송합니다 그냥 찍으세요 그냥.

　　　[철컥 찍는데]

준서   (콧구멍에 손가락 하나 넣던 찰나다)어 나 이랬는데..

174

은혜 어으 드러.(좀 밀치며)

준서 아빠 나 이렀어요..(밀쳐지며)

시우 괜찮아괜찮아괜찮아. 평소실력 그대로 멋지잖아아아..(준서 목 옆구리에 끼며)

S# 관광지에서 나오면서

영애 지금 들어가야 저녁밥 안 늦는데.(남편에게)

승조 (애들 손잡고 앞서 걷다가 뒤돌아보며)아 적당히 사먹어요..밥하러 오셨어요?

지나 그래요.. 밥은 사먹는 거 싫증날 때 해먹구요. 시우야 뭐 먹을까..

시우 박준서 박은혜 뭐 먹을까..

준서 곰탕

은혜 짜장면..

승조 통일해 주세요오.

준서 은혜 (각각 곰탕 짜장면을 한 번씩 더 합창)

지나 통일하라니까아아..

S# 낙조가 아름다운 도로를 달리는 밴.. 어느 지점에서 속도 늦춰 세워지는 자동차…

S# 차 안..

승조 (시우 옆자리/차가 멈추자)쉬 마려워?

시우 (사이드 채우고 시동 끄면서)자아 여기서 잠시 내려서 다같이 세상에서 제일 아름다운 사람들끼리 세상에서 제일 아름다운 노을을 바라보며? 심호흡 열 번씩 하구? 각각 노래 한자락씩하기/

지나 뭐라구? 오호호호호..

S# 자동차 밖..

[내리는 일행·· 노을을 바라보며 약속한 듯이 심호흡들 한다··]

은혜   후우우우우

준서   후우우우우

은혜   따라쟁이··

준서   아아 공기가 참 맛있도다··

지나   (준서 목 뒤에서 안으며)오호호호호 너 그 도다는 뭐야 웅?

준서   치워라 덥도다아아

지나   욘석이 까불어어?(귀 잡아당기며)

준서   아아아아(빠져나가 도망치며)무엄하도다아아.

[그러는 준서 보며 어른들 크게 웃고 나서···잠시 모두 말없이 낙조 보
며/준서는 요란스러운 숨쉬기 운동으로 두 팔 뒤로 벌렸다 오므렸다
심호흡 잠시 사이··]

승조   정말····아름답죠····(낙조에 홀린 듯 말하며 영애 돌아본다)

영애   그러네요····서울선 보기 힘든 그림이죠··이래서 여행이 좋은
가봐요··

은혜   (그러는 엄마 손잡으며)엄마 나는 지금 슬퍼··(엄마 올려다보며)

영애   ??왜?

은혜   몰라 그래.

시우   뭐 슬픈 생각했어?

은혜   아니 그냥····해가 질 때 나는 언제나 슬퍼····오늘은 쬐금 더 슬
프다··

준서   주책.

영애   (딸 한 팔로 안아 붙이며)주책 아냐 그런 거 있어··

준서   그런 게 뭐에요?

지나　(약간 구박하듯)그런 게 있어‥설명하기 힘들어‥은혜는 시인이 되면 좋겠다?

시우　시써서 어떻게 밥 먹구 살아‥애 잘못된 길루 인도하지 마.

지나　어어 박 희도 회장님 손녀딸이 밥걱정을 왜해?

S#　어느 룸살롱 특실‥

박　(혼자 앉아서 주스 마시고 있는데)

　　[삼십 대 후반 마담 들어오며]

마담　회장님 오셨어요? (목례하며)편안하셨어요?

박　(나직이 중얼거리듯)편안치 못해‥이리와 봐‥

마담　(박의 옆자리에 앉으면서 한껏 안됐다는듯)편안하셔야할텐데 죄송해서 어쩌죠?

박　걔 어딨어‥어따 숨겨뒀어‥

마담　회장님‥

박　(오버랩의 기분)얼른 내놔‥

마담　회장님

박　(오버랩의 기분)십분 안에 여기 갖다 놔. 용돈주께(여전히 나지막히 중얼거리듯)‥

마담　제가 말씀드릴께요 회장님‥우선 (박회장 무릎 위 손을 제 손으로 가볍게 덮듯이 하며)‥(사정하듯)사모님께서 보낸 사람이 얼마나 무섭게 겁을 줬는지 얼굴을 못쓰게 만들어놓겠다 그랬대요 회장님‥(아 왜) 제가 처음 나온 애라 말씀드렸잖아요. 이튿날까지 사시나무 떨 듯 떨드라구요‥

박　(오버랩의 기분)깨묵 씹어먹구 있네‥‥처음 나온 애가 벌써부터 갈아타기 해?(여러 소리 말어)

마담　(오버랩의 기분)걔 서울 떴어요 회장님‥서울 못 있겠다구요 그러구는 저두 몰라요오‥

박　체/ 누굴 등신으루 알아? 선금 들어간 건 어떡하구 자네가 그거 뗄 사람야?

마담　걘 지발루 그냥 굴러 들어왔던 애에요‥제가 선금 뗄 사람은 아니죠오‥

박　알기는 아는구먼‥

마담　그럼요 회장님 호호호호

박　지방 어디루 갔어‥

마담　그건 몰라요 회장님‥

박　이래놓구 나한테 걸리면 황마담 골루 간다아?

마담　아이구우 무서워라‥네 그렇게 하세요 오호호호호

박　되는 일이 없어 도무지가‥(혼잣소리처럼/입맛이 쓰다. 주스 집어 마신다)

마담　…(보다가)어떻게 이번엔 그렇게 금방 들통이 나셨어요?

박　재밌냐? (하고 불끈 일어난다)

마담　(따라 일어서며)가시게요?

박　가지 뭐해. 느이집 발끊었다‥

마담　아유우 그러시면 어떡해요회장니임‥

박　(의자 빠지며) 망할 기집애

마담　저요?

박　(움직이며)자네 아니야‥

S# 어느 레스토랑

연우　(다리 꼬고 한껏 멋진 포즈로 앉아 작은 책자 보고 있는데)……

E 핸드폰 벨

연우　(전화 보고 열면서 소리는 좀 죽여서)뭐야 기다리게 하구....평계
　　　는 암튼/늦는 거두 습관야 아주 나쁜 습관.....잘리구 싶음 맘대루
　　　해.(시계 보며)오분이상 더 안 기다려. 알아서 해. ···(듣다가 발끈)그
　　　럼 차 내버리구 퀵 서비스라두 잡아타구 와. 그만한 열정두 없는
　　　거야 시시하게?···오분이야··(하고 탁 접으며 시계 다시 본다)

S#　별장 전경(밤)

S#　별장 거실 주방··

　　　[거실 소파에서]

　　　[포도며 복숭아며 멜론 등 과일 먹는 중이다. 화면 시작과 동시에]

시우　(포도 씨 손으로 받으며)아 어느 날 얘가 지나는 팬티를 어떤 걸
　　　입었을까 그러잖아··

승조　정말 궁금했거든요,

시우　그래서 내가 지나 치마를 확 들쳤지··

지나　(오버랩의 기분)그래놓구는 글쎄 손뼉을 치면서 지나 팬티 안
　　　입었다아 있는대로 소리를 지르는 거 있죠··

영애　어머나 못됐다··

승조　낄낄(오버랩의 기분)그런데 그 뒤가 더 히트였어요··

시우　(오버랩의 기분)엉 더 히트였어·· 지가 지 치마 이렇게 들치고 나
　　　입었어입었어 그러면서 통곡을 하더라구 하하하하 그게 바보 아
　　　니냐?

영애　깔깔깔깔

승조　(오버랩의 기분)좌우간 지나가 시우 밥이었어요··· 얘가 원래 속
　　　이 없어요··그렇게 못살게 구는데두 여전히 시우야시우야 아직두

놀구 있잖아요…

지나 그래 나 속없어..

시우 아 잘해줄 때는 또 잘해줬거든..

승조 생각나? 지나가 니 팬티 벗겼던 거.

영애 에?

시우 (웃으며)초등학교 이 학년 때였나?

지나 삼학년 때다.

시우 지나 어머님이 수영 배우라구 선생님 묶어주셔서 우리 셋이 수영배웠었거든..내가 하두 틈틈이 못살게 구니까 얘가 어느 날 앙심 단단히 먹구 나온 걸 내가 알았나…물 있는대루 들이키구 캑캑 토하구 섰는데 갑자기 뒤에서 내 수영팬티를 확 끌어내리는 거야..

영애 하하 너무 잘했다..

승조 그게 아니에요.

시우 내 팬티 내려놓구는 지가 대성통곡했는데?

영애 응?

시우 어이 시 누구야 그러면서 내가 돌아섰지. 그런데 얘가 내 꼬치를 이러구 노려보더니 갑자기 와앙 지가 우는 거야..그러니 틀림없는 바보지..

영애 ? ?(지나 본다)왜/ 무서웠어?

지나 태어나 첨 보는 거였거든요. 너어무 이상하더라구요오..

　　[셋 웃어대고/]

지나 무슨 애가 그런 일 당하면 확 쪼그리구 앉거나 아님 옷 끌어올리느라 정신 없어야하는데 글쎄 그냥 뻣정하니 서서 이러구 날 보잖아요…그때부터 암튼 튀긴 튀었어요..

영애 그러니까…. 나보다 먼저 봤네? 어쩐지 싫다아아아?

승조 (큰 소리로 웃고)

지나 (포도 따면서)근데 아직 시간 멀었는데 우리 가볍게 한 잔 해야지?

시우 해야지‥하자‥너 술 갖구 왔지.

승조 갖구 오긴 했는데 분위기 여왕 첫날부터 여기서 술병 따는 거 좋다 그럴까?

지나 당연하지 야 시시하다‥작년에 그 라운지 좋더라 거기 가자 우리‥

승조 어 인테리어 바꾸구 훨씬 좋아졌더라‥인테리어가 그만큼 중요하다니까. 그레이드가 달라졌잖아‥

지나 그래 가자‥내가 쏜다‥언닌 애들때매 안간다 그럴 거구 괜찮죠?

영애 괜찮지 그럼‥한두해야?

지나 그래두 미안해서요‥언니 허락 떨어졌으니까 일어나 시우야. (일어나며)옷 바꿔입구 나와… 빨리 해들‥(제 방으로)

승조 (지나 들어가자)쟤 패션쇼를 위해서두 나가줘야 해요(영애에게 좀 미안해서)

영애 (치우려 일어나며)멋있잖아요‥당신 빨리 해‥

시우 (일어나며)애들 자는데 당신두 나가자‥

영애 말 안 되는 소리.(벌써 먹던 과일 치우려 움직이며)질색은 자기가 더 하면서 괜한 입발림한다‥

시우 그렇지? (큰 과일 접시 옮겨주며)집이라면 또 모르는데 안되겠지 승조야?

승조 좀 곤란하지.

시우 야 늬둘이만 움직임 어떨까‥

영애 (오버랩의 기분)아이구 괜히 수쓰지 말구 나갔다 와‥나 피곤해.(

승조 웃으며 제 방으로 들어가는데 영애는 그냥 연결)일찍 잘 거야..

시우 괜찮아?

영애 괜찮아.

시우 (영애 엉덩이 만지며)진짜 괜찮아?

영애 (피하면서)왜 그래애. 강짜 심한 사람인 줄 알겠어어..

시우 미안해서 그러지이..

영애 정해진 스케줄이잖아아..언젠 안 그래서?

시우 그러니까 더 미안하지이..(또 엉덩이 만지려)

영애 (찰싹 손 때리며)빨리 해애 기다리게 말구우우..

시우 그래 그럼..(제 방으로 움직이며)야아 진실을 말하자면 나는 귀
        찮다아..

영애 (그쪽으로 흘기며 웃고)...(부지런히 커피 테이블 행주로 닦고 과일 먹
        은 설거지하는데)......

지나 (제 방에서 나오며)나 어때요?

영애 (돌아본다)....(한 손 이마에 올리면서)눈이 부셔..

지나 오호호호 진짜요?

영애 좋겠다..예쁘고 멋있고 능력있구..

지나 남자가 없잖아요오오..

영애 너무 완벽한 사람 찾으니까 그렇겠지/

지나 완벽한 사람이 어딨어요..

영애 글쎄 말야..(접시 씻으려 돌아서며)향수가 뭐야?

지나 좀 독한 거 썼는데 심해요?

영애 요즘은 독하게들 풍기더라구..

지나 좋으면 언니 하나 선물할까요?

영애 그래/ 애들 아빠가 좋다 그럼..(돌아보며)

지나 시운 향수 별루에요..골 아프대요..

영애 (웃으며)그래서 나 안써..비누 냄샐 좋아해..

지나 네에..(영애 뒷모습 보며 알면서 왜 떠봐..)......

S# 침실

영애 (잠든 아이들 머리 비뚤어진 것 고쳐주고 조금 덮어주고 준서 뺨에 뽀뽀하려는데)

준서 (밀치면서)마늘냄새 나요오...

영애 ......(머쓱해서)아직 안 자구 있었던 거야?

준서 (돌아누우며)엄마가 건드려서 깼어요..

영애 그래 미안해...(조금 더 보다가 핸드폰 챙겨들고 일어난다)

S# 거실

영애 (나와서 전화 단축 다이얼 누르고)

    F 벨 가는 소리

이모 F 네에 ..

영애 (인스턴트 커피 만들면서)이모 저에요..

이모 F 어 그래..잘 갔지?

영애 그럼요..(전기포트에서 물 따르며)엄마는요..

S# 가게

이모 (이튿날 장사 준비하던 참이다//오뎅 썰던 칼 놓고 휴지 뽑아 코 가볍게 눌러 콧물 처리하며)엉 소정이 엄마가 저녁초대해서 가셨어 ......무슨 초대가 여덟신지 그집은 저녁이 늦나봐..니 엄마 배고프다구 찬밥 한술 말어먹구 가셨다......(이모는)추접스럽게 뭘 나까지 줄레줄레 쫓아가..(이모는 초대 안했수?) 왜애..그냥 인산지 뭔진 모르지만 나두 오라구는 하더라....그런데 얘 그리구 손님있으나 없으나 가게 봐야지 가게 비우구?(냅다 재채기)아이구 참 개만두 못하다 여름감기 걸렸어 얘..(아예 코 풀고 나서)재미 있어?

S# 소정의 방 안내하고 있는 소정모··

소모 저 장 들어내구 붙박이 장 짜 넣어 줄 거에요··벌써 주문했어요··

엄마 에에··방이 제법 크네요··

소모 둘이 쓰기에 불편 없을 거에요··

엄마 불편은 우리 집 방에 비하면 대궐이에요··

소모 침대 바꿀 거구요··

엄마 예에··

소모 서운하시겠지만 이해하세요··우리 애가 워낙 편한 생활에 익숙한 애라

엄마 (오버랩의 기분)됐어요. 그 얘긴 벌써 끝났잖어요··

소모 그래두 너무 죄송해서

엄마 (오버랩의 기분)그저 제가 변변치를 못해서 오히려 폐끼치는 게 이쪽이 죄송하지요··(나가려고 문으로 돌아서는)

소모 (따르듯 하며)자주 찾아뵈면서 성심으로 모시라구 했어요··

엄마 예에···말씀만으로도 고마워요 그저··(움직이다 돌아보며)

S# 거실··

유정 (소파에 앉아서 다리 까딱거리면서)왜요오 졸업하자마자 결혼한 애들 많아요. 우리 과 애들 중에서두 여섯인가 일곱인가. 고등학교 동창으루 치면 훨씬 더 많구요··근데 만나면 공통적으루 하는 얘기가 결혼해서 좋은 건 딱 신혼여행 때 뿐이래 언니··신혼여행 끝내구 와서 파토낸 애두 하나 있지 차암?

소정 결혼식 끝내구 폐백드리다 양쪽 집 쌈나 그만둔 사람 얘기두 하지 그러니?

유정 어 형부 참 (하는데)

　　[두 여인 나온다]

소정 (정호 벌떡 일어나는데)아줌마아아 차 내오세요오..(해놓고 일어 난다/유정이 소정보다는 먼저 일어나 아줌마 쪽으로 움직이고)

소모 저리루..

엄마 예에..

소모 아줌마아..

유정 (쟁반 들고나오며)나가요오..

소모 앉으세요..

엄마 예...(우물거리듯 앉는데)

소정 (엄마 보다가)전부 다 녹차니?

유정 응..

소정 난 커피 마시구 싶은데..

소모 (앉으며)잠 못잤다구 투덜거릴려구.

소정 커피나 녹차나..

유정 아무 거나 마셔둬어..

소모 과일은..

유정 아줌마 준비해.(앉는다)

소모 (찻잔 들며)드세요..

엄마 예.(찻잔 들고)

소모 청명하구 입하 중간/ 곡우 사오일 전에 딴 우전차에요.. 세작이 라고도 하죠..

엄마 예에 전 그런 거 몰라요‥

정호 아주 좋은 차에요 ‥맛을 보세요‥

엄마 (맛보면서 좀 무안하게 웃으며)맛을 보니 …뭘 알아야지‥

소모 어머님이 자네 있을 방 마음에 들어하시네‥

정호 네에‥(하며 엄마 보고)

엄마 방이 크다아‥(새삼스레)

정호 네‥

엄마 그래서 혼인날은

소모 (오버랩의 기분)글쎄요 그게 급히 잡을려니까 여의칠 않네요‥ 시즌이라서요‥그렇다구 아무데서나 할 수도 없고(아줌마 과일 내고 들어가고) 구월 둘째 주 아니면 늦어도 셋째주 일요일은 넘기지 않게 해달라고 특청을 넣었어요‥어떻게 되겠지요‥

엄마 그런데 우리 쪽은 손님이 별로 없는데에‥

소모 즈이 쪽도 마찬가집니다‥크게 안 벌일 테니까 그 염려는 하지 마세요‥ 드세요‥

엄마 예

S# 대문 앞

[나오는 엄마와 두 아이‥]

소정 그럼 안녕히 가세요‥

엄마 오냐 들어가라 아이‥

정호 들어가‥

소정 (작은 소리로)갈려구?

정호 어머니 모시구 가야지.

소정 뭐 벌써 가아‥

186

정호   들어가..

소정   (싫다고 몸 흔든다)

정호   낼 봐.(어깨 가볍게 만지며)

소정   할 얘기두 있단 말야아.

정호   낼 하면 돼. 들어가..

엄마   E (저만큼에서)놀다 올래?

정호   아니에요 가요 어머니.

엄마   놀다 와..혼자 가두 돼..

정호   간다..(하고 어머니 쪽으로)가요 어머니..

엄마   왜 그래 소정이 싫다는데..

정호   (움직이며)괜찮아요. 신경 쓰지 마세요..(잠시 걷다가)

엄마   (걸으며)한번 돌아보구 아는 척 해 줘..

정호   (조금 웃고 돌아보면 소정은 이미 없다)…(되돌아서며 그냥 걷고)

엄마   (잠깐 돌아보고)…..(잠시 걷다가)…..그저 될 수 있는대루 위해 주구 비위 맞춰주구 그래애…너는 다 좋은데 말 수 너머 없는 게 병이야.. 남자가 너머 그럼 여자 답답한 법이야..

정호   네에..

엄마   그런데….너하구 니 누나…성 다른 건….아직 모르는 눈치던데 ….(아들 눈치 보고)얘기 안했어?

정호   소정이만 알어요….

엄마   (끄덕이며)그랬구나…그런데…걔 엄마 나중에 혹시라두 알게 되면 …괜찮을라는지..

정호   알일 없을 거에요….걱정하지 마세요…

엄마   그래두우….(조금 한숨처럼)…(잠시 걷다가)니 아버지한테는 안

알려?

정호 .....

엄마 자식된 도리는…

정호 안 할래요…

엄마 ….(아들 잠깐 보고 걷다가)나쁘기만 한 사람은 아니야….(한숨 섞어서)속인 사람보다 속은 사람 잘못이 더 크다아아…

정호 .....

엄마 과부 신세 너머 서글프구 고단해서 제대루 알어보지두 안하구 물색없이 정부터 줬던 내가 헤맹이가 빠졌던 거지이…

정호 그런 말씀 뭐하러 하세요….

엄마 글쎄다…오늘은 푸념이 나온다 어째……

정호 .....

S# 테라스에서 보는 밤풍경/

  [아주 어둡거나 말거나/하늘은 있겠죠.]

영애 (나와 서서 밤 풍경 보며 천천히 커피 마시다 모기한테 뜯겨 찰싹 팔 죽지 떼며)너무 하다아 그만 좀 물어라..아우우우(긁으며 거실로 들 어가는데)

S# 어느 고급 라운지

  [생연주가 있으면 더 좋고요..]

  [술 마시는 세 사람…]

지나 너 아직두 날 그렇게 모르니? 찬모 유모 침모 다 두구 맨날 차 려입구 파티만 다녀야할 거구 뭐라구? 그런 남자 아니면 내가 만 족 못해?

시우 솔직히 말해서 너 사치하잖아아아..

지나 뭐 이 옷 보구 그러는 거야? 나 이거 저번 빠리 가서 사백육십 유로 주구 사다 내가 손질한 거다.. 내 능력에 칠십만원이 사치니?

시우 (웃으며)애 정색하구 달려든다.

승조 사치하달 순 없어.. 옷이 좋아서 옷 잘 챙겨 입는 게 흉일 건 없 잖아..

시우 한 번 움직일 때마다 이민 가방이니까 하는 말야. 대충 입으면 어때..무슨 공식 모임두 아닌데 지나치게 폼 잡는다 그거지..우리 들어올 때 모두 다 처다 보잖디?평범하구 수수한 게 좋잖아.

지나 그래 각자 취향대루 사는 거야..너는 니 와이프가 모범답안이 지..나는 이렇게 키워졌구 이게 좋아..촌스런 마누라 참 끔찍하다.

시우 ? 뭐?

승조 왜 그래 쌈 되겠다.. 얘 원래 드러나는 거 싫어하잖아. 왜 은혜 엄마까지 들먹여 너 사과해.

지나 긁잖아아..

시우 내 마누라가 촌스러?

지나 안 촌스런 줄 알구 사니?

시우 내 마누라 겸손하구 단정해.. 너처럼 잘난 척 안 해. 그리구 내 경제력두 뒷받침 못해. 됐어?

지나 긁지를 말라구 글쎄에 왜 긁어서 안할 말 하게 하냐말야.

시우 …(보다가)징조가 안 좋다 어떡할래 같이 일어날래 아니면 나 먼저 갈까..

승조 야야 왜 그래애애..

지나 무슨 혜라 여신이니? 삐죽한 소리두 못하게.

시우 너 남에 와이프한테 그런 말 그거 해두 되는 거야?

승조   얘들 진짜 아무 거두 아닌 걸루 왜 으르렁거려 볼성사납게‥

시우   (일어나며)나 먼저갈게‥

승조   (잡으며)시우야. (밀어내리는 시우)야아아

지나   (오버랩의 기분)미안해 잘못했어.(안 보는 채)죽을 죄를 졌어 용서해줘‥

시우   (지나 보고)

승조   (시우 끌어 앉히며)사과하잖아‥

시우   (앉혀져서)나한테는 무슨 애길해두 상관없는데 애들 엄마 애기 함부로 하는 건 싫다‥

지나   너 그러는 거 때때로 무지하게 역심나‥ 친구끼리 좀 씹으면 어떠니.

시우   우리끼리 자기 씹는 거 알면 그 사람 기분은 어떨까…

지나   ‥‥나쁘겠지‥

승조   그러니까 니가 잘못한 거야.

지나   잘못한 줄 알아.(일어나며)쉬 좀 하구 올게‥

시우   (술잔 집으며)뭐 어디 홀릴 인간 어디 있냐? 왜 그렇게 왔다갔다 해‥

지나   (움직이다 돌아본)그래‥성공하면 안 들어올테니까 그런 줄 알구 느이끼리 가‥(하고 나간다)

승조   ‥‥‥(마시는 시우 잔 내리는데)뭐 날카롭게 그래…알면서‥‥‥

시우   ‥‥‥

승조   지나 서럽게‥

시우   전부다 눈이 삐었나아아(부담스럽다는)

승조   ‥‥‥(보며)

S# 화장실

지나 (거울 앞에 서서 좀 화난 얼굴로 눈물 손수건 끝으로 찍어낸다).....

S# 별장 침실

영애 (전자 모기향은 일찍 켜놓았고/여기 저기 긁으면서 약 바르고 앉았
다/가려워 죽겠다).....(모기약 놓고 핸드폰 집어 시간 본다)...(꽤 늦었다
는 걸 연기로 해주시고 핸드폰 놓고 아이들 옆에 피시시 눕는다).....

영애 (누워서).......(머엉하니..)

　　　[그 위에..]

박　　E 시우 놈 그렇게 등신모양 살 녀석 아니야..너는 양심이라는
게 진정 한톨두 없냐? 너 때문에 발 묶여 죽두 밥두 아닌 거 가책두
안 받아? 평생 그 모양으로 살게 할거야?

영애 ......

박　　E 너두 나이 먹을만큼 먹었어.. 시우놈하구 애들 장래를 위
해서도 스스로 빠져 주는 게 도리라는 생각은 눈꼽만큼두 없는 거
야? 영리하게 자알 생각해.. 한번 눈 질끈 감으면 니 어머니하구 평
생 안락하게 살아.

영애 .....

박　　E 같잖은 사랑이니 모정이니 일 그르치지지 말구 대범하게
니 자식들하구 시우 장래를 생각해 하루 빨리 결심해..금년 가기
전에 정리하자..

시우 (눈 감으며 한 팔 이마 위로 올린다)........

S# 별장촌 해변..

　　　[조깅하고 있는 지나와 승조....]

S# 별장 거실 주방..

영애 (부지런히 아침 준비하고 있다/김장김치 잘게 쫑쫑 썰어서 끓고 있는 국냄비 물에 넣고 씻어놓은 콩나물도 넣고 냄비 뚜껑 닫는다)……(두부 꺼내 볼펜 굵기로 길게 썰어 그릇에 담아놓고/국에 넣을 만큼만/두부 삼분에 일 모 정도 분량/냉장고에서 달걀 세 개 꺼내 그릇에 깨서 휘저어 푼다/달걀찜 하려고)

　　　E 방문 열리는 소리와 함께

시우 (하품하며 나온다)

영애 (잠깐 돌아보고)잘 잤어?

시우 엉 세상모르구 잤네··(아내 쪽으로 와서)뭐하는 거야··

영애 글쎄 뭐하는 걸까?

시우 얘들은 아직 안 일어났어?

영애 조깅 나갔어··안 나간다 그랬다면서.

시우 (얼굴 북북 문지르며)응··

영애 몇시였어?

시우 몰라··열두시 넘었나 안 넘었나··

영애 속은··

시우 안 먹은 거만 못하지 뭐.(배 쓸며)그런데 서방님두 안 들어왔는데 쿨쿨 자는 법이 어딨어··

영애 잠이라두 자야 남지··(다 푼 달걀 찜할 그릇에 옮기며)재미있었어?

시우 아 밤낮 그렇구그런 잡담이야. 재밌을 게 뭐야··

영애 재미없는데 오래두 논다··(하는데 덤벼드는 시우 밀어내며)씻어 냄새나··

시우 지나 기집애는 당신이나 좀 돕지··

영애 국만 끓여 할 거 없어··

192

시우 여우같은 거 언니언니하면서 노대기루 치대기만 해 그거..

영애 ? 왜 괜히 속에 없는 말 해?

시우 이중성격이야? 속에 없는 말하게..

영애 지금은 이중성격같다..

시우 아니야. 씻을게..

영애 어엉...(하고 침실로 들어가는 시우 보다가 돌아서는데)

시우 (문 도로 열며)우리두 내일 아침부턴 일찍 일어나 산책합시다..

영애 그래 좋아..

S# 박회장 거실··(같은 시간)··

　　[박회장 신문 버스럭거리며 보고 있는데…]

정원 (아침 차 내놓고 안방으로 가서)어머님 차 드세요..

　　[대꾸는 없이 장여사 나오는 문 사이로 들리는 염불 소리··]

박 　치 이거야 원 절간이지 집이랄 수 있나.(혼잣소리하고 스치는 며
　느리에게)재우는.

정원 ....(조금 망설인다)

박 　여태까지 자빠져자구 있는 게야?

정원 어제....안 들어왔어요 아버님..

박 　안 들어오다니..

장 　(와서 앉으며)어디 좀 갔대요..

박 　어디를 가..

장 　(찻잔 들며)볼일보러 갔겠죠..(조용히 마신다)....

박 　글쎄 무슨 볼일루 어딜 갔나 말야..자식 만든대?

장 　(참 가당찮은 영감이다 날카롭게 쏘아보고)

박 　이 자식 또 술 퍼먹구 사고치구 들어가 있는 거 아냐?

재우   아니에요 아버님. 그런 건 아닙니다.

박   그런데 왜 말을 못해. 그런 일아니구 외박할 일이 뭐야. 지 애
        비두 외박을 안 하는데 지주제에 뭐 잘났다구 외박이야..

장   그만 하세요……

박   (아내 보는)

장   그만하세요…

박   연우 년은..

장   지 집에 갔어요..

박   허서방 왔대?

장   오늘 온다나봐요…(정원 주방으로 움직이려 하고)

박   ….(신문 뒤집는데)…

재우   (들어온다)…

        [문소리에 장여사와 정원 돌아본다..정원 빠르게 남편 쪽으로]

재우   (좀 지친 모양으로 들어와 아버지 앞에 와 허리 굽히며)안녕히 주
        무셨습니까 아버님..

박   (신문 한 번 펄럭하며 안 보는 채)뭐야..

재우   대구 유가족 보상합의/ 됐습니다..

박   ??(본다)

재우   지금 대구에서 올라오는 길이에요 아버님..

박   ??

재우   (우물우물 보며)….

박   누구랑 갔어. 윤전무?

재우   저 ..저 혼자 갔습니다..

박   ??……(보다가)해결을 봤다구?

재우 예..

박 누가 너한테 가라 그랬어..(신문 아무렇게나 치우며)기둥 하나 빼준댔어?

재우 (당황해서)아닙니다 아버님..조건 달라진 건/없습니다...없습니다..그냥 원래대루

박 (오버랩의 기분)어떻게 설득했는데...

재우 설득하지 않았습니다...그냥..밤새도록 같이...울기만 했습니다..

박 ??(이건 또 무슨 등신 같은 소리야)

재우 유가족들 사는 모습이 너무 열악하구 비참해서....아무 말두...할 수가 없었어요 아버님...(또 울 듯하다)노할머니는 풍으루 십년째 자리보전하구 계시구 서른살 먹은 아들은 백혈병으루

박 (오버랩의 기분)해결봤으면 됐어..흠흠 곰두 구부는 재주는 있다 그러드니만...(찻잔 들어 마신다)

재우 ....(보고 있다가 찻잔 놓은 틈 타서)그런데요 저기 아버님...

박 ?(본다)

재우 제가..여쭤보지두 않구...두 가지 약속을 했습니다..

박 ....뭐야..

재우 새로 시작할 강릉 아파트 현장 식당을 미망인한테 할 수 있도록.....(아버지 보다가 얼른)지금두 식당에서 일을 한 대요 아버님..

박 또 하나는

재우 지금 상업학교 이학년 다니는 딸이 있는데 졸업하면 취직을

박 (오버랩의 기분)아주 니 멋대루 인심 팍팍 썼구나..그게 원래대룬게야?

재우 .....(고개 꺾고)

박   밤새두룩 같이 울기만 한 건 아니구먼..

장   잘하구 왔다..(박 아내로 고개가)사람이 죽었는데 그렇게라두 위로를 해야지 그럼. 야박해서 한 품게 하는 거 보다 백 번 잘한 일이다..수고했구나..

박   (시선은 아내에게 둔 채)본부장한테 내 지시라 그러구 처리해..

재우   예 아버님.. 예 아버님..그럼..(목례하고 이 층으로)

정원   (시부모 눈치 보며 남편 따른다)

S# 재우의 방

재우   (상의는 벌써 벗어서 아내 주었고 넥타이 풀며 들어온다/들어오며) 어어 살았다 살았어 살았어 나두 살구 그집두 살았어요 여보..

정원   (좋은 얼굴로 남편 보며)정말 잘했어요 당신..

재우   (풀어낸 넥타이 주며/양복은 거의 상복에 가까운 색으로)말두 못하게 선량한 사람들이더라구요..보상금 더 받자구 그런 게 아니라 우리 쪽에서 글쎄 평생 만져두 못볼 돈 이니뭐니 마지막 자존심을 건드렸더라구..어어 망할 자식/내가 힘이 있으면 그녀석 당장 모가지야 그런 싸가지 없는 눔은 백해무익이야..(하는 남편을)

정원   (따뜻하게 안아준다)

재우   (잠깐? 했다가 마주 안으며)나는 베로니카 칭찬 듣는 게 제일 좋아요..

정원   당신 훌륭해요…

재우   <u>으흐흐흐흐흐</u>…고마워요…

S# 별장 주방 거실..

승조   (마구 퍼먹으며)와아아 이 국 진짜 환상이다..

지나   어떻게 김장김치가 아직두 있지?

영애　엄마네 김치…인기있어 좋으네 술국으루 이 사람 젤 좋아해··

시우　너 이렇게 맛있는 국 끓일 수 있어?

지나　아니 못해··(먹으며)

시우　자랑 아냐··못하면 배워라··좀 가르쳐 줘··

지나　남편 생기면 나두 해.

준서　(오버랩의 기분)나두 이국 좋아해요 엄마.

영애　그래 너두 좋아해··

승조　한번 더 주세요··

시우　야 너는 밥은 안먹구

승조　(오버랩의 기분)어 이제 밥 말 거야. 걱정 말게 이 사람 나 살 궁리
　　는 내가 하니까··

S# 바닷가 걷고 있는 일행

　　[앞선 승조와 아이들/승조를 가운데 두고 저만큼 걷고 시우를 가운데
　　놓고 지나와 영애/원경으로 잡았다가/ 원경인 채 갑자기 승조와 아이
　　들 걸음이 동시에 뻣뻣한 로스께 걸음으로 바뀐다··]

지나　아하하하 쟤네들 저게 뭐야?

시우　승조가 장난친다··

　　[그 걸음이 잘 안 되는 은혜··가르치는 승조가 시우 쪽 시각에서/다시
　　시도해서 조금 더 잘 되는 은혜…그렇게 걷다가 달리기로 전환된다……
　　마구 달리는 세 사람··]

시우　야야 애들 땀나아·· 들어가 옷 갈아입혀야 한단 말야아아··

승조　(돌아보며 소리친다)니 아들이 뛰재애 내 책임 아냐아아··

　　[그냥 웃어버리는 부부와 지나··]

영애　(멈추며)자동차랑 너무 멀어지는 거 아냐?

시우   (멈추고)야 빽해라 빼액…자동차하구 너무 멀어져어/한참 왔

　　　단 말야아..

승조   알았어어어/(애들 챙기면서 준서 목말 태우고 은혜 손잡고 춧석거

　　　리면서 이쪽으로 오기 시작/꽤 거리를 두세요)

지나   (잠시 보다가)저렇게 애들을 좋아하는데 참 안됐지..

시우   (잠깐 보고)사돈 남말하네..(영애는 바다를 향해 서서 심호흡하고

　　　있고)

지나   난 거의 포기했는데 뭘…

영애   (돌아보며)왜 포기해.. 아직 괜찮아…

지나   아니에요 포기했어요. 늙어서 애 낳을려구 고생하구 몸 망가

　　　지구 싶지두 않구 좋은 남자가 있는데 그 남자가 아들 하나 딸 하나

　　　있으면 그게 더 줄 거 같아요..(하는데 스카프가 풀려 날기 시작한다)

시우   야야.. 너어 (하고 스카프 잡으려 냅다 뛰기 시작하고)

영애   …..(그러는 남편 보다가 지나 보면)

지나   (웃으며 시우 보고 있고)…

영애   (남편 보는 순간에)

시우   (전신을 다 던져 엎어지면서 스카프 잡는다)

지나   오호호호호호 깔깔깔깔….깔깔깔깔….

영애   (지나 보는)

S# 관광지 하나 더 선택하세요··

　　　[자유롭게 관광하세요…역시 승조와 아이들이 얼러서 떠들고 지나와

　　　시우는 좀 처진··]

시우   저건 완전 애보개야.. 애보개루 취직해두 밥은 먹겠어..

영애   덕분에 내가 편해··

지나   날씨 끝내준다. 여름내내 징그럽게 비만 오더니··

시우   우리가 선택받은 사람들이잖아··

지나   호훗 그런가?

영애   나는 다리 좀 아프다. 어디 시원한 그늘에서 쉬었으면··

시우   그래? 그럼 그러자 애들 승조가 끝내주니까 우린 땡땡이 치자··
승조야아··

승조   어어··

시우   애들 맡아 우리 여기 있을게··

승조   알았어어··

　　　[세 사람 그늘 찾아 움직이는데 갑자기]

지나   아/(하며 발목 삐끗하며 주저앉는다)

시우 영애   ??

시우   야 너 또 ···(지나에게 달려 붙으며)조심하지이이··

지나   어어이····잠깐 한동안 괜찮더니 아아아(시우가 만지자)

시우   매달려 매달려/(지나 붙여 일으키며)

　　　[지나 몸 거의 시우에게 실려서 매달려 움직이는데]

시우   여보 파스 갖구 나왔지··파스··

영애   어 응 그래··(하고 벌써 움직이려)

시우   빨리 갖구와···어 여기 키 갖구 가··(키 던지고 받으려다 놓치고 주
워들고)

S# 관광지 밖

영애   (좀 불편한 얼굴로 부지런히 반은 뛰듯이 나오고 있다/자동차 멀리
서 보며 리모컨으로 문 연다)

S# 자동차 안··

[그날 필요한 물건들 담아 들고 나온 가방에 손 집어넣어 찾다가 아예 통째로 쏟아내고 물파스 찾는 영애···.]

S# 자동차에서 내리는 영애 문 잠그는 걸 잊고 그냥 한참 빠르게 움직이다 생각나서 돌아서 리모컨으로 잠근다··

S# 빠르게 걸으며 수건 꺼내 땀 닦는 영애··

S# 아까 그 장소 근처로 들어오다 잠깐 멈추는 영애

[영애 시각으로]

시우 (지나 발목 열심히 풀어주고 있고)

지나 (그러는 시우 가만히 보고 있다)····

영애 (떫지만 걸음 빠르게 움직인다/걷는 것에 잠시 두었다가)

시우 E 움직여봐 한번···

지나 E 엉 한결 나졌어··

시우 E 내 손이 약손이다 그래··다행이 심한 건 아닌 거 같다.완전 초 치는 줄 알았는데····자꾸 움직여 자꾸··

지나 E 조금만 더 만져줘··(영애 걸음이 잠깐 멈춘다)

시우 E 알았어··

[세 사람 한 화면에···]

시우 (다시 만지며)제발 조심 좀 해라··걸을 대는 언제나 발목을 의식 하면서 걸으라구. 발목 취약점인 거 알면서 왜 방심해··

지나 몰라아 잠깐 그랬어··(하다 영애 보고)언니 미안해요···

영애 아냐··(파스 내민다)

시우 엉··(받아서 칙칙 발목에 뿌려주고 후우후우 불어주기까지 한다)····

영애 ····(보며)

S# 수영장

200

[수영하고 있는 아이들과 승조 지나 시우… 자유롭게 풀어놓아 주세요…]

영애   (혼자 반바지 티셔츠/슬리퍼로 의자에 앉아 구경하고 있다)

준서 은혜   (손 흔들며)엄마아아아…

영애   어어어엉(손 흔들어주다가)??

[영애 시각에서]

은혜   (물에서 나오려고 하고 있다)

승조   (은혜 도와주는데)

시우   (상관없이 지나와 내기라도 하는 듯 나란히 헤엄치며 승조와 은혜 뒤 스치고)

은혜   (물에서 나와 엄마 앞으로)

영애   왜 힘들어?

은혜   아니 이 엄마 혼자 심심하잖아..

영애   아냐 안 심심해. 구경하는 거두 재미있어..

은혜   (다가서 괜히 뿌우)엄마두 들어와..

영애   수영 못하잖아. 수영복두 없는데?

은혜   그냥 놀면 되지 얼마나 시원한데..

영애   여기두 시원해.

은혜   수영이나 배워놓지..(의자에 앉으며)

영애   (보는 위에)

은혜   E 지나 아줌마는 잘 하는데..

영애   (섭섭하지만)글쎄 말야 바보같아..

은혜   엄마 이제 시간 많으니까 배워 응?

영애   응..그래볼까 생각해..

은혜　(환해지면서)진짜?

영애　진짜..

은혜　(발딱 일어나 영애 귀 잡고 뽀뽀 쪽 하면서)엄마 좋아..

영애　(웬일인지 울컥하는 느낌/마주 쪽 해주며)엄마두 은혜 좋아..

은혜　그럼 나 놀아두 되지?

영애　그러엄 얼른 가 놀아..(궁둥이 가볍게 때려주고 은혜 다시 물로 가
　　는데)

　　[물에서 나와 영애 쪽으로 오는 지나의 늘씬한 자태…]

영애　……(보며)

지나　(걸어와서 옆에 놓아둔 아이스 박스 열어 주스 하나 꺼내면서)언니
　　두 참 고집세..번번이 수영복 안갖구 와서 벌스구 있어요 왜..

영애　수영복 입을 몸매가 아니라네요.

지나　(픽 캔 따다가)??그거때매요? 아이구 우스워. 어디가 어때서요..
　　너무 훌륭한데에..

영애　벗으면 안 그래..아이를 둘이나 낳았잖아. 게다가 운동하구는
　　담쌓구 살았구..울퉁불퉁 지나씨 보다보면 아마 눈 감구 싶을걸?

지나　깔깔..언니는 난 명색이 처녀잖아요오오 어떻게 나랑 비교해
　　요 너무 하다아아..(하며 고개 수영장으로 하고 마신다)

영애　(얼굴 굳고)

지나　(벌컥벌컥)아아 시원하다.(돌아보며 웃는다)

영애　(마주 웃어주며)발목은 괜찮아?

지나　(아무렇지도 않게)말짱해요.

S#　수영장 식탁..

　　[뭔가 중간 간식 먹고 있는 일행..수영장에서 파는 것.(화면 시작과 동

시에)]

지나   (먹으며)엉 나두 기억해..우리 엄마가 디즈니랜드에서 사다주
신 수영복..승조 껀 샛노란 바탕에 미키마우스 그려진 거구 시우껀
깜장에 미키마우스였어..

시우   니껀 눈이 아픈 빨강 원피스 수영복이었구..

승조   맞어..빨강이었어.

시우   너는 수영복이 한두개가 아니었지..빨강 파랑 노랑 보라 색색
가지루 정신없이 갈아입었었잖아..

승조   그때부터 소질이 엿보였지 ㅎㅎㅎㅎ.

준서   아줌마네 부자였어요?

지나   아니이? 그냥 밥먹구 살았어요.

시우   아줌마 엄마께서 멋쟁이셨어 준서야. 아버지두 엄마두 의사셨
었거든?

은혜   그럼 부자였겠네?

준서   지금두 의사하세요?

지나   ??(모두 지나 본다/은혜만 빼고)아니이? 지금은 하늘나라..두분
이 교통사고루 함께 하늘나라에 가신지 아주 오래 됐어..아줌마 중
학교 삼학년 때/내 슬픈 전설에 뚜껑이 여기서 열리네..애들 전혀
모르니?(시우에게)

시우   모르지..

은혜   그럼 아줌마 그때부터 어떻게 혼자 살았어요?

지나   아니이 목장에 아줌마 고모있지? 우리 고모두 의사셨거든? 고
모가 키워주시구 밀어주셨어..

준서   그 할머니 병원은 어디에요?

시우 박준서 질문이 많다아아··

승조 머리 존 애들이 질문이 많은 법야.

시우 아는 거두 많다.

은혜 할머니 병원 어디에요?

지나 병원 안하신지 오래됐어 은혜야··· 그 할머니가 대학 때부터 승마하셨거든. 말을 너무너무 좋아하구 사랑하셨던 분이야··그래서 한 십년 전에 병원 그만두구 말 목장 시작하신 거야··

은혜 준서 아아아···

S# 욕실

영애 (애들 후지른 빨래/ 손빨래로 하고 있다/)·····

S# 침실

시우 (양쪽에 아이 하나씩 놓고 자고 있고)

　　　E 지나와 승조가 부르는 노래 소리

　　　[아 가을인가 아아아 가을인가아··(노래 계속되는데/악 쓰지 말고 조용히 부르는 노래)]

시우 (눈 찌그려 뜬다)····(노래는 계속되고 거기다)

　　　E 욕실에서 들리는 물소리 좌악좌악/

시우 (좀 싫어서 일어나 앉은 채 궁둥이로 움직여 욕실 문 열며)원 시끄러 잠을 잘 수가 있나··밖에서는 노래하지 안에서는 빨래하지··(영애 그냥 빨래)··어엉?

영애 빨아야지 그럼 어떡해··

시우 나중에 하지··애들 자는데··

영애 안 깨잖아··

시우 왜 부었어?

영애　....

시우　응?

영애　좀 고단해…

시우　그러니까 저녁까지 먹구 들어오자니까‥어차피 돈 쓰자는 휴간데 첫독.

영애　(멈추고 본다)

시우　(그러는 영애 못 보고 뒷덜미 벅벅 긁으며 문 닫으며)다시 나가기두 귀찮구 저녁은 어떡할 거야 그래‥

영애　(빨던 빨래 대야에 퍽 팽개친다)....

S# 테라스

지나　나는 그거 좋더라 기러기 울어예에는 하늘 구우만리이이 바람이 싸늘 불어어어 가을은 깊었네…(하며 승조에게 고개)

승조　(지나 보며)아름다워‥멜로디는 일아…

지나　우리 엄마가 좋아하던 노래야‥ 가을되면 엄마랑 아버지랑 같이 몇 번은 부르셨었어…(하며 고개 다시 앞으로 하며 계속한다)아아 아아 너도 가고 나도 가야지‥한낮이 기울면 밤이 오듯이 우리의 사랑도 저어물었네 아아 아아 너도 가고 또 나도 가야지이‥ (돌아보며)노랫말이 너무 좋지‥

승조　좋아‥

지나　흰눈이 싸아인 어느날 바암에 촛불을 밝혀두우고 혼자 울리이이라‥…

시우　(나오며)기운이 뻗치냐? 안 피곤해?

지나　피곤하긴 한데 졸립진 않어‥

시우　으으으으으으(기지개 있는대로 켜고)

지나 기지개 한번 거창하다..

시우 야 애들 엄마 피곤하대. 저녁 적당히 뭐 햄버거 같은 거 사다 때우자..

지나 싫어어어 무슨 햄버거야. 운전하면서 햄버거루 점심 때우는 거만으루두 치떨리는데.

시우 그럼 니가 해..(테라스에 수영복들 널어 말리는 중)

승조 울엄마 말씀에 잃느니 죽는단 소리가 있다..내가 하께. 걱정마. 내가 해.(하며 벌써 안으로)

지나 (냉큼 따라 들어가며)승조야 카레 어떨까..

S# 거실

승조 카레 갖구 왔어?

지나 잠깐 나가 사오면 되지? (들어오는 시우)시우야 나랑 카레 사러 가자 승조가 카레 한대..

시우 그래 그거 우리 애들 잘 먹어. 잠깐 키 갖구 나올께..(하는데 영애 빨래 그릇 들고 나온다)

시우 어 여보. 승조가 카레라이스 한 대. 지나 아이디어야 기차지?(방으로 뛰어들어가며)당신 암거두 하지 말구 완전히 쉬어. (나오며)우리가 알아서 할게..(현관으로)

승조 (냉장고에서 감자와 양파 주머니 꺼내면서)승조한테 맡기구 잊어 버리세요

시우 (오버랩의 기분)지나 뭐하니.(신 신으러)

지나 (제 방에서 나오며)지갑 갖구 가얄 거 아냐..

시우 (현관문 열며)나한테두 돈 있다 있어..(휘몰아치듯 나가는 두 사람을 보며)

206

영애　　.....

S#　주방 거실

　　[카레 먹은 식탁 그릇들 개수대로 옮기며]

영애　(옥신각신 중이다)내가 할께요오.

승조　제가 해요 선생니임..

지나　(소파에 아이들과 만화책 고르기 시작하면서)놔둬요 승조가 하게
　　에에..

영애　당신은 청소기 좀 잠깐 밀어주지?

시우　(의자 바로 넣다가)어 그럴까? 청소기 어딨어.

영애　찾어봐..

시우　당신 어제 썼잖아 어디 뒀어.

영애　(가르쳐주고/별로 친절하지 않다)

시우　(눈치 좀 보면서 청소기 찾아내고)

지나　(상관없이 아이들과) 어떤 게 재밌니.

준서　다 재밌어요.

지나　그럼 일단 시작하자…

시우　(청소기 밀고)

승조　(설거지 씻기 시작)

영애　(식탁 훔치는 손길이 좀 예사롭지 않다)….(식탁 닦은 행주 승조 옆
　　에 놓으며)그럼 승조씨 부탁해요..

승조　네 맡겨주세요..완벽하게 할테니까 보시구 필요할 때 종종 불
　　러 주세요..

영애　(픽 웃으며)알았어요..(하고 냉장고에서 물 꺼내 한 컵 따라 들고 제
　　방으로)

시우　(열심히 청소기 밀면서 그런 아내 보는)

S# 침실

영애　(들어와 물컵 놓고 약상자에서 두통약 꺼내 두 알 까서 넘기는데)

　　　E 청소기가 조금 전에 꺼지고

시우　(문 열고 본다)……

영애　(물 더 마시고 내리고)……(좀 멍하니)

시우　(들어오며)뭐야 무슨 약 먹었어‥

영애　머리가 아파‥(일어나며)나 바람 좀 쐬구 들어올게‥

시우　(잠깐)?(했다가 잡으며)같이 나갑시다. 밀던 거 마저 밀구 잠깐
　　기다려 응?

영애　(밀어내고 그냥 나간다)

시우　(잠깐 버엉했다가 서둘러 나가는)

S# 거실

영애　(벌써 신 신고 있다)

시우　(나와서 움직이며)지나 너 청소기 좀 밀어.

지나　어디 가는데?

준서　어디 가세요?

시우　엉 엄마가 머리가 좀 아파서 바람 쐬구 싶으시대‥(하며 나간다)

S# 별장 밖‥

영애　(퍽퍽퍽 빠른 속도로 걸어나오고 있다)………

시우　(저만큼에 나타나기 시작하면서)여보 같이 가……같이 가자구…

영애　(상관없이 퍽퍽퍽퍽)

시우　(?? 부지런히 따라 붙는다)

S# 어느 장소

영애 (퍽퍽퍽퍽 오다가 문득 멈춰서면서 조금 숨차 한다)……

시우 (와 서서 보며)……

영애 (숨차 하는)……

시우 …(보다가)왜 그래……뭐때매 상했어…누가 뭐라 그래?……(잡으며)어엉?

영애 (밀어내며)건드리지 마‥싫어.

시우 ……

영애 정말 인내심에 한계를 느낀다‥

시우 ……도대체 뭐때매 이러는 거야‥

영애 (오버랩의 기분)너 지나랑 결혼하지 왜 나랑했니.

시우 ???대체 무슨 엿같은 소리야 그게/‥

영애 내가 무골충인줄 알어? 아님 나 성인군자야?

시우 여보

영애 (오버랩의 기분)엇쩌면 두 사람 똑같이 그렇게 나한테 무신경해? 무신경한 거야 아니면 무시해서 깔아 뭉개는 거야‥

시우 우리가 뭘 어쨌다구 이러는 거야.

영애 우리가?‥우리가?…박시우 지나랑 묶여서 우리니?

시우 지나랑 나 지나랑 내가(조금 오른다)뭘 어쨌다는 거냐구.

영애 눈뜨구 못보겠다 눈꼴이 시어서!! 아무리 밸 빼구 쓸개빼구 다 빼구 보재두 못봐주겠어 애애!!

시우 ……(보다가 픽 웃는다)질투해? 뭐 아까 지나 발 삔 거 주물러 줘서?

영애 (노려보고)

시우 그럼 어떡해애‥ 다쳤는데에‥그거 어렸을 때부터 개 전공과목야‥

영애 그때마다 수없이 주물러줬겠네?

시우 ‥‥(보다가)친구야 친구. 친구 이상 형제야.

영애 친구 빙자하지 마. 친구 빙자해서 옆에 붙어 있구 붙여놓구 늬 둘이 다 적당히 즐기구 있어. 모를 줄 알어? 몰라서 가만 두구 고스란히 당하며 사는 줄 알어?

시우 이게 무슨/

영애 (오버랩의 기분)나 찢어지게 가난하게 밑바닥 긁으며 자라서 눈치가 마알개‥느이 둘 천진난만한척 순수한 척 사기치지 마‥나이는 많구 유치하기 싫구 (울먹해지며)그래서 모른 척 덮어뒀던 거야‥ 나 우습게 보지 마‥

시우 잘난 사람이 왜 그래. 하늘에 맹서하는데 나 사기 안쳐‥ 만약 조금이라두 딴 마음 있다면 당신 앞에 놓구 당신이 언짢게 생각할 짓 하겠어? 좋은 머리루 생각해봐‥

영애 나 여자 아니니?

시우 누구보다두 여자야 나한텐 유일한 여자야. 얼마나 더 증명해 줘야 해.

영애 그럼 내 앞에서 그렇게 지나치게 시시덕거리지 마. 보기 힘들어.

시우 ‥‥(보다가)갑자기 왜 이러는 거야. 여태 아무 트집 없이 잘 지냈잖아‥

영애 갑자기 ‥‥(픽픽픽 걷기 시작하며)갑자기 자신이 없어졌어‥걔는 너무 멋있구 세련됐구‥‥잘났잖아‥‥나는 수영두 할 줄 모르구 반찬냄새만 풍기구/ 너랑 공유할 어린 시절 추억두 없잖아‥(휙 돌아서서)느이들끼리만 아는 옛날 얘기 듣는 거두 이제 싫증나. 스카프 잡아 줄려구 뛰는데 가관이더라 죽자사자 너 엄청 웃겼어‥

시우 (버럭)그럼 그냥 날려버렸어야 한단 말야?!!

영애 돈 많구 잘 벌잖아아 무슨 상관야!!(하고 퍽퍽퍽 앞으로)

시우 ……(보다가)저 아주머니 왜 저래 정말…

S# 거실

승조 (커피 내면서)마셔..

지나 (아이들과 만화 보면서)땡큐..(커피 잔 집어 들며)어디 멀리 갔나? 안 들어온다?

승조 데이트 하나부지…(커피 들며)이 녀석들은 아주 푹 빠졌네..야 포도 먹어가면서 봐..

두 아이 (대답하면서 포도 한 알씩 떼어 먹고)

승조 나 셋구 회사 어떤가 전화 좀 해봐야겠다..(일어나며)

지나 그동안 문 닫았을까봐?

승조 아니이 궁금해서.

지나 휴가 제대로 써..뭐하러 신경 사납게 전화는 해. 나 딱 끊구 지내는 거 봐 본 좀 받아라..

승조 난 너처럼 프로가 못되나봐..(하며 제 방으로 들어가고)

S# 바깥 다른 장소…

　　[벤치 같은 데 앉아 있는….부부……앞 보며…..]

영애 …..

시우 ………(앞 보고 있다가 아내 돌아보며)머리 아픈 건…

영애 더 아파..

시우 성질 부리니까 그렇지….

영애 …..그래두 속은 시원하다…..우습게 봐두 상관없어..명색이 선생이었기때매 선생 다울려구 꾹꾹 참았는데….이제부턴 보통 마누라다울 거야…안 참을 거야.

시우 (피식)고달프게 됐군..

영애 (돌아보며)수영 못할 줄 알았어 죽어가는 시늉하더니 잘만 놀
더라./ 앙큼한 애 아냐?

시우 앙큼한 건 아니구 무남독녀루 …어릴 때부터 엄살이 좀 있
지이…

영애 잘 받아주니까..

시우 ……

영애 신경 안쓰이니?

시우 쓰이기는 하지이…그렇지만 넘치지는 않으니까 모르는 척 그
렇게 가는 거야..

영애 참 개두 끈질기다…

시우 좋은 사람 생기면 편해질 거야..

영애 생기겠어? 박시우만 목빼구 쳐다보고 있는데…

시우 ……

영애 걔 소원성취하게 해줄려면 내가 죽어주는 거 밖에 없다 뭐..

시우 (돌아보며)어떻게 그런 말을 함부루 내뱉어?

영애 그렇잖아..

시우 장난으루라두 그런 말은 하는 게 아니야.. 하늘이 들어…경박
하게 그게 뭐야..

영애 알았어….취소해…

시우 (앞 보면서)…늙으면 여기 와 살았으면 좋겠어..

영애 바람이 심하다잖아…

시우 바람부는 날은 들어앉아 두 늙은이 밤이나 구워먹지..틀니하

212

구 마주 앉아(썹는 시눙)이렇게

영애   (웃어버린다)

　　[두 사람 뒷모습 잠시 두었다가]

S# 서울 아파트 안으로 들어와 멎는 두 대의 자동차‥

　　[왁자지껄 애들 내리고 짐 내리고 하면서]

지나   안녀어어엉

애들   아줌마 안녀어어엉? 안녕히 가세요오오‥

지나   언니 너무 고생했어요.

영애   아냐 고생은…덕분에 잘 지냈어‥

시우   야 너 참 플러그 당장 손 봐라‥(하다가 아차)

지나   엉 알았어.

시우   손을 보던지 말던지(쭝얼쭝얼)

승조   찬찬히 봐 빠트리지 말구‥

시우   다 됐어‥닫아.(승조 차 트렁크 닫고)

　　[다 같이 인사 챙기고 차 두 대 떠나고]

　　[움직이기 시작]/

S# 승강기에 짐과 아이들 싣는 부부/

영애   아 나 우편물 챙겨갖구 올라갈게 먼저 올라가‥

시우   갖구 와‥

영애   먼저 가 엘레베터 잡아두지 말구‥

S# 우편함 있는 곳/

영애   (우편물들 뽑아서 하나씩 넘기며 움직인다가 문득 한 엽서에서 멈춰
　　선다)……

S# 인서트 재검 통지서/

영애   ???(갸웃하고 우편물에 겹치다가 따로 주머니에 넣고 움직인다)·····

S#   승강기 안에 올라 층수 누르려다 말고 도로 내리면서 핸드백 안에서 핸
        드폰 꺼내 들고 엽서의 전화번호 보고 버튼 찍는다·····

        E 신호 가는 소리····

        [카메라 빠지면서]

제5회

S# 폐 기능 검사하고 있는 영애

S# MRI 검사 중인 영애

S# 아파트 거실 주방(낮)

[아이들과 같이 점심 준비 중인 시우와 두 아이.]

은혜 (행주로 식탁 닦고 있고)

시우 (냉장고에서 오이 당근 채썰어 랩 씌워논 밥공기 정도 그릇과 소고기 다져 볶아놓은 같은 사이즈 그릇/달걀 삶아 반 가른 것 네 쪽 같은 사이즈 그릇 꺼내 싱크대에 꺼내 놓으면서)구석구석 닦아요‥꼼꼼하게 닦아 박은혜. 엄마처럼 깔끔하게 닦는 거야아?

은혜 알았어어.

시우 박준서 박준서는 뭐하구 있나?(기웃이 보며)

준서 (부엌가위로 국수 봉지 자르면서)아빠 할 일이나 하세요‥

시우 하하 그래‥ (뒤로 냄비에서 물 끓는 것 돌아보고)물이 끓고 있습니다 끓고 있습니다. 이제 국수를 삶을 차례입니다‥은혜는 수저 놓구 샌드위치랑 김치 꺼내구‥

은혜   알았다니까아아.(행주 싱크대에 놓고 수저 서랍 열어 제가 할 일로)

시우   (오버랩의 기분)가만 몇 분 삶는 거지 준서야? 잠깐만 줘봐.

은혜   아빠 쥐정신이야 아까 사분이랬잖아..

시우   응 그래 사분..그런데 이건 또 뭐냐..이쪽은 끓기 시작하면 중불에서 4분간이래놓구 이쪽은 맛있게 삶는 요령이래놓구 강한 불에서 끓기 시작하면 면을 넣어? 면이 떠오르기 시작하면 중불로 낮추어 주십시오, 헷갈리네에?

은혜   국수 넣고 끓으면 중간 불로 낮추고 사 분일 거야 아빠.. 엄마 그렇게 삶더라..

시우   그래? 알았어 그럼. (하고 준서가 내미는 봉지 받으며)어 땡큐..(하고 끓는 냄비로 움직이다가)어 야 참 시계시계 시계가 있어야지 준서야 시계 갖구 나와..

준서   네에..(침실 알람시계 가지러)

은혜   엄마는 시계없어도 잘하는데/

시우   임마 그러니까 엄마는 엄마구 아빠는 아빠지.. 어 국수 그릇 꺼내야지 참..(찬장 이것저것 열어보는데)

은혜   오른쪽 코너장 아빠..

시우   ?그래?(여는데)

은혜   큰 그릇은 거기 있어..(냉장고에서 샌드위치 접시/랩 씌워놓은 큰 접시/꺼내 들고)

준서   (시계 들고 뛰어나온다)아빠 시계..

시우   그래 좋아좋아..잠깐마안?(비빔국수 대접 세 개 꺼내 들고 돌아서며)이거 다시 안 닦아두 되지?

은혜   식탁에 놔 아빠 내가 마른 행주질 할게..

시우   좋아 그럼 부탁하고오? 준서 이리 와..

준서   (시계 들고 아빠 옆으로)

시우   (봉지에서 꺼낸 국수 넣으려고 하면서)말야 초침이 12에 오면 땡 하는 거야..

준서   하하 네에..

시우   아니 그런데 은혜야 국수 다 넣고 4분이니 넣기 시작하면서 4분이니.

은혜   아이고 참 다 넣구 끓기 시작하면서 사분이겠지이이.. 넣기 시작하면서 4분이면 나중에 넣은 건 사분이 안되잖아..

시우   그럼 먼저 넣은 건 사분이 넘잖냐..

은혜   아 몰라몰라 적당히 해 아빠아..

시우   좋아 준서 몇시?

준서   금방 열두시 돼요..

시우   뭐야 너 설마 시계 볼 줄 모르는 거야?

준서   열한시 오십분이에요..

시우   (시계 기웃이 보면서)스톱 워치 있으면 좋겠다⋯⋯(기다리다가)시 이작/(하고 국수 넣기 시작한다)

S# 병원 현관 앞

영애   (눈부셔 하면서 나와 택시 기다리며 핸드폰 켠다⋯켜고 집어넣는데)

　E 울리는 벨.

영애   (화면 보고)네 형님⋯.그러셨어요? ⋯아니 오늘 운동 안돼요..지금부터 점심 약속이 있어요..과외하던 애들요.. (택시 와서 멎고 손님 내리고 그 택시로 오르면서)애들하구 혜지구 서점에 좀 들릴 거구요..(출발하는 택시)

S# 어느 패스트푸드 가게 안

   [영애와 과외했던 여학생 다섯 같이 떠드는 중이다. 점심은 다 끝났고
   음료들 마시면서]

학생1 (화면 시작과 동시에)근데요 선생님 걔가 우리 언니 동창인데
   말을 할 수가 없는 깡통에 날가루였대요.

학생4 (오버랩의 기분)야 사상최고 시에프 계약했댄다.

학생1 그러니까 살맛이 안나지이‥공부는 죽자구 파서 뭐하니‥타고
   난 껍데기 하나루 일년에 수억을 챙기는 세상에에‥‥

학생5 (중성적이다/좀 느릿한 어투)(오버랩의 기분)그거 별거아냐. 껍
   데기 떨어지면 다 같은 해골이야‥

모두   엥?(하는 얼굴로 학생5 본다)

학생5   걔는 안 죽니? 우리는 누구나 다 죽어. 그리구 마지막은 해골
   이야.

   [학생들-야! 너무하다아! 심해 야 등등 소리치고]

학생5 (계속)저요 선생님 요즘 이상한 병 생겼어요. 사람들이 전부
   다 해골루 보여요.

   [애들-야아아‥너무하다아아‥심하네에 등등 얼크러져서/]

학생5   오케스트라가 신나게 연주하는 걸 보면 해골들이 바이얼린
   키구 첼로 키구 나팔불구 객석을 보면 해골들이 꽉 차서 에에에
   입 벌리구 듣구 있구요‥ 아빠를 봐두 엄마를 봐두 동생을 봐두 마
   찬가지에요 선생님 이거 병이죠‥

영애   글쎄 한창 꿈에 부풀은 아가씨가 약간은 좀 그렇네에?

학생5   부풀기는요 공부에 짜부러든 늙은 대추에요…

모두   (웃어대고)

218

학생5 그래두요 어떤 일에도 건질 교훈은 있다는 선생님 가르침이 맞긴 맞아요··

영애 ??

학생1 E 어떤 교훈?

학생4 E 뭘 얻었는데?(동시에)

학생5 천천히 살자 천천히··초조불안 아등바등 할 거 뭐 있냐 결국은 다 한 군데 같은 종착역에 모이는 신세/ 인생이 별 거드냐 돈이 별 거드냐 스타가 별거드냐 순자야아 여기 산낙지 한 접시 올려라아··

　　　[애들 자지러지며 학생5 때리고 구부러지고]

영애 새 선생님은 어떠니 들.

학생1 유치해요

학생2 촌시러워요

학생4 실력없어요

학생3 시간 때우기에요.

학생 한마디루 왕재수에요.

　　　[다 얼크러져서 각각 떠드세요.]

영애 (오버랩의 기분)알았다알았어. 니들이 나 안 듣는 데서 어떻게 말하는지 알겠어··

　　　[애들/ 그건 아니라는 반응이 각각인데.]

　　　E 영애 핸드폰 벨이 울린다··

영애 (전화 꺼내면서)어쨌거나 선생님은 선생님이구 실력으루나 인 격으루나 느이들보다는 훨씬/ 네 형님·· 네·· 알았어요·· 나가 있을 께요. 네··(끊으며)무슨 말 했지?

학생5 잊어버리세요 아무 말 안하셨어요··

애들   (와그르르 웃고)

영애   (흘기면서)난 그만 일어나야해.. 암튼 고삼보다 중요한 때가 고
      이 시절이야..긴장 늦추지 말구 열심히들 해서 내년에 다같이 좋은
      결과 얻어 나 기쁘게 해줘 알았지?

모두   (적당히 대답)

S# 패스트푸드 가게 앞

      [나오는 영애와 쏟아져 따라나오는 애들··]

학생3 (나오면서)선생님 종종 스트레스 해소 좀 시켜주세요.

영애   그래 겨울 방학에 하루 또 만나자··(하는데 정원의 자동차 와서
      멎는다)어 차 왔다··(움직이며)영화만 보구 곧장 들어가는 거야. 괜
      히 방황하지 말구··

애들   네에··알았어요 선생님등등··(하는데)

정원   (차에서 내려 웃는다)

영애   어 우리 애들 큰어머니셔 인사드려··

애들   (제각각 인사하고)

정원   응 안녕 반가워요. 어우 모두 예쁘네에··

영애   선생님 간다아아··

애들   네에에···건강하세요오··행복하세요 선생니임··(애들 중에)

학생2 (오버랩의 기분/작은 은제 손거울 주머니에서 꺼내 흔들며)선생
      님 거울 많이 보구 이뻐질께요오오··

학생   (저도 꺼내 흔들면서)저두요요오···

영애   고마워 시집 갈 때두 데리구 가줘어···

애들   (적당히 대답하고)

영애   (차에 오르고 출발/영애와 애들 손 흔들며 작별)

S# 움직이는 차 안‥

정원 선물 줬어?

영애 (안전띠 빼면서)섭섭해서요‥

정원 애들이 이뻐 보이면 늙는 거라드라‥ 다 이쁘네‥

영애 모두 착하구 쓸만해요‥어젠 늦으셨어요? 핸드폰 연결이 안되
더라구요‥

정원 나자로 마을 갔었어‥지난 달 걸러서 작정하구 좀 길게 있었어
‥왜애?

영애 나는 병원에서 재검통지 왔는데/ 형님은 안 왔어요?

정원 ? 아니? 뭐라 그러면서? 전화해보지 왜‥

영애 그냥 먼저 한 검사가 잘못된 거 같아 다시 해야한다구 대수롭
지 않게 얘기하대요‥재검하는 경우 꽤 있다면서 걱정말라구. 아홉
시에 가서 열두 시에 마쳤어요‥

정원 ???(했다가)‥왜 이제 말해‥같이 가줄 걸‥

영애 괜찮아요‥

정원 (뭐지?)그 날 엑스레이 기사가 좀 덜렁대던데 그게 잘못됐나?

영애 (웃으며)형님 때두 그랬어요? 사람 세워놓구 숨 멈추세요 그러
구는 전화 받으러 가구/ 숨 멈추구 기다리다 푹 내쉬는데 와서 숨
멈추세요 하는데 제대루 못 멈춘 거 같기두 하구 그게 잘못 됐나 싶
기두 해요. 오늘 폐기능 검사 다시 했거든요‥엠알아이까지 시키더
라구요‥

정원 ‥‥(잠깐 있다가 털듯이)걱정할 거 없어. 친정 아버님두 지난 봄
에 재검통지 와서 조직 검사까지 하구 바싹 긴장했었는데 아무 거
두 아니더라‥

영애   그래두 좀 찜찜해요…

정원   찜찜이야 하지..그치만 동서 초인적인 건강이잖아 살림하면서
       밤늦도록 과외하면서 /보통 사람이야?

영애   건강이야 남부럽지 않죠…(웃으며)

정원   휴가 좋았어?

영애   잘 지냈어요..근데 애들 아빠한텐 말 안 했어요..수선부릴 거 같
       아서..

정원   (조금 소리내어 웃으며)보통 수선이겠어 안봐두 뻔하지..뭐라 그
       러구 나왔어?

영애   애들하구 일찍 서점에서 만날 약속이라구요.. 참고서 사는 거
       좀 봐주구 수다떨구 점심 먹구 어쩌면 영화두 볼지 모른댔어요..거
       짓말 꾸며붙였어요..

정원   결과는

영애   다음 주 오늘요..

정원   같이 가주께.

영애   아니에요..앤가요 머..

정원   그래두우..(웃으며) 난 혼자 병원가는 거 싫더라.

S# 대형 서점

     [영애와 정원 책 고르고 있다..영애는 단행본들 몇 권 들고 요가 책들
     보고 있고 정원은 다른 코너에…]

S# 계산대

     [고른 책들 놓고]

정원   내가 사주께.(백 열려 하며)

영애   (막으며)제가요. 형님. 같이 계산해 주세요.

222

정원   (영애 조금 밀치듯 하며)왜 그래애‥

영애   (아예 밀어내며)제가 해요. 저리 가세요‥

정원   아유 참⋯

S# 시우의 거실

[애들 데리고 청소 중인 시우‥]

[두 남자는 걸레로 마루 찌이이이익 밀어 닦고 은혜는 깨끗한 타월로 커피 테이블이며 장식장이며 닦아내고 있고/]

S# 서점 근처 카페‥

정원   (찻잔 저은 스푼 놓으며)‥‥(잠깐 한번 보고)아버님 그 뒤에 별말 씀 없으셔?

영애   ?(잠깐 보고 찻잔 집으면서)조용하세요⋯연말까지라구 못 박으 셨으니까 그때까지는 두구 봐 주시겠죠‥

정원   말씀은 그렇게 하셨지만 큰 기대는 안하실 거야‥아마 너무 잘 사는 게 심술나셔서 그러신 걸 거야‥

영애   진실로 내가 싫으신 거에요‥ 진심으루 원하시는 거구요‥

정원   ‥‥‥(잠시 보다가)심각해지면 어머님께 구원 요청하면 돼‥/

영애   어머님두 저 안 좋아하세요‥

정원   표현을 안 하셔 그래⋯나한테두 마찬가지신데 뭘‥ 그래두 공정 하셔.

영애   (오버랩의 기분)그보다두 형님‥(좀 조심스럽다)애기 가져보려는 노력‥‥왜 안하세요⋯

정원   ‥‥‥갑자기 왜‥

영애   고생스럽다지만 그래두 성공하는 케이스두 꽤 있잖아요‥

정원   그거 있지 동서‥‥‥(하고 차 마시면서)

영애　….(보며)

정원　(찻잔 내리며 좀 웃는 듯)하느님께서 우리 부부한테 아이는 안 주
　　　시겠대‥

영애　?….

정원　우리 두 사람 다 시원찮아…포기하래.

영애　……(보며)

정원　그이는 자기 그런 거 몰라…의사한테 둘다 건강한 걸루 해 달라
　　　구 미리 부탁했었어‥아버님 인정두 못 받구 주눅들어 사는 사람…
　　　너무 안됐잖아…

영애　…..(보다가 찻잔 들며)몰랐어요‥

정원　어머님하구 나만 알아.

영애　(시선 내린 채 차 마신다)…..

정원　그런데 왜?

영애　(찻잔 놓으며 본다)애들 아빠가 마음이 쓰이나봐요‥

정원　뭐얼/ 어쩔 수 없는 일인데…

영애　아주버님이 형님 몰리는 거 안타까워 하신다구요‥

정원　(쓴웃음)많이 그래‥

영애　….(보며)

S# 시우의 욕실

시우　(준서 발가벗겨놓고 스펀지로 구석구석 비누질하고 있다)

준서　(간지러워 히히덕거리며 피하려 하고)

시우　(피하는 준서 잡으려 하는데)

　　　[미끄러워 잡았다 놓치고 하며 부자가 욕실을 뺑뺑이질 친다]

시우　임 자식/ 야/ 야아아아 장난치지 마. 가만 못 있어? 너 엄마한테

일른다..

준서　(히히덕거리고)

S# 아파트 앞

[들어와 멎는 정원의 자동차··]

영애　(책 보따리 들고 내려서)가세요 형님··

정원　(열린 유리로 기웃이)모레 두시 운동이야··(같이 가는 거야아?)··

영애　네에··

정원　(웃어 보이고 출발하고)

영애　(잠시 보고 있다가 돌아선다)

S# 거실

영애　(들어오며)다녀 왔습니다아아····(아무 대꾸가 없자 은혜 방문 열

　　　었다 닫고)···(나갔나?···준서 방문 열었다 닫고 안방으로)

S# 안방

영애　(들어오며 보면)

[시우 가운데 눕고 아이들 양쪽에/자고 있다.]

영애　(조금 웃고 장으로 가서 소리 안 나도록 애쓰면서 실내복 꺼내들고

　　　나간다)

S# 거실

영애　(옷 갈아입는데)

시우　(나온다/자다가 깬)잘 놀았어? (하품)

영애　깨웠어?

시우　수다 실컨 떨구?(배 득득 긁으며/러닝 들치고)

영애　그러엄···

시우　(소파에 앉으며 책 보따리 들어 소파에 쏟으며)한 트럭 사올줄 알

갔더니 겨우 요거야?

영애   돈 아까와서.. 대본해서 볼려구..

시우   뭐야.. 요가책은 왜 샀어..

영애   (옷 입는 것 마무리하며)등록하기 전에 요가가 뭔지 좀 알구 기본 동작두 연습하구 그럴려구..

시우   (케이크 빵 요리책 들어 보이며)이거는.

영애   애들하구 같이 만들어 볼려구..

시우   누구는 할 일 많아 좋겠다.. 형수님 운동 데려간다구 전화했던데..

영애   엉 잠깐 차 마셨어..(벗어놓은 외출복 챙겨 소파에 걸치면서)준서 목욕시켰어?

시우   그럼..애들은 어때..

영애   잘하구 있나봐..근데 나 좀 피곤하다..당신 좀 비켜.(시우 자리 옮겨주며)

시우   피곤하시겠지..새벽같이 나가서 몇 시냐.(시계 보고)네신데..

영애   (소파에 누우며)새벽은…(무슨 새벽)국수는 맛있었어?

시우   (영애 발바닥 만져주면서)비슷은 하다더라 은혜가.. 준서는 어림없다 그러구.

영애   (웃으며)준서가 짜아..

시우   (발 주무르며)시원하지..

영애   (한 팔 목 뒤로 넣으며)누구 발 열심히 주무르던 그림 떠올라 별루다..

시우   참 좀 일찍 나가기루 했어..

영애   왜.

시우   지나 그 쪽에 매장 얻으려다 놓치구 분해했었잖아.. 마침 지나가 노렸던 자리 차지했던 사람이 못하겠다구 내놨나부드라구.

영애 왜애?

시우 주변 백화점들 방해공작이 보통 아닌가봐.. 아버지 쇼핑 몰에
들어 갈려면 자기네 매장 비우라 그러나봐..그거 무서워 손드는 점
포가 더러 있대..

영애 치사스럽다..

시우 형이 연락했더래.. 행사 전에 삼십분쯤 일찍 도착해서 계약서 검
토두 해주구 매장도 보고 그러재서 오케이 했어.. 애들한테 구경두
시킬겸..

영애 구실이 꽤 그럴듯하네..승조씨는 뭐하구?

시우 일 보구 현장으루 온대.

영애 (그냥 눈 감는다)

시우 근데 나 배고프다..국수 한 젓가락 그거 허전해..

영애 (상체 일으키며)뭐 해 주까..

시우 혹시 찬밥 얼궈논 거 있나?

영애 (아예 일어나며)있어..비벼줘?

시우 어 좋아..깍두기 국물에 달달 볶으면 맛있겠다..

영애 (벌써 움직이며)곰방 해주께..

S# 주방

영애 (냉동고에서 언 밥덩이 꺼내 접시에 얹어 레인지에 넣고 돌리고 냉
장고에서 깍두기 통 꺼내는데)

시우 (와서 뒤에서 안으며)애들이 철없는 남편 안부는 안 물어?

영애 (그냥 깍두기 통 뚜껑 열며)왜애..묻더라. 철없는 남편 여전히 철
없는 짓하구 살아서 내가 복장이 터져 못살겠다 그랬어..(그러는 영

애 얼굴 돌리며)

시우 설마아..(하고 쪽)

영애 (좀 밀어내며)진짜야아아. 아직 안정환 머리 스타일이냐구두 묻더라..

시우 내가 먼저야..안정환이 걔가 티비에 나와서 그렇지 내 머리가 이게 언제부턴데 당신두 알잖아..

영애 (상관없이 작은 냄비에 깍두기 국물 따르면서)그게 뭐가 그렇게 중요해.

시우 중요하지..(엉겨붙으며 목에 입술 누른다)

영애 (밀어내며)아우 배고프다면서어.

시우 (영애 싱크대에서 떼어내면서)이리와 잠깐 이리 와봐. 내가 아주 중요한 얘기가 있어..이리 와 엉? 이리와..

영애 (안 딸려 갈려고 버티다가 주먹으로 배 퍽 지르면서)주책 좀 떨지 마.

시우 (얼결에 얻어맞고)???

영애 (다 됐다는 신호 아까 들린 레인지의 밥 접시 꺼내며)고추장도 넣어?

(에서)

S# 아파트 입구..(저녁 때)

　　[나오는 시우와 두 아이. 준서는 양복 정장 빼입고 은혜도 깔끔한 정장 스타일. 영애 따라 나온다..]

　　[일단 주차했다가 가족들 나오자 차 움직여 앞에 대려는 지나..]

영애 (준서 옷매무새 만져주면서)점잖게 하구 오는 거 알지?

준서 네..

영애 왔다갔다 그거 하는 거 아냐..

준서 알았어요.

영애   오늘은 특히 더야.

준서   알았다니까요.

은혜   E 아줌마. (하는 소리에)

영애   (일어서며 본다)

지나   E 엉 안녕? 준서 안녕?

준서   안녕하세요?

지나   웅 안녕해. 언니 좀 쉬셨어요?

영애   잘 쉬구 있어.

시우   내가 운전할게.

지나   물론이지 나 시킬려 그랬니?

시우   (운전대로 움직이며) 들어가··

지나   (뒷문 열고 시우와 동시에) 자 어서 타··(둘 태우고 문 닫는다) 다녀 올께요.

영애   (웃으며 간단히 끄덕여 보이고)

지나   (시우 옆자리에/안전띠 빼면서) 언니 들어가세요.

영애   어서 가··

　　　[자동차 뜨고 그걸 보고 있는 영애 얼굴에서 웃음기가 걷힌다.]

S# 거실

영애   (바닥에 요가 책 펼쳐놓고 보면서 기본 자세 잡고 호흡법 혼자 해보 고 있다)·····(하다가 제대로 하는 건가 어쩐가 책 집어 들어 보고 다시 시 도하는)

　　　E 인터폰 울린다.

영애   (비디오폰으로 가서 버튼 누르면 정호 떠오른다) 왔니?

정호   F 네.

영애   올라와.(하고 일 층 문 열어주고 서둘러 주방으로)…..(쟁반에 찻잔
과 설탕 프림 그릇 내놓고 스푼도 준비해놓고 다시 거실로)

S# 거실

영애   (빠르게 움직여서 요가하느라 내놓았던 방석과 요가 책 집어 들고
안방으로)

S# 안방

영애   (들고 들어온 것 침대에 놓고 나가려다 문득 거울 한번 보고 장문 연다)

S# 거실

영애   (블라우스를 다른 것으로 갈아 입고 머리 만지며 나오는데)

　　　E 현관 벨‥

영애   응 알았어어‥(현관문 열어주고)어서와‥

소정   (정호 따라 들어와 목례)

영애   올라와‥ 올라와라‥

정호   (포도 바구니 들고)네‥

영애   저리 가 앉어‥ 차 뭐 줄까 커피 녹차 중에서 골라. 오렌지 쥬스
두 있구.

정호   (소정 돌아보면)

소정   (고개 젓는다)

정호   안 마셔두 돼요 누나‥(영애? 돌아보는데)밥 먹구 차 마시구 다
했어요‥그냥 물이나 주세요‥

영애   그래 그럼‥(하고 냉장고로 움직이며)앉어‥

정호   네…(소정에게 앉으라고)

소정   (일인용 소파에 앉는다)

정호   (작게)저기 앉어어‥

230

소정   뭐어..

정호   거긴 매형 자리야..

소정   (비쭉)그런 게 어딨어..(하면서 그냥 그대로)

정호   (난감한데)

영애   (물 들고 오다가 보고 잠깐 황당했다가 넘어가면서)앉어라..

정호   (앉으면서)애들이랑 매형은요..

영애   (물 잔 놓으며)으응..집안에 행사가 있어서.

소정   (물 잔 집으며)왜 안 가셨어요?

영애   ?(잠깐 했다가)좀 피곤하기두 하구...미안해. 나중에 밥 맛있게
           해주께..

소정   네에. 정호씨가 솜씨 좋다구 자랑해요. 얼마나 좋은지 꼭 한 번
           먹어보구 싶어요.

영애   (말씨가 마음에 안 들지만)좋기는... 뭐 먹었어?(정호에게)

정호   태국음식점 갔었는데 냄새때매 소정이 고생했어요..

영애   힘들 땐데 왜 거길 갔어..

정호   글쎄 말예요..(하며 소정 보고)

소정   (집 둘러보다가)몇평 짜리에요?

영애   서른 여덟 평..

소정   인테리어... 맡겼어요?

영애   애들 아빠 친구가 인테리어 해..좀 봐줬어..

소정   네에...돈은 별로 안 들었겠어요...

영애   맞어..잘 아네에?

소정   (그냥 햇쭉 짧게 웃고)

영애   ...저기...나 소정이한테 부탁 있어서 보자구 했어..

소정   (그냥 본다)

영애   우리 엄마 잘 좀 모셔 달라구…

소정   (그냥 말가니 보며)….

영애   고생 너무 많이 하신 분이야…성격이 워낙 많이 참는 분이셔서
      내색 안하시구 그러시지만 무릎두 아프시구….올케가 좀 살갑게
      어머니어머니 하면서 그래줬으면 해‥

소정   (정호 본다)

정호   얘가요 누나. 원래 성격이 별로 붙임성 없어요‥

영애   (끄덕이며)원래 성격이라는 거 그래 있어‥그렇지만 노력하면
      어느 정도는 돼‥결혼해서 원래 성격 고대로 갖고 사는 사람 별로
      없어‥더구나 어른 모시는 일은 그래‥

소정   저는요…마음에 없는 말은 죽어도 입이 안 떨어져요‥

영애   ….(보는)

정호   (약간 당황해서)너무 걱정하지 말아요 누나‥하루에 한번은 꼭
      전화드리구 일주일에 하루는 무슨 일 있어두 찾아 뵙기루 약속했
      어요‥지내다 보면 잘 할 거에요‥

영애   (오버랩의 기분)글쎄 그렇겠지만 마음에 없는 말두 더러는 필
      요할 때가 있는데 죽어도 입이 안 떨어진다니‥‥(좀 쓰게 웃으며)엄
      마 며느리 재미 좀 보셨으면 싶은데 난 소정이가 좀 무섭구나‥마
      음에 없는 말 죽어도 못하는 대신 혹시 마음에 있는 말은 죽어도
      해야하는 건 아니야?

소정   (웃으며) 흐훗 네 좀 그런 편이에요‥

영애   ….(서늘해서 보는)

정호   넌 그러면 어떡해애.

소정　뭐 사실인데‥

정호　말만 이래요. 잘 할 거에요 걱정 마세요‥

영애　그래‥내 노파심이야‥ 믿어……(하며 물 잔 드는데)

　　E 와아아 비 쏟아지는 소리‥

모두　(창 쪽으로 고개 돌리고)

소정　진짜 지긋지긋해 죽겠어‥

S# 행사장이 들어갑니다‥

S# 장여사 안방

장　(사경하고 앉아 있는데)

　　E 빗소리

　　E 노크

장　들어와요‥

조　(차 쟁반에 인절미와 꿀 /차 들고 들어온다)……(쟁반 놓으며)인절미 좀 녹였어요 사모님‥

장　별 생각 없어‥

조　(차 따르면서/ 녹차/)뒤 쪽 드세요…저녁을 못 드셨잖아요‥

장　글쎄 그만 밥숟가락 놀때가 됐나아…입맛이 가네에에‥

조　에유 무슨 그런 말씀을…흰죽 좀 쒀 드릴까요?

장　필요없어(찻잔 받으며)속탈 난 거두 아닌데 뭐‥(한 모금 마신다)

조　행사장/ 야외에다 꾸민다 그러든데 비가 이렇게 쏟아져 어떡해요 사모님‥

장　잔칫날/ 마당에 차일치구 손님 받는데 비 쏟아지는 거나 마찬가지지…끄응 부처님께 밉게 보이니 벨 수가 있나아‥

조　안 나가시기 잘하셨어요. 비 올 줄 아셨어요?

장　무슨…내가 은제 회사 일에 발걸음 하는 거 봤어?

조　네에…(일어서며)인절미 좀 드세요‥

장　알아서 해…

조　네에‥(나간다)

장　(창 쪽 보면서)<u>끄으으응</u>‥‥나무 관세음보사아알…

S# 주방

조　(들어오는데)

가정부2　(야채 다듬고 있다가)비두 보통비가 아니에요‥억수루 퍼붜요‥

조　억수루 퍼붜서 신나니?

가정부2　호호호/날을 누가 잡았지?

S# 행사장 2

S# 영애의 거실

영애　(차 한 잔 놓고 멍하니 앉아서)‥‥‥‥

　　　E 빗소리‥‥‥

　　　[한동안 그대로 두었다가]

　　　E 전화벨 소리

영애　(잠깐 못 듣다가 받는다)네에…아뇨 갔는데요 엄마‥ 소정이 데려다 주구두 시간 됐는데 비때매 막히나보네요…핸드폰 해 보세요‥그래요?…왜요 엄마 무슨 일 있어요?

S# 엄마의 안방‥

엄마　알 거 없어‥알었어 들어가(하고 끊으려다)어 참 애 너 애들 왜 불렀어‥‥‥(듣고)그런 소린 뭐하러 해‥즈들 알어서 할 일이지 괜히 시누노릇 한다 소리나 듣게‥ 들어가‥(하며 끊는데)

이모　(거울 들고 앉아 눈썹 정리하면서)뭐랬대요?

234

엄마   뻔하지 ··안 들으면 몰러?

이모   아으 따거허어어어어··

엄마   많지두 않은 눈썹 내버려 두라니까 그런다. 늙으면 눈썹 숱두 성글어져어·· 한 가닥이라두 애껴야 해 이 사람아··

이모   모르는 척하구 먹어버리구 말아 언니··

엄마   (뾰우해서 보고)

이모   도리 찾을 거 뭐 있어··괜히 결혼 앞두구 애 맘만 불편하지. 그리구 그러다 애 장가가기 전에 꼴까닥이라두 하면 어떡해. 혼인 미뤄야하는 거 아뉴? 언니처럼 도리 제대루 챙기자면··

엄마   짐승새끼 아니구 사람새끼니 도리는 챙겨야지 그럼···(낡은 털실로 노인들 다리나 팔토시 짜던 중이다 /집어 들며)

S# 떡볶이 가게 앞에 대어지는 자동차

정호   (골나서 내리는데)

소정   (운전대에서 역시 골나서)우산 뒤에 있어.

정호   필요없어.(하고 차 문 닫는데)

소정   운전면허 좀 빨리 따.

정호   (돌아본다)

소정   수운 에고/비가 이렇게 오는데 나 먼저 가구 택시 타라는데 그 거두 안 해 줘?

정호   가··(하고 가게로)

소정   (째려보다가 부웅)

S# 안방

엄마   ??정호냐?

정호   E 네에···

엄마　(앉은 채 방문 열고 기다린다)……(이모는 눈썹 그려보고 있고)‥비 맞
　　　었어?

정호　E 잠깐요‥(하고 들어온다)

이모　(눈썹 그리며)우산 안들구 나갔냐?

정호　(상의 벗으며)네…

이모　(풀쑥)얘/니 아버지 오늘낼 한댄다‥

정호　??

엄마　(서 있는 아들 올려다보면서)좀 전에 전화 왔었어‥입원해 있는
　　　데 늬 아버지가 너를

정호　(오버랩의 기분)저 안가요‥

엄마　(보는)……

이모　??(해서 거울과 붓 내리며)얘 어떻게 그래애애 자식이‥

정호　(오버랩의 기분)안가요‥신경쓰지 마세요‥(하고 벗어놓은 상의 집
　　　어 든다)

엄마　도리가 그런 게 아니야 정호야.

정호　(오버랩의 기분)그 집 식구들 다시는 만나고 싶지 않아요‥아버
　　　지 저한테 한 거 없어요. 주무세요.(하고 나간다)

이모　너 그러다 막상 돌아가시면 후회한다아아

정호　(대답 없고)‥‥

　　　　E 건넛방 문 여닫히는 소리.

이모　저 눔두 보통 독한 눔 아냐.

엄마　애한테 어떡했으면‥‥(울먹해지며)무량태수‥‥허허거릴줄만
　　　알었지 지 자식이 곯거나 썩거나 아아무 거두 상관 안했을 위인야
　　　그 인간이.(뜨개질 집으며 푸우욱 한숨 쉬는데)

S# 쇼핑몰 현관 앞

[비는 멈추어 있고 비의 흔적은 있고/]

[박회장 부하 직원들과 가족들/승조 지나/준서 은혜 줄느런히 거느리

고 흙 씹은 얼굴로 빠르게 나와서 대어진 차에 오르려다 돌아보며]

박   날씨 책임진 놈이 누구야. 그놈 사표 받아..

재우   저기 아버님..오늘 방송 일기예보두

박   (오버랩의 기분)잔말말구 사표 받아.

시우   (오버랩의 기분)석달 구십일 중에 비온 날이 사십칠일이래요

아버지. 안 온 날 보다 온 날이 더 많아요..

박   ....(잠깐 시우 보고 차에 오르며 중얼거린다)야외 좋아하다 자알

들 했다.(기사 문 닫고 황급히 운전대로..)

지나   안녕히 들어가세요 회장님..(지나 인사를 신호처럼 직원들/승조

다 같이 목례하고)

[시우와 정원 부부 애들은 그냥 보고 섰고..]

[뜨는 자동차…]

[자동차 조금 가고 나서…]

재우   수고하셨어요 수고들 하셨습니다..(직원들에게)

임원1   아직도 많이 남았습니다 사장님..

재우   하하 그렇죠 참.. 어서 들어가세요..들어가 일들 보세요..

임원1   그럼..(하고 목례하고)

[다른 임원/ 부장급들 적당히 하고 안으로 아웃되면서]

재우   (상관없이)야 데리구 어디가 맥주라두 한잔 해라..

승조   차 때문에 안돼요 형님..

재우   그럼 커피라두 하든지.

시우   (오버랩의 기분)나 애들 데리구 따루 들어갈테니까 느이끼리 해..

정원   저 먼저 들어가니까 준서 은혜 제가 책임질께요 서방님.

재우   그럼 되겠다 그래라 시우야..

시우   아니에요...우리 택시타구 가자..

두 아이   응/네에.다.

지나   시우야아..

시우   (오버랩의 기분)애들만 들여보내면 좋은 소리 못 들어.

지나   어이구 경처가.. 큰엄마랑 가잖아아...

시우   수고했어요 형..

재우   내가 뭐 한 거 있나?

시우   가자(애들 챙기면서)택시 들어오는 거 없겠지? 나가자. 택시 잡으
       러 가자아아..(움직이며)

지나   (미워서)야 박청개구리야!

시우   (돌아보는데서)

S# 영애의 거실

애들   엄마아(영애가 연 문으로 뛰어들고)

영애   (두 아이 한꺼번에 양쪽으로 안으며)비 안 맞았어? 거긴 비 안왔어?

은혜   무지무지 왔어 엄마. 차거워 죽을 뻔했어..

준서   우산 쓰구 했는데 그래두 다 맞었어요.(거실로 들어가며)우산에
       서요? 빗물이 마악 흘러내리구요. 할아버지 화 나셨어요.. 날씨 책
       임진 사람 사표내라구 하셨어요..

영애   날씨를 누가 어떻게 책임져..

은혜   (엄마 잡고 거실로)글쎄 말야..우리 할아버지 조폭같애.

영애   ??그게 무슨 버릇없는 말야...그러는 거 아냐..

은혜 우리 옷 전부다 세탁해야해 엄마.

영애 알았어 벗어놓구 샤워는 안해두 돼?

은혜 할거야..빗물 해롭대. 아빠가 하랬어..(제 방으로 들어가며)준서
야 너 먼저 해.

준서 E (벌써 제 방에서)오케이이이.

영애 근데 아빠는 어디 내버리구 느이끼리야?

은혜 아냐 안 내버렸어..지나 아줌마가 우리 내 버리구 커피 마시러
가자 그랬는데 아빠가 싫다 그러구? 그 대신 승조 아저씨랑 아줌마
가(하는데)

지나 E (오버랩의 기분)야 우리는 너 애인 만나러 샜는 줄 알었어..

승조 E 새기는..

시우 (오버랩의 기분)여보오.(소리와 동시에 영애 문 연다)

지나 (먼저 들어오며)커피 마실려구요..

영애 올라와..

시우 (벌써 움직이며)물 내가 얹을게..

영애 우리 인스탄튼데.. 승조씨?(올라와요)..

승조 네.. 이거/(봉지 내민다)

영애 뭐에요?

승조 오다가 잠깐 친구 까페에 들러 내리는 커피 좀 얻어왔어요..필
터랑 깔때기두 있어요..

영애 (웃으며 주방으로 움직이며)우리두 빨리 인스탄트 벗어나야겠
네..오늘따라 왜 이렇게 무안스럽지?

시우 저게 까탈을 부리잖아아아..성가스럽게.(생수 부은 주전자 가스
에 얹으면서)난 자판기 커피가 젤 맛있구먼..

지나 (소파에서) E 언니 요가할려구요?

영애 (커피 잔 준비하려 하면서)으응.. 좀 배워볼까 그래..

시우 (영애 귀에 대고 소근거린다/떼버릴려고 했는데)

영애 (밀어내며)됐어..누가 뭐래?(작은 소리로)

지나 스포츠센터에서요?

영애 으응..(시우 나가고)

S# 거실

지나 (요가 책 들척이며)그거 디게 힘들대요 언니..기초부터 가르치
      는 게 아니라 쭈욱 하고 있던 사람들 속에 그냥 집어너서 따라하라
      그런다는데요? 우리 고모 하루 애쓰구 오셔서 사흘 몸살하셨대요...

영애 E 그래?

지나 차리리 요가학원 등록해서 기초부터 하세요..그게 날 거에요..

영애 E 참고할게.(하고 나오며)

영애 우산 쓰구 했다면서..

시우 (상의와 넥타이 벗어 적당한 데 치우고 앉으며)호사다마야..그래
      두 축하객은 많았어.

영애 뭐 과일 준비두 할까?

지나 아니 커피면 돼요..(요가 책 뒤적이며)

승조 네 커피만 주세요...

영애 그래 그럼..(하고 시우가 벗어놓은 옷 집어 들고 안방으로 들어가려
      다가)준서야 샤워 안해?

준서 (제 방에서 나오며)해요오오(하고 욕실로)

시우 씻어줘?

준서 혼자할 수 있어요.(들어간다)

지나   아줌마가 씻어줄까?

준서   E 커피나 드세요오.

지나   (웃으며)영감같아. 낄낄. 너 딱이야..

시우   (눈 맞추고)나보다 한 수위야 흠흠흠..

지나   어이구 팔불출.(승조 지나에게서 요가 책 빼낸다)

승조   팔불출두 못돼 오불출이지..

시우   그런가?

영애   (안방으로)

S# 안방

영애   (들어오며 세탁하려고 주머니 뒤져 소지품들 꺼내기 시작하는데)

지나   E 까르르르르(넘어가게 웃는 소리)

시우   승조(같이 웃는 웃음소리).....

영애   (웃음소리에 잠깐 손 멈추었다 다시 움직이며 재미 없다)......

S# 장여사 안방

장   (넥타이 받아들고)??왜 또 그러세요..

박   (와이셔츠 벗으며)뭉텅뭉텅 시주는 무슨 개코같은 시주야... 당신 그렇게 떠받드는 부처님이 나한테 해준 게 뭐야.

장   불사는 내가 했지 당신이 한 거 아니에요. 그리구 개코라니/오죽 밉살스러우시면 멀쩡하다가 그렇게 비를 퍼부시겠어요..

박   자비의 부처님이라면서. 장여사 그건 모순이야..밉살맞어 비 퍼부었어?

장   뭔가 좀 깨달으라구 자비심으루 비퍼부신 거에요. 들은 풍월 귀에 걸루 코에 걸구 하지 마세요.. 예쁘게 보시면 장대비 퍽퍽 꽂다가두 말짱하게 해나요..뭘 좀 알구 사세요..

박　치/말 못하구 죽지는 않을테니까 좌우간‥

장　‥‥‥(그냥 옷 처리 하고)

박　좀 나와 앉어 있지‥누가 알어? 그랬으면 당신 덕에 비는 안 맞았을지두‥

장　(한숨 쉬듯)내가 나갔으면 비가 오다가두 그쳤지요‥

박　헤/허허허허허허 허허허허허(와이셔츠 아무렇게나 놓고 바지 벗으며)당신 그러지 마라‥불쌍한 애들 겁먹구 십년감수하게 뭐하러 그러나‥

장　??

박　이태원 아이 줄행랑 쳤대‥얼굴 못쓰게 만들어 놓는댔다면서‥

장　미련이 남어서 찾구 있는 거에요?

박　찾기는 그깐 거 찾어서 뭐에 쓰게‥(양말 벗으며)그 집 마담이 그러드래‥서 회장이 전하드군.

장　아직두 그 망난이 영감탱이하구 놀아요?

박　(멈추고)그런데 도대체 당신 해결사가 누구야‥월급제야 껀 수당이야‥

S# 침실

　　[영애 사이드 테이블에 쌓여 있는 예닐곱 권의 책들 중에서 한 권을 뽑아다 펼쳐보고 있는]

시우　‥‥‥

　　[욕실에서 물소리 들리고‥‥‥잠시 후 물소리 끝나고]

영애　(나온다/화장대로)

시우　(책 들척이며)나 발톱 깎아줘야겠는데‥

영애　알았어…(스킨 바르고 서랍에서 발톱깎이와 손톱깎이 기타 등등 같

242

이 들어 있는 세트 꺼내서 발톱깎이 들고 휴지 두어 장 뽑아들고 침대로/
휴지 발밑에 깔아놓고)너무 잘 자란다. 얼마 안된 거 같은데··

시우 먹는 게 발톱으루만 가나봐··(발 맡기고)

영애 (깎으면서)지나 일은 잘 됐어?

시우 무슨 일.

영애 매장 나왔다면서.

시우 엉···걔네 사장 출장 중인데 통화되는대루 결정하기루 했어. 처
남은 왔었어?

영애 웅··근데 나 정말 큰일났다··정호댁이 너무 마음에 안 들어··

시우 그러지마그러지 마. 둘이 좋다면 전폭적으루 지지해 주는 거
야·· 당신 자신을 생각해보라구.

영애 나두 그러구싶은데 애가 너무 정머리가 없는 거 같아서 걸린단
말야··

시우 처남한테 맡겨··시집식구 티내지 말구 신경두 쓰지 말어.

영애 (그냥 뿌우 발톱만 깎고)

시우 ·····(보다가)커피 바꿔··

영애 ??

시우 자존심 상한다면서.

영애 내가 언제. 무안하다 그랬지.

시우 그게 그말이잖아··바꿔.

영애 얼마나 비싼데··

시우 그걸루 망하지 않아.

영애 아직 사치야··그 돈으루 애들 간식이나 더 알뜰하게 먹이겠다··
(깎는 것 끝내고 갈아내는 기구 집어 주며)자··

시우 운동 열심히 다녀…나랑 애들 집 나가면 우선 운동부터 하구 와.. 최소한 일주일에 세네 번은 가.

영애 (얼굴 만지며)그럴려구 해..

시우 작정하구 수영두 배우구..

영애 그래 그럴 작정이야..

시우 (발톱 갈던 것 그만두고 휴지 뭉치면서)귀찮다..

영애 그거두 꾀나서..(흘기고 종이 뭉친 것 받아 휴지통에)

시우 (입이 찢어지게 하품하며 눕는다)..

영애 잘자..

시우 (옆으로 돌아누우며 졸립다)무슨 밤 화장이 그렇게 길어..

영애 로션 바른다 로션..

S# 빈 거실

S# 침실

　　[불 다 끄고 어두운데/시우는 영애 배에 손 얹고]

영애 (눈이 말똥말똥)……

S# 아파트 전경(아침 8시경)

S# 거실..

영애 (준서 데리고 나오면서)은혜 아직 안나오니?

　　[옷이 약간 바뀌어도 됩니다··9월 초.]

은혜 (나오며)나오고 있잖아아..

영애 여보오··

시우 (안방에서 지갑 주머니에 넣으며 나온다)옷은 바꿔놓구 지갑은 안 옮겨주면 어떡해.

영애 그랬어?

244

시우 어느 새 중년건망증인가 아니면 군기가 빠졌나…자.(입 내밀며)

영애 (가볍게 입 맞춰주고 떼며)말두 참 이쁘게 한다..

은혜 엄마.

영애 응.(하고 은혜 준서한테 차례로 입 맞춰주고)길 건널 때 차조심.

은혜 알았어어..

준서 (누나와 함께)알았어요.

시우 (애들 현관으로 몰면서)늬들 엄마가 날마다 똑같은 말 하시니 까 잔소리루 듣구 아무렇게나 대답하군 하는데 명심해야 하는 거 야..길에 나가면 제일 무서운 게 차야..알았어?

은혜 (나가며)알아알아.

준서 (누나와 같이)네에 알아요오..

시우 (애들 먼저 내보내고 돌아보고 손 들어 보이며)수고.(하는데)

영애 오전엔 전화하지 마. 꺼놀 거야..

시우 알았어. 열심히 해..(나가다 돌아보며)형수님이랑 같이 갈 거지?

영애 봐서..연락 있으면..

시우 당신이 해애..

영애 페스러. 되는대루 할게..

시우 그래 그럼.(다시 손 들어 보이고 문 닫는다)

영애 (곧장 주방으로 움직이려 돌아서는데)

    E 전화벨

영애 (전화로)네에..

정원 F 동서 나 미안해서 어쩌지?

영애 왜요 형님.

S# 정원의 방

정원 (장에서 갈아입을 옷 꺼내 침대에 놓으면서)병원 같이 가줄라구
했는데 나 친정 부모님하구 열한 시 비행기루 교오또 가야해··새벽
에 외할머니 위독하시다구 연락왔대.

영애 F 네에 괜찮아요 형님.

정원 약속했는데 미안해··

영애 F 아니에요 정말 괜찮아요. 근데 형님 검사결과는요. 그저께 아
니었어요?

정원 어 별 거 없나봐··갔다왔어··너무 떨지 말구 동서/ 별일없을 거
야 응?

S# 거실

영애 별일 있으면 어떡해요·····네 괜찮을 거에요. 그래두 떨리기는
해요 형님··

정원 F 그래 알거 같아···그럼 나 갔다올께··틈 봐서 전화할게 궁금하
니까.

영애 네 다녀오세요··할머님 괜찮아지셨으면 좋겠네요··

정원 F 고마워 동서··근데 너무 연세가 높으셔··들어가··

영애 네에··(전화 끊으며 조금 허전하다)······

S# 병원 복도

  [기다리고 있는 영애.]

간호사 (나와서 다른 사람 이름 부르고 호명된 사람 들어간다)

영애 ····(보면서)

S# 시우의 현장 사무실··

시우 (공문 타이핑하고 있는데)

  E 시우 책상에 전화벨 울린다.

시우 (타이핑 멈추고 화면 보면서 받는다)네에 박시웁니다. 네 소장님‥ ‥‥(듣다가)네 그거 교체하기루 얘기가 됐는데 비가 너무 와서 아직 마무리 못했습니다.(뭐라고 악악거리는)? 입주자께 그렇게 말씀드 리구 양해 구했는데요…네…네‥알겠습니다‥네‥네‥‥(끊으며 투덜 거린다)나한테는 알았대놓구 소장님은 왜 쑤셔. (여직원에게)대창 목재 김부장 좀 찾아봐요‥(하고 자판 두드리기 시작)

여직원 네에‥(전화 버튼 찍는다)

S# 호흡기 내과 의사 방

영애 (들어서 있다. 어정쩡하니 서서 필름 보고 있는 의사 보며)……

의사 (필름 보고 있는 얼굴이 별로다…입을 붙여 뿌욱 내밀고)……

영애 ……(보며)

의사 (문득 돌아보고)아‥ 앉으세요‥‥‥앉으세요‥(앉고)

영애 ‥‥(조심스럽게 앉으며 의사 보는)‥‥

의사 (검진 기록 보면서)흐으으음……(한숨처럼)

영애 ‥‥(보며)

의사 (안 보면서)마른 기침 안하세요?

영애 ……(생각하는)아뇨‥별루‥‥

의사 미열은요‥

영애 모르구 사는데요‥(조금 미소)

의사 (갸웃)‥‥숨이 차지는 않으세요?

영애 운동하거나‥‥빨리 걷거나‥‥가끔‥‥제가 운동부족일 수 있어 요 선생님‥

의사 ‥‥‥(뿌우우)

영애 ‥‥‥(보며)

의사 (기록표 접으며)기관지 내시경 하십시다‥내일 입원하세요‥

영애 ??

의사 (뭔가 적으면서)아침 아홉시에 오세요‥

영애 (오버랩의 기분)저기 그걸 왜‥‥

의사 폐 조직 검사에요‥

영애 ‥‥암인가요?

의사 일단 조직 검사하고 나서

영애 (오버랩의 기분)지금까지 검사한 것만으로도 의심되는 게

의사 (오버랩의 기분)조직검사 결과 나오면 얘기해요 우리.(하며 일어선다)

영애 (오버랩의 기분)선생님.(따라 일어서며)

의사 (오버랩의 기분)의심되는 것만으로 얘기할 수는 없어요‥조직 검사까지 해봐야 확실해집니다. 이해하세요.

S# 병원 로비‥

　　[걸어나오고 있는 영애‥]

영애 E 심각‥한가요?

의사 E ‥‥‥조직검사까지 하구 얘기하죠‥‥

영애 E 주죽나요?

의사 E 입원하세요.

영애 E 입원할 형편이 못돼요 선생님‥

의사 E 하루 이틀이면 돼요‥입원하셔야 합니다‥‥

　　[걷는 영애‥‥걷다가 다리가 떨려 두리번거려 로비 대기실로 가 빈 의자에 앉는다‥‥]

영애 ‥‥‥(앉아서)‥‥‥

248

S# 아파트 현장

시우 (아파트 마당 빠른 걸음으로 움직이면서 전화 중)야 거 니 사장한 테 말도 안되는 소리 작작하라 그래……아 분양가 깎아주는데 찾아 가라 그래 그러니까··빤하게 공고된 분양가를 어떻게 깎으라는 거 야 딴 집들은 바지저고리냐? 누구 회사 망하게 할려구 작정했어?

S# 지나 작업실

지나 (옷 나온 것 점검하면서)무시무시하게두 말한다·· 안되면 그만 이지 거품까지 물 건 없다·· 여기 틀어서 다시 만지라 그래. 너무 거 칠어··

여직원 네··

지나 내가 그런 사장 모시구 일 한다. 먼지나 이럴 때마다 머리에 쥐 나면서 산다는 거 좀 알아주라·· 알았어 그래 알았다구. 근데 시우 야 재우오빠 빽으루두 안될까?

S# 아파트 현장

시우 (걸음 멈추며)너 우리 형 건드리지 마. 그 양반 속 없어서 너한 테 넘어가 일 저지르게 하지 말구 엉? 그리구 그건 너 아주 야비 한 수작이야·· 페어플레이해 페어플레이··꼼수 부리지 말구 알았 어?····야 나 바뻐 수다 상대할 시간 없어···(뭐가 그렇게 바쁜데)비가 너무 와서 습기가 미처 안 빠져 지하 3층 주차장이 온통 곰팡이 천 국이다·· 기계 있는대루 돌려대두 도무지 마를 생각을 안해 적하면 퍼부니 말야··

S# 병원 앞··택시 스톱···

영애 (머엉하니 서 있다)······(영애 차례)

　　[택시가 와서 멎고 손님 내리는데 영애는 의식 못 하고 영애 뒤에 있던

손님 잠깐 눈치 보고 낼름 타버린다]

[그 뒤 아주머니 손님 이상해서 영애 보고··]

영애 ······

[곧이어 택시 와서 몇고 손님 내린다···]

영애 다음 아주머니 (영애 눈치 보다가)안 타요?

영애 ·····

손님 (건드리며)안 타요?

영애 (건드려지자)? 아 네에··(하고 탄다)······

S# 달리는 택시 안··

영애 ·····(뭔가 다부진 얼굴로 입 꾹 다물고)·······

S# 시우 신축 아파트 입구로 들어가고 있는 택시··

영애 E 응 난데 여보··나 지금 당신 아파트 왔는데 잠깐 나올 수 있
어? 그리구 나랑 같이 점심 먹을 수 있어?

S# 아파트 어떤 스페이스

영애 (기다리고 있는데)

시우 (달려나온다)

영애 (보고 웃으며)뛰지 마. 넘어질라.

시우 (와서)대체 무슨 바람이 불었어. 이게 무슨 황송한 일야 엉?

영애 당신하구 밥먹구 들어갈려구. 괜찮아?

시우 괜찮아. 가자··(손잡고 움직이며)형수님은.

영애 (같이 움직이며)외할머니 많이 안 좋으신가봐.····아침에 일본가
셨어··

시우 그럼 혼자 했어?

영애 혼자··

시우 하하‥하영애선생 진짜 출세했다. 호텔 스포츠 센터 혼자 마구 드나들며 운동하구‥

영애 신랑 잘 둔 덕이야‥고마워 눈물나.

시우 뭘요 선생님‥하하하‥ 그런데 어떻게 신기하게 여기 올 생각을 다했어

영애 혹시 출근한다 그러구 게임방 같은데 가 놀구 있는 거 아닌가 갑자기 의심이 들어서‥

시우 실직한 가장들 출근하는 척하구 기원같은데서 시간 보내는 거?

영애 응 당신은 바둑 안 두니까‥‥그눔으 게임방때매 내가 한 동안 속 좀 끓였다‥

시우 지나간 과거지사는 왜 들척여‥

S# 근처 식당‥**(뼈다구 해장국집 같은 데)**

영애 (뼈 건져내며)부담스럽다‥

시우 찬찬히 발라먹어어‥ 이집 제대루 해‥영양 보충 좀 하라구‥

영애 국물만으루두 충분하겠어‥당신이 먹어.(뼈 꺼내 놓은 것 밀면서)

시우 밥을 말아‥

영애 내 식으로 먹을 거야.(수저에 뜬 밥 국에 담그어 먹으며)

시우 (보며 괜히 좋아서 싱글거리는)맛있지‥

영애 집에서 감자탕 끓이면 이 맛 안나‥ 양이 적어서 그렇대 엄마 그러는데‥

시우 참 장모님한테 언제 감자탕 끓여달래자 날두 선선해지는데‥

영애 그래. (하고 잠시 먹다가)근데 나 당신한테 어려운 부탁있는데‥‥‥

시우 ?‥뭔데‥

영애 들어줘야 해. 거절하면 너무 실망하구/삐질 거야‥

시우 그게 부탁하는 사람 태도야?

영애 글쎄 부탁하는 사람 태도가 틀렸다..

시우 뭔데..

영애 나 일박이일 여행 갈래…

시우 ?? 제주도 갔다온지 얼마 안됐는데 무슨 여행야 애들은 어떡하구..

영애 이모한테 부탁함 돼..보내줘 응?

시우 …..(보다가)그래 알았어.

영애 진짜아?

시우 (먹으며)이번 주말에 애들 놓구 가자..

영애 아냐 나 혼자 갈 거야.

시우 ?? 혼자?…..왜 혼자야..뭣때매 혼자야..혼자 어딜 간다는 거야. 그게 무슨 여행인데 혼자 가.

영애 중학교 동창들 같이 온천 간대.

시우 ?

영애 따라 올래?

시우 난 또 뭐라구. 안돼 가지 마.

영애 ??

시우 여자들 모여봤자 뻔해. 인생에 보탬될 거 없어. 나랑 따루 가.

영애 갈 거야.

시우 ??..(보다가)남편 자식 팽개치구 온천은 무슨 온천야. 다같이 날 샌 여편네들 속에 당신이 왜 껴..포기해..

영애 날샜대두 좋은데 가구싶어.

시우 (정색으로)아 난 어떡하구우.

영애 (좀 팩해서)하루 쯤 조옹 없으면 죽니? 하루는 봐 줄 수 있잖어.

시우 뭐 조옹?

S# 아파트 광장

영애 (싸우고 있다)그래 조옹. 나 없으면 자기 불편하니까 그러는 거
잖아.

시우 말을 어떻게 그렇게 정떨어지게 해애(올라서)

영애 결혼 10년에 두 번두 아니구 처음이야. 하루 휴가 좀 달라는데
그거두 안돼?

시우 같이 가잔 말야 내말은 이모님한테 애들 맡기구 나랑 같이

영애 (오버랩의 기분)그건 싫어 글쎄. 애들이구 당신이구 다 떼놓구
하루쯤 나혼자 홀가분하게 놀다 오구 싶다구. 남편 자식 없는 사
람처럼 다 잊어버리구 하루 자유롭게 지내보구 싶다는데 곰방대
할아버지처럼 그거두 이해 못해주니?

시우 도대체 무슨 바람이 들어 느닷없이 홀가분이구 자유롭구야 망
할. 어디서 머리 다쳤어? 전봇대에 박치기했어?

영애 망치루 뒷통수 후려 맞았어. 갈 거야.(이 악물며 /울음 차오르는 것
참으며)

시우 ....(보다가)나 참…이해를 못하겠네.. …혹시 첫사랑 만났어?
그놈하구 여행가기루 한 거야?

영애 그걸 지금 유머라구 하는 거야?

시우 조금 더 가면 울 거 같으니까 그래.

영애 그래 속으루는 울구 있다..벽창호 너무 빡빡해 분해서..

시우 ……(보다가)언젠데..(뿌우한 채)

영애 내일..

시우   ……(보다가)맘대루 해··내가 졌다····그렇게 소원이면 할수 없지 뭐. 죽은 사람 소원두 들어준다는 데··

영애   (탁 풀어지듯)고마워.

시우   가··나 들어가야 해.

영애   택시 잡아 줘.

시우   애야? 타구 가··(하고 건물로 움직인다)

영애   ……(가는 남편 보며)

   [들어가는 시우 뒷모습··]

영애   ……(그대로)

S# 엄마 떡볶이집 골목…

   [걸어 들어오고 있는 영애··]

S# 가게 안··

   [테이블이 제법 차 있고/이모 라면 날라 놓는 중/엄마 떡볶이 만들고 있고/]

이모   (라면 놓는데)

학생 손님   김치 좀 더 주세요··

이모   아이고? 맨입으루 김치 다 잡어 먹었네? 하하하. 더 주지 그러엄.(김치 그릇 집으며)한번만 더 줄 거야. 배추가 금값이야··(들고 움직이는데)

학생 손님   네에··(하는데)

영애   (들어온다)

이모   (돌아보고)영애 오네?

엄마   (보고)웬일이야?

영애   볼일 있으니까 왔죠오·· 찬바람 부는 표 나네요?(손님들 보며)

이모　(김치 꺼내며)그래 스을슬 표나 하하하하..

영애　(엄마 옆으로/엄마 떡볶이 접시 세 개에 나누어 담기 시작/쟁반 들어 접시 놓으며)나 내일 이모 좀 하루 빌려줘요..

엄마　뭐에 쓰게.(담으며)

영애　동창들 하구 일박이일 온천 가..

엄마　?? (설마)박서방이 가래?

영애　가래..

이모　(자기 할 일 하면서)어이구우 친정에서두 안 재울려는 사람이 웬일이라냐아?

영애　나이 먹잖아요..

엄마　(오버랩의 기분/툴툴거리는)온천은 무슨 온천이야 애들 놔두구...

영애　(쟁반 들고 움직이며)하루 쯤 어때..

엄마　생전 동창회두 안나가면서 별일이네.(궁시렁거리듯)

이모　아 이제 영애두 좀 놀아야지 언니..괜찮아 놀아놀아..(갑자기 자기 무릎 철썩 때리며)놀아아 놀아 젊어서 놀아. 늙어지면은 못 노나니..

손님들　(자기들끼리 얘기하다가 조금씩 웃으며 관심)

이모　닐리리야 닐리리야 니나노오오오오

엄마　아 시끄러. 닭 모가지 비틀지 말어..

이모　아하하하하

S# 정호의 약국

영애　(문 밀고 보면)

　　　[아무도 없고…]

영애　?…(해서 들어서며 누군가 부르려하는데)

[조제실에서 들리는 소리.]

소모　E 말수는 없어도 차갑지는 않은 거 같아 쓸만하다 했는데 어째 내가 잘못 본 거 같아.

S#　조제실

[둘이 약장 정리하면서]

정호　(그냥 잠깐 쓴웃음)

소모　어린애 가지면 예민해져서 날카로와. 이해를 해줘야지..소정이가 팩한다구 같이 뿌우해서 그럼 어떡해..

정호　(그냥 움직이고)…

소모　(대답 기다리다가)……소잡아 먹었냐?

정호　?…(웃으며)아뇨..

소모　자네가 건드려 노면 하루 왼종일 신경질야 내가 아주 못살겠어..

정호　별로 건드린 거 없어요.

소모　안 건드렸는데 왜 그래. 결혼을 할까말까 지금 그런 소리할 때 아니잖아..

정호　전화할께요.

소모　……(보다가 다시 움직이며)내 자식이기는 하지만 고생 좀 할꺼다.

　　E 출입문 여닫히는 소리와 함께

한　　E (여자 약사)뭐 드릴까요?

영애　E 아 아니에요..유정호 약사 좀..

정호　(움직여 나간다)

소모　(잠깐 보고는 계속 움직인다)

S#　약국 앞

영애　….정호야..

256

정호 (오버랩의 기분)내키지 않아요.

영애 그래두 아버지시잖아.. 어쨌거나 중학교까지는 거기서 컸구… 맺힌 맘 있는 거 알지만 잘못하면 더 최악일 수두 있는데 안 그랬 잖아. 그거만두 고맙다 생각하면 어떨까..

정호 …(그럴 생각 없다)

영애 니가 잘 못돼 있는 거두 아니구..(그럴 거 뭐 있어)가서 뵙구 결혼한다는 얘기두 하구 그러는 게 좋을 거 같아..

정호 어머니 뭐라 그러시죠..

영애 너를 이해는 하지만 …너무 모진 건 마음에 안 드시나봐…

정호 ……

영애 으응?

정호 생각해 볼께요..(보며)

영애 그래..(팔 한 손으로 잡으며)때 놓치지 말구…

정호 그런데 누나 어디 아파요?

영애 아니 왜..

정호 안색이 전만 못해 보여요..

영애 화장 지워져서 그렇겠지 뭐. 일찍 나왔거든..

정호 네에…

영애 소정이랑 안 좋아?

정호 그냥 말다툼요..고집이 쎄요(웃으며)

영애 그래 잘해…들어가라..

정호 네…

영애 (돌아서 걷기 시작)

정호 (보고 섰고)

영애 (잠깐 돌아보고 들어가라는 손짓)

정호 (웃어 보이고 들어간다)

영애 (되돌아서는데)…

S# 아파트 전경(밤)

S# 아파트 거실··

영애 (책은 무릎에 펴놓고 우두커니 앉아서)······

　　E 문소리···영애 의식 못하고/

은혜 (나와서 엄마 앞에)엄마··

영애 ??

은혜 졸려 더 못 기다리겠어··잘래··

영애 (아이 만지며)그래 아빠 늦으신다··들어가 자··기다리다 잤다 얘
　　기할게··

은혜 (엄마 목 안고)엄마 안녕··

영애 잘자···

은혜 (움직이다가 따라 일어서는 영애 돌아보며)왜애?

영애 덮어줄려구··(아이에게 붙으며)

은혜 (엄마 조금 밀어내며)괜찮아 내가 뭐 어린앤가?

영애 그래 그럼····(은혜 들어가고 도로 앉아서 책 펴 들고 보는 척하다가
　　책 내리며 다시 딴생각에)·········(한참 동안 그대로 있다가 핸드폰 집어
　　단축 누른다)

　　F 벨 가는 소리 대여섯 번/

시우 F 네에 자유부인··저 올시다··

영애 안 들어와?

S# 어느 소줏집··

시우 마누라 자유부인인데 나두 자유남편이다 뭐 어쩔래.

　　[옆에서 지나 승조 웃고…]

시우 상관하지 마. 들어갈 때 되면 어련히 들어 갈려구 버스비가 없

　　어 못 들어가겠니 길을 몰라 못 가겠니……알면서 왜 물어….끊어

　　술맛 달아나..(하고 퍽 끊는다)

지나 ?? 전활 왜 그렇게 끊어어 언니 맘 상하게..

시우 너 전공과목아냐. 전화 중에 비위 꼬이면 끊어버리는 거.

승조 그래.

시우 친구 잘 사겨야 해..나쁜 물일수록 잘들 거든..

승조 흠흠흠흠

S# 거실

영애 …..(끊어진 전화 보며)…..(있다가 전화 접어놓고)……(또 머엉하다)

S# 아파트 현관 앞…

　　[나와서 서성거리고 있는 영애…]

　　[차가 들어올 때마다 기웃거리고 ……]

　　[마침내 들어온 택시에서 내리는 좀 취한]

시우 가라 잘가라 지나..

지나 (창으로 얼굴 내면서)비틀거리지 마. 애들 망신야..(하다가 영애

　　보고)어머나..언니 나와 있다..(하며 내리고)

　　[따라 내린다..]

지나 (내리며)왜 나와 있어요오 여행간다면서요?

영애 응..(하고 시우 팔 낀다. 잡아주려)

시우 누구세요?(하고 팔 풀고 입구로)

지나 어이구 정말..깔깔 걱정하지 말아요 많이 안 마셨어요..

승조 많이 안했어요 적당히 했어요··

영애 어서 가요··(하고 돌아선다)

지나 언니 잘했어요··종종 그래요··온통 다 묶여 사는 건 바보에요··

영애 (그냥 웃어 보이고)

지나 (자동차로)

승조 언짢은가봐··

지나 (차 안에서)싸웠다잖아··

S# 차 안

승조 (차에 오르는데)

지나 (약 올라)무슨 젖먹이냐? 마누라 하루 집 비는데 저렇게 심통이 게·· 아니꼬와 못보겠어 진짜··쟨 나이를 어디루 먹은 거니··아저씨 왜 안가요··

기사 네에.(택시 움직이고)

지나 (계속)하루두 떨어지면 크은일 나나봐··하늘에 구멍나나봐··완 전히 유아수준야.

승조 부러우면 시집 가.

지나 박시우 또 있으면 데려와··

승조 없다니까··

지나 지겨워··저꼴 보기싫어 이민갈까봐··

승조 (그저 비죽이 웃는)

S# 침실

영애 (엎어져 있는 시우 옷 벗기려)

시우 (뿌리치고 일어나 앉아 제가 벗는다)

영애 (벗어 아무렇게나 던지는 옷 집어 들고)

시우   (바지도 홀렁 벗어 아무렇게나)

영애   (집어 들고 나간다)

S# 테라스

영애   (양복 상하의 탁탁 털고 있다)

S# 침실

영애   (들어와서 방바닥의 와이셔츠와 타이 집어 들고 옆에 앉으며)여보··
·····(건드리며)여보···

시우   (손 밀어내며)귀찮아 말시키지 마··

영애   ······(보며 있는데)

시우   (불끈 일어나며)나는 말야 당신이 무지무지 섭섭해·· 어떻게 나
팽개쳐두구 여행갈 생각을 해···나는 상상두 못할 일이야··당신 팽
개치구 내 친구들하구 여행가는 거 난 있을 수 없는 일이라구··

영애   한번만 봐줘 여보야··(달래는)

시우   (오버랩의 기분)그건 곧 당신이 변하구 있다는 증거야··당신은
변하구 있어··당신한테 내가 별 거 아닌 방향으로 스을슬 달라지구
있다는 명백한 증거라구··

영애   억지 부리지 말구 그만 자··취했어··

시우   네 취하기는 좀 취했어요 선생님 아니 누나. 씨이/그런데 별 거
아니기 시작했으니까 당신은 이제 곧 내가 아무 것도 아닌 게 돼 갈
거야·· 그게 김샌다는 거지 내 말은···(다시 엎어지며)나 잘 거야. 별
거 아닌 인간 잠이나 자라 이 천치야······(엎어져서)······

영애   ····(남편 보며 그렁그렁 눈물이 고이기 시작한다)······

[방 한구석에 입원 보따리··]

S# 거실

[영애 준서 옷과 은혜 가방 만져주면서]

영애   아빠 빨리 나오시라 그래..

두 아이   아빠아아...

시우   (제 방에서 나와 현관으로)

은혜   엄마 재밌게 놀다 와..

영애   그래 고마워..

준서   아빠는 골나셨는데 누나는/(신 신으며)

은혜   괜찮아아..

시우   다녀오겠습니다..이모님.

이모   (주방에서 식탁 치우며)으응 그래애...

시우   (나가며)가자..

준서   네에.(따라 나가고)

은혜   (소리 죽여)괜찮아 엄마. 엄마 올때까지 우리가 아빠 화 풀어놓을게..

영애   그래 부탁해..(하며 잠깐 아이 머리 당겨 배에 붙인다)

은혜   할머니 다녀오겠습니다아..

이모   (내다보며)오오냐..어이구우우 이쁜 것들...

영애   (문 닫히고 주방으로)물 좀 이모..

이모   어 그래..

S# 주방

이모   (재빠르게 물 준비하며)내내 벌레씹은 얼굴이다 야 박서방...저렇게 싫어하는데 뭘 굳이 간다는 거야..

영애   .....

엄마   (물 내밀면서)지금이라두 취소하구 말어라 응?

영애   (물 받으며)안돼 이모. 약속 다 했는데...(물 마시고 식탁에 놓으며)

262

다녀 올께요…(하고 움직이고)

이모 온천 다니기는 아직 젊어 야 늬들…

S# 기관지경 내시경 중인 영애(수면 내시경)……

S# 아파트 근처(다른 날 낮)

[인라인 스케이트 타고 있는 두 아이 보고 있는 영애··]

S# 둔치에서 셔틀콕 하면서 화창한 네 가족··

S# 주방

[칼국수 홍두께로 밀고 있는 시우··]

[영애는 호박 채썰고 있고/]

[준서 밀가루 반죽으로 고추 모양 큼지막하게 만들어 제 고추에 대고 은혜더러 보라고/]

은혜 (아빠 옆에 붙어서서 아빠가 밀다 펼쳐논 반죽 판대기에 밀가루 솔솔 뿌리다 준서 보고 준서 때리면서 소리지르는)

준서 (도망치면서도 고추에 반죽 댄 건 그대로)

시우 (보고 웃어죷히고)

영애 (웃음 나면서도 준서 야단치는 모션)

S# 병원 의사 방…

의사 암은 아니에요.

영애 (조금 안도하는 위에)

의사 E 의학용어로는 이디오패틱 풀모다리 화이브로시스라고 하는데 우리 말로 바꾸면 특발성 폐 섬유증이죠…

영애 ····그게 무슨 병이에요? 처음 들어봐요 선생님.

의사 십만명에 한사람 꼴인 희귀병이에요…

영애 ??····어떤…어떤 병인데요…고칠 수 있나요? 치료····되는 병이

겠죠 선생님··

의사 그게···

영애 (오버랩의 기분)일주일 동안 최악의 경우에 대비해서 마음 준
비 열심히 했어요 선생님···제 목숨이에요···정확하게 알고 싶어요
···솔직히 말씀해 주세요··감당할 수 있습니다··

의사 (끄덕이고)지금 현재로서는···특별한 치료 방법이 없습니다··(영
애 보며)

영애 ············(보며)·····(특별한 표정 변화는 필요 없는데)
　[무릎 위에 마주 잡은 두 손이 가늘게 떨리고 있다······]

제6회

S# 병원 의사 방

영애 (오버랩의 기분)마음 준비 열심히 했어요 선생님…제 목숨이에
요…정확하게 알고 싶어요…솔직히 말씀해 주세요··감당할 수 있
습니다··

의사 (끄덕이고)지금 현재로서는…특별한 치료 방법이 없습니다··(영
애 보며)

영애 ‥‥‥‥‥(보며)‥‥‥(특별한 표정 변화는 필요 없는데)

　　[무릎 위에 마주 잡은 두 손이 가늘게 떨리고 있다……]

영애 ‥‥‥(의사에게 시선 고정하고)‥‥‥어떤 병인가요 선생님··

의사 폐에는 포도송이같이 생긴 폐포들이 있는데 폐포들 사이에 인
터스티슘/우리 말로 간질이라고 하죠 그 간질에 섬유질 증식증이
생겨 폐포들을 쪼그라트리면서/산소공급이 원활하지 못해 호흡
곤란으로 진행시키죠··

영애 (오버랩의 기분)그럼 저…죽게 되는 건가요?

의사 ‥‥‥(보며)

영애 치료방법이 없다면 …숨을 못 쉬게 되면 죽는 거네요 선생님··

의사 급성인 경우 치사율이 70퍼센트 이상이죠··대개 2개월에서 6개월 사이에 사망하는 걸로 돼 있습니다만

영애 나머지 삼십퍼센트는요.

의사 ….(보는)

영애 나머지 삼십퍼센트는 사는 쪽인가요?

의사 (오버랩의 기분)결국은 마찬가집니다··다만 환자마다 개인차는 있어요··투병의지에 따라 상당기간 연장될 수도 있고

영애 ……(보며)저는 급성인가요 만성인가요.

의사 그건 검진 자체로는 알 수 없어요. 환자에 따라 진행되는 속도가 느리냐 빠르냐에 따라

영애 (오버랩의 기분)알겠습니다··

의사 뵙기에 의지가 남다르신 것 같은데

영애 (오버랩의 기분)전염되나요?

의사 전염되는 병은 아니에요··

영애 ……(보며)

의사 (처방전 쓰며)이 처방대로 약국에서 사 드세요…

영애 치료방법 없다면서요··

의사 치료약이 아니라 진행 늦추는데 도움되는 대증요법 처방이에요··(내민다)

영애 진행은 어떻게 되나요··(받으며)

의사 ……(보며)

영애 ….(보며)

의사 감기같이 마른 기침에 가래는 없어요. 미열이 있고 차츰 숨쉬기

가 힘들어질 겁니다··그러다가 힘든 일 싫어하게 될 거고 많이 움직
이면 호흡 곤란이 오죠···눕는 것보다는 앉아 있는 게 편해지고·· 편
한 자세로 있으면 그런대로 견딜만 할 거에요··그게 초기 증세에요··

영애 죄송합니다만 / 오진일 가능성은 없나요?

의사 다른 병원에서 다시 검사하고 싶으면 해 보세요··

영애 ·····(보며)

의사 할 수 있는 검사는 완벽하게 다 했습니다··오진 가능성 없어요.

영애 ····(고개 조금 내리고 잠시 있다가 고개 들며)알겠어요 선생님··
(시선 내리며)잘 알겠습니다···그런데··전 죽기 싫은데요 선생님···
(창백하게 질렸지만 미소)

의사 (잠시 영애 보다가 슬그머니 시선 내린다)

S# 건축 현장

시우 (움직이면서 전화 누른다)

F 벨 가는 소리 세 번째에

시우 (투덜거리는)이 아줌마 어디서 뭐하는데 전활 이렇게 안 받아··
쫓아가 때려줄 수도 없고··

S# 영애의 거실

E 울리는 전화벨

영애 (외출복인 채 긴 소파 구석 자리에 멍청하게 앉아서)······(아무 소리
도 안 들리는 상태)

E 전화벨 더 울리다가 끊어진다.

영애 ······(그대로)

E 누군가 들어오는 소리··

영애 (그대로)·········(그대로인 영애 위에 발소리와 함께)엄마 잊어버렸

어요?(준서 소리)….(영애 화면 안에 준서 들어서며)

준서 엄마……(영애 그대로/준서 엄마 건드리며)엄마..

영애 ??(그제야 멍한 시선 준서에게)

준서 하안참 기다렸단 말이에요..

영애 (그제야 아차)어 준서야

준서 (오버랩의 기분/그냥 제 대사 연결)전 갑자기 다른 급한 일 있어서
못 오시나 그랬어요.

영애 (오버랩의 기분/아들 안으며)미안해 준서야..엄마가 깜박했어 미
안해.

준서 공중전화에서 전화했는데 집에 계시면서 전화는 왜 안 받으세요?

영애 (보며 황당하고)

준서 쪼꼼 전에두 전화 오던데 엄마 안 받으셨죠…

영애 어 받을려구 했는데 끊어졌어..

준서 어디 나가세요?

영애 나갔다 들어왔어..운동 간댔잖어.

준서 그런데 왜 옷 안 갈아입어요?

영애 금방 왔거든. (일어나 안아 붙이며)정말 미안해 다시는 안 잊어
버릴께..잘못했어.용서해줘 준서야.

준서 (떨어지며 올려다본다)누구나 실수라는 게 있는 거니까 괜찮아요..
엄마 배 고파요..

영애 응 그래.. 얼른 옷 갈아 입구 씻구 나와. 엄마두 옷 바꿔입구 서
둘게 응?

준서 네에..(아들 들어가고)

영애 (아들 들어가는 것 보고 방으로/핸드백은 그대로 둔 채)

268

S# 안방

영애 (들어오며 입었던 원피스 벗어내고 침대에 접어두었던 홈웨어 입으며 화장실로)

S# 욕실

영애 (보득보득 손 씻고 씻다가 문득 거울 속의 제 얼굴 보면서)

영애 E 말 안돼··그런 일은 없어··안 믿어. 받아들이지 않을 거야. 어떻게 여기서 끝을 내란 말야··내가 왜···내가 뭘 잘못하구 살았는데···(다시 손 씻으려다 멈추고)그런데 내가 집엘 어떻게 왔지?·····(손 씻기 시작하며)정신 차리자··차분히···차분하게 생각하는 거야··당황하면 안 돼·· 당황할 거 없어··사실이 아니야·· 엉터리야·· 아니야·· 절대 아니야··

S# 주방

영애 (냉장고 문 열어보고/잠깐 멈칫)·····(했다가 문 닫고 냉동고에서 얼궈놓은 밥 작은 덩어리 골라 꺼내서 레인지에 넣고 돌리고 상 차리기 시작한다)····(이것저것 반찬 꺼내고 수저 놓고 하는데)

준서 (나와서 보고)햄버거 안 만드셨어요?

영애 미안해 준서야 햄버거 만들 시간이 없었어.

준서 (의자에 앉으며)운동을 오래하셨어요?

영애 응 좀 늦어졌어.(레인지에서 밥 꺼낸다)

준서 (좀 뿌우우)

영애 (밥 담아놓으면서 눈치 본다)미안해 응?(하는데)

  E 전화벨

준서 전화 왔어요.(수저 들며)

영애 그래. 받을께··(하고 거실로)

S# 거실

영애 (나와서 받는다)네에…

정원 F 나 지금 도착했어 은혜엄마.

영애 ? 네 오래 계셨네요. 할머님은 어떠세요··

S# 공항에서 들어오는 차 안

정원 좀 그만하신 거 보구 오느라구··엄마는 아직 계시구 나만 들어
오는 거야··장례 모시는 줄 알았었어··중간에 전화하구 싶었는데
식사당번 하느라구 정신이 없었어. 외가 쪽 어른들이 총 출동 하셨
었거든··

영애 F 힘드셨겠어요 형님.

정원 좀 그랬어··그런데 재검 결과 어떻게 됐어. 결과 나왔지?

영애 F 별 거 없대요…

정원 그렇지? 내가 뭐랬어. 겁먹을 거 없댔지?

영애 F 네에

정원 이제 개운하네·· 축하해 동서··그 밖에 별일 없지?

S# 영애 거실

영애 별일 없어요··네에··네·· 들어가세요···(전화 끊고 전화 내려다보
며)……

준서 E 엄마아··

영애 엉 왜애··(벌써 움직이며)

S# 주방

준서 (먹으면서)물 좀 주세요··

영애 엉 그래··물 주는 걸 잊어버렸네에?(움직이며)

준서 엄마 오늘 이상하세요··너무 많이 잊어버리세요··

270

영애 글쎄 말야 벌써 치맨가아?

준서 할머니두 아닌데요?

영애 글쎄 말야··(물컵 놓아주며)

준서 (물 마시고 컵 내리면서)내일은 햄버거 만들어 주세요··

영애 그래 꼬옥·· 약속할께··(하며 부지런히 먹는 아이 보며)······

S# **아파트 입구··**

　　　[준서와 나오는 영애··준서 스케치북 끼고/미술학원 가는 참이다··]

영애 (손잡고 나오며)학원까지 데려다 줄까?

준서 아뇨?

영애 학교에 못 간 대신··

준서 청소하구 저녁하구 엄마 바쁘시니까 괜찮아요··또 안 나가실

　　거죠?

영애 또 어딜 나가··나갈 데 없어··

준서 갔다 올께요··(벌써 움직이며)

영애 잘하구 와아··

준서 네에··

영애 (하염없이 보고 서 있는)·····

　　　[멀어져 가는 준서 뒷모습]

영애 ······(보며)

　　　[와서 멎는 연우의 자동차··]

연우 (차에서 내리면서 영애의 시선 쫓아 보면)

　　　[한참 간 준서 뒷모습··]

연우 매일 그렇게 애 안 보일 때까지 배웅해?

영애 (그냥 연우 본다)····

연우 (트렁크로 가며)참 지극 정성이다..맹자 어머니 못지 않다..

영애 ...(그냥 보고 있고)

연우 (트렁크 열고 큼직한 선물 보따리 서너 개 꺼내 놓고 트렁크 닫으며/ 엄청난 과일 바구니도)나눠 들자..이리 와..

영애 뭐에요?

연우 늙는 모양이야.. 웬일인지 이번 추석에는 신경이 쓰이네...(두 손에 짐 들면서)나눠 먹자구.. 들어..

영애 (잠깐 보며 움직이는데서)

S# 거실

연우 (앞서 들어와 두리번거려 주방으로 움직이면서)새 집 냄새 이거 무 지 해롭다더라..

영애 (짐 들고 따르면서)....

S# 주방

연우 (짐 적당히 놓으며)이삼 년 돼야 다 빠진대..

영애 ...(대꾸 없이 짐 놓고 주전자 내놓고 생수병 든다)

연우 너 내가 그렇게 싫으니? (대꾸 없는 것이)

영애 (주전자에 물 부으며)이렇게 온 거두 첨이구 왜 왔는지두 모르 구/...만나서 좋은 적 없었으니까요..

연우 니가 이러니까 그런 거야. 사람을 보면 거짓뿌렁으루라두 반 가운 척 좀 하면 안되니? 엇쩌면 그렇게 온 몸으로 나 싫어어어 그 러니?

영애 (주전자는 올려놨고 가스 잠근 것 열고 불 켜면서)이심전심이죠.. 나 싫어하는 사람한테 반가라할만큼 연극 소질 없어요..

연우 ??(좀 의외다)뭐...할 말은 하겠다/ 결심이라두 했니?

272

영애 커피 녹차 있어요..

연우 쥬스나 줘..인스탄트 안 먹어..

영애 (대꾸 없이 가스 불 끄고 냉장고에서 오렌지 주스 병 꺼내는데)

연우 (식탁 의자에 앉으며)얘 관두구 냉수 마시자..생오렌지 먹다 병 쥬스 무슨 맛이겠어..냉수 줘.

영애 (말없이 주스 병 도로 놓고 냉수 준비)

연우 ....(보다가)과거는 잊자..너한테 잘한 거 없지만 입장 바꿔 놓고 한번 생각해 봐..니가 나래두 동생 과외선생으로 추천한 친구가 집 안 벌컥 뒤집어 엉망 만들구/아버지한테 미운 털 박혀 틈틈이 혼나 구 그러는데

영애 (냉수 컵 놓으면서)집안 뒤집어 놨다는 건 알겠는데 엉망 만든 건 뭐에요..

연우 ??

영애 ....(보며)

연우 (얘가 무슨 소릴 하는 거야)시우 따루 떨어져 나온 거만으로도 엉 망 된 거 아니니? 너 아니었으면 아버지 회사에서 한 몫 하면서 경 영수업 착실하게 받고 있을 거 아냐.

영애 (오버랩의 기분)우리 결혼하구 난 뒤에 아버님 회사 다섯 배는 커졌다던데요..애들 아빠 없어서 회사가 망했다면 모를까 /적합한 말 아니에요..

연우 너한테 더 약이 오르는 건 얘. 넌 내가 얘기 좀 하자 그럼 언제나 말싸움으루 가더라? 내가 언제 말 쌈 하겠니?

영애 (조용히 보며)용건 있을 거에요.....

연우 .....(보는)

영애 말해요··

연우 (탁 채듯이 물컵 집고)····(잠시 망설이다가 도로 탁 놓으며)자동차 구입용 인감증명 주민등록 등초본하구 따로 주민등록 등초본 만들어 노라구··(식탁 보며 물컵 집어 든다)····

영애 ???

연우 (벌컥벌컥 마시는)

영애 나 자동차 안 사는데요···

연우 알면서 왜 그래. 아버지가 청담동 꺼 니 앞으로 바꿔 주시구 자동차 사주신대··

영애 (오버랩의 기분)험한 말 나오기 전에 빨리 일어나 가.

연우 ??

영애 넌 밥먹구 할 일이 없어 그런 심부름이나 하구 다니니? 너두 자식 키우는데 아무리 내가 싫구 미워도 나한테 애 놓고 사라지라는 게 경우라구 생각해?

연우 내가 그러라는 게 아니잖아.

영애 그러기 바라는 맘 있으니까 이런 심부름 하구 다니겠지.

연우 (벌떡 일어나며 치받는다)너 우리 아버지 몰라? 누가 막아. 말 한번 떨어지면 죽으라면 반 죽는 시늉이래두 해야하는 양반인데 어떻게 안해··나두 미치겠다 정말. 싫은 건 싫은 거구 경우는 경우구 이딴 심부름 하구 있는 나는 뭐 그리 좋은 줄 아니?

영애 (오버랩의 기분)똑똑히 듣구 전해드려. (바닥에 내려놓았던 물건들 집어 식탁으로 거칠게 올리며)죽어서 시체루 들려나가기 전에는 나 절대 이 집 안나가··그렇다구 빨리 죽기 바라지 마. 오래오래 살거야 백살 꽉 채우구두 더 살수 있으면 더 살 거야.

연우   ?너 왜 그래.

영애   내가 뭐!!

연우   ??내가 널더러 죽으랬니? 이 악물구 부들부들 떨면서/ 정 떨어지게 왜 그래.

영애   나한테 떨어질 정이나 있어? 결혼 전부터 경멸하구 무시하면서 수모 준 게 얼만데!! 뭐? 저영? 납뿐 기집애 니가 얼마나 악질루 굴었나 내가 말해? 말해보까 한번?

연우   너 미쳤니?

영애   (물건들 홱 밀어버리면서/오버랩의 기분)이거갖구 가 빨리. 다시는 같은 용건으루 여기 나타나지 마.

연우   (놀라고 어이없어서)

영애   용건 있으면 직접 오시라 그래. 나서지 마.

연우   하영애 많이 컸다.

영애   (탁 날카롭게 보는 위에)

연우   E 뭐 집 사구 구질스런 과외선생두 안하구 들어앉으니 누구한테두 꿀릴 거 없다야?

연우   그렇게 자신이 막 있어? 아무나 올 테면 와라야? 유치방통해서 정말/

영애   (오버랩의 기분/이 악물고 짐 보따리 하나 집어 연우 쪽으로 던지며) 갖구 가. 빨리 가.

연우   (얼결에 피하고 입이 벌어져서)‥‥

영애   (두 주먹 부르쥐고)가 빨리.

연우   ???약 먹었니?

영애   (그냥 노려보며)‥‥

연우   (보며)그래애.. 이해는 한다.. 내가 이해할게. 살짝 돌아도 무리
　　　는 아냐..우리 아버지가 말 안돼 나두 그건 안다 애.

영애   (오버랩의 기분)안 갈래?

연우   가.. 간다구…갈 거라구..(핸드백 챙기면서)딸 노릇도 힘든다.. 봉
　　　변 참 옴팡지게 당하고 가네..(보며) 니 입장 이해하니까 내가 참아
　　　주는 거야. 아니면 너 오늘 내 손에 죽었어. 그런 줄이나 알아.. (하고
　　　나간다)

S# 거실 현관

연우   (나와서 신 신는데)

영애   (짐 보따리 한꺼번에 들고 나와 현관에 한꺼번에 팽개치듯 하며)갖
　　　구 가.

연우   애(하고 다음 말하려는데)

은혜   엄마아(하며 들어오다 고모 보고)??고모..

연우   어 은혜 오는구나..(머리 만지며 과잉친절)오랜만이네에?

은혜   네에 안녕하세요..(하며 엄마 눈치 보고)

연우   안녕? 너도 잘 있었지?

은혜   네에..

영애   (오버랩의 기분)고모 가시는 길야. 인사드려.

은혜   안녕히 가세요.

연우   그래 조금더 일찍 오지. 어 참 고모가 용돈 좀 줄까?

영애   아니에요. 하지 마요..

연우   어 그래. 고모는 주고 싶은데 버릇 나빠진다고 엄마가 싫단다?

은혜   우리 엄마는 그러세요.

연우   올케 그럼 나 가..

영애 가세요‥

연우 정 싫으면 알아서 처리해. 버리든지.(나가고)

영애 ‥‥

은혜 뭐얼?

영애 아냐‥(안으로 돌려 세우며)

은혜 저건 뭐야?

영애 곧 추석이라구‥

은혜 고모가?

영애 (주방으로 움직이며)응‥

은혜 (따르며)참 오오래살고 볼일이네.

영애 ??(돌아본다)

은혜 외할머니 그러시잖아‥엄마 목 말라.

영애 쥬스 줘?

은혜 (따르며)아니 그냥 물‥

S# 아파트 현관 앞

연우 (뿌우 생각에 빠져나오는)

S# 영애의 현관 거실

영애 ‥‥‥(팽개쳐진 채로인 선물들 내려다보면서)‥‥‥(생각하다가 움직여 전화로 가 집전화 집어 든다)

S# 아파트 주차장 차 안

연우 (앉아서 뿌우‥‥)‥‥‥(생각하다가 핸드백에 손 넣어 찾는다)

S# 시우 사무실

시우 (계산기 두드리며 일하고 있는데)

    E 핸드폰 벨

시우   네에 박시우 핸드폰입니다··

연우   F 니네 뭐 안 좋은 일 있니?

시우   그게 무슨 소리에요.

연우   F 은혜 엄마랑 요즘 뭐 나쁜 거 아니니?

시우   왜 그러는 거에요.

연우   F 추석두 되구 고기랑 뭐 이것저것 들구 갔다가

S# 자동차 안

연우   (연결)너무 기분 망치구 나왔다? 필요 없다구 다 팽개치면서 신경질을 피는데 거의 히스테리 수준이더구·····(듣다가)얘는 무슨 기분 상할 말을 해. 그리구 기분 상할 말 좀 했다 쳐도 명색이 시눈데 시누한테 그래도 되는 거야? 얼마나 고약하게 구는지 딴 사람 된 거처럼 이상하더라니까? 너 혹시 바람피다 들켰니?

S# 사무실

시우   무슨 말 같잖은 소리에요··

연우   F 그런데 왜 그래.

시우   느닷없이 집엔 왜 가요 누가 반갑단다구.

연우   F 뭐?

시우   (불쾌하고 김새서)어딜 어떻게 건드렸길래 그 사람이 그래요. 무슨 말 안 되는 소릴 한 거에요 대체.

연우   F 이 자식이 야 전화 끊어··(전화 입에서 떼는데 들리는 소리)웃기는 놈.(전화 끊어지고)

시우   ······(전화 놓고 손 전화에 얹은 채 잠시 생각하다가 다시 핸드폰 든다)

S# 주방

영애   (연우가 갖고 온 짐 보따리 현관 바닥으로 옮겨져 있고/ 현관 앞 걸

278

레질하는데)

   E 울리는 벨

영애 (움직여 받는다)네에.

시우 F 오전내내 왜 그렇게 전화 안 받았어.

영애 어 운동하느라 꺼놨었구(남아 있다)

시우 F (오버랩의 기분)그럼 걸어라두 줘야지 찾았을 거 뻔히 알면서.

영애 특별한 용건없이 괜히 전환데 뭐…

시우 F 이 사람이?…운동 열심히 했어?

영애 열심히 했어.

시우 F 기분 괜찮아?

영애 좋아.

S# 사무실

시우 누나 다녀갔다면서.

영애 F 어떻게 알아?

시우 뭐라구 긁어 또.

영애 F 밤낮 하는 거… 뭐라 그래?

시우 당신 /누나 놀래켰나보던데?

영애 F 그랬을 거야. 오늘은… 안 참구 해부쳐버렸어…

시우 잘했어. 참을 필요없어. 그 바보 황당했나봐. 기껏 머리 굴렸다
   는 게 바람폈냐야.낄낄‥

영애 F 바람피면 죽을줄 알어.

시우 ??엉?

S# 거실

영애 내 손에 죽으려면 바람 펴. 그 꼴까지 보면 내 인생….너무 심하

지이…알았어…그래. 이따 봐……(듣다가)당신 장단 맞춰 쿵짝거릴 기
분 아냐. 그만 끊어…(하고 내리는데 시우 지껄이는 소리에 다시 수화기
대고 잠깐 듣다가)나 광대 아냐.(짜증)당신 누나 간지 이십 분두 안됐
는데 어떻게 낄낄거리니.일해.(하고 끊는다)

S# 시우 사무실

시우 ……(끊어진 전화 보며)??

S# 주방

영애 (녹차 잔에 물 따르는데)……

은혜 (제 방에서 나오는 소리)…

영애 (돌아본다)

은혜 E 엄마 갔다올게.

영애 (녹차 잔 들고 나오며)열심히 하구 와..

은혜 으응..(현관 쪽으로)

영애 (문득)은혜야..

은혜 (돌아보며)왜..

영애 잠깐 와서 뽀뽀해주구 갈래?

은혜 어이구 참 엄마는..(하고 와서 뽀뽀해주고 떨어지려는)

영애 (잡는다)

은혜 왜애?

영애 엄마..피아노 너무너무 배우구 싶었어..

은혜 알아.. 감사하면서 열심히 배우라구..

영애 그래..감사하면서 열심히 배워둬..나중에 결혼해서/ 비오는 날
눈 오는 날 …아니면 아이들 생일날 같은 때

은혜 (오버랩의 기분)알았어알았어.. 열심히 하께.. 열심히 하구 있어..

갔다오께..

영애 그래…(은혜 나가고)……(아이 나간 문 보며 차 한 모금 마시고)…(있는데)

은혜 E 엄마아 외삼촌 오셨어요오…

영애 (찻잔 적당히 놓고 현관으로)…(문 열고)

정호 (들어오며) 이거에요?

영애 혼자선 다 못들 거야..(신 신으려 하며)

정호 됐어요 나올 거 없어요..소정이 왔어요..소정아..

소정 (들어서며)안녕하세요..

영애 엉 잠깐 올라와라. 혼자 온줄 알았어.

정호 짐 있대서 차 갖구 오느라구요…..잠깐 올라가?

소정 아니? 그냥….추석 선물이에요?

영애 누가 갖구 온 건데 엄마가 챙기시는 노인 분들한테 나누는 게 좋을 거 같아서..

정호 하나만 들어..

소정 (하나 집어 들면서)금방 나올 거지?

정호 음….(소정 인사하고 나가고/정호 나머지 집어 올리는데)

영애 (소정이 들을까 봐 소리 좀 중얼거리듯)엄마한테 나 싫어하는 사람한테 받은 거니까 (현관문 열어주며)아무 거두 건드리지 마시구 몽땅 다 나누라구 말씀드려..

정호 누가 보낸 건데요..

영애 애들 고모..

정호 (쓴웃음)알았어요..가요(나가며)

영애 그래.

S# 거실

영애 (소파 구석 자리에서 천천히 차 마시고 있다)………(한동안 그대로
차만 마시다가 찻잔 놓고 커피 테이블 아래서 바구니나 제주도 사진 다발
과 앨범 꺼내 놓고 앨범 정리하려고 사진 한꺼번에 뽑는데 맨 겉에 있는)
[지나와 시우의 사진.]

영애 ……(보며)….(한동안 있다가 그 사진 뒤로 제치면 다시 드러나는)
[다른 지나와 시우.]

영애 (시진 도로 봉투에 넣어 앨범 사이에 집어넣어 바구니로)

S# 쇼핑몰 브랜드 점포가 있는 통로‥

지나 (바쁘지 않은 몸짓으로 다른 점포들의 인테리어며 디스플레이 체
크하는 중이다. 두어 개 유리 밖으로 살피면서 걷다가 어느 가게로 들어
간다)

S# 가게 안‥

점원 어서 오세요‥

지나 네에‥구경 좀 할께요…

정원 그러세요‥

지나 (한바퀴 훑어보는)….

S# 재우 사무실

지나 (봉투 꺼내 놓으며)인테리어 예치금요.

재우 거기(서류)날짜 적구 싸인해.(지나 하라는대로/재우는 연결)여기
예치금 갖구가구 영수증 만들어드려요.

여직원 네에‥(와서 봉투 들고 아웃)

지나 됐죠?(사인하고)

재우 (서류 집어 들고 보며)되도록 옆 점포에 지장 없게 심플했으면 좋겠

다. 남 장사하는데 뚝딱거리구 먼지 피우구 클레임 만만찮을 거야..

지나 되도록이면 폐 안되게 해볼께요.. 시작하기 전에 옆 가게에 케익이라두 돌리면서 미리 봐달라구 인사두 차릴 거구요 경우에 따라서는 심야 작업두 생각하구 있어요 오빠..

재우 그래 영리하니까 영리하게 해줄 거 믿어.

지나 흐홋 진짜 영리하긴 한 건가?

재우 영리하지 그러엄..

지나 (일어나며)부담되는데요? 호홋/

S# 쇼핑몰 통로

지나 (전화하면서 움직이고 있다)작업반들 수배 어떻게 됐니. 왜 소식이 없어.

S# 승조 사무실

승조 야 나 아직 점심도 못먹었다. 재촉 좀 하지 마. 어련히 알아서 할려구……(듣다가)아 그래 됐어..연휴 끝나고 곧장 들어갈 작업반은 만들어놨어.. (듣다가)글쎄 걱정 말아 딜레이 안돼. 원하는 날짜 맞춰줄테니까 잊어버리고 니일이나 해애…

디자이너 (책상 치우며/오버랩의 기분)실장님 회의요.

승조 알았어요. 지나야 나 회의해야해..그만 빠이하자. 빠아이(끊으려다 듣고)시간 안돼. 회의 간단히 끝내고 교회 리모델링 클라이언트 면담하러 수원 뛰어야 해..일곱시 전에 서울오면 다행이야...아까다롭게 좀 굴지 마 이 자식아..너두 클라이언트라구 오라가라 하는 거야? 우린 업무 끝난 담에 만나두 되잖아. 이따 밤에 보자 내 연락할께..그래 올라오면서 전화하께..어 엉..(끊으며 중얼거리는/회의 자료 챙기며)아주 목을 졸라라졸라.(끊는데)

E   벨 울린다.

승조   (서류 들고 움직이며 받는다)어 시우야..나 회의 들어가 이따 통
화하자.

S#   시우 에이에스 아파트 복도

시우   (어느 현관 앞에서 움직이며)너 2동 팔백팔호 좀 잠깐 다녀가야겠
어/임마 무슨 칠공살 그렇게 대충대충 했어어어. 그 업자 다시는 일
시키지 마..바닥말야 칠 제대로 안 먹은 데가 두 군데구 너무 두껍게
먹여진 게 한군데야. 못 참겠대..너 마지막 체크 안했냐? 지나는 뭐
하구 넌 뭐했어. 일을 그렇게 하면 어떡해 이 자식아. 아 시끄러 추석
전에 끝내..

**S#   어느 대규모 공사 현장 벌판에 세워져 있는 박회장의 자동차와 연우의
자동차**

[저만큼 현장 소장을 비롯한 부장 과장급 몇 사람 대기 중이고/]

S#   박회장의 차 안

연우   (뒷좌석에 아버지와 같이 타고)뭔가 결심 단단히 한 모양이에요
..사람이 틀려진 거처럼 딴 사람처럼 굴더라구요..

박   (보며)어떻게.

연우   악담까지 해요.

박   ??

연우   죽어 시체로 들려나가기 전에는 절대 안나간다면서 그렇다구
빨리 죽기 기대하지 말래요. 백살까지 살고도 더 살수 있으면 더 산
대요. 악담이지 뭐에요..아무래도 지가 더 오래 살 거니까 아버지
돌아가시는 거 보겠다는 말이잖아요.

박   너 죽으랬어?

연우 아버지는‥지가 그렇게 튀더라구요. 그뿐인 줄 아세요? 부들부
　　　들 떨면서 나한테 이 기집애 저 기집애 게거품 물고/ 갖고 간 선물
　　　막 집어 던지면서 정말 황당했어요‥‥

박 시우놈 한텐 아뭇 소리 안하구 있는 거 같어?

연우 걔 몰라요‥아직 그렇게까지 돌지는 않은 거 같아요‥

박 (딸 보던 얼굴 앞으로 하며 숨 내쉬듯)‥‥

연우 안된다니까요 글쎄 아버지‥지독하게 질긴 앤 거 아시잖아요‥

박 그게 싫어.

연우 진작에 더 강력하게 무슨 수를 쓰셨어야해요. 결혼하기 전에요.

박 ……

연우 집도 샀겠다 호텔 스포츠센터도 들락거리겠다 띤띤해져 그런
　　　건지 아니면 이대로 밀릴 수는 없다 독한 맘 먹은 건지 암튼 이제까
　　　지 걔가 아니에요‥

박 청담동 께 얼마자린 줄 알아?

연우 건 제가 알아 뭐해요. 내 차지될 거두 아닌데.

박 한다하는 재벌 집에서도 그만한 위자료 안줘. 그래서 니 애비는
　　　재벌이 못되지만.

연우 재벌 원래 소금밭이잖아요.

박 ……(뿌우하고 있다가)한번 가서 보기나 하라 그러지 왜.

연우 걔가 따러 나서요?

박 견물생심 직접 보면

연우 (오버랩의 기분)아버지가 포기하세요‥그냥 없다 생각하고 사세
　　　요‥작은 며느리는 없다

박 (오버랩의 기분)시우 녀석 어떡하구.

연우 그냥 끌어들이세요.

박 그 물건때매 애비 버린 녀석이야. 그게 없어져야 끌어들이지..명분이 없잖아.

연우 아 너그렇게 다 용서한다 그러심 되잖아요.

박 그건 용서가 아니라 백기드는 거야..둔갑한 여우한테 백기들어?

연우 아버지 이득되는 거만 생각하심 돼요..

박 ……(앞 보며)

연우 은혜엄만 없는 사람 치세요.

박 (오버랩의 기분)드응신…내려.

연우 (잠깐 보고 차에서 내린다)

　　　[대기 중이던 직원들 후닥탁 박회장 자동차로/]

　　　[박회장 차 뜨고 직원들 목례..]

연우 (아버지 차 보며 뿌우)

S# 아파트 거실

　　　[두 아이 숙제하고 있고/]

영애 (무릎 꿇고 걸레질하고 있는데 같은 자리만 계속 닦고 있다)……(골똘하게)……

은혜 (뭔가 쓰다가 문득 엄마 본다)……(잠시 더 보다가 엄마 쪽으로 기웃이 보며)뭐 심하게 묻었어?…(영애 못 듣고)엄마..

영애 ??(본다)

은혜 뭐가 안 지워져?

영애 아니?

은혜 근데 왜 같은데만 계속 닦아?

영애 그랬어?(하며 다른 자리로)

은혜   뭐 생각해?

영애   생각할 게 좀 있어.

은혜   뭔데?

준서   (동시에)뭔데요?

영애   알 거 없어..(다른 자리로 퍼지면서 닦는다)엄마 혼자 생각..

준서   엄마는 오늘 생각하실 게 많은가봐 누나..나 데리러 오는 거두
       잊어먹구 햄버거 만들어 놓는다 그러구 그거두 안 만들어 노셨어.

영애   그건 엄마가 시간이 안됐댔잖어.

준서   어쨌든요..어쨌든 오늘 우리 엄마한테 있을 수 없는 일이 벌어
       졌어요. 그래서 이상했어요..

은혜   엄마도 늙나보다.

준서   엄마도 그러셨어. 치매 걸린 거 같다고.

은혜   (찡그리며)엄마 이거 무슨 냄새야?

영애   ??

은혜   뭐 올려놨어?

영애   (후닥탁 주방으로)

S# 주방

       [레인지에서 행주 삶던 것이 타기 시작하고 있는/]

영애   (어쩔 줄 모르는).....

은혜   (들어와서 가스 불 끄며)불부터 꺼야지 엄마.

영애   물러서 이리 와..(아이 잡아 뒤로 빼고 물 받아서 삶는 솥―이 솥은
       오래된 것이라야 합니다―으로 가서)저만큼 떨어져 얼른/(은혜 치워
       놓고 뚜껑 열고 찬물 붓는다/치이이/김 오르고―행주가 타고 있었습니
       다)........(김 오르는 솥 보며)

은혜　……(엄마 보며 있다가)아빠한테 말 안하께‥

영애　(돌아본다)

은혜　불 낼 뻔했잖어‥

영애　그래 미안해‥다신 안 그럴께.(하며 솥 집으려다 뜨거워서)아악/

은혜　(놀라서)엄마 왜 그래‥

영애　(행주 집어 솥 들어내 싱크대에 넣으며)……(입 꾹 다문다)

은혜　어우 참 이상하네‥(하고 거실로)

S# 거실

준서　(나오는 누나 돌아보며)왜 그래?

은혜　암거두 아냐. (앉으며)너 아빠한테 말하지 마.

준서　알았어‥

은혜　아빠한테 말하면 어우 그 잔소리

준서　낄낄 아빠가 아시면 아마 전화 더 많이 하실 거야.

은혜　그러니까 말하면 안된다구.

준서　알았다니까‥누나두 잔소리 마. 한번 말하면 끝이야‥

은혜　뭐얼 너 입 싸아‥

준서　내가 언제‥

은혜　(숙제로 달려 붙으며)빨리 하구 끝내.

준서　다 했어‥

S# 주방

　　[솥에 가득 차게 물/ 탄 행주 건져 비틀어 짜 비닐봉투 안에 넣으며……

　　참담한]

영애　……

시우　E 여보오‥

288

영애 (돌아보는데)

준서 은혜 E 아빠다/ 아빠..

시우 어 그런데 이게 무슨 냄새야. (나오는 영애에게)뭐 태웠어?

영애 행주 삶다 조금 탔어.

시우 왜 그래애 그러다 불낸다 당신.

은혜 (오버랩의 기분)아주 쬐금 탈래다 말았어 아빠.(시우 손잡고)

준서 탈라다 말았어요. 별일 아니에요.

시우 조심해야지이..정신 어디두구 사는 거야.

영애 상 차리게 빨리 옷이나 갈아입어..(주방으로 돌아서며)

시우 어 근데 말야 여보. 잠깐..은혜야 아빠랑 엄만 나가서 저녁 먹
어야할 일이 생겼거든? 너 준서랑 같이 만활 보던지 비디오 보던
지 두 시간에서 세시간 / 괜찮겠지?

은혜 오랜만이니까 봐주께..

시우 하하 그래 땡큐. 박준서.

준서 네 알았어요.

시우 당신 빨리 애들 밥 차려주구 준비해. 우린 나가서 먹어야 해.

영애 들어와 먹는대놓구 갑자기 그런 약속 만들면 어떡해.

시우 그렇게 됐어. 막 들어오는데

영애 (오버랩의 기분)물어보지두 않구. 그런 땐 왜 전화두 안해?

시우 아 막 들어오다 연락 받았다니까. 남에 말 들어 보지두 않구.

영애 당신 혼자 나가..찬밥 만드는 거 싫어.

시우 지나 고모님 올라오셨대. 서울 오시면 우리가 저녁 산다구 했
잖아.

영애 혼자가라구 글쎄.(하며 주방으로)

시우   ???…(했다가 주방으로)

S# 주방

영애   (애들 상 차리기 시작하는데)

시우   (들어오며)낮에 일 언짢아 그래?

영애   ….

시우   뭘 그래. 하루 이틀 아니구 타고난 게 그거밖에 안되는 사람인
      데 그러려니 흘려버리지…잘 흘리잖아..

영애   (움직이며)감기 기운두 좀 있는 거 같구 컨디션 별로야.. 혼자 가.

시우   어떻게 그래애. 예의가 아니지이..

영애   아프다구 해. 몸살났다 그럼 되잖아..

시우   …..(보며 있다가)당신 안 나가면 나두 그만둔다 그럼.

영애   (나무라는)애처럼 그러지 좀 마. 피곤한데 여러 말 시키지 마. 재
      롱 받아주기에두 지쳤어.

시우   ???

영애   ….(그냥 움직이고)

시우   망할 /도대체 얼마나 건드렸길래 이래..어이 시이..

영애   ….

시우   당신 다 집어던지며 한바탕 해췄다면서.. 히스테리 수준이라 그
      러던데 그래췄으면 됐잖아.엉?

영애   ….

시우   여보….(건드리며)여보오.

영애   (털어내면서)성가셔 글쎄. 나 없이 하면 되잖아. 어차피 화제에
      끼지두 못하구 물에 기름 돌 듯 할 거 진짜 오늘은 그럴 기분 아냐. 이
      해해 줘.

시우 이러구 혼자 나가서 기분 좋겠어?

영애 알게 뭐야.

시우 ??

영애 내 기분 너무 엉망이라 당신 기분 같은 거 관심없어..

시우 ……(보다가)여보.

영애 (돌아보며)나도 내 기분 있어. 당신 기분만 중요해? 나가기 싫다
는데 왜 자꾸 미련하게 그래..

시우 …..(보다가 열 난다)이 여자 정말 이상해졌어어? 혼자 여행을 안
가나 아무 것도 아닌 일에 성질을 안 피나 도대체 왜 그래.

영애 …..

시우 (픽 하니 돌아서 나간다)

S# 거실

[두 아이 서 있다. 나오는 아빠 보고]

시우 니들 엄마 왜 저러니..

은혜 낮에 고모 오셨었어..

시우 알아..(하고 안방으로/ 문 열다가 돌아보며)싸운 거 아냐. 대화/의
견 조정한 거야..조정 잘 안됐어..(하고 방으로)

S# 안방

시우 (들어와 와이셔츠 새 거 꺼내 놓고 옷 벗기 시작)

S# 주방..

[다 차려진 식탁..]

은혜 (의자에 앉으면서)고모가 또 미운 소리 하셨어?

영애 (밥 뜨면서/ 제발 주걱으로 솔솔 건드려서 반 공기만 예쁘게)….

은혜 신경쓰지 마..고모 그렇잖아..

준서   (같이 앉아서)…(뿌우 엄마 쪽 보며)

은혜   선물 갖구 오셨길래 웬일인가 했더니…

영애   (밥공기 놓아주며)국 주께…잠깐 있어‥

준서   네.

은혜   응‥

영애   (국 뜨고/)

은혜   (일어나 엄마가 떠놓은 엄마 밥공기 집어 엄마 자리에 놓아준다)

준서   (물병 집어 준비된 컵에 따르려다 좀 흘리고)

은혜   에이구 그거두 하나 못해. 이리내‥(물병 제가/컵 세 개에 따르고 준서 도와주고)

영애   (국그릇 놓고 의자에 앉으며)먹자‥맛있게 먹자‥(하고 수저 드는데)

시우   E 아빠 갔다 올께에‥

두 아이   (벌떡 일어나 나간다)

영애   ……

   [밖에서 세 사람 나누는 인사 들으며]

영애   (밥그릇 내려다보며)……

S# **지나의 작업실**

   [샘플을 모델에게/직원 중에 체격 괜찮은 사람/입혀놓고 가봉하는 중이다‥]

지나   (여기저기 체크하다가)여기 일센티만 늘구세요.(패턴사와 메모하는 디자이너 세워놓고) 이래서는 불편해서 못 입어요.

패턴사   원래 디자인이 그렇게 빠졌어요‥보세요 이렇게 나왔어요‥(디자인 보여주며)

지나   가위 집 두 번만 넣으세요 그럼 우는 거 없어져요. 우는 거 안 보여요? 가위는 뒀다 뭐해요. 그것도 못하면서 여기 왜 있어요.

패턴사 ....

디자이너 (몰래 쌤통이다)…

다른 디자이너 (옷 들고 들어오며)실장님 이것 좀 봐주세요.

지나 (핸드백 집어 들며)내일 아침에.. 나 약속 벌써 (시계 보며)삼십분
늦었어요.

S# 어느 이탈리안 레스토랑

시우 ??

문 공갈 협박/반 우격다짐으로 내보냈어….사람을 만나야 결혼
을 할 거 아냐..해볼 재간 있어야지. 죽어도 두 다리 오그리고 죽게
생겼다고 한바탕 했더니 죽지 못해 나가더라..

시우 어떤 사람인데요..

문 미국서 들어온지 일년 된 외과의야. 어 참 사진 보여줄까?(백에
서 사진 꺼내 준다)

시우 (받아보고)멀쩡하게 생겼네요..

문 멀쩡해..

시우 …(사진 놓아 밀면서)

문 (사진 챙기면서)책임감 느껴…누구 때문이니..

시우 …네..

문 나두 참 속두 좋아. 좋은 건지 없는 건지..지나 멍들인 시우 안 미
워하구 이렇게 보는 걸 보면..

시우 …(그냥 조금 쓴웃음)

문 지나가 빠리를 안가는 건데 그랬어 그치?

시우 걔 유학 뜰 때는 벌써 전 마음 정했어요..

문 (흘기면서)강 건너 불구경 말구 책임감 좀 느껴‥처녀 귀신 만
들래?

시우 말을 들어야죠오…

지나 (들어오며)왜 혼자야?

시우 어

문 몸살났댄다. 너는 왜 늦어어‥

지나 (앉으며)밥 벌어먹구 사는 게 그렇다우. 갤갤‥승조 양재동이
란다‥금방 올 거야./수원서 뛰는 거거든.

시우 수원은 왜‥

지나 교회 리모델링 맡았나봐‥ 저기 (여보세요 하려는데 글라스 벌써
온다)나 이래서 여기가 좋아‥안녕하세요?

웨이터 안녕하세요‥

지나 주문은 조금 있다가요‥

웨이터 네 천천히 하세요.

시우 (지나 잔에 따르는데)

지나 (웨이터에 연결)많이 아퍼?

시우 그런가봐‥

지나 열부 자리 안 편하겠다. 와이프 아픈 거 두고 나와서‥

시우 움 바늘 방석이야.

지나 빈말이라도 아니라고는 안해. 진짜 꼴이야‥

문 그러니까 쓸데없는 샘 내지 말고 너도 빨리 가서 꼴 떨면서 살아‥

지나 진짜 나두 그러구 싶어요 고모‥(잔 들며)

시우 선 봤다면서.

지나 어어이 자존심 상하게 고모느은‥

S# 영애 아파트 주방··

엄마 (나박김치 담아온 것 뚜껑 열면서)간봐··

영애 보기는····(하면서도 숟가락으로 떠먹어보고)엄마 솜씨 한결같잖

아요···맛있어요··

엄마 (뚜껑 도로 닫으며)모레 쯤이면 맛 들 거야··

영애 (행주로 가장자리 훔치면서)지금두 먹을만 해요··박서방은 덜 익

은 거두 잘 먹어··

엄마 뭐하러 그래애···

영애 ??

엄마 좋은 마음으루 받어주지·· 명절이라구 뭐 들구 온 거두 처음 아냐··

나이 먹어 철 드는 거 같구먼 못나게스리··

영애 들구오면 뭐해요···미운 소릴 안해야지··

엄마 말이 곱상이 아닌 사람 있어··그러려니 해.

영애 이제 안 할래요···

엄마 ····(보는)

영애 (김치냉장고에 넣으며)저 죽은 거 아니잖아요··

엄마 그럴려면 아예 필요없다 받지를 말던지··(쓰게 웃으며)받어는

놓구 큰소리는···하늘에 주먹질 해?

영애 (행주 빤다)

엄마 고기는 짭짤하게 완자 만들어 돌려야겠어···불고기 양념을 해

다 줬으면 좋겠구먼 구워자시기가 힘들잖아····고기가 많더라··굴

비두 구어서 반 토막씩 나누면 되겠구··(나가며)

영애 (따르며)무거운데 뭐하러 들구 와요··추석날 들릴텐데··

엄마 그전에 몇끼라두 맛있게 먹으라구··

S# 거실

엄마   간다.. 이모 혼자 바뻐…

영애   그래두 잠깐만 오분만 있다 가세요…(보며)

엄마   …..(보고)그래 그럼…

[모녀 긴 소파로.]

엄마   (움직이면서)아침 저녁 제법 써늘해..참 용치..절기 따라 날씨 변하는 거 보면…금년엔 빠른데두 빠른 거 따라 가요 또..(앉으며)하느님이 천재야 천재…

영애   (쓸쓸하게 웃으며 옆에 앉으며)무릎은 어때요…

엄마   더했다 덜했다 그래애..

영애   약은..

엄마   먹다 안 먹다…심하면 먹구 아니면 까먹구..

영애   그럼 어떡해요..딴 거두 아니구 약인데..

엄마   정호두 구박해애…그래두 그게 그렇게 안 챙겨지더라아?

영애   엄마..(안 보며 오버랩의 기분)

엄마   ……(보다가)왜애..

영애   아무래도 소정이한테 기대 못하겠어요..(보며)이제부터라두 할머니들 보살피는거만 너무 신경쓰지 말구….돈 좀 모아요..나중에 이모랑 둘이 어떡할 거야..살 궁리를 해야지이..

엄마   은혜 애비가 책임진댔잖어어..

영애   그거 믿구 사는 거에요?

엄마   노인네 사는데 돈 그렇게 안 들어..집이 있는데 뭐얼.. 안되면 정호 방/ 세 둘이 밥먹지…

영애   아프면요..병원 가 큰돈 들게 되면

엄마 집 팔지?

영애 (오버랩의 기분)허투루 듣지 말구 돈 모아요 엄마··엄마 할머니 들 챙기는 거 이제 그만 했으면 좋겠어어··(울 듯하다)

엄마 걱정거리가 읍나부다. 쓸데없이····

  E 전화벨

엄마 전화나 받어··

영애 (전화에 손)··

S# 이모의 가게··

  [손님 꽤 있는데]

이모 어 얘/ 엄마 아직 거기 계시냐?·· 좀 바꿔···초상났수 언니. 얼른 와요···서분이 할머니 꼬망가셨대···· 죽은지 벌써 한 사날 된 거 같 대요. ··아 모르지이 야채가게 최씨가 연락했더라구··자기두 떡집 전화 받었는데 돌아가셨다는 소리 밖에 못 들었대··한 사날 된 거 같단 소리하구·· 명절 앞인데두 장사는 형편무인지경이구 있는대 루들 부글거리는데 초상까지 치르자면 좋은 소리 나올까 몰라. 최 씨두 툴툴거리던데··

S# 아파트 거실

엄마 입으루만 그래 알었어 끊어··(끊으며 일어선다)한 양반이 갔다 네··에이구 어쩐지 며칠 자꾸 잡어댕기더라니까. 게름피지 말구 들 여다 볼 걸. 잘못했다··

영애 할머니 가신다아···

  [애들 뛰어나온다.]

S# 아파트 현관 앞

  [나오는 모녀··]

엄마 들어가..

영애 버스 정류장까지 갈께요..

엄마 필요없어. 들어가 들어 가.

영애 가요오.

엄마 글쎄 필요없어 길 몰라 못 가 버스 탈 줄을 몰라.(아예 딸 돌려세워 밀면서)들어가. 빨랑 들어가..(하고 움직인다)

영애 ....(잠시 보다가)엄마 정말이에요

엄마 (돌아본다)..

영애 돈 좀 모아요..

엄마 알았어알았어. 알었다구..(손짓하고 간다)....

영애 .....(보면서 가슴이 미어진다)

S# 레스토랑

[승조 합류했고/식사 마무리 단계/]

승조 (냅킨으로 입 닦으며)여러말 말고 고모님 말씀대로 최소한 세 번은 만나 봐. 첨부터 필이 탁 꽂히는 걸 기대하는 건 과욕이야. 그리구 그 필이라는 것도 말야 그게 얼마나 부정확한 건데..큐피트가 심술펴서 쏘아준 화살에 맞을 수도 얼마든지 있어..안 그럼 필 꽂혀 결혼한 사람들 다 잘 살아야 할 거 아냐..

문 맞다맞다. 승조 말이 맞다..

승조 필 제대로 꽂힌 사람들은 내 주위에서는 시우 부부 밖에 없다.. 처음에 별로다가 만나면서 괜찮아지는 케이스가 위험부담이 적다구 생각해 나는. 너는 어떠냐.

시우 아직두 필 찾고 있는 애가 철부지 아냐? 이러니까 남 다 학부형인데 혼자 베개 껴안고 자지..

문   (소리내어 웃고)

지나   (들고 있던 냅킨 던진다)

S# 지나 원룸 주차장에 대어지는 지나의 자동차

S# 차 안

시우   (차 대고/라이트 끄며 지나 잠깐 보면)

지나   .....(멍하니)

시우   (모르는 척 사이드 채우고 시동 끄고)내려..

지나   ....

시우   안 내려?

지나   (내린다)

S# 자동차 밖

시우   (내려서 차 문 잠그고 키 내밀면서)들어가..

지나   (받아들며 안 보는 채)택시 타라.

시우   알아서 가..

         [같이 움직여 현관 쪽으로..]·

시우   간다...

지나   가..

시우   (움직이는데)

지나   (보다가)커피 한잔 마시구 가라..

시우   (돌아본다)

지나   들어서면서 불켤 때 무지 무섭구 싫은 날 있어.. 불 좀 켜주고 커
         피 한잔 먹구 가라..많이 늦지도 않았는데...

시우   ....(보며)

지나   응?..

시우 알았어..(지나 쪽으로)

S# 오피스텔 안

지나 (컵 두 개에 커피 내리는 것 번갈아 옮기면서).....

시우 (식탁 의자에 어정쩡하게 앉아 괜히 냅킨꽂이나 뭐 그런 거 주무르다가).....불 하나 켜놓고 다녀.

지나 낭비잖아..

시우 ....얼마나 나온다구..

지나 ......그래보기두 했었어.

시우 .....(괜히 손톱 아래 보면서)켜놓고 다녀..싫다면서....싫을 거 같아..

지나 (커피 두 개 갖다놓으며)늘 그런 건 아냐.. 가끔 그래..(첨가물 넣으며)디꺄페루 만들었어..

시우 잠자는 거랑 커피랑 아무 상관없어..

지나 (컵 밀어주며)선본 남자 말야..

시우 (오버랩의 기분)고모 말씀대로 최소한 세 번은 만나봐. 나두 승조랑 같아.

지나 .....(보며)

시우 부처님이 준비해둔 짝일 수도 있잖아..경망떨지 말구 쓸데없는 잡생각 하지 말구 순하게 순한 마음으로 만나보라구.

지나 ....(보다가 제 커피에 설탕 한 스푼 넣어 젓는다)

시우 다시 보자 그랬다면서..

지나 쓸데없는 잡생각.....무슨 생각인데...

시우 모르지..니가 알겠지....직업 괜찮고 멀쩡하게 생겼고 왕자병도 없는 거 같구 그만하면무난하고 됐잖아.

지나 너 은혜엄마/직업 과외선생이라 괜찮구 멀쩡하게 생겼구 공주

300

병도 없고 그래서 결혼했니?

시우   왜 그 사람은 찍어부쳐..

지나   너는 피 토하게 사랑하는 여자 잡아 살면서 나는 왜 그저 사랑
은 빼고 무난하면 돼..

시우   .....(보다가)만나다 보면 좋아하게 될지 누가 알아.

지나   그래..그럴 수도 있겠지..

시우   강 건너 불 구경 한다구 고모님 뭐라시더라..

지나   (커피 집어 올리며)나가 앉았는데 울고 싶더라..

시우   ....(보는)

지나   낯선 얼굴 낯선 목소리 낯선 웃음...너무 싫더라..

시우   첨 보는 사람 다 그래. 별게 다 싫다.

지나   고모 체면 생각해서 말투 다듬어 내보내고 괜히 웃어주고....심
하게 서글펐구..

시우   ......(보는)

지나   (커피 마신다)...(한 모금 두 모금)...(세 모금째 마시는데)

시우   (일어나며)간다..

지나   ...(커피 잔 내려놓으며)안 잡아먹어..

시우   ....(보며)

지나   (발딱 일어나면서)몸조리 잘해서 빨리 일어나라구 안부 전해
주라..

시우   ..그래..

지나   (의자 벗어나며)가..

시우   (가볍게 지나 어깨 잠깐 잡아주고 움직인다)

지나   (문 열고)

시우　문단속 잘하구(하며 나가려는데)

지나　(시우 허리 안고 얼굴 붙인다)….

시우　……(잠깐 당황했다가 별일 아닌 듯 두드려주며)잘 자..(하고 떼어내고)

지나　(떼어지며 고개 조금 아래로)……

시우　(잠시 보다가 나간다)

　　[지나 앞에서 닫히는 문··]

지나　……(잠시 더 그대로 서 있다가 빠르게 움직여 핸드폰 꺼내 찍는다)어디니.

S# 준서의 방

영애　(준서 등 긁어주며)스르르 눈을 감고 잠이 드옵니다아……(준서 살피고 잠들었다/가만히 잠옷 내려주고 덮어주고 내려다보며)……(텅 빈 듯한 얼굴)…..

S# 거실

영애　(나와서 소파 구석으로 가 앉는다)……(아무것도 없는 얼굴)……(오 버랩해서)..

S# 같은 거실

　　[다른 각도에서 영애. 오버랩. 해서 ··]

　　[앉아 있는 영애 다른 각도에서…]

S# 주방

영애　(혼자 마시다 남은 와인 병 비워 가득 따라 마시면서 식탁 의자에 앉는다)……(마시고 또 마시고)……

　　E 출입문 여닫히는 소리··

시우　E 여보오 나 왔어어….

S# 거실

302

[거실 불은 꺼져 있고/]

시우 (안방 문 열고) 목욕탕이야? (대답 없자 주방으로)

S# 주방

시우 (들어와 와인 마시는 아내 보고)....

영애 재밌었어? (조금 웃듯/ 평상시처럼 하려고)

시우 컨디션 나쁘다면서.

영애 (다시 마시며) 나뻐..

시우 왜 그래..

영애 뭐얼. 푸욱 잘려구..자구 나면 나질 거 같아서..할 일 해.. 마시
구 들어갈게..

시우 .....(보다가 옆 의자에 앉으며) 누나 뭐라구 했는데..

영애 뭐얼..맨날 같은 거지..

시우 이러지 않았잖아..무슨 결정타를 먹었길래 그래..말을 해..

영애 (안 보며) 그런 거 없어.....당하구...당하다 보니까....내가 너무 한
심해서....한심하구....처량맞구....늙나봐.. 오기두 힘이 빠지나봐.
(담담하다)..

시우 ....(보며)

영애 정말 싫어 죽겠다아....(하며 이마로 손 올라간다)

시우 (이마의 영애 손 잡아 내리면서) 내가 정식으로 얘기할게.

영애 아냐.

시우 (오버랩의 기분) 다시 한번만 건드리면 가만 안 둔다구 무섭게
못 박아 놀게..

영애 그러지 마..하지 마.

시우 할거야..(단호하게) 워낙 유치하구 상대가 안돼 내버려뒀었는

데 더는 안 참아..다시는 입두 뻥끗 못하게 만들어 놀 거야..

영애 놔둬어..그럴 거 없어..안 그래두 나때매 껄끄러워 하는데 빌미
주지 마.

시우 (오버랩의 기분)왜 이렇게 만들어 놔. ..지가 뭔데 당신을 괴롭혀..
지가 도대체 뭔데/(남아 있다)

영애 (오버랩의 기분)박시우 누나니까…내가 박시우 여자라는 게 싫
어 죽겠으니까. 한 재산 챙길려구 순진한 박시우 꼬여낸 불여우니
까. 적당히 살다 깨지기 바랬는데 깨질 거 같지가 않으니까.

시우 (오버랩의 기분)여보.

영애 순간순간이 모여 합쳐진 게 인생이라드라.. 내 인생은…..참 한
심하구 시시하다..(쭉 글라스 비우고 일어나 싱크대에 컵 놓고 움직인다)

시우 ……(잠시 앉아 있다가 일어난다)

S# 침실

[시우 들어온다..]

시우 (들어와 보는)…..

[방 전체 등은 꺼져 있고 영애 잠자리에 누우려는 참이다..]

영애 (눕는다)

시우 ……(그냥 보며)

S# 지나의 오피스텔..

지나 (출입문 열고 선 참이다/들어서는 승조/문에서 떨어져 침대 쪽으로
움직이며)목 빠지는 줄 알었어 망할 놈아..(중얼거리듯/적당히 취해
있다)

승조 ….(잠깐 선 채 보다가 지나 따라 움직이며)고모님 내려 드리고 경
구 잠깐 봤어..

지나 (침대로 엉금으로 기어 오른다)……(베개 쿠션 놓고 기대어 앉아 있던 흔적/기대면서 마시다 둔 스카치 잔 집어 들어 한 모금 마시고 내려놓으며)이리와 앉아 봐.

승조 ….(보다가 의자 가지러 몸 돌리는데)

지나 (침대 두드리며)여기 앉아..

승조 (침대 옆구리에 앉으며)시우가 안 바래다 줬어?..

지나 바래다 줬어..

승조 ……(보다가)무슨 일 있어?

지나 (좀 웃듯이)무슨 일…너 무슨 일 무슨 뜻이야?

승조 (좀 웃으며)나두 모르겠다 무슨 뜻인지..

지나 (오버랩의 기분)승조야…(안 보면서)

승조 ….(그냥 보는)

지나 시우한테 나/ 아이만 하나 얻었음 좋겠다..(안 보는 채)

승조 ……(보며)

지나 (여전히 안 보는 채)아이만 하나 만들어주면 배부르기 전에 이 나라 떠나 딴 데 가 아이 낳아 키우면서 살았음 좋겠다.

승조 ……(그저 보기만)

지나 생각한지……삼사년 돼..더 심할 때 있구 덜할 때 있어..오늘…선보구 나서 ….(울음 차오르듯)너무 간절해……있지 피가 나게 긁어두 멈추지 않는 가려움 병처럼…..하마터면 말할 뻔 했어..커피 마시구 가라구 꼬셔 들였거든….할까말까 할까말까..그래 하자…못했어…안 했어…

승조 잘 안했어지나야…(아주 차분하게)

지나 (오버랩의 기분)하면(승조 보며)….나 까이겠지?

승조 지금처럼 지내기 힘들어지지…

지나 (끄덕인다)

승조 안 볼려구 들 거야··

지나 (끄덕이며)그럴 거야··

승조 ·····(보며)

지나 나 이해되니?(보며)

승조 그럼…이해돼··

지나 바보지··

승조 공인된 바보.

지나 바보의 순정인가?

승조 바보의 일편단심··

지나 후후후후 누가 믿을까··

승조 내가 믿어··

지나 ······(잠시 멍하니 있다가/갑자기 떨치듯 앉은 자리 옮기면서)너 옷 벗어.

승조 ??옷을 왜 벗어··

지나 잡아 먹을려 그런다 낄낄··상의 벗구 올라와 꿩대신 닭이라두 잡아 먹게.

승조 지나야 나 너한테 의욕없어··

지나 (오버랩의 기분 승조 이마 손가락으로 탁 튀기며)나두 너한테 없어·· 쫄기는 하하하하.

승조 (웃으며 상의 벗어 적당히 발치에 놓고 침대로 오른다)

지나 (승조 기댈 자리 만들어주고)

승조 잠들 때까지 있어줄게··

지나   응 그래줘··(보며 말하고 둘 동시에 기댄다)······

　　[잠시 사이 두었다가]

지나   승조야··

승조   응···

지나   그런 생각두 해··막 나가서 아무 남자하고나 마구 놀아볼까··그
　　럼 시우가 삭제될까··

승조   삭제 안되면 목 맬려구?

지나   전생에 웬수겠지?

승조   (돌아본다)

지나   시우 말야··

승조   니가 시우 애를 엄청 먹였겠지··업보는 완전 반대 상황으루 갚
　　는 거라잖아··

지나   내가 먼전지 시우가 먼전지 어떻게 알아··지금 걔가 나한테 고
　　약해서 다음 생에 내가 걔 골탕 먹이게 되는 시나리올 수두 있잖아
　　··그래 그런 거였으면 좋겠다··그럼 나 걔 눈 파주구 코 베어물구 귀
　　짤라주구 복수 신나게 해줄 거야··

승조   업은 물구 물리는 거야··그 다음생은 니 코 날아가구 눈 날아가
　　구 그래··

지나   진짜?

승조   이번이 니 빚 갚는 거다 좋은 마음으로 좋게/걔네 가정 축복해
　　주는 걸로 업장 소멸해··그럼 다음 생에는 좋은 인연으로 만나질지
　　두 모르지···

지나   나는 다음 생을 안 믿어··(눈 감는다)

승조   (돌아보며)······

S# 시우의 침실

   [불 다 꺼져 있고]

시우 (자고 있고)

S# 테라스(밤)

영애 (팔짱 끼고 멍하니)……

S# 박회장 집 전경

   [재우의 지시에 따라 정원사 등 사용인들 아이 농구 골대 운반해서 자
   리 잡는 중.. 탁구대도 나오고 있고…]

S# 안방

박 (묵은 신문들—추석 직전—쌓아놓고 버스럭거리면서 보고 있고)……

장 (불경 윌 준비로 불경과 염주 놓아진 소반 들어 옮겨 자리 잡으면서
   남편 잠깐 보고 앉는다/염주 집어 들고 합장하고 들어가려다가 남편 보
   며)박희도 영감님..

박 ??무슨 말 할려구..

장 제발 이번 명절은 조용히 편안하게 넘어갑시다..

박 (묵살하듯 신문 뒤집는다)

장 부탁해요..

박 …..

장 아 안들려요?

박 오지 말라구 해. 그럼 조용해..

장 (좋지 않은 눈으로)……

박 기를 쓰구 오는 게 더 꼴보기 싫어.. 누구 말을 마이동풍으루 무
   시해. 지간 게 뭔데..

장 시우 데리구 오느라 그래요.. 애들 애비 도리지키게 하느라구요.

박　치. 핑계가 좋다. 시우랑 애들만 보내면 돼.

장　걔 없이 시우녀석이 올 거 같아요?

박　??

장　그거두 모르구 사슈?

박　한번 해보라구 해.

장　조상 차례지내는 명절에 조상님들 체하셔요..제발 그저 못 본척 모르는 척 조용히 지내요.. 알아들었어요?

박　이번에는 안 올 게야..

장　.....(보는)

박　철판때기거나 돌뎅이가 아닌 담에야 흐음..

장　나무관세음 보사알...

S# **박회장 집 대문 앞**

[시우의 자동차 와서 멎고 가족들 내린다…시우가 열어주는 트렁크에서 영애/차례에 쓸 술병과 한과 보자기에 싼 것/가족들 한복 챙긴 가방.. 내리는데]

재우　(문 열며)어 은혜 준서 어서 와 어서와..

애들　큰아버지 안녕하세요? 안녕하세요 큰아버지?

재우　(적당히 대답하며 애들 챙기면서)어서오세요 제수씨..

영애　(목례)

재우　(뒤돌아보며)이 기사 뭐해..

이기사　(뛰어나오는 중이다)

재우　어 저거 너..

이기사　예.(시우네 차로/ 차고에 넣으려고)

S# **마당**

재우 (두 아이 하나씩 양옆에)점심 안 먹었지?

두 아이 먹었어요. 먹었는데요?

재우 으응? (뒤돌아보며)와서 먹으라니까아..

시우 바쁜데요 뭐. 아침에 밥 많이 해서 볶음밥 만들어먹구 왔어요..

재우 에에이 먹을 거 많은데 쯧.

S# 거실

재우 (아이들 데리고 앞서 들어와 뒤돌아보며)애들데리구 인사먼저
드려.아버님 안 나가셨어..

시우 네…

영애 (애들 간단한 짐 빼내 한군데 적당히 치우는데)

정원 (주방에서 나와)어서오세요 서방님..

시우 (그냥 목례하고)

재우 밥 먹구 왔대..

정원 시간이 그런 거 같았어요..

재우 (시우 돌아보며)빨리 끝내구 나와..(하고 앞서 안방 문으로 간다)

  E 불경 외는 소리 새어나오고

재우 ….(어쩔까 망설여지다가)어머니 시우네 왔는데요 나중에 인사드
리라 그럴까요?

장   E 들어와..

S# 안방..

[들어오는 가족..박회장은 신문 보면서…장여사는 염주 든 채 아이들
보며]

장   명절세러 왔냐?

은혜 (준서 쿡 찌르고 동시에)할아버지 할머니 안녕하세요?

310

장   오냐..큰 애비가 늬들 놀라구 꼴대 꺼낸다 그러더라..

준서 네...말씀하셨어요 할머니..

장   그래...(하고 영감 보면)

박   .....

시우 즈이들 왔습니다 아버지..

박   .....

시우 (목례하고 애들 챙기며)할머니 불경외시는 중이니까 그만 나가자.

두 아이 응/ 네..(셋 돌아서는데)

영애 안녕하세요 아버님..(하자)

박   (신문 거칠게 넘기고)

시우 (잠깐 보는데)

영애 E 나가보겠습니다 어머님.

장   밥 안 먹었으면 밥부터 먹구..

시우 먹구왔어요..

장   (밀어두었던 소반 당기고)

      [나간다..다 나가자..]

박   징그럽게 지독한 년..(중얼거리는)

장   (남편 보며)나무아미타불 관세음보살.

S# 이 층 객실..

영애 (일할 옷으로 갈아입고 한복들 옷걸이에 걸어 침대에 걸쳐놓는 중이
      다. 남편 것과 애들 것은 이미 걸쳐져 있고 제 것 거는데)

시우 (역시 편하게 갈아입었다)....(옷들 집어 붙박이장 안에 걸어준다)...
      ..(그러면서 아내가 신경 쓰이고/ 영애 옷도 빼내면서)내가 하께..

영애 (주고 나간다)...

시우 (돌아보며)

S# 주방··

영애 (들어오며)안녕하셨어요 아주머니··

조 (일하며)어서와요 준서 엄마··

정원 아주머니는 꼭 준서엄마라 그러셔요··아들이 더 좋으세요?··

조 그건 아닌데 그렇게 되네에··

영애 잘 있었어요?

가정부 네에··

영애 나 뭐할까요··

조 바쁠 거 없어·· 녹두 담거 놨구 고사리 도라지 삶구 있구 산적 양
    념 이제 할 거구 거기 앉어 나물 손질이나 해···(산적고기 양념하면서)

정원 (앉아 나물 만지면서)앉어··(영애 움직이고)

조 도라지가 먼저 삶기네···삼분만 더 뒀다 찬물에 담거 소금 쪼금
    넣구 물 갈아주며 쓴기 우려내··

가정부 네··

정원 와서 첨 명절이라 다른 집 명절 준비하구 다른 게 많은 가봐··
    우리는 당일이 바쁘니까····국두 아침에 끓이구 전두 아침에 하구··

조 아이구 그래야 음식이 깨끗하구 맛있어요··

가정부 송편두 내일 아침에 해요?

조 송편은 조금있다 빚어 쪄낼 거야···내일 아침에는 김올려 데우
    기만 하면 되구··

가정부 송편도 낼 아침에 하는 줄 알았어요··녹두 빈대떡은요?

조 어이구 알구싶은 거 많다··그건 오늘 해··나물 다 삶기면 토란 차
    례야··

가정부　네에..

정원　내가 일본서 동서 줄려구 스카프 한 장 사왔어..

영애　쇼핑할 시간 있었어요?

정원　오기 전날 잠깐 나갔었어..어울릴 거야...가을 무드야.. 가벼운 코트나 투피스에 하면 좋겠어서..

영애　좋아서 입 벌어지네요..

　　[조여사와 가정부는 둘이 딴 볼일 만들어 방해 안 되게 얘기 나누며 움직이면 합니다..]

정원　운동 좀 했었어?

영애　...못 했어요..

정원　그럴 줄 알았어..혼자서라두 가지 왜..

영애　괜히 하는 일 없이 그랬어요..

정원　추석 지나구 열심히 하자구..일주일에 세번 만 해..

영애　네...그래요..

S#　마당..

　　[아이들은 농구공 갖고 노는데/사용인들 두엇 끼어서/ 시우와 재우는 탁구...]

S#　추석날

　　[다 차려진 대단한 차례상..]

　　[옷들 다 갈아입고 대기하는데..나오는 박회장과 장여사...]

박　(나와서 차례상 쪽으로 오다가 끼어 있는 영애 보고 걸음 멈춘다)

장　왜요..

박　너는 들어가.

영애　...(보고)

시우 ??

재우 어이 아아아버님..

박 우리 차례 지내게 어이 들어가..

시우 (오버랩의 기분)아버지.(두 아이의 리액션도 필요/어른과 한 화면 속에서)

영애 (오버랩의 기분)금년부터는 저도 참석하겠습니다 아버님.

박 ??

　　　[시우/재우/정원도 좀 놀라고/장은 침착/눈 내리깔고/]

박 뭐야?(나직이)

영애 저 박시우 아내에요..이 자리에 있을 자격 있습니다..

박 이이이이

시우 자격있습니다.

재우 예 이이있지요오.

박 (냅다 재우 차버리면서)차례 안 지내!!!(안방으로/문 부서져라 닫고)

모두 ……

장 조금 있다 지내자..(하고 안방으로)

모두 ……

영애 ……

두 아이 (엄마 옆으로 비집고 들어가 엄마 손 양쪽에서 잡아주며 올려다 보고)

영애 …(시선은 내린 채 두 아이 머리에 두 손 나누어 올린다)……

제7회

S# 거실 — 추석날

    [다 차려진 대단한 차례상‥]

    [옷들 다 갈아입고 대기하는데‥나오는 박회장과 장여사…]

박   (나와서 차례상 쪽으로 오다가 끼어 있는 영애 보고 걸음 멈춘다)

장   왜요‥

박   너는 들어가.

영애   …(보고)

시우   ??

재우   어이 아아아버님‥

박   우리 차례 지내게 어이 들어가‥

시우   (오버랩의 기분)아버지.(두 아이의 리액션도 필요/어른과 한 화면 속에서)

영애   (오버랩의 기분)금년부터는 저도 참석하겠습니다 아버님.

박   ??

    [시우/재우/정원도 좀 놀라고/장은 침착/눈 내리깔고/]

박	뭐야?(나직이)
영애	저 박시우 아내에요..이 자리에 있을 자격 있습니다..
박	이이이이
시우	자격있습니다.
재우	예 이이있지요오.
박	(냅다 재우 차버리면서)차례 안 지내!!!(안방으로/문 부서져라 닫고)
모두	......
장	조금 있다 지내자..(하고 안방으로)
모두	......
영애	....
두 아이	(엄마 옆으로 비집고 들어가 엄마 손 양쪽에서 잡아주며 올려다 보고)
영애	...(시선은 내린 채 두 아이 머리에 두 손 나누어 올린다)........

[잠시 그대로 두었다가…]

시우	갑시다.
재우	(오버랩의 기분)야 시우야.
시우	(앞의 연결로/아이들에게)올라가 짐 챙기자.
재우	(잡으며)그러는 거 아냐 임마. 가만있어. 가만 있어.
시우	우리가 가야 나오실 거에요.
정원	(오버랩의 기분)그러지 마세요 서방님..
재우	(오버랩의 기분)뒷감당을 어떻게 할려 그래애.. 있어봐. 기다려 보자구..
정원	네 좀 계셔보세요..(하고 주방으로 돌아서는데)

[아줌마들 큰 쟁반 들고 나온다/그녀들 부르려 들어가려던 정원 차례

상 앞으로 가고/탕이며 전이며 산적이며 떡이며 새로 데워야 할 음식
들 집어서 쟁반에 옮기기 시작한다…그러는 중간에]

조　(혼잣소리처럼)그냥 참구 넘어가지 내내 잘 참다가

정원　(오버랩의 기분/조용히)아무 말씀 마세요 아주머니‥

박　E (하는데 벼락같이)예가 어디라구 주둥일 놀려!!!

　　[두 여인 기겁을 해서 주방으로 도망칠 참이고/]

박　E (연결)내가 누군데!!지깐 게 뭔데!!(하며 문이 부서져라 열리고)/
　　(정원 황급히 두 아이 데리고 현관 밖으로 나가는 한편)

시우　애들 에미구 제 처에요 아버지. 어지간히 좀 하세요,

박　이런 반편이 같은 눔/

시우　(오버랩의 기분)어떻게 지치지두 않으세요. 언제까지 하실 거에
　　요.(재우도 슬금슬금 밖으로)

장　(나서며)입 다물어. 조상님들 언짢으셔.

박　(오버랩의 기분/버럭)저따위 물건 들어오는 거두 못 막아주는
　　조상이 무슨 조상이야.

장　(오버랩의 기분/영감 앞으로 나서며 영애에게)천 번을 참았어두
　　한번을 못 참으면 참았던 천 번/몽땅 다 날아가 버리는 게야. 잘못
　　했습니다 해라.

영애　‥‥‥(가만히 마알갛게 보는)

장　???(영애 보는)‥‥어서?

박　???(영애 보는)

시우　(아내 돌아보고 있는데/잘못했다 하고 넘어가지)

영애　싫어요 어머니.

시우　??

박   ???

장   (어이없으면서)이유야 어찌됐거나간에 /차례상 앞에서 며느리
         가 시아버지 치받아 놓구서 너/(좀 올라서)

영애   (보며)저…… 며느리였던 적 있었어요?(차오르며)

장   ‥(잠깐 사이 있다가)니가 판 구덩이구 니가 질머진 짐이야‥ 불평
         할 일 아니지이.

영애   네 그런데 십년이면요/ 정상참작 해주면 살인범두 풀려날 세월
         이에요.

시우   여보.

영애   (북받치면서 소리칠 필요는 없음)저 다시는 여기 발걸음 안해요.
         우리 애들 세워놓구 쓰레기 취급/다시는 안 당할래요.(하며 계단 쪽
         으로 돌아서려는데)

박   저저저저저

영애   (멈추고 돌아보며/오버랩의 기분)‥아버님께서 포기하세요. 저 못
         쫓아내세요. 이러셔두 아버님 소원은 못들어 드려요(박은 그 말에 시
         우 돌아보고/시우는 그저 영애의 비약으로 치부하며 영애 보는)

장   웬 가당찮은 소리야. 기막혀서 말씀을 못하신다.(하며 영감 돌아
         보는데)

영애   E (올라서)보살님 얼굴루 (오버랩의 기분)

영애   부처님 뒤에 숨어 구경하시는 어머님.(울음 터질 듯하다)…

장   ??

박   ??(해서 아내 보는)

시우   ??(아내 보는)

영애   아버님 못지 않으세요‥(하고 이 층으로 빠르게)

318

장   ???

박   ????(아내 보는)

S# 이 층 객실

시우   (들어와 보는)

영애   (옷 갈아입고 있다/ 성난 상태)

시우   (언성은 높일 것 없지만 황당하기는 하다) 왜 어머니한테까지 그 래애..

영애   (조금 팩 하는 느낌/ 보따리 싸려고 움직이면서) 때로는 아버님보 다 어머님이 더 야속했었어..

시우   .....(움직이는 영애 보며)

영애   .... 먼저 가께.

시우   전처럼 넘기자/

영애   ??(돌아본다)

시우   눈에 보이지만 않으면

영애   (오버랩의 기분)박시우.

시우   (오버랩의 기분)충격 받으셨을 거야. 잘했어.. 아버지 어머니두 생각하시는 바가 있을 거야..그걸루 됐어..

영애   .....(그저 보며)

시우   있어 그냥...

영애   (오버랩의 기분)(좀 올라서)사람 말 어디루 들은 거야. 나 안한다 구 했어..

시우   지금까지 노력해서 여기까지/첨엔 대문 안에 들여놓지두 않았 었잖아.. ..

영애   (울컥/ 쓴웃음 섞어지며/오버랩의 기분)별 수 없는 박씨네 자식이구나..입으루는 피 토하겠다더니 /어느 새 나 감춰두구 자기들끼리 볼일 보는 거에 익숙해져 있어..

시우 여보.

영애 (오버랩의 기분)그래 어떻게 나만큼 끔찍하겠니. 어떻게 나만큼 분하겠니/ 어떻게 나만큼 참혹하겠어 어떻게 나만큼 치가 떨리겠어/너는 내가 아닌데/

시우 (무슨 말인가 하려고 빼끔 하는데)

영애 (연결/ 터진다)입 다물구 가만 있어. 너 자신보다 날 더 사랑하는 척 마. 날 위해 한 게 뭐 있어. 난 아직두 전염병 환잔데!!

시우 ????

영애 숨어 있다가 적당히 수습하자구? 싫어.. 안해..(옷가방과 핸드백 들고 나간다)

시우 .....(나가는 아내 보며 황당하다)

S# 거실

영애 (나와서 현관으로 곧장)...

[조여인과 정원/ 함께 다시 차례상 보충하고 있다가 움직이는 영애 보고/또 한여인은 쟁반에 뭔가 들고 나오다가 멈추고 영애 보고/]

영애 (바람처럼 현관으로 나간다)

정원 (소리 없이 일하던 것 놓고 현관으로)

시우 (이 층에서 내려오기 시작하다 멈추고/동시에)

S# 정원 현관께..

영애 (나와서 빠르게 움직이는데/따라나온)

정원 동서.

영애 (그냥 묵살하고 빠르게)

정원 (보며)....(뒤로 현관에서 나온 시우 정원 지난다)

정원 (시우 보며)

　[정원 다른 한켠..]

재우 (애들 데리고 나무 올려다보며)과일 나무는 대개 해걸이라는 걸 해애.. 작년에 모과하구 감하구 대추하구 무지하게 달리더니 금년에는 별볼일 없어/ 그럴 줄 알았었지.. 금년에 형편없는 대신 내년에는 또 많이 달릴 거야. (하며 저만큼에서 빠르게 움직이는 시우를 따르는 시선)...

　[두 아이는 별 관심 없는 채 나무 올려다보고 있고...]

S# 대문 안

영애 (기다리는데)

이기사 (뛰어온다)왜 그러세요?

영애 차 키 주세요..

이기사 (어리둥절한 채 자동차 키 주머니에서 꺼내는데)

시우 (저만큼에서 서둘러 내려오며)그거 나 주세요..(하는데)

영애 (채가듯 키 빼내 나간다)

시우 (뛰는 폼)

S# 대문 앞

영애 (나와서 자동차 열고 오른다/시동 걸어놓고)

S# 자동차 안

영애 (안전벨트 꺼내 채우는데)

시우 (문 열고)저쪽으로 타.

영애 .....(조금 아래 보며)

시우 빨리.

영애 (시우한테 고개 돌리며)집에서 봐‥

시우 내려.

영애 애들하구 움직여‥ .

시우 ‥‥(보며)

S# 시내를 움직이고 있는 자동차‥

영애 ‥‥‥(운전하고 있는)‥‥‥(무표정한)‥‥‥‥

S# 박회장 거실

　　[차례 지내고 있는 가족들‥박회장 내외/정원 내외/시우와 준서 은혜/]

S# 아파트 광장

S# 주차된 영애의 차 안‥

영애 ‥‥‥(시동 꺼놓고 멍하니 앉아서)‥‥‥

S# 영애의 주방‥

영애 (옷은 갈아입었고/ 냉동된 갈비 토막 다섯 개쯤 물에 담그고 있다/ 핏
　　물 빼려고)‥‥‥(담가놓고 이미 물속에 들어가 있는 깨끗한 토란 한 사발 정
　　도 물 바꿔 주고/꺼내 놓았던 흙 좀 묻은 무 닦는다)‥‥‥

S# 엄마의 안방

　　[차례 끝나고 늦은 아침 먹는 중인 엄마와 이모/ 정호/ 소정/]

이모 그럼 외갓집에라두 가지 삼모녀끼리 너머 쓸쓸하네‥이름붙은
　　날에‥

소정 오히려 좋아요‥뭐 걸핏하면 싸움이나 붙고 /우리 외가는 모이
　　기만 하면 싸워요 안 싸우는 때가 없어요.(불친절하게 출출거리듯)

이모 아하하하하 우리 천서방네 같은 가부네‥(언니 보며)

엄마 (오버랩의 기분)어머니 형제분이 많으냐?

소정 이모 둘에 외삼촌 셋이요‥엄마가 막낸데 이모들하구 엄마는

322

외삼촌 외숙모들이 못마땅해 죽을 지경이에요…싸가지들이 없대

요….(먹으며 얘기하다가 정호 시선 느끼고 돌아본다)뭐어.

정호 뭐 그런 얘기까지 해애..

소정 (불만)말 좀 하라면서..

이모 그래 해. 소정이가 말을 좀 하니까 애 얼마나 좋은지 모르겠다.. 아

이 그런데 왜 싸가지가 없대냐?

소정 할아버지한테서 빼낼 게 있을 때는 잘하는 척 하더니 다 빼내

구는 아무렇게나 한 대나 뭐/ 객관적으로 볼 때 순 생트집이에요.

엄마 뭐 보이는 게 있으니 그러겠지 노상 생트집이기만 할까..

소정 (뜬금없이)할아버지 할머니 여든이 훨씬 넘었어요. 지겨워요…

엄마 이모 ??

정호 ???(황당하고)

이모 아하하하하(수습하려)우리 좀 생각해 둬야겠네..

엄마 (오버랩의 기분/딴소리)절기가 일러서 풋콩 구경을 못했으니

원/ 은혜 에미는 풋콩 송편만 좋아라하는데

이모 (오버랩의 기분)여든 넘으면 소정이 지겨운 거유 언니.

엄마 죽는 날 예약해놓구 사는 사람 있어? 그걸 누가 어떻게 해..

정호 신경쓰지 마세요 그냥 말일 뿐이에요.

엄마 신경은 소정이가 좀 써야겠어.. 가릴 말은 가릴 줄 알어야지 쯔쯔..

소정 (뿌루퉁 눈치 보고)

이모 요새 애들 그런 거 잘 몰라 언니. 하하하하하

엄마 (이건 허파줄이 끊어졌어/이모 째려보는데)

　E 전화벨 울린다..

정호 (받는다) 네에… 그럼요…소정이두 와서 같이 했어요 누나…..잠

깐요…(전화 엄마에게)

S# 영애의 거실

영애 (컵라면에 물 부어 수저로 눌러 논 것 옆에 두고 기다리는)

엄마 F 왜 전화야 아직 시댁일텐데··

영애 응/ 네 엄마··아직은요·· 근데 우리 엄마한테 가는 거 내일이나 모레루 미뤄야겠어요··

S# 엄마의 방

엄마 ?

영애 F 갑자기 너무 편해져서 그런지 리듬이 깨져 그런지 자꾸 몸살 할라 그러는 거처럼 …좀 그러네?

엄마 (오버랩의 기분)아이구 얘 피차 일반 잘 됐다. 실은 나두 서분네 할머니 초상치르구 영 찌부드드한게 힘든 참이야·· 너두 쉬구 나두 쉬구 좀 쉬자. 약은 먹었어?

영애 F 이제 먹을려구요··

엄마 얼른 약부터 먹어둬··응?

S# 영애의 주방

영애 네 엄마두요……네…네 먼저 집에 가 쉴 참이에요……네…·들어가요 엄마…네에…(끊어 놓고)……(라면 뚜껑 열고 젓가락으로 좀 풀어 놓고 한 젓가락 당겨 올려 씹어보는데 아직 덜 됐다··도로 뚜껑 닫고 수저 올리는)

S# 같은 식탁/

[혼자 천천히 식욕 없이 라면 먹고 있는 영애…]

S# 안방

[장문 열어놓고 양복을 추동복으로 바꾸고 있는 중··침대에 하복 몇 벌

나와 있고 추동복 몇 벌은 장에 걸려있고/ 양복 바지 다림질하는 중이
다·········]

S# 주방

영애   (큰 냄비에 크게 썬 무 토막과 다시마 건져내고 있다/ 갈비는 들어가
서 끓고 있고)····

S# 박회장네 가족 묘지··

[제대로 된 석물들/]

[돌 젯상에 차려졌던 음식들 챙겨 박스에 마지막으로 집어넣는 중인
형제/운전 기사가 거들고 있고···]

재우   됐네··갖구 내려 가··

기사   예···(말아놓은 돗자리와 박스 들고 움직이고)

재우   내려가자··

시우   가요···(움직이는 둘)

[재우와 시우··· 각자 딴생각하며 뿌우우우우·····]

재우   ········(좀 있다가)제수씨 잘 위로해···아마 자신도 모르게 터진 걸
거야··

시우   (그대로)·····

재우   (움직이면서)제수씨가/····· 자격있습니다 그러는 순간/ 소름이
확 돋으면서 한편으룬 머리 꼭대기가 시원해지더라··(돌아보는 시우
에게)일났다 큰일났다 그러면서 동시에 와아아아 통쾌하더라구··

시우   ······

재우   정말 많이 참았지 제수씨·· 그 인내심···· 참 존경스러웠다··· 야··우
리 아버님 정말 ···물론/존경스러운 점이 훨씬 더 많으시지만 제수씨
한테는 너무 가혹해서.

시우   ……

재우   그렇게까지 그러실 게 뭐냐 엉?

시우   ……

S# 주차해 놓은 밴 안

시우   (앞서 타면서 뒷좌석에서 정원 가운데 놓고 잠든 애들)자요?

정원   네..

시우   (뒤에 타는 형에게)조용해요 애들 자요…

재우   어 그래 알었어..

　　　[형제 가운데 자리에 나란히 앉으면서]

재우   출발하자구요..

기사   예..(출발하는 자동차)

재우   (아이스 박스에서 맥주 캔 두 개 꺼내 하나 내밀며)자..

시우   소변만 마려워요..

재우   그래 그럼 딴 걸로 하자.. 잠깐 있어/ (하고 미니 양주병 두 개 꺼낸
　　　다) 이건 괜찮지?

시우   생각없는데…

재우   받어 임마. ..

시우   (받는다)

　　　[두 남자 병 따서 한 모금씩 각각 마시고 사이 좀 두었다가]

시우   도대체 아버지가 원하시는 게 뭐 같아요.. 애들 엄마 말대루 쫓
　　　아낼려 그러시는 거 같아요?

재우   E (뒷좌석의 정원 앞에 남자들 보는데)아냐아 워낙 당하다 보니
　　　까 드는 제수씨 피해의식이지 무스은/

재우   단순한 학대야 학대… (뒤돌아보며)우리 저 양반두 생각나면 한

번 씩 학대하시잖니.. 학대 취미셔.. 쫓아내기는..그런 법이 어딨어어..

정원 에어컨 좀 낮춰줘요..(오버랩의 기분)

재우 어어어 에어컨 에어컨/

기사 예에에…(낮추는)

S# 영애의 거실

영애 (폼 잡고 앉아서 요가 자세로 호흡하고 있다).....(동요 없는 위에)

의사 E 지금 현재로서는…특별한 치료 방법이 없습니다..

영애 ....(충분한 사이 두었다가)

의사 E 급성인 경우 치사율이 70퍼센트 이상이죠..대개 2개월에서 6개월 사이에 사망하는 걸로 돼 있습니다만

영애 E 나머지 삼십퍼센트는 사는 쪽인가요?

의사 E (오버랩의 기분)결국은 마찬가집니다..다만 환자마다 개인 차는 있어요..투병의지에 따라 상당기간 연장될 수도 있고

영애 E ......(보며)저는 급성인가요 만성인가요.

의사 E 그건 검진 자체로는 알 수 없어요. 환자에 따라 진행되는 속도가 느리냐 빠르냐에 따라/(에서)

영애 (눈 번쩍 뜨고).........(한동안 그대로 있다가 털듯이 벌떡 일어나 빠르게 주방으로)

S# 주방

영애 (잰 손놀림으로 물병 꺼내 따르려다가 문득 물병 도로 넣고 주스 병 꺼내 컵이 넘칠 지경으로 가득 따라 벌컥벌컥 마신다)......

S# 욕실 청소 중인 영애

영애 (뭔가 손놀림에 맞는 노래 흥얼거리면서)......

S# 거실

영애 (코미디 프로 틀어놓고 앉아서 보다가 리모컨으로 채널 바꾸면서 쭝얼거린다)바보들 / ..뭘 보구 웃으라는 거야 대체. (다큐멘터리 채널/)……(보면서 잠시 있다가 채널 돌린다/시끄러운 음악 채널/꺼버리고 긴 소파에 벌렁 눕는다)……(눈 뜬 채)‥‥

[티브이 화면이 굳이 보일 필요는 없을 듯/ 오디오만으로도 효과는 충분/]

영애 (뜨고 있던 눈/감는데)

E 전화벨.

영애 (눈 뜨고 잠시 있다가 서둘러 일어나 받는다)네에에?(평상시와 거의 같은 대답)

은혜 F 엄마‥

영애 어 그래. 어디야?

은혜 F 오분 만 있으면 도착해. 빨리 내려와. 우리 택시 탔어.

영애 알았어 근데 아빠 좀 바꿔줘.

S# 아파트 가까이 오고 있는 택시 안‥

은혜 (전화 시우 귀에 대 주며)아빠‥

시우 엉‥ 뭐했어? 밥 먹었어?준비하구 내려와‥거의 다 왔어‥‥그래?‥ 그럼‥‥그냥 올라갈게‥(애들 돌아보며)할머니 댁 오늘 안가‥할머니 피곤하시대‥ 엉‥ 뭐 간단히 먹읍시다‥ 끊어.(하고 전화 끊으려는데)

준서 (잽싸게 전화에 얼굴 붙이면서)탕수육해주세요오오‥‥

시우 (끊으며)웬 탕수육야 야 송편이랑 전이랑 적당히 때워… 엄마 귀찮아.

준서 간단해요 아빠‥

은혜 니가 해봐라 그렇게 간단하면.

328

준서 아 잔소리 마 엄마랑 해결할테니까아··

S# 준서 침실···

[준서/ 한복은 벗어서 침대에 던져져 있고/집에 옷 입는 준서 거들어

주는 중이다/]

영애 ···안 막혀서 좋았네에에··지난 설에는 고생했었잖아··

준서 (영감처럼)저번 추석에두 아마 다섯시간 걸렸었지요?

영애 응 그랬던 거 같다.

준서 그게요 엄마 좋은 흐름 나쁜 흐름이 오분에 갈라진대요. 좋은

흐름 오분 안에 들어가면 안 막히구 짜아악 그렇구요? 나쁜 흐름 오

분에 걸리면 어구구구구 미치겠다 오줌 싸겠다아 그런대요··

영애 누가 그래?

준서 큰아버지께서요··엄마 탕수육 먹구 싶어요··

영애 (오버랩의 기분)갈비국 끓이는데?

준서 (엄마 보며 갈등이다)··

영애 꼭 탕수육 그럼 해주께·· 안 어려워.

준서 그냥 국하구 밥 먹을래요··

영애 땀 안 흘렸나?

준서 아뇨?

영애 그럼(한복 챙기면서)손만 씻구 샤워는 이따 밤에 해··

준서 네··(하고는 한복 들고 나가려는 엄마 부른다)엄마.

영애 ??(돌아본다)

준서 할아버지는 차례만 지내고 금방 나가셨었어요··

영애 그러셨어?

준서 할아버지 나가실 때 나는 인사 안했어요··

영애　?? 왜··

준서　하기 싫어서요. 누나는 했어요 바보같이. 그래놓구 나중에 후
　　　회했대요··

영애　잘한 거 아냐. 할아버지 나가시는 데 손자가 당연히 인사드려
　　　야지 잘했다 그럴까봐?

준서　(뿌우우우)

영애　아침에····엄마 크게 잘못한 거야···· 처음 그러시는 거두 아닌데
　　　아마 머릿속이 어떻게 꼬였었나봐··반성 많이 했어··

준서　그럼 할아버지는 머리 속이 날마다 꼬여있는 거지요··

영애　····(보는)

준서　손 씻을께요··(하고 방문께 서 있는 엄마 스쳐 나간다)

영애　····

S# 복도 거실

영애　(준서 방에서 나오며)은혜 옷 갈아입었어?

은혜　E 으응/

은혜　(벗은 한복 한꺼번에 들고 나와 엄마 주면서)한복 입은 사람 산소
　　　에서 꼬맹이들 셋 보구 하나두 못봤어··(불만)

영애　그래 점점 안 입더라··

은혜　(영애 귀 잡아당겨서 소근거리는)아빠 차에서 큰아빠랑 술 먹었어····

영애　그랬어?

은혜　할아버지 집까지 다 깬다 그랬는데 그래두 아직 술냄새 좀 나. 요
　　　만한 양주 세병 먹었어···· 야단쳐 줘··

영애　많이 마셨네에?···

은혜　내가 그랬다 그럼 안돼··

330

영애 알았어..

S# 침실

시우 (옷 갈아입고 서툰 솜씨로 한복 바지저고리 개키고 있다)

영애 (들어오며)놔둬 내가 할께..(큰 보자기 꺼내 침대에 놓고 남편 옷부
터 놓고 아이들 옷 포개 놓으며)하루 몇 시간 입구 클리닝 주기 돈 아
까워..

시우 뭐했어… 좀 자지 왜…

영애 혹시 술 먹었어?(보자기 싸면서)

시우 ??진짜 냄새나니?

영애 먹었어?

시우 그게 벌써 언젠데 아직두 냄새나…(손바닥으로 입 감싸 후우 해 맡
아 보며)안 나는데..우리 집 여자들이 개콘가아아…은혜두 난다 그
러더라..

영애 나두 없는데 술은 왜 먹어…애들 불안하게.

시우 불안하기는/내가 주정꾼이길 해 뭐(불안해)….형이 자꾸 주잖아…

영애 (장에서 큰 쇼핑백 꺼내 놓고 보자기 싼 것 들면)

시우 (쇼핑백 열어주고)

영애 (집어넣어 장으로)…(치우고 장문 닫는다)…(움직이면서)전만 데
우구 간단히 먹을 거야..

시우 (그러는 영애 잡아서)잠깐 있어봐…(마주 선다)……(영애 손잡고)
…..(안 보며)

영애 ….(보며)

시우 아까…..잠깐 피해있으라 그런 거… 잘못했어…당신 말 맞어….당
신 멍드는 일/…되풀이되는 동안 무뎌졌을 거야..

영애　……(그저 보며)

시우　그런데……아버지가 당신 쫓아내려 그러신다는 생각은……그건/ 왜/뭐땜매 거기까지 비약을 해‥

영애　……(보며)

시우　형하구 얘기했는데‥‥형 생각두 그건 아니야‥ 아버지는 그냥/ ‥원래 그런 성향이 있으셔‥사람 약점 갖구 두구두구 울궈가며 괴롭히는 가학 취미‥

영애　(보며)

시우　당신 그 말 할 때 아버지 얼굴 못 봤어? 정말 어이가 없는 거 같으시더라‥엄마두 그러셨잖아‥ 놀라서 말씀을 못하신다구‥

영애　……(그저 보며)

시우　쓸데없는 생각은 하지 마. 단지 괴롭히자는 게 다야‥ 다른 저의는 없어‥ 그런 악의까지 품으실 정도로 복잡한 분은 아니야‥(현관 벨 소리)

영애　그럼 내가……피해망상인가부지…(보며)

시우　오죽하면 그런 생각까지 들까…기가 막힌데 그건 오해야‥(끄덕이며)

영애　알았어…(일어나며)누구지? 올 사람 없는데‥

S# 거실

영애　(나온다/ 현관문 열고 내다보는 은혜)누군데?

은혜　외삼촌……에이 엘리베이터 앞에서 기다려야겠다‥(아예 나가는데 문 다 안 닫히게 열쇠걸이로 장치 해놓고)

영애　(주방으로 돌아서는데)

　　E 전화벨‥

영애 (받는다)네에‥

지나 F 시우는요‥

영애 잠깐.(하고 남편 부르려다 말고 문득)그런데 지나씨 생각난 김에 얘기하자. 전화해서 내가 받았으면 애들 아빠 찾기 전에/

지나 F (오버랩의 기분)아 얘기 들었어요 언니. 아무데나 거두절미 하는 나쁜 버릇 있어요. 미안해요 앞으로 신경쓸께요 근데 시우 핸드폰 안 갖구 움직였어요? 안 받든데요?

영애 글쎄 난 몰라. 오늘 따루 움직였으니까‥잠깐 기다려 바꿔줄게‥

S# 지나의 오피스텔

지나 ……(기다렸다가)어 시우야 처가 방문 스케줄이 어떻게 되니‥ 몇시에 갔다 몇시 쯤 돌아올 거냐구‥ 그래?…야 그럼 나 저녁 좀 먹여 줌 안될까? 먹을 데두 마땅찮은데다 호텔 음식 비싸기만 하구 왜 있잖아. 명절엔 호텔 저녁두 처량맞다? 아 괜찮아아아 숟가락 한 개 만 더 놔줌 돼… 어 잘됐다‥ 당연히 처가 행이다 그래서 고모 선물 떨어트려줄 시간이나 맞추자구 전화했는데 저녁 벌었다‥

S# 시우 거실

시우 (들어서는 정호에게 손 들어 보이며 일어나는)고모님 선물이 뭔데 ‥‥그래? 우리 애들 땡 잡았네.(먹을 것 싸온 것 영애 받아서 주방으로)엉…엉 그래‥너 마실 술이나 갖구 와‥우린 술 없어‥ 그래 엉…엉 끊어‥(끊고) 오랜만이네 처남.

정호 네.

시우 결혼한다며‥

정호 네‥

시우 와 앉어‥

정호 아니에요 소정이 기다려요.(하고) 누나아..

영애 (주방에서 나오면서)그래..

정호 약 좀 갖구 왔어요..어지간하면 들을 거에요.. 일찍 자요..

영애 고맙다..(받으며)

준서 (만화 껴안고 나오다가/제스처 쓰며)앗 외삼촌 오셨어요?

정호 (마주 제스처 쓰며)앗/ 박 준서/ 잘 있었나.(둘 괜히 서로 집적거리며 히히덕거리는데)

시우 무슨 약이야..

영애 몸살…

시우 몸살 났어?(덤벼들듯)

영애 아냐 날려구 하는 거 같아서… 기다린다면서.

정호 네…가요 매형.. (적당히 대답해주세요들)준서야.. 안녕..누나..
(나가는데)

영애 애 참 은혜애…

정호 E 올려보낼께요….

시우 은혜가 뭐.

영애 (주방으로 움직이며)소정이랑 있나봐..마중나가서 안 들어오구
있잖아…

S# 주방…

영애 (담가놓았던 쌀 전기 밥솥에 넣으며)밥 먹으러 온다지?

시우 (좀 쩔리면서)먹여달라구….몸살기 있는 줄 몰랐어.. 오지 말라
그럴걸. 몰랐잖아…

영애 …..

시우 지나 고모님이 새우하구 뭐 생선들 좀 보내셨나봐. 그거 때매

334

전화했는데 우리가 집에 있는다니까..

영애　(오버랩의 기분)따로 냄비 밥 좀 하면 돼.. (물 맞추고 밥솥 닫고 새
쌀 꺼내며)승조씨두 같이지?

시우　어 아냐. 걔 즈 집에서 보내겠지..지나랑은 다르잖아..

영애　그럼 밥 따로 안해두 되겠다. 적당히 나눠 먹음 되겠어..(하는데)

　　E　전화벨..

시우　내 받을께..(부엌 전화 있지 않은가?)네에…뭐에요 ..왜..

연우　F 너 요새 올케한테 쥐약 멕이니? 왜 아무나한테 발작야 발작이..

시우　(오버랩의 기분)무슨 얘길 하구 싶어서..무슨 얘기 듣구싶어 그래!

연우　F 야 이 자식아.(오버랩의 기분)

시우　(오버랩의 기분)꼴꼴난 시누 노릇 그만하구 조용히 좀 있어..

연우　F 꼴꼴?? 이게 정말 쌍으루 미치나아.. 얘 그 기집애 눈에 뵈는
게 없다니??

S#　장여사 안방

연우　아버지한테야 맺힌 한 있다치구 그래/죄없는 엄마한텐 왜 박치
기야 지가 잘한 게 뭔데!!……이 망할 자식이 그런데?? 엄마 너무 쇼
크 먹어서 자리 피구 누우셨단 말야 이눔아.(장여사 불경 탁자 광내고
있다가)

장　???(딸 보는)

연우　너무 기통이 막혀 아침두 못드시구 계시다 점심 드신 거 고대루
다 토하시구 일일구 부르기 직전까지 갔단 말야 야..

장　너 뭐해..

연우　떠들지 말구 영애 바꿔.. 바꾸라면 바꿔 임마아!!

S#　영애의 주방

시우　할 얘기 있으면 이리 와. 와서 해····그래 와서 해··(더 높이)그래 당장 와··(하고 퍽 끊어버린다)

영애　(남편 보며)진짜 오면 어떡할려구.

시우　오라 그래 뭐가 겁나.

영애　데리구 나가서 얘기해·· 애들 데리구 나가면 내가 상대하든지··

시우　어어어이···(하고 나가고)

영애　·····(움직이는데)

시우　E 준서야 누나 왜 안 올라와···내려가 봐 한번··

준서　E 네에에에··

S# 안방

장　쓸데없는 거짓말은 왜 해··놀라 죽겠네 참 아니 어떻게 그런 맹랑한 거짓말을 눈썹 한 터럭 까딱 않구 응? 참말보다 더 참말 같이 해애?

연우　(과일 아삭아삭 씹으며)아 나쁜 자식 놀래지두 않어어어. 헛소리하느라 힘만 뺐어요··

장　쯔쯔쯔쯔쯔·····

연우　정확하게 뭐라 그랬는데 엄마한테··

장　나두 몰라. 안들을 소리 같아서 안 들었어.

연우　부처님 뒤에 숨어서 뭐 어쩌구 했다든데?(하는데)

　　　E 노크

장　들어와요.

조　(차 쟁반 들고 들어온다)

장　(앉아서 차 낼 대까지 기다렸다가)사람 관리를 어떻게 하는 거야.

조　죄송합니다··

장   몇 달이나 데리구 있었으면서 어떻게 입단속 하나도 제대로 못
     했어‥

조   하느라구 했는데 저 친구가 좀 푼수끼가 있어서

장   (오버랩의 기분)푼수끼 앞 세워 허튼 소리 종종 할 거 같으면 오늘
     날짜로 그만두게 해‥

조   예에.

장   알고도 모르는 척 보고도 못본척 듣구두 못 들은 척/그 기본이
     안돼 있으면 이 집에 못 있지‥

조   압니다 사모님‥

장   흐으으음‥(찻잔 든다)

조   (나가고)‥‥

연우   엄마는 그래 그 망신을 아뭇 소리 못하구 그냥 당해 줬어요?

장   나갈 구멍 없이 쫓으면 쥐두 고양이를 무는 법이야. 무심하게
     구경만 하는 사람으로 보여준 거두 사실이구 나무아미타불 관세
     음보살‥‥

연우   하기는/ 죽어서 시체루 들려나가기 전에는 어림없다구 뽀득뽀
     득 이 가는데 무섭더라구요‥

장   ??

연우   며칠 전에 아버지 심부름 한번 더 갔었어어어‥‥

장   쩌쩌쩌쩌쩌쩌어‥‥

연우   어떡해 아버진 만만한 게 난데에에에‥

장   (버럭)애가 돌게 만들어놨구먼 뭐얼 느이 부녀가!!!!(야단치는)

연우   ???

S# 시우 아파트 주차장‥

시우   ……(트렁크에서 짐 꺼내며 돌아보고 있는)

지나   (트렁크 닫는다)……

시우   무슨 일인지는 모르구?

지나   몰라. 말 안해·· 끅끅 울다 끊구 끊구/그래····

시우   ……무슨 일인 거 같아. 짐작 가는 거 없니?

지나   ····(생각하다가)안이한 짐작을 하자면·····경구라는 애한테 딴 상
        대가 생긴 거 아니겠니?·····잘 당하잖어··

시우   얼마 되지두 않았는데 벌써? (하는데)

        E 지나 핸드폰 벨 운다

지나   (전화 보고)승조야··(받는다)엉 승조야··

S# 주방··

        [두 아이 나와서 식탁에 앉아 있고/상은 다 차려져 있고/]

영애   (프라이팬에서 데우는 고기전이며 생선전 접시에 옮기는데)

준서   어이 아빠 왜 이렇게 안 오세요오··

영애   올라오시겠지이이····

은혜   지나 아줌마가 수다 떨자 그러나부다··

영애   뭐?

은혜   아줌마 울 아빠 말 많이 시키잖어. 엄마 그거 몰라?

영애   (조금 소리내어 웃으며) 글쎄 그런가?

은혜   엄마 좀 둔해··

영애   ??

준서   뭐가?

은혜   아줌마 울 아빠랑 디게 친한 척 하는 거 너두 모르지··

준서   친하잖어어어어··

338

은혜 그래 친해··

준서 그런데 친한 척은 뭐야?

은혜 그런 거 있어··

영애 (전 접시 식탁에 놓으면서)그런 게 뭔데···쓸데없이 지나치게 예
민하면 인생이 고달퍼 은혜야··아빠랑 지나 아줌마느은?(하는데)
E 들어오는 소리··

준서 아빠세요?

시우 E 어 맞어···(하고 큰 아이스 박스 들고 들어온다)···(아이스 박스
싱크대에 놓으면서)저녁 못 먹겠어 여보··(?? 돌아보는 영애)나 잠깐
지나네 가 봐야겠어··

영애 왜?

시우 갔다와서 얘기하께··미안해 저녁 먹어·· 은혜 준서 미아안··(하
며 나가고)···

영애 ·····(보다가)··(국 냄비로 돌아서며/아무렇지도 않게)약간 맥은 빠
지지만?···그래두 우리가 좋아하는 아빠니까 봐주구 넘어가야겠
지? (국 뜨면서)무슨 일인가는 나중에 알구우?

은혜 지나 아줌마는 찬 밥 만들어 노면서 설명두 없구 실례 아냐?

영애 아빠가 대신 한 걸루 치겠지.

은혜 아빠 안했잖아.

영애 (애들 국 놓아주며)나중에 한댔으니까 됐어··

은혜 어우 신경질 나. 아빠는 지나 아줌마한테 너무 꼼짝 못해. 바보
아냐?

준서 뭐 친구한테는 잘해주는 거 아냐?

은혜 적당히 잘해야지 기분 나쁘단 말야.

준서 뭐가 왜애애?

은혜 아 됐어.. 열나. (하며 냉수 컵 들고)

영애 (쓴웃음)

S# 달리는 지나의 자동차 안

지나 (운전대 옆에서/ 힐끗 잠깐 보며)언니가 뭔가 작심을 했구나··

시우 (운전하며)작심한 건 알겠는데 작심을 하게 만든 동기가 뭔가가 궁금해··

지나 ····(보며)

시우 며칠 전에는 연우누나 상대로 한바탕 했나봐. 엄청 놀랐더라구 거기까지는 잘 했다 그랬는데 ····오늘은····과장하자면 쌍칼 뽑아들고 휘두르기 시작한 사람 같았어. ····뭐가 그 사람을 그렇게 만들었을까··

지나 ···글쎄.(알지만)

시우 ·····짐작하기 어려울 만큼 ··속이 깊은 사람이거든···경솔한 데 전혀 없는 사람이구··

지나 ···니 집안 괄시와 자신의 비참한 처지에 곪구곪았던 게 한꺼번에 터져버리는 거 아냐?

시우 ······(앞 보며)

지나 한계 상황이었나 언니??·· 니가 눈치 못채구 있었던 거 아냐?

시우 그래 나 한심해·· 한 사람은 폭발상태까지 치닫는데 나는 그저 ···· 일년에 서너 번 맞는 궂은 비 정도로 ···그랬던 거 같아·· 마누라 골병들구 있는 거 모르구··· 쫓겨날지두 모른다는 피해의식까지 있더라구.

지나 (보며)·····

340

시우 난 그 사람이 그럭저럭 행복한 줄 알았어.. 어떻게 사과를 시작

해야할지 모르겠어..

지나 무릎 꿇구 시작해..

시우 (보는)‥‥‥

지나 너는 여자 몰라두 너무 몰라‥‥‥

시우 ‥‥‥

S# 오피스텔 복도

[승강기에서 내려 걷기 시작하는 두 사람.. 코너를 돌다가]

지나 (멈추며)쟤 좀 봐..

[복도 끄트머리에 아주 큰 짐가방 세 개 아무렇게나 쌓아놓고 두 다리

뻗고 기대어 앉아 소주병 나팔 불고 있는 승조‥]

시우 (좀 서둘러 그쪽으로/ 지나는 제 방 문 열러 움직이고)‥

승조 (다가와 팔 잡는 시우 올려다보는데 취기는 전혀 없다/에지간히 먹

어도 안 취하는 사람)‥‥‥

시우 일어나자..

승조 ‥(잡혀서 일어나고/)이거 내 짐이야..

시우 알았어.. 하나 끌구 들어와… 나머지 내가 할게..

승조 그래‥‥(시우 가방 두 개 옮기고 승조 하나 옮기고)

[지나는 출입문 활짝 열고 기다려 주고]

S# 오피스텔 안‥

[시우 승조 짐 끌고 들어와 지나 지시 받으며 적당히 자리 잡아 놓으며]

시우 (돌아서며)얼음 냉수 좀 준비해라..

지나 알았어(하고 움직이고)

시우 ‥‥‥(고개 바닥으로 꺾고 서 있는 승조 보다가 다가들어 팔 잡으며)

승조야‥(하는데)

승조   (덥썩 시우 껴안고 붙으면서 크윽/울음 터뜨린다)……

시우   …‥

지나   (얼음 빼다가 돌아보는)………(보다가 얼음 빼던 컵 놓고 부지런히 승조와 시우 쪽으로 가서 승조 두드리며)얘 승조야 이리 옮겨 엉? 시우 보다 내가 나‥ 와 웅?

승조   (지나로 옮겨 안으면서)엉엉엉엉엉……

지나   …‥(안아주며)…‥

시우   (무슨 일인지도 모르는 채 그저 안됐어서)……

S# 영애의 거실

　　[영애와 은혜 준서/숨바꼭질 중.]

영애   꼭꼭 숨어라 머리카락 보일라/(와 동시에 두 아이 후닥탁 튀어 숨는)꼭꼭 숨어라 머리카락 보일라 (눈 가렸던 손 떼고 돌아서며)자아 지금부터 열 센다아아아? 하나 둘 셋넷 다섯

S# 지나의 오피스텔‥식탁‥

승조   (담담하다/아무도 안 보며)언젠가는…‥하는 생각은 수도 없었지 이‥그렇지만 그게 딱 오늘/오늘 해야지… 미리 결심했던 건 아닌데/‥둘째 숙모 때문에 짜증이 났었어.

승조   E (지나 시우 위에)집안 일로 모일 때마다 쭈우욱/제일 많이 괴롭혀왔어 사촌들은 더러 어렴풋이 짐작하기도 하고 어디서 주위 듣기도 하고 그런 눈치긴 한데……아는 척들은 안해…

승조   그 숙모가 오늘은 더구나 작정한 거 모양 내내 따라 다니면서 압박을 하는 거야‥망칙한 소문 있더라‥ 빨리 장가가 소문 잠 재워라……

둘   ‥‥‥(보며)

승조   (머리 손바닥으로 쓸면서)견디다 견디다 /소문이 사실이에요 저
       는 남자가 좋아요‥‥해버리구 말았어‥‥

둘   ‥‥‥

승조   어른들 다 주저 앉구 엄마 기절하시구 /‥작은 아버지 두둘겨
       패면서 나가 죽으라 그러구‥‥기절했다 일어난 울엄마 같이 죽자 대
       성통곡하시구‥‥

시우   (얼음 넣은 물컵 밀어 주면서)물 좀 마셔‥

승조   카드 빠져나갈 거 이삼백 박에 없어 지나야‥

지나   (오버랩의 기분)어 여기서 지내 승조야‥‥너 이상 좋은 룸메이
       트가 어딨니‥ 대환영이야‥ 단 데이트는 딴 데서 해. 그거만 지켜주
       면 돼‥

승조   (오버랩의 기분)시우야 우리들‥‥‥(차오르며) 있지‥‥‥선택의 문
       제가 아니야‥ 처음부터 그렇게 만들어져 내던져졌을 뿐이야‥

시우   그런 말‥‥‥우리한테는 필요없지 않니?

승조   너무‥(목이 메어)하구 싶어‥‥ 목이 터지게 소리치구 싶어‥‥선
       택의 문제가 아닙니다‥‥그렇게 태어났을 뿐입니다‥ 바꿔질 수 있
       는 길이 있다면 악마한테 영혼이라도 팔아 바꾸겠습니다‥

지나   (식탁 위 승조의 손에 제 손 포개며 일어나 움직여 승조 머리 안아 붙
       여준다)‥‥‥

승조   (다른 손으로 눈 가리면서)엄마가‥‥‥같이 죽재애‥‥

지나   시간 벌어‥‥ 엄마두 받아들이실 수밖에 없을 거야‥‥

시우   ‥‥(보다가 일어나며)배 고프다 뭐 좀 만들어 먹자 지나야‥ 김치
       는 있겠지.

지나 (승조한테서 떨어져 나오면서)스테이크 고기 존 거 있어..(냉동
실 열며)승조야 너 철판구이 좀 만들어주라.. 양파 피망 버섯 다 있
거든?

승조 (식탁 냅킨 뽑아들고 일어나며)나한테 맡겨.(눈물 닦으며)

지나 (넙적하게 얼린 스테이크 고기 싸진 것 꺼내고 다른 꾸러미도 꺼내
며)어 새우랑 오징어 그런 거두 있는데 다 꺼낼까?

승조 (에이프런 찾아내면서)필요없어. 스테이크 끝에 김치 볶음밥으
루 마무리 함 돼..

시우 그거 괜찮다.. 철판 김치 볶음밥.

승조 지나 쌀 좀 담거라..

지나 오케이..(승조 엉덩이 두드려주면서)힘내.. 우리가 널 사랑하잖
아아..

승조 늬들이 배신 때리면 나 자살할 거야..

지나 시우 저쪽에 가 편하게 앉아라..뭐 쥬스 한잔 주까?

시우 술이 낫겠어.. 스트레이트루 한잔 마시자.. 냉수 따루..

지나 알았어..

S# 영애의 거실

[/소파에서/두 아이 잠옷 차림/동화책 한 권에 셋이 달라붙어서 읽는
중이다... 영애 가운데/ 지문은 영애가 읽고 대사들은 두 아이가 번갈아
가며 감정 넣어서 읽는다..]

[조금 계속하다가]

영애 (시계 돌아보고)아빠가 늦으시는 거 같다.. 샤워 먼저 해 놓기 정
말 잘했네..엄마가 선견지명이 있단말야..

은혜 맞아..

준서　(대답처럼 하품 입이 찢어지게)

영애　준서 졸리구나..

준서　네…

은혜　일기 안 썼잖아..

준서　어우 (엄마 목 껴안으면서 무릎에 안긴다)너무 졸리다…

은혜　일기쓰구 자아?

준서　낼 아침에 쓰면 돼.. 엄마 / 자장가 없어두 잘 거 같아요..

영애　(옆으로 안아주면서)고마워라 책 너무 읽어서 목 아픈데 잘 됐지 뭐야..

준서　그래두 긁어는 주세요..(엄마 허리 안으며)

영애　그래..(등 긁어주면서 은혜한테)안 졸려?

은혜　(동화책들 간추려 옆에 붙어 앉으면서)아직……(책 펴며)근데 엄마 준서 고민있대.

영애　??무슨 고민?

준서　(몸 일으키며)에이 무슨 얘기할려 그래?

은혜　킥킥 결혼해서 졸리면 어떡하는 거냐구 엄마..

준서　에이 하지 마아..

은혜　아내한테 등 긁어달라면 쪽 팔리는 거지 엄마..

영애　좀 그렇겠지?

준서　아 좋아 뭐 결혼 안하면 돼..(도로 엄마한테 들러붙으며)

은혜　결혼도 하고 싶다면서..

준서　몰라몰라 될대로 되라 그래..

은혜　외할머니네 있는 효자 손 갖구 결혼하면 된다니까?

준서　엄마 아빠랑 같이 살면 돼. 그럼 엄마가 재워주면 되지? (눈 감고)

은혜 그건 니 아내가 싫어할 거라니까?

준서 싫으면 이혼하라 그래. 누가 겁나?

영애 웬 이혼은?....큰일났네 이혼 너무 쉬워서.. 걱정마 준서야 어른되면 등 안 긁어줘두 잘 수 있게 돼.. 별 걱정을 다해..문제꺼리두 아닌 걸 갖구...

준서 긁어주세요..

영애 응 그래....(긁기 시작하고)......

S# 지나의 식탁...

　　[저녁은 대충 다 먹었고/ 술 자리.....양주로...안주도 적당히..]

시우 불편 안할까? 내가 어떻게 만들어 봐?

지나 당분간 지내보구 힘들면 내가 살림내주께.. 신경쓰지 마.. 불편할 새 없이 지가 먼저 딴살림차려 나갈 수두 있구.. 즈 집두 여러차례 들락거렸잖아 얘..

승조 얼마 안 있다 나가주기 기대하는 모양인데 안됐다.. 나두 늙어서 이제 경솔하게 안 움직여..

지나 아무래두 좋아.. 음식두 나보다 잘 정리정돈두 나보다 잘/ 월급 안 주는 고급 가정부 횡재지 뭐.

시우 돈 모아야하니까 생활비 받지 말구.

지나 우리 사이에 생활비는 무슨..

승조 시장은 봐 들일게..

지나 (술병 들며)너 안 마셔?

시우 별로야..(그래도 잔 밀어 주면서)승조가 같이 산다니까 쬐끔은 편해지는 거 같다..

지나 (술 따르며)언젠 불편했는데?

시우 뭐 어두운데 혼자 들어와 불 켜는 게 싫다는 둥 신경쓰이게 했 잖아..

지나 황송해 눈물나네 완전 꽝 인줄 알았더니..

시우 (안 보는 채 술잔 들며)외과의 언제 만나는 거야..

지나 ??(미워서)미꾸라지..

시우 (잠깐 쏘듯이 보구 시선 피하고 마시고)저녁 펑크낸 거 미안하다 고 전화해..

지나 지금?

시우 나중에..

지나 알았어...하지 뭐...

시우 하지 뭐가 아니라 당연히 해야하는 거 아냐?

지나 한다구..

시우 당연한 일을 왜 마지 못해 투야.

지나 내가?..

시우 너 가끔 한번 씩 내 와이프 적당히 뭉개구 싶어하는 거 유쾌하 지 않아.

지나 .....(보며)

시우 (마시고)

지나 내가 언제..

시우 가끔..지금도..

승조 (뭔가 씹으면서 아무도 안 보며)우리 엄마는 지금 어떡하구 계실 까..(혼잣소리처럼)

둘 (같이 승조 본다)....

승조 (한 손으로 눈 덮으면서)엄마 죄송해요... 죄송해요오오오오.....

둘　(보며)……

S# 거실

　　[각각 책 보는 모녀/…… 잠시 사이 두었다가…]

은혜　참 있잖아 엄마‥

영애　??(딸 돌아보고)

은혜　수정이 있지?

영애　웅…

은혜　걔네 아빠 결혼한대나봐‥

영애　???

은혜　한바탕 난리가 났었나봐‥수정이 외할머니랑 이모들이랑 외
　　삼촌이 한꺼번에 와서 마악 화내구 소리 지르구…(찡끗하며) 지옥
　　같았대‥

영애　아빠 결혼하는게 싫어서?

은혜　수정이 엄마 식목일날 돌아가셨잖아‥ 어떻게 일년도 안돼서
　　그러냐구….

영애　…..(보며)

은혜　의리없지 그치 엄마‥

영애　….수정이 아빠가 힘드셨겠지… 수정이 동생들이 어리다면서

은혜　그치만 걔 동생들은 외할머니가 키워주구 계셨는데??

영애　언제까지나 그럴 수는 없는 일 아냐‥

은혜　근데 문제는….

영애　문제는

은혜　새엄마 들어오면 수정이 동생들 데리구 아파트에서 떨어져 버
　　린대‥

348

영애 히익/ 무슨 그런 무서운 말을 해애‥

은혜 왜애? 난 이해해 엄마‥

영애 ????(했다가/갑자기 야단치는/ 좀 오버된다/ 자세 바로 하며)뭘 이해해. 그런 건 이해하는 거 아냐. 아빠 혼자 애들을 어떻게 키워‥

은혜 그건 그렇지만

영애 (오버랩의 기분)이해를 할려면 불쌍한 아빠를 이해해야지‥ 동생들 데리구 뭐?/ 그게 무슨 무서운 소리야.

은혜 (딩해서)수정이가 그런단 말야 엄마 내가 아니라아‥

영애 수정이 말야 글쎄‥근데 넌 이해한다면서‥

은혜 새엄마 싫잖어어어.

영애 (다잡듯)훌륭한 새엄마 얼마든지 많아‥니가 수정이 진정한 친구면 그건 아주 나쁜 생각이라구 일깨워 주는 거야‥절대 그런 짓은 하는 거 아니라구‥‥

은혜 엄마 왜 나한테 화를 내애?

영애 이해하면 안되는 걸 이해한다니까 화가 나지‥

은혜 알었어어 이해 안할게‥

영애 ‥‥(책 집어 들며)됐어‥‥

은혜 (책 들면서)엄마는 죽을 거 아니잖아‥

영애 (돌아본다)

은혜 (보던 페이지 찾으면서)수정이 엄마는 원래 몸이 약했었대‥

영애 안 졸려?

은혜 졸릴라구 그래‥ 아빠는 지나 아줌마 집에서 뭐하는 거야?‥ 왜 전화두 안해?‥

영애 들어가 자‥고단하잖어‥

은혜   내가 해봐 아빠한테?

영애   놔둬.. 금방 오실 거야..

S#   아파트 현관 앞…

영애   (팔짱 끼고 기다리고 섰는)……

S#   거실…

영애   (요가 자세로 앉아 머엉하니……)

S#   욕실

영애   (손 씻고 있다)……(무심히 씻다가 문득 마른기침 두세 번··)……(서늘
해져서 거울 보는)………(그러다가 털어버리듯/ 아냐 이 정돈 보통 때도
있을 수 있어. 예민할 거 없어··)····

S#   침실

영애   (이부자리 들치고 오르는데/ 그래도 긴장되는 건 어쩔 수 없다)····(누
우려고 베개 만지는데 이미 올라 있다)

시우   (물 한 컵 들고 마시면서 들어온다)늦었지?·····(물컵 사이드 테이블
에 놓으며)그럴 일이 있었어 미안해.(안 보는 채)

영애   문지나 집이/무너졌니?

시우   ?(옷 벗다가)

영애   집 지어주구 왔어?

시우   (피식 웃으며 옷 벗기 시작하며)골 났구나. 전화 안했어?

영애   누가. 걔더러 하랬어? 자긴 왜 못하구.

시우   화내지 마 그럴 일이 있었어.

영애   (조금 덮여 있던 이불자락 홱 제치면서/ 감정만 올려서/ 소리는 애
들 때문에 눌러 주세요.)그일이 뭔지 나 안 물어. 안 묻구 화 낸다. 도
대체 그 관계가 뭐니.

시우 여보.

영애 걘 도대체 날 뭘로 보는 거야. 당신 애들하구 같이 저녁 먹는 날 일년에 반이나 되니? 무슨 권리루 오늘 같은 날두 아빠 없이 애들끼리 밥 먹게 만들어. 처음부터 니가 목표였으면 너만 빼가지 저녁은 왜 먹여달래..

시우 아니 저

영애 여섯시 되기 전에 나가서 도대체 몇 시간야.. 그동안 애를 낳았어두 애가 백일은 됐겠다 박시우.

시우 (픽 웃어버리며)무슨 강냉이 튀기냐? 하하하하하

영애 (오버랩의 기분)집에서 나가서부터 지금까지 어디서 뭐하다 들어오는지 말해. 오분 단위로 말해. (시우가 놓은 냉수 컵 집어 들면서)뭐하느라 그렇게 뻔질나게 하는 전화두 못해. 말해 빨리(하며 마시려)

시우 .....(보다가)도대체 무슨 상상을 하는 거야.

영애 (마시던 컵 냅다 집어던지면서)아직은 상상같은 거 안 해!!!!

시우 ??

영애 (침대 가장자리로 내려 걸터앉아지면서)그런데 이제부터 할 거야./(안 보며)이제부터 잘 난 척 안할 거야.. 정직하구 솔직해질래. 나 신경 쓰여 늬들 아주 지능적으루 구는 거 알아 그래두 불쾌한 냄새는 나.. 바지저고리 만들면서 늬 둘 뭐야..

시우 (오버랩의 기분 올라서)왜 이렇게 이상하게 굴어. 이게 무슨 억지야 대체!!

영애 (오버랩의 기분/ 보며)개 왜 옆에 놔둬. 왜 못 밀어내구 붙여 둬.

시우 여보!!!

영애 담백한 척 쿠울한 척 깨끗한 척으루 포장하구 맴돌면서 끊임 없이 당신 할끔거리는 거/ 박시우 알구 나두 알아…

시우 하선생 갑자기 왜 이렇게 자신이 없어졌어 엉? 걔 존재 갑자기 나타난 거 아니잖아. 귀국한 게 오년 째야.. 여태 여유작작 잘 지내 다 갑자기 뭐야. 어디서 무슨 말두 안되는 소리라두 들었어?

영애 (일어서며)문지나 보지 마.

시우 ??

영애 당신 못하면 내가 해.

시우 보지 마?

영애 그래.

시우 뭐라 그러구. 내 마누라가 너 싫다니까 보지 말자 그래?

영애 안될 거 있어?

시우 …..(보며)어디서 먹으면 안되는 약 주워 먹었니? 돌았어? 도는 중이야?

영애 싫어? 안보면 못 살겠니?

시우 (나직이)당신을 아무리 사랑해두/마누라가 정리하란다구 삼 십년 친구 정리 못해..

영애 ……친구 확실해?

시우 이상두 이하두 아냐.

영애 걔는 아냐…친구는 그냥 니 옆에 있기 위한 포장질 뿐이야…알지?

시우 노력해..선두 보구 다녀..

영애 …..(보며)

시우 나한테두 얼마쯤은 책임있어… 안됐지 않아?

영애 좋아 그런데 그 연민이 걔 인생에 보탬될까?

352

시우 ·····그래 그런 생각은 나두 해··그런데 내가 먼저 정리는 못해···

대신····당신 마음 안쓰게 노력할게··

영애 ······(보며)

시우 (욕실로 들어가 타월 한 장 들고 나와 바닥에 물 닦는다)······

영애 ·····(보며)······(차오른다)

시우 (빈 물컵 영애에게 내밀고)

영애 (받아들고)

시우 (가볍게 어깨 한번 안아주고 욕실로/타월 들고)

영애 ······

E 물소리 들리기 시작하고

영애 (문 쪽으로 몸 돌린다)

S# 거실

영애 (조용히 나와서 주방으로)

S# 주방

영애 (들어와 불 켜고 컵 싱크대에 놓고 새 컵 꺼내 냉장고의 물병에서 물 한 컵 따르며)어이 치사해····

S# 침실

[물컵 먼저 자리에 놓고 침대에 옆으로 걸터앉아]

영애 ·········(한참 그대로)······

[계속되는 샤워 소리··]

S# 거실

영애 (소파 구석에 앉아서 하염없이 있다 문득 시선이 전화로)······(전화 집어 들고 다이얼)·····

E 벨 가는 소리····한참만에

엄마 F (자다 받은)여보세요··

영애 주무셨어요?

엄마 F 응. 깜박 넘어갔었나부네·· 왜 안 자구··

영애 괜히 했네···

엄마 (오버랩의 기분)아냐···또(하다가 하품)

S# 엄마의 방

엄마 (연결)또 자면 되지 뭐··(옆자리에서 궁둥이를 하늘로 치키고 엎드려 자고 있는 이모/엄마 손으로 궁둥이 한 옆 밀어 쓰러트리며)저녁은 제대루 먹었어?

영애 F 그럼요 엄마는 좀 쉬셨수?

엄마 응··쬐끔 가벼워졌어··

영애 F 그럼 됐어요 걱정이 돼서요··

엄마 (오버랩의 기분/ 하품 물며)걱정은····걱정거리가 너머 없는 거두 탈이다··쯔쯔//

영애 F 엄마 건강해야해요··

S# 거실

영애 무리하지 말구 몸 좀 애껴요 제발 부탁이에요·····네···네··이제 잘 거에요····박서방 씻어요····늦었어요·· 조금 전에 들어왔어요·····아뇨 그냥 자기 볼일····네···네 주무세요···(전화 놓는다)······

시우 (타월로 닦으며 나온다)좀 괜찮으시대?

영애 (끄덕인다)

시우 (영애 옆에 붙어 앉으며 한 팔로 어깨 안는다)무슨 일이 있었나하면 말야··

영애 안해두 돼··· 유치하게 굴었어··챙피해··

354

시우   승조한테 일이 좀 생겼어…

영애   안해두 된다니까..

시우   (영애 자기 앞으로 돌리면서)친척들 다 모인데서….털어놔 버렸대..

영애   ??

시우   엄마는 같이 죽자 기절하시구 작은 아버지는 나가 죽으라구
        패시구/……짐 싸들구 지나네루 나왔어…개 즈이 집안 건사하느라
        돈 별로 없어…최근에 여동생 결혼시키느라 다 털구/ 빈털터리야..
        당분간 지나랑 지내기로 했어..

영애   (보며)……

시우   집안 쑥대밭 만들구 나와 끅끅 우는 놈 놔두구 …전화두 쉽지
        않았구 일찍 일어나는 거두 안 되더라…

영애   …(시선 내리고)

시우   모두 다 배고픈 상황이라 밥 해 먹구….술두 좀 먹구…그랬어.

영애   알았어 잘못했어..미안해..

시우   마음이 너무 나빠….세상에 없이 착하구 좋은 놈인데..악마한
        테 영혼을 팔아서라도 달라질 수 있다면 하겠대..

영애   (끄덕이며)…

시우   (조금 흘러내린 머리 올려 주면서)그런데 마누라야. 왜 사람이 달
        라진 거처럼 그래.

영애   ….(시선 내린 채)

시우   …… 도대체 무슨 생각을 하는 거야…왜 그렇게 화를 내……(보다
        가)그래 화 날 수는 있어..아침에 그런 일 있구 설명도 없이 나가서
        늦어지고 화날 수는 있어. 그렇지만 어떻게 해명할 틈두 안 주구
        그렇게 마구 몰아세워.

영애 (시선 내린 채)‥‥‥

시우 응?

영애 (보며)더 얘기하지 말자‥‥

시우 ‥‥(보며)

영애 챙피해‥‥

시우 챙피할 건 없는데 마누라가 바뀐 거 같아‥‥

영애 (한숨 좀 섞어서 푸우우처럼)자꾸‥‥화가 나‥‥‥(안 보며)

시우 ‥‥‥(보며)(손잡아주며)그래‥‥정말 오랫동안 많이 참아줬어‥‥‥

　　알아‥‥‥

영애 (보는)‥‥‥

시우 (목 당겨 이마에 입술 가만히 대준다)

영애 ‥‥‥(눈 뜬 채 가만히)‥‥‥

S# 빈 거실(어둠)

S# 침실

　　[불 끄고/ 나란히 누워서/ 영애는 시우 팔베개하고‥‥‥‥]

　　[사이 좀 두었다가‥‥‥]

시우 당신‥‥‥종합검진‥‥갑상선 체크했나?

영애 (고개 조금 돌리며)‥‥‥왜‥‥

시우 문득 생각나는데‥‥‥회사 자재과 친구 와이프가 어느 날부턴가
　　갑자기 화를 무지 내더래‥별 거두 아닌 일에 말야‥‥알구 봤더니 갑
　　상선 고장이었대‥‥(하며 아내 쪽으로 고개)

영애 ‥‥‥(보며)

시우 당신두 혹시‥‥‥혹시나 싶어서‥‥‥

영애 ‥‥

356

시우 당신 좀 이상하거든‥

영애 그래 연휴 끝나면 한번 알아볼게‥(하는데)

　E 전화벨‥

시우 뭐야 이 시간에…(하고 팔 뻗어 받는다)네에…

지나 F 어우우 시우야 나 돌겠다아아‥

시우 (상체 조금 일으키듯하며)뭐야 또오‥

S# 지나의 오피스텔‥

승조 (소파에서 이불 머리 끝까지 뒤집어쓰고 엉엉 소리내어 울고 있는데)

지나 얘 너 가구 난 뒤에 지금까지 악을악을 쓰구 울어어. 패두 안듣구 달래두 안 듣구 꼬집어두 안 들어어어어‥ 뭐라구?

S# 부부 침실

시우 (다분히 아내를 의식한 대응)그래서 날더러 어떡하라구우. 뭐 그 딴 일까지 전활해. 나두 사생활 있어 임마‥시간이 얼만지 몰라? 너 혼자 해결 봐‥(하고 픽 끊는다)

S# 지나의 오피스텔

지나 ??(끊긴 전화 들고 있다가 전화 끊으며)왜 신경질야아아.(하고 승조에게 달려 붙어 주먹으로 펑 갈기면서)야‥(이불 잡아 내리려 하며)나가자 나가 응? 차라리 둔치루 나가서 하자 엉?‥(안 그치고)야……야아아아아(울지 마아)

S# 부부 침실

　[한 방향을 보고 두 사람 누워서‥시우 팔은 영애에게 걸쳐져 있고]

영애 ‥‥(눈 뜬 채)

S# 박회장 정원

　[사용인들 부지런히 움직이는]

S# 거실

정원 (안방에서 작은 출장 가방 들고 나와서 현관에 대기 중인 비서에게 건네 준다)

비서 (받아들고 목례하고 나가고)

정원 (총총히 주방으로)

S# 주방

정원 (들어오며)다 됐어요?

조 (전복 죽 뜨면서)다 돼 가‥‥나박김치.

김 네 놔요.(나박김치 든 그릇 작은 상에 놓으며/ 소박하게 차려진 죽 상‥ 일인분)

정원 숭늉은요‥

조 끓기 시작했어‥

S# 안방‥

박 (아내가 내미는 양말 받아 신기 시작하면서)‥‥‥

장 왜 대답을 못해요‥

박 알아서 해.

장 알아서 뭘 할건데‥결국에는 정신병자 만들어 병원에 가둘 거야?

박 독해서 그렇게 안돼요.

장 박희도 노망이냐?

박 ??아침부터 왜 이래‥‥‥출장가는 사람이야‥

장 어제 나갔다 오늘 들어왔으니 아침부터 할 밖에‥

박 열두시 살짝 넘었었어‥세상 모르구 잔 사람이 말이 많아 왜‥

장 연우 내세워 뭐하자는 거야 도대체가‥

박 생각이 있다구.

장   다시 한번만 애 건드려‥내가 가만 안 있어‥

박   치/ 가만 안 있음‥

장   말 들어‥

박   부처님 뒤에 숨어서 구경이나 해…그 말 한 마디는 마음에 들더
       군‥ㅎㅎㅎㅎ

장   (쨰려보는데)

정원   E 어머님‥

장   오냐‥

정원   (상 들고 들어와 놓는다)

박   ‥죽먹구 비행기 타라구?

장   (상 좀 옮겨주면서)속 뜨듯하게 자셔 두세요‥죽 쑤라구 했어요‥

박   일보러 가는 사람 죽 멕여 죽 쑤구 오라구?

장   어서요‥

박   (수저 들면서 다소곳이 일어나는 정원에게 지나가는 말처럼)소식
       없냐‥

정원   …

장   죽이나 드세요‥

박   금년 말까지 소식 없으면 너두 사표 내‥

장   나가봐라‥

정원   (나가고)

장   어이구 내가 눈이 삐었지이이이이

박   으ㅎㅎㅎㅎㅎㅎ(죽 뜨며)

S# 거실

정원   (주방으로 움직이는데)

재우 (이 층에서 양복 차림으로 내려오며)아버님 아직 안 나오셨지요··

정원 (돌아보며)아침 드세요··당신 들어오세요·· 뭐 좀 먹어야죠··

재우 나갔다와서 먹죠. 괜찮아요··

정원 죽 넉넉해요··한 공기 들어요··

재우 그럼 그럴까? (하고 움직이려는데)

박   (나온다)

재우 (기겁을 해서 아버지 쪽으로 움직여 자리 잡는다)

박   (현관으로/ 장 따라 나오고)

재우 (구두 주걱 내밀고)

박   (받아서 신 신으며/구두는 이미 현관을 코로 놓아져 있다)너 어디 가··

재우 아버님 공항에··

박   나와서 뭐 할 건데··

재우 배배웅····

박   쓸데없어. 나오지 마··(하고 나간다)

재우 (어정쩡 엄마 보고)

장   (그냥 안방으로 돌아서고)

재우 (따라나간다)

정원 ·····

S# 영애의 거실

시우 (아들 이빨 뽑으려고 실 들고 도망다니는 아들 쫓고 있다)얌마 ··얌
      마아 너 지금 안 뽑으면 안돼 임마아·· 이리 와 안와? 치과 가 그럼?
      (주방으로 아이 도망치고) 안와? 여보오··

영애 (준서 팔 잡아 끌고 나오면서)왜 이렇게 애를 먹여어어··

준서 제가 하게요 엄마 제가 해요.(앞니 손으로 흔들면서)다 됐어요

360

보세요 다 됐단 말이에요··

시우 (준서 팔 잡아 소파로)그래애 다 됐으니까 뽑잔 말야·· 앉어. 더
애 먹이면 아빠 화낸다. 아빠 화내면 무서운 거 알지?

준서 히이이잉(싫어서)

시우 히이잉/ 너 말이야? 아아아아 벌려 임마아아··

준서 아아아아(마지못해)

영애 (보며)······

시우 은혜 뭐해··준서 이 뽑는 구경 안 할 거야?

은혜 E 할 거야아아··

S# 유정의 발레학원··

유정 (혼자 음악 틀어놓고 춤추고 있는데)·······

정호 (두 아이 앞세우고 들어오며 방해하지 말자고 입에 손대며 조용 경
고하고)

준서 은혜 (끄덕이며 정호 옆에 붙으며 춤추는 유정 구경한다)······

유정 (춤추다가 문득 거울 속에 비친 손님 보고)???(멈추고)어머··(하고
돌아선다)형부 웬일이에요?

정호 어 그렇게 됐어·· 구경하구 싶대서·· 인사 안해?

두 아이 (합창)안녕하세요··

유정 (타월 집어다 땀 닦으며) 너 나 안 이쁘댔지·· 기억하구 있어어어?

준서 아니에요 이뻐요··춤추는 거 보니까 이뻐요··

유정 까르르르르. 뭐 주까·· 콜라?

정호 아냐 언니가 하드 사온댔어··(소정 들어온다) 오네··

소정 니네가 찾는 건 없다 애··아무 거나 먹어·· 자··(하나씩 나누어주
며)이게 더 맛있대·· 믿거나 말거나··

정호   점심 뭐 먹을까. 먹구 싶은 거 말해‥

은혜   글쎄에에에?(하며 준서 보고)

유정   (하드 받으며)얘네들 둘이 왔어?

S# 근처 일식집‥방‥

소모   (냅킨 펴면서)희도건설 사주시라면서요‥

시우   ?‥아 네‥ 아버님께서요‥

소모   아파트 건설로 평판이 좋은 걸로 알고 있어요‥

시우   예 그런가 봅니다‥

소모   남의 얘기하듯 그러시네 호호(엄마 돌아보고 웃으며)용모 수려
     하시구…좋으시겠어요‥

엄마   예에

이모   사위 잘 생겨 장모가 좋을 게 뭐에요. 하하 영애가 좋으면 좋지.
     그리구 뭐 너는 빠지냐? 너 빠져?

영애   제가 왜 빠져요‥

이모   빠지기는 넘치지 <u>으흐흐흐</u>/

시우   따로 정식으로 시간 잡아 만나뵈려고 했는데 이래서 죄송합니다‥

소모   아무려면 어때요‥마침 제가 전화 드리기 잘했죠‥

엄마   예에‥

이모   감자탕 다 된 거 불끄구 나왔어요 생긴 거랑 틀리게 박서방이
     우거지탕 감자탕 그런 걸 잘 먹어요. 아하하하하.

엄마   (이모 돌아본다)

이모   왜요‥

엄마   가만 좀 있어‥

이모   가만 있잖아요‥

엄마 실없이 그거 하지 말어..

이모 ?? 으응 아하하하하하

엄마 얘가 허파가 좀 잘못된 물건이에요..

영애 엄마는

소모 낙천적이구 좋죠 뭐…부럽네요..

이모 좋대잖어어어 하하하하하

소모 식장 잡았다는 얘기는 들으셨죠?

이모 예에..

소모 식장 결정이 안나 청첩장 늦어졌어요.. 연휴 끝나면 바로 나오기로 했는데 그전에라도 전화로 알릴 수 있는데는 그렇게 하는 게 좋겠어요 즈이두 그럴 거에요..

엄마 우리 쪽은… 손님이 별루 없어요..

이모 아 왜 없어어 시장 사람들만 해두 몇인데에.

엄마 그러구는 없지 뭐..

소모 (좀 써늘해졌지만 교양/)누나 손님들두 있을 거구 유서방 친구 두 있구…사둔댁에서두 몰라라는 안하시겠죠..

  [다 같이 좀 난감해서 시우 눈치 보는데/]

시우 네 형 내외는 아마 참석해 줄 겁니다..

영애 (오버랩의 기분)몇석으루 하셨나요..

소모 아 우리두 자신없구 양가 합쳐 백 오십 석 정도로 꾸며 달랬어요.

영애 그 정도면…(엄마 보며)괜찮겠네요…

엄마 (그럴까? 하는 얼굴로 딸 돌아보는데)

  [식사 나왔습니다 하고 식사 들어온다/ 먹을 것들 놓여지고 있는데]

영애 (마른 기침 나온다/얼른 고개 돌리고 서너 번 더)……(그치고)

[엄마랑 시우 영애 보고 있다가 그치자]

시우 감기 오나부다..

영애 글쎄에..

엄마 몸살하구 감기가 같이 오지 왜..(상 위에 놓여지는 음식 자리 옮기면서)

이모 야 이따 저녁에 고춧가루 확 풀어 감자탕 하얀 대접 먹어. 뚝 떨어질 거야 하하하하..

시우 약 사갖구 가자..

영애 집에 있어.

시우 묵은 거 먹지 말구 새 약 먹어..

소모 잘 듣는 약 내가 챙겨 줄께요..

영애 네 고맙습니다..(하며 소모 보는 얼굴이 훼엥하다)……

S# 준서 은혜 앞 뒤로 태워 놓고 자전거 달리는 시우..(오후)

S# 아파트 거실…

영애 (엎드려 걸레질하다가 다시 기침 서너 번)……..(걸레질 멈추고)………

제8회

S# 아파트 입구(아침)

　　[시우 가족 나오고 있다. 학교와 회사 가는 길‥]

시우 　(나오면서)곧장 올라가 운동부터 가.

영애 　알았어. 준서야 잠깐.(세워놓고 얇은 점퍼 지퍼 채워주려 하자)

준서 　(몸 빼며)엄마 싫어요오‥

영애 　춥잖아아. 채워.

준서 　안 춰요오오‥

시우 　(오버랩의 기분)안 춰 괜찮아. 춥기는 어느 새‥상쾌하구 기분 좋아
　　　놔둬‥

영애 　(그만두면서)또 벗어놓구 오지 말구 꼭 챙겨‥

준서 　알았어요‥

은혜 　들어가.엄마.

영애 　응 잘갔다 와‥(모두 움직이는데)잠깐‥뽀뽀한 번 더‥(몸 조금 굽
　　　히며)

은혜 　알았어.(뽀뽀해주고)

영애　준서.

준서　아이구 참 우리 엄마는 뽀뽀를 너무 좋아하신단 말야아아아.
쪽(해주고)이제 아빠랑 하세요.

시우　얌마 아빠 아까 했어.

준서　우리두 했어요.

시우　아빤 안돼 야.(애들 잡은 손 끌며)간다.

영애　응…

　　[세 식구 움직이고]

영애　……(보며)

　　[세 식구 돌아보며 손 흔들고]

영애　(활짝 웃으며 손 흔들어주고)……(바래다가 웃음기 스러지고)

　　[영애 시각에서 장난치며 멀어져 가는 세 식구…]

S#　승강기 안

영애　(숫자판 올려다보며)……

S#　침실

영애　(옷은 갈아입었고/단추 채우면서 장에서 핸드백 꺼내들고 문으로)

S#　거실

영애　(나와서 현관으로 가 신발장에서 운동화 주머니 꺼내드는데)

　　E 핸드폰 전화벨

영애　(전화 꺼내든다 확인하고 조금 갸웃하며 받는다)네에….어머나 얘
..(반갑게)그러엄 누군지 알지.. 명진이 아냐 너.. 반갑다 얼마만야..
(하며 소파 쪽으로 움직인다)잘 지내지?….미안해.. 과외 뛰어다니구
애들 치다꺼리해야구 한가하게 전화할 여유가 있어야지 어디. 근
데 그러는 넌 왜 전화 안했니..호호호호 그래 피장파장이다 시비걸

지 말자..(소파에 앉으면서)어 나 이사했어 명진아..이제야 내집 장
만 했어…서른 여덟평… 웅 나한테는 궁전이야. 너무 좋아….어 지
금 막 운동하러 나가는 참이었어.. 팔자 늘어지긴 ··그이가 멤버쉽
사다 억지루 떠앵긴 바람에 시작했어….뭐? 까르르르르 그래 귀
부인됐다 깔깔깔..웅?….어 안그래두 이제부터 동창모임에두 나
가구 그러며 살 거야..나 과외 그만뒀거든.. 그만두라구 생난리잖
아…그래 연하의 남편이 ㅎㅎㅎㅎ….어 연락해..엉 꼭 나갈께…그
래 엉.. 고맙다…안녀엉(끊고)……(있다가 전화 핸드백에 넣고 운동화
와 한꺼번에 들고 현관으로 가서 신 신으려다 핸드백 운동화 바닥에 놓
고.. 주방으로)

S# 주방

영애 (들어와 냉장고에서 물병 꺼내 마개 열러 왼손에 들고 오른손으로
아침 먹은 설거지 깨끗하게 해서 차곡차곡—성격—물빼기에—정리한
데서 유리 물컵 하나 빼내 들고 물 따르는데 그만 따르는 게 아니라 쏟는
게 돼 버린다/ 바닥까지—펄쩍 반사적으로 뒤로 물러섰다가는 순간 입
꽉 다물면서 컵과 물병 한꺼번에 싱크대에 메다 꽂아버리고)……(입 꽉
다물고 노려보는)…… (그러다가 구석 걸레 바구니 당겨 걸레 집어 쪼그
리고 앉아 닦기 시작…어느 순간 걸레로 힘껏 빨래 방맹이질하듯 바닥 두
들겨 팬다)……

   E 현관 벨소리….

영애 (잠시는 못 듣다가 돌아본다)……

S# 거실

영애 (나와서 버튼 누르면)

   [이기사..]

영애　아저씨 무슨 일이에요··

이기사　F 예 저기 모시구 오라구 하셔서·····

영애　·····

이기사　할머님께서요···

영애　·····

S#　아파트 앞

영애　(입구에서 나온다··)

이기사　(대기하고 있다가 영애 나오는 것 보고 자동차 문 연다)······

영애　(잠깐 멈추고 보고···움직여서)안녕하세요··

이기사　예 타세요···

영애　(오르고)

이기사　(운전대로)

　[출발하는 차·····잠시 두었다가]

S#　자동차 안··

영애　······

이기사　····(조금 눈치 보듯 하다가)새벽에···목욕 나오셨어요··

영애　··네에···

　[잠시 두었다가]

S#　호텔 앞에 서는 자동차···

종업원　(문 열어주며)어서 오십시오··

영애　(내려서 내려 있는 이기사에게)고맙습니다··(조깅화 주머니와 핸
　드백)

이기사　(목례하고)

영애　(호텔 회전문으로)······

S# 로비

영애   (들어오는데)

정원   (기다리고 있다가 다가들며)동서‥

영애   (멈추고 본다)‥‥‥

정원   (가까이 와서 서며)일찍 나오셨어‥

영애   들었어요‥

정원   애기씨두 조금 전에‥오셨어‥

영애   (보며)‥‥‥

정원   (손 좀 잡아서 다른 사람에 방해 안 되게 조금 끌어다 세우며)추석
         날 그러구 가서‥‥‥무슨 말이 있기‥‥기다리셨던 거 같어‥‥

영애   드릴 말씀 없는데요‥

정원   (달래듯)그러지 말구‥ 그래두 시어른이시잖어‥모시구 살지
         않어서 나만큼은 몰라 그래‥섭섭한 마음 아는데‥그래두 지금 동
         서 편에서 아버님 막아 주실 유일한 분이셔‥

영애   뭘 막아주시는데요‥애들 고모 한번 더 왔었어요‥

정원   ‥‥(보며)

영애   어머님은 알지두 못하시잖아요‥

정원   아냐 아시는 거 같아‥애기씨가 말씀드렸나봐‥

영애   그럼 더구나네요‥뭘 막아주시는 거에요‥

정원   그러지 말구 무슨 말씀을 하시든 조용히 들어드리구 그저 알
         겠습니다 해 응?

영애   ‥‥‥(보며)

정원   왜 그래애 여태 잘 견뎠으면서‥‥‥‥

영애   (시선 내리면서)‥‥‥

정원   (등에 손 대면서)들어가자…

S# 호텔 커피숍…

　　[손수건으로 땀 찍어내고 있는]

장   (못마땅해서 보는)

연우   (큰 핸드백에 손 넣어 뒤적이며 찾다가 문득 엄마 보고 그만두면서)
　　어이 신경질 나..정신 어디 두구 사는 거야 대체…

장   (땀 닦던 손 내리고 냉수 컵 들며)……

연우   락커 화장품 바꿀려구….(하고 그래도 미련 핸드백 아구리 벌려 잠
　　깐 들여다보며) 여행용 세트루 새루 준비했는데 빼놓구 나왔나봐..

장   그러게 무슨 좋은 일 났다구 꽁지 불붙은 거 모양 뛰어나와..

연우   엄마본지 한참됐잖아요..보구 싶어서..

장   ….(헛소리)

연우   나온 김에 엄마 잠깐 쇼핑 좀 가요..나 기가 막힌 백 하나 홀드
　　시켜 논 거 있는데

장   (오버랩의 기분)쓸데없는 소리 말구(하다가 다 다가온 정원과 영애
　　본다)

연우   (엄마 시선 따라 보고)어 왔어?

영애   (장여사에게 목례)

장   (오버랩의 기분)너 저리 가.(자리 옮기라고)

연우   숍 시켜났는데?

장   딴 데가 먹어.. 애 데리구 가라..

재우   너 어머니.. 애기씨..

연우   (불만)나두 할 얘기 있단 말이에요.

장   ……(물 마시며)앉어라..

370

영애   ….(앉으면서 핸드백 옆자리에)

정원   (한편 연우에게 눈짓해서 데리고 다른 테이블로)

연우   (따르다가)왜 거기까지 가요. 빈자리 많은데..

정원   오세요오..(달래듯)

  [장여사와 영애 자리…]

  [장여사는 영애 보며 영애는 시선 내리고……잠시 두었다가]

장   무슨 맘을 먹구 이러는 거냐..(조용히)

영애   …..(그대로)

장   어째 수습할 생각을 않구 그러구 있어…

영애   (시선 들어 본다)

장   여기서 쪽박 깨 버리구 말테냐? ….그동안 세월이 아깝지두 않은
   게야?

영애   …(시선 내리는)

장   미주에미 내세워 회장님이 무리한 요구…하신 거 안다..사십
   년을 살었어두 아직두 그 속이 어떤지를 모르는 양반이라 무슨 생
   각이신지는 모르겠다만 설마 오랏줄루 묶어 내치기야 하시겠니..

영애   ……

장   별라별 험한 소리 다 들으면서…..(보다가)안들은 소리가 어덨어..
   그러면서두 잘 참구 견뎠으면서 새삼스레 왜 그래..

영애   (시선 내린 채)정식으루 위자료 제시하시면서 나가라신 적은 없
   어요.

장   …..(보다가)못하겠습니다 했으면 됐어.. 못하겠다는데 더 뭘 어
   떡할 거야..

영애   ….

장   너두 고약하지.....즈 아버지하구 절연까지 하게 만들구 기어
     이 시우 붙잡구 안 놀만큼 ....너두 독하구 고약한 애야..

영애   .....(보는)

장   그렇지만 회장님 고약하시다구 같이 고약 떠는 건 어불성설이
     다.. 시부모한테 맞대항하는 며느리 용납 못해..오늘 출장에서 오
     시니까.. 출장에서 오시면 이튿날은 집에서 쉬시는 거 알지...시우
     출근시켜 놓구 와서 무릎꿇구 용서 빌어.

영애   (시선 내리는)

장   ....(보다가)왜 대답이 없어..

영애   (오버랩의 기분)그러구 싶지 않아요 어머님..

장   ???

영애   저는.....아버님어머님 며느리....포기했어요..더 이상 기대두 미
     련두 없어요..그냥 애들 엄마로...아내로만 살래요..

장   말이라구 하는 거냐? 시우는 어떡하구 애들은 어떡하라구.. 다
     끊어놓겠다는 거야?

영애   애들 아빠가....알아서 할 일이에요...

장   그런 무책임한 소리가 어딨어.

영애   더 이상 책임지려구 (목이 막혀오면서)애 쓸....기력이 없어요.

장   그럼 니 말대루 부처님 뒤에 숨어서 구경이나 해야겠구나..

영애   어머님 이날까지 단 한 번이라두 저랑 눈 맞추구 웃으신 적 있으
     세요? 없으세요.. 에미야 한번 불러주신 적 있으세요? 두 분 중에 한
     분 한테서라두 따스함을 느낄 수 있었다면 그렇게까지 힘들지는
     않았을 거에요...애들 아빠 힘들어 할까봐 씩씩하게 너무 아무렇
     지두 않은 척 연극하면서 저....곯을대루 곯았어요...그런 상황에 아

무렇지 않을 사람 천지에 없어요..그런 저를....뻔뻔스럽구 무섭다
구.....하셨어요..

장   나는 그런 말 한 적 없어.

영애   (잠깐 끄덕이듯)네 어머님은 늘 구경만 하셨어요...

장   ......(보며)

영애   (어쩔 수 없이 떨어지는 눈물 손으로 닦아낸다)....

장   (분위기 바꿔서)힘들었을 거 안다..어찌됐거나간에 잘못했습
니다 수습해..

영애   ....

장   말 들어..

영애   ...

장   알았니?

영애   (보며)안 할래요 어머님...

장   ......(보다가)늙은이 말 값두 못 쳐주겠다는 거야?

영애   .....

장   (소지품 챙기면서)시우한테는 연우 심부름 다닌 거 끝까지 입 다
물어. 난가 만들지 말구.

영애   ....

장   (일어나다가 보며)알았니?

영애   (같이 일어나서)네....

    [시모가 소지품 챙기기 시작하자..벌써 일어나 다가와 선 정원..]

장   (나간다)

정원   (따라 붙으며 팔 잡는데)

장   (밀어내고 나간다)

[정원과 연우는 다른 자리에 있으면서 연우/두 사람 얘기하는 동안 계속 이쪽 자리에 신경 쓰는 그림이 한 화면에 몇차례/]

연우 (엄마 입구로 움직이자 수프 먹던 스푼 서둘러 놓고 소지품 챙겨 영애의 자리로 와 앉으며)엄마 왜 화나셨니··

영애 (그냥 소지품 챙기는)

연우 얘 좀 앉아봐아··

영애 (돌아본다)

연우 앉어 너한테 해줄 얘기 있어··

영애 별루 듣구 싶지 않어··(하고 움직인다)

연우 저 기집애가?(하고 서두른다)

S# 호텔 현관··

[와서 대어지는 장여사 자동차·· 종업원이 문 열어주고]

장 (자동차로 움직인다)

정원 (따르는데/같이 타려고)

장 택시 타구 들어와라··(혼자 가겠다)

정원 (멈칫 서고)

[뜨는 자동차··]

종업원 (인사하고)

정원 ····(보며)·····

S# 스포츠 센터로 오르는 마지막 계단··올라오고 있는 영애와 따르는 연우··

연우 엄마 뭐라셨는데에··

영애 ····

연우 너 완전히 반항 모드로 돌았니? 엄마까지 화나게 만들면 어떡해 바보야··

영애 (멈추고 돌아본다)

연우 (영애 팔 잡으며)생각해 봤는데…이리 와 봐 잠깐….(영애 끌고 소파 있는 곳으로)잠깐 앉아봐. (눌러 앉히듯 하고 저도 앉는다)

영애 (앉혀져서 보며)

연우 말야..(하다가 저 보는 영애 보고)그렇게 싫증나는 얼굴 하지 마라..썰렁하게..

영애 무슨 얘긴데..

연우 내가 너라면 아버지가 주신다는 거 그냥 받아 챙겨…

영애 …(보며)

연우 일단 받아놓구 안 나가면 그만이잖아..

영애 그게 무슨 소리니.

연우 무슨 각서를 쓰라는 조건이 붙은 거두 아니구 그냥 명의변경 해주신다잖아.. 무슨 상관야.. 받아놓고 못 나간다/내가 언제 나간댔냐 그럼 되잖아. 설마 그걸루 노인네가 소송을 하시겠니 뭘 하겠니. 어차피 아들한테 준거나 다름없는데. 그렇게 복수하는 방법이 있더라구.

영애 너 정상이니?

연우 ?? 눈에는 눈 이에는 이야..어차피 반항 모드루 전환했으면 노인네 악 소리나게

영애 (오버랩의 기분)나 위해 하는 소리야??

연우 그럼 이게 아버지 위해 하는 말루 들리니?

영애 잔머리 굴리지 마. 내 머리두 너만큼은 돼..

연우 ???

영애 참 유치하다 /

연우 뭐?

영애 (일어나며)남부럽잖은 집안에서 태어나 좋은 교육 받구 어떻게 고거 밖에 안되니‥

연우 (벌떡 일어나며)뭐 고거밖에? 고거 밖에가 뭔데‥

영애 천박하구 상스러.

연우 이 기집애가 돌았나 뭐가 어쩌구 어째? 너 내가 니 시눈 거 까먹 었니?

영애 (오버랩의 기분)어떻게 까먹을 수가 있겠니‥너같이 밥맛없는 시누 세상에 둘두 없을텐데.

연우 (너무 기가 막혀 대꾸가 막혀 입 금붕어 같다가) 어우 /어우어우 얘 가 진짜 막가네에?너 막가는 거야?

영애 (쓴웃음)그래‥난 겁날 게 없거든‥(하고 스포츠 센터로)

연우 (보면서 분하기는 한데 어째야 좋을지를 모르겠다/머리채를 잡을 수도 없고)‥‥(두 손을 올렸다 내렸다 입은 떡떡 벌어지고)

정원 (나타나며)동서는요 애기씨‥

연우 이럴 수가 있어요? 저 기집애가요 어우 졸도하겠네 진짜. 병원 에 처박아야겠어요 언니 돌았어요오‥

S# 건설 현장의 시우‥(설비 공사 들어가 있다‥보일러 파이프 공사라든지/현 장 분위기)

E 시우 핸드폰 울린다.

시우 (받는다)네에 박시우 핸드

장 F 애비야

시우 ??네 웬일이세요.

장 F 그렇게 하구 가서 전화한 통 없다가 웬일?‥

시우 ‥죄송해요 별일 없으시죠.

S# 움직이는 자동차 안

장 (핸드폰)너한테는 뭐가 별일인데‥‥아버지 오늘 오셔. 퇴근길
    에 들려 애들 에미 대신 잘못했습니다 해‥ 이런 법은 없다‥‥‥뭐해‥

시우 F 알겠어요‥

장 십년 치성 도로아미타불 만들지 말구.

시우 F 알았어요‥

장 저녁은 집에서 먹어.

시우 F 네‥‥

장 (전화 끊어 기사에게 넘기고)아미타부울‥‥‥‥(무거운 숨 내쉰다)

S# 현장

시우 (전화 내리면서)‥(잠깐 무겁다가 전화 주머니에 넣으며/일하는 사
    람 쪽에)변사장 몇시에 건너 온다구 했죠?

남자 오실 때 됐는데요.

S# 스포츠 센터

    [러닝머신 하고 있는 영애‥속도 4, 5쯤‥‥한동안 계속하면서 숨이 조
    금 차기 시작한다‥‥이 악물고 계속하는‥‥‥‥그러다가 머신 멈추고 내려
    서 두 무릎 잡고 꾸부리고 눈 꽉 감고 숨 고르는데/ 오기와 저항/부정/
    분노‥]

정원 E 왜 그래‥

영애 (일어난다)

정원 어디 아퍼?(운동복으로)

영애 숨이 좀 차서요‥

정원 무리했구나‥ 천천히 시작해서 차츰 올리라니까 욕심부리지

말구··

영애 욕심을 좀 부렸어요···

정원 다른 거 해··팔운동을 하던지··

영애 아니 씻을래요··(기계에 걸쳐놨던 수건 뽑으며)

정원 (보며/운동할 기분 아니겠지)그럴래?

영애 (조금 웃으며)생각해보니 집에 할 일 많아요··시장두 봐야하구요··

정원 나 이십분만 하께 안 기다려줄래?

영애 (끄덕이며)그럼 그러세요 천천히 씻을께요··

S# 백화점 슈퍼마켓

[시장 보고 있는 영애/정원 밀차 잡고 있는데 영애 녹즙거리 야채를 있는대로 담는다··]

정원 녹즙 먹어?

영애 먹어 볼려구요··

정원 잘 안 먹으려들어··먹기가 거북한가봐··

영애 네에··(하며 다른 야채 더 집어 든다)

S# 주방

[시장거리들 싱크대와 식탁에 쌓아놓고 녹즙 야채는 벌써 골고루 씻어 물 빼기 망 그릇에 담겨 있고/ 싱크대 아래 깊은 곳에 있는 녹즙기 꺼내려 머리 쑤셔박고 있는]

영애 (녹즙기 꺼내서 싱크대 안에 넣고 수세미와 칫솔식 브러시로 물 틀어 놓고 닦기 시작한다··)

[입 꽉 다물고 녹즙기에 야채 집어넣고 있는 영애.]

S# 거실

영애 (소파에 앉아서 앞에 놓여진 녹즙 컵 보며)······(있다가 집어서 벌컥

벌컥 마시는데 처참하다)……

S# 떠들면서 쏟아져 나오는 아이들 속에 준서/ 장난꾸러기 여실··

영애 준서야··

준서 ??(보고 냅다)엄마.(해놓고 친구들과 인사하고 와서 서며)오신다
구 안 했잖아요··

영애 (손잡으며) 이제부턴 예고 안하구 올 거야··

준서 왜요?

영애 더 반갑구 기쁘잖아?(걷기 시작하며)

준서 하하하 그건 그래요··운동은 갔다 오셨어요?

영애 그럼 운동하구 시장보구 바빴어. 넌 어땠어?

준서 저두 바빴죠오 무지무지 바빴어요··(하는데)

영애 ??(문득 걸음 멈추고 아들 본다)

준서 (같이 멈춰지고)??왜요?

영애 왠거 같아?

준서 (갸웃)글쎄요? 모르겠는데요?

영애 너 아침에 엄마가

준서 앗 (제 옷 내려다보며)실수. (점퍼를 벗어놓고 왔다)엄마 잠깐요··
십초만요 (벌써 뛰기 시작하며)삼십초만요··

영애 뛰지마아 천천히 해 넘어져어··

준서 (대답처럼 한 팔을 팔랑개비 돌리듯 돌리면서 마구 뛰어간다)

영애 뛰지 말라니까아아…(하면서 불현듯 눈물이 핑글핑글 돌기 시작)
  [준서 뛰고 있는/영애 시각에서]

영애 ……(보다가 얼굴 우그러지면서 아예 준서 쪽으로 등 돌리며 돌아서
버린다)……

S# 주방

[부지런히 탕수육 간장 만들고 있다. 김치와 나무 젓가락은 이미 놓여
있고/불에는 튀김기름 얹어져 있고 쇠그물 망에는 한 번 튀겨낸 탕수
육 소복하게—너무 많이 말고 수박 반 개만큼—담겨져 있다·· 불 하나
에는 소스 덜어 데울 그릇 올려져 있고/]

영애   (냉장고에서 물병 꺼내며)언제 나올 건데에에?

준서   E 나가요오오.

영애   엄마 시작한다아아?

준서   E 네에/

영애   (튀김기름에 망 담그고 탕수육 부스러기 넣어 떠오르는 것 보고 손가
락 벌려 한꺼번에 준서 먹을만큼 넣고 소스에 불 당겨놓고 튀기기 시작한
다)······(좀 기다렸다가 망 손잡이 좀 일렁거려주고)·····(소스 저어주고)

준서   (세수하고 나온 참이다/ 앞머리 조금 젖어서 붙어 있고/나오며)드
디어 탕수육을 먹는구나.하/하/하/하/하

영애   (저도 모르게 풋 웃어버리고)

준서   (나무 젓가락으로 간장 찍어서 맛보고)으음 그대가 간장도 잘 만
들었군.

영애   황공하옵나이다 전하··

준서   배가 고프도다··

영애   잠시만 기다려 주옵소서··(하며 탕수육 망 꺼내 기름 떨어지는 것
기다리며 조금 춧석거린다)다 돼 가옵니다··

준서   오오냐 빨리 하도록 해라.

영애   ??(돌아보며 짐짓 흘기듯)

준서   <u>흐흐흐흐흐흐흐</u>

영애　(준비된 그릇에 튀김 담아 내면서)뜨거워. 조심해··

준서　네··

영애　(소스 작은 그릇에 따로 담아 내놓으며 앉는다)지난 번에 너무 달 댔지. 조금 덜 달게 했는데 모르겠다··

준서　(벌써 하나 소스에 담가 먹으려는 참이다/ 베려다가 뜨거워서)아으 으으

영애　조심하랬지.(얼른 하나 집어 후우후우 불어서 소스 찍어준다)

준서　(받아 먹는다)····

영애　(씹는 것 보며 표정으로 어때?)

준서　(마구 씹으며 엄지 들어보이고)

영애　(한손으로 감사합니다 목례하며 제스처)

준서　하하하하 (딴 것 집어 들어 먹는)

영애　·······(잠시 보고 있다가)준서야··

준서　?

영애　준서는 참 행복한 사람이라서 엄마는 감사해··

준서　(먹으며)?? 무슨 뜻이에요?

영애　무슨 뜻인가하면···너는 태어나는 날부터 항상 기분이 좋은 아 이였어··잘 울지두 않구 기저귀에 쉬이 펑 끙가 펑 싸놓구두 태평으 루 두리번거리며 잘 놀구 배 고프면 주먹 빨면서 기다리구····항상 벙글벙글 아무한테나 잘 안기구 잘 따르구·····그러더니 지금껏 그 런다·· 날마다 기분좋구 행복한 아이···바라보고 있으면 나까지 행 복하게 만드는 아이····

준서　알았어요 빨리 먹구 학습지하구 숙제두 하구 그럴께요··

영애　····(본다)

준서　두번 말씀 안 하시게 한다니까요?

영애　그런 뜻 아니었어..

준서　그럼요?

영애　엄마는…내 아들이 계속 그렇게 …다른 사람까지 즐겁게 만들어주는 기분좋은 어른이 돼 줬으면 해..

준서　네에.. 문제없어요..믿으세요..

영애　.....(보며)

준서　(탕수육 들어 보이며)진짜 환상이에요..

영애　고마워.. 내일은 제주도 할머님이 보내신 왕새우루 칠리소스 요리 해주께..

준서　와하하하..엄마 집에 계시니까 날마다 맛자랑 요리자랑이네요..

영애　.....(웃는 얼굴로 한동안 먹는 것 보다가 문득 바꿔서)오늘 숙제는 뭐야?

준서　우리 가족에 대한 소개 /써야 해요..하아 근데 고민이에요. 다른 건 다 괜찮은데 할아버지에 대해서를 어떻게 쓰죠?

영애　왜애?

준서　제가 감정이 안 좋잖아요..그래서 그냥 댔다 이상한 할아버지/ 문제있다 그럴까 생각해요..

영애　그건 안되지이..

준서　그럼 뭐라구 해요?

영애　엄하셔서 어렵지만 …그래두 사랑해 주신다…그 정도면 어떨까..

준서　사랑해주시지두 않는데요?….

영애　그렇지 않아..표현을 안하실 분이야. 이 세상에 모오든 할아버지는 누구보다두 손자를 제일 많이 사랑하셔..그게 기본이야..

382

준서　저는 사랑안하셔두 좋으니까 엄마한테나 잘해 주셨으면 좋겠
　　　어요‥

영애　……(보며)

S# 거실…

영애　(소파에서 빨래 개키고 있다)………(그러다가 문득 창밖으로 시선
　　　보내면서 하염없이)……

　　　E 방문 여닫히는

준서　(연필과 종이 한 장 들고 뛰어나와서)엄마 외할머니 이름이 뭐에요?
　　　이모할머니랑요‥

영애　할머니는 나 짜 옥 짜 분 짜‥

준서　히히 웃기다.(커피 테이블에 종이 놓고 받아 쓴다/이모할머니요.)

영애　웃기다가 뭐야‥이모할머니는 나짜 경자 자짜‥

준서　(받아 적고)고맙습니다(굽벅하고 돌아서는데)

영애　외할머니는 뭐라고 쓸 건데?

준서　세상에서 제일 맛있는 떡볶이를 만드시는 할머니. 무릎이 아프
　　　셔서 걱정이다.

영애　…그래….

준서　(돌아서는데)

영애　엄마는?

준서　(돌아본다)

영애　뭐랄 건데?

준서　어이…비밀인데 ……꼭 아셔야겠어요?

영애　궁금해‥

준서　우리 가족의 수호천사‥뽀뽀를 대따 좋아하신다. 우하하하하

(하며 뛰어들어가고)

영애　(아들 방 쪽 보면서)...........(가슴 미어지려 하는데)

은혜　(들어오며)엄마아..

영애　으응..(일어난다)엄마 딸 오네에에?

은혜　(제 방 쪽으로 뛰며)엄마 나 피아노 늦었어..(가방 방 앞에 팽개치
　　듯 하며 화장실로)오줌 싸겠어..

영애　아직 시간 안 됐는데 왜 그래..

은혜　E 지난 번에 30분 빨리 하자구 선생님하구 약속했거든..

영애　그럼 서둘지이..

은혜　E 수정이하구 얘기하느라구우우… 엄마가 하랬잖어어어..

영애　.....

S# 테라스

영애　(쪼그리고 앉아서 다 시들고 죽어가는 야채 보며).......(뽑아서 비닐
　　봉지에 담기 시작한다)...........

　　[거실에서 전화벨.]

S# 거실

영애　(들어와 받는다)네에에/

시우　F 잘 있지?

영애　그럼.

시우　F 저녁 먼저 먹어. 나 좀 늦어..

영애　회식 있어?

시우　F 잠깐 볼일 있어. 밥은 집에가 먹을 거야..

영애　알았어.

S# 사무실

시우 (책상 정리하며)은혜랑 준서는… 친구 좀 만나…지나는 아냐.. 당신 신경쓰니까 그렇지….(웃으며)오늘은 도로 잘난 마누라야? ….그래 일봐..이따 봅시다…엉?……뭘 그래 그냥 한꺼번에 해둬…아 그러지 말라니까 글쎄..

S# 거실

영애 글쎄 도착 30분 전에 전화해. 새 밥 해줄게..

시우 F 사서 고생하지 마.. 뭐하러 밥을 두 번이나 해.

영애 아냐 이제 정신두 들구 금방 해서 주걱 샥 들어가는 새 밥 먹이구 싶어. 밤낮 시간 지난 밥 혼자 퍼먹게 했잖어..

시우 F 아 내가 무슨 대단한 사람이라구우.

영애 해준달 때 받어 글쎄. 얼마나 계속해줄지 모르지만 암튼 한번 해보구 싶으니까..

시우 F 알었어..이따 봐.

영애 응 끊어..(전화 끊으려다)

S# 아파트 전경..(오후 일곱 시경)

S# 거실

영애 (사과 깎고 있는데)

은혜 (한 쪽 썹다가 도로 놓으면서)너무 맛없어. 안 먹을래.

영애 비가 너무 와서 다 그렇대. 그래두 먹어줘.

은혜 맛없어.

영애 열심히 과일 농사 지으신 아저씨들 얼마나 속상하시겠어..그 생각해서 맛 없어두 먹자구..(찍어서 준서 주며)자..

준서 저번에 포도는 맛 있었는데..

영애 안 받어?

준서 (받아서 먹기 시작한다/뭔가 책들 보면서)‥‥

영애 (저도 한 쪽 집어 베어 물고 씹으며)뭐어 생각보단 괜찮은데‥ 그
     래두 사과 향기는 나잖어?

은혜 알았어 알았어 먹으께 엄마‥

영애 흐흐 좀 닭살이지만 얘기하구 싶은 거 있다‥

은혜 뭔데.

준서 (오버랩의 기분/동시에)뭔데요?

영애 옛날에 엄마랑 아빠 연애할 때‥‥‥우웅 아니다 아직 연애는 아
     니구 아빠가 엄마 좋다구 막 괴롭힐 때 /아빠가 엄마더러 겨울 사
     과같다 그랬다?

은혜 에? 그게 무슨 뜻이야?

영애 으흐흐흐흐(쑥스러워서)

준서 뭔데요?

은혜 엄마 챙피하다. 챙피하면 저렇게 웃잖어‥

영애 ‥시원하구 상쾌하구?‥향기롭구? 달콤새콤하구

준서 우우우우우(야유)

은혜 (같이)우우우우우우

영애 (소리내어 웃는다)

S# 박회장의 거실

박   (소파에 앉아 신문 뒤적이고 있고)

     [시우와 재우/ 옆에서 머뭇거리고 있는…]

재우 아버님 시우 왔습니다.

박   ‥‥‥

재우 (뭔가 말하려 하는데)

시우   아버님 뵈러 왔습니다.

박   ……

재우   아버님.

박   (나직이)봤으면 됐어……가…

재우   드릴 말씀이 있어요.

박   들을 말 없어‥

장   (안방에서 나오면서)왔구나.

   [방문 여닫히며 독경 소리 새고]

시우   네‥

장   (자리 잡으며)애들을 왜 장승모양 세워둬요‥

박   (신문 뒤집는다/ 아무 일 없는 듯이)

장   (앉아서)앉으라구‥

   [두 아들 앉고/]

장   나중에 보세요…

박   ……

장   (그냥 말하라는 눈짓)

시우   (엄마 잠깐 보고)지난 명절에는 불편하게 해 드렸어요‥ 사죄드
   려요‥

박   ‥‥

시우   죄송합니다…

박   ‥‥‥

시우   애들 엄마…이해해 주세요…

박   ??(보는)

시우   (맞서는 건 아니고 설득조)지금까지 충분히…… 하실만큼 하셨다

구… 생각합니다..

박　(신문 들고 있던 팔 조금 내리며 본다…담담하게) 내가 뭘 해..(담담)

시우　그 사람이 겪은 일들…인간으로서 당할 수 있는 최악의 수모 수준이었어요..

장　시우야.

재우　(오버랩의 기분)(겁나서)야아..

시우　아버지 그 사람을 최소한의 자존심조차도 없는 벌레 취급하셨어요…

재우　(오버랩의 기분)얌마 너

장　(오버랩의 기분/좀 아들한테 화가 난다)무슨 전주가 이리 길어.. 죄송합니다 한 마디면 될 걸..

시우　그런 대우에도 죽은 듯 고개도 못 들고 있었던 건 언젠가는 (남아 있는데)

장　(자르듯)됐다..

시우　(잠깐 엄마 보고 있다가 아버지에게)다른 건 다 접어두고라도 은혜 준서 어밉니다..그것만이라도 인정해주시고 그만 넘어가 주세요…

박　(가만히 보며)….

시우　지난 번은 애들 어미가 지나쳤습니다. 용서해 주세요..

박　그게 시키든?

시우　…..(보며)

박　대신 온 게야?

시우　…네…

박　(나직 담담)저는 왜 못 오구 널 시켜….

시우　아버질 너무 잘 아니까요…

388

박   (보며)그 배짱에 내가 무서워?··

시우   ······(가만히 보다가 시선 피하고 일어서며)그만 가보겠습니다··

장   (따라 일어나며)저녁 먹구 가라.

시우   가서 먹겠어요·· 안녕히 계세요··(목례하고 현관으로)

재우   (어정쩡하다가 쫓아나가고)

장   끄으으응····(하고 안방으로)

    [방문 여닫히며 독경 소리 새고···]

박   치/(묵은 신문들 한꺼번에 들고 일어난다)····

S# 정원···

시우   (앞서 움직이고)

재우   (뒤따르며 나오는 관리인에게)내 차 대라 그래요. 아저씨··

시우   놔둬요 버스타면 돼요··

재우   야 한참 걸어야잖어어어.

시우   상관없어요····

S# 대문 앞··

시우   (나오며)들어가요··

재우   (잡으며)타구 가 야. (너 그냥 보내고)내 맘 편해?··

시우   ···(별수 없고)

재우   ······(잠시 기다리다)차 한 대 뽑아주구 싶어두 아버지 무서워 못
    한다··

시우   해 많이 짧아졌어요··

재우   순식간야···가을두 짧다더라··· 대신 겨울이 길거래.

시우   예····

재우   오기 잘했어·· 저러셔두 나쁘지 않은 쪽으루 치부는 해 두실 거야

....아버지두 늙으셨어야. 너 집 뛰쳐나갈 때 생각하지 마…짜증두 훨씬 더 느시구 옛날에 비해 뒷심두 훨씬 없어지신 거 같아…어떡하니 부모님이신데 꼼짝마라잖아… ....(하는데 자동차 와서 대어지고)모셔다 드리구 와요‥

기사 예

재우 가라….

시우 (타면서) 들어가요‥

재우 어엉….

[차 문 닫히고 자동차 움직이기 시작하는데‥]

S# 밤거리를 움직이는 자동차 안‥

시우 (좀 피곤한 듯 기대어 있다가 문득 몸 일으켜 핸드폰 찍는다)

　　　 F 벨 가는/

승조 F 어 시우야…

시우 어디니‥

승조 F 오피스텔….

시우 빨리 퇴근했다? 안 바뻐?

S# 지나의 오피스텔

승조 저녁먹구 지나 느이 쇼핑몰 매장 마무리하러 뛰어 나가야 해‥ 오늘 철야다 야‥ 어떻게나 깡깡거리는지 시끄러 죽겠다‥(부글부글 끓는 김치찌개 간 보고 소금 좀 더 넣으며)우웅 찌개 죽인다….낄낄 거의 그렇지이이‥

지나 (로브에 머리 싸맨 거 풀어헤치며 나오는)뭐가 ?

승조 시우‥완전 밥떼기 아니냐구‥

지나 (전화 빼내서)밥 먹으러 올래? 김치찌개 냄새만으루두 침 넘어가는데....어 잘먹여주는 건 좋은데 덕분에 뚱이 아줌마 될 거 같아....뭐?

S# 자동차 안

시우 얌체처럼 너무 부려먹지 말란 말야.. 착해서 노우 못하는 애/ 니 밥떼기 하다 디자이너 감각 무뎌질까 걱정이다....진심으로 하는 말이야..너무 노대기로 뭉개지 말어..너 그런 성향있어......그래애... 그런 면으로는 각성할 필요있어.. 좀 더 심해지면 남에 손으로 코 풀자고 덤벼들 거야 아마.....언짢아?.....좋아 약간은 언짢은 거두 괜찮아.. 내말 반성에 계기로 삼아라 ..엉....그래...

S# 지나 오피스텔

지나 (전화 끊어서 아무렇게나 놓고 뿌우)비켜 내가 하께.

승조 후훗 괜히 신경쓰는 척 하네.

지나 내가 남에 손으로 코풀 아이랜다.. 그러니?

승조 하하하하

지나 ??너 동의하는 거야?

승조 후후후후

지나 (등판 주먹으로 내 지른다)

S# 아파트 입구에서 군밤 사고 있는 시우…

S# 거실

　　[두 아이 레고 쌓고 있다…두 아이 자유롭게 떠들면서……]

영애 (가라앉은 기분/다리미질한 옷 단정하게 개켜서 옆에 놓고 다리미 대와 다리미..)…(놀고 있는 아이들 보고 있다)………(가슴이 메어지면서 눈 잠깐 감았다 뜨고 동시에 침 꼴깍 넘기면서 다리미 대 접어 다리미와 함께 구석으로 치우며)여기 다리미 아직 뜨거워 조심해….(애들 대답 없고)못 들었어?

은혜 들었어.

준서 (동시에)들었어요.

영애 뭘 들었는데.

은혜 다리미.

영애 그래 아직 뜨거우니까 만지지 마..

준서 네에.(레고 만지며)

은혜 (레고 만지며)식으면 내가 갖다 두께..

영애 고마워.(다린 와이셔츠 서너 장/옷걸이에 걸어서 소파에 걸쳐두었
던 것/시우 속옷 몇 장 들고 안방으로)

S# 안방

영애 (들어와서 와이셔츠 장 속에 넣고 속옷은 서랍장에 넣는데)

은혜 E 엄마아

영애 ?왜애애애

은혜 아빠 밥 안 타?

영애 아냐 괜찮어어어...

S# 주방

영애 (작게 줄여놓았던 돌솥 불 아예 꺼버리고)

　　　[된장찌개 투가리에 불 켜서 조그맣게 불 줄여놓는데]

시우 E (들어오는 소리와 함께)

두 아이 E 아빠다 아빠아.

영애 (돌아보고)

S# 거실

시우 (두 아이 머리 한꺼번에 흐트리면서)잘 지냈어? 좋았어?

애들　(적당히 대답 하고)

은혜　군밤이네? (준서 벌써 손 집어넣고)

시우　이따 잠옷입구 먹자구./엄마는

영애　손만 씻구 빨리 나와.. 애들 밥 안 먹었어.

시우　어 왜..

준서　아빠랑 같이 먹을려구요..

시우　에에이 먹지이 배 고프잖아..

은혜　간식 먹었어.. 빨리 해 아빠..

시우　어 그래.. 오초면 돼 오초..

S#　주방..

　　[다 차려진 식탁. 된장찌개도 올려져 있고/]

시우　(놓여지는 밥 보고) 어 밥이 이상하네..

준서　돌솥 영양밥이에요..

영애　(애들 밥 뜨러 움직이며) 한번 해봤어..

시우　뭐냐 야아 밤에 대추에 버섯에 잣, 은행 히익 인삼까지? 끝내준다..

영애　(두 아이 밥 갖다놓아주며) 간 봐가며 비벼..

시우　엉..(양념간장에 숟가락 넣으며) 늬들은 엄마한테 비벼 달래.. 빨리 와..

영애　(제 밥 뜨며) 시작해.

시우　(숟가락 도로 빼며) 안 되지이. 빨리 해..

영애　(제 밥 갖고 앉는다)

시우　먹자 감사하는 마음으로 열심히 먹자..

두 아이　감사합니다.

영애 감사합니다‥(하며 두 아이 밥에 간장 반 수저씩 넣어 재빠르게 비
빈다/ 밥 전체를 비비는 것이 아니라 일부만/조금 먹어보고)됐어 먹어‥
  [먹기 시작하는 가족들‥]

시우 하선생님은 어떻게 이렇게 밥도 맛있게 잘 지을까‥

준서 우리 엄마는 못하는 게 없어요‥

은혜 (오버랩의 기분)아 참 아빠/ 아빠가 엄마를 겨울사과라 그런 적
있어?

시우 엉?

영애 거짓말했을까봐?

은혜 아냐 아빠가 기억하고 있을까 그래서‥

영애 모른다 그러지 마. 그럼 나 거짓말쟁이 돼‥

시우 겨울사과라‥아아아

영애 봐 알고 있잖아.

은혜 ‥시원하구 상쾌하구 또 뭐랬지 준서야?

준서 몰라 나는 달콤새콤 밖엔 생각 안나‥

은혜 응 하나 더 있어. 향기롭구…그런 적 있어?

시우 애들 데리구 무슨 말을 한 거야‥

영애 자랑 좀 했지 머‥당신 나한테 잘 보일려구 별별 아양 다 떨었
었다.

시우 그런데 말야 늬들 겨울 사과 잘못 다루면 얼마나 끔찍한지 알아?
겨울 사과는 우선 손으루 부드럽게 만지구 쓰다듬어서 따듯하게 만
든 다음에 깨물어야지 덮어놓구 앙 깨물면 얼마나 이가 시린지 알
어? 아주 팔짝팔짝 뛰게 시려. 잘못 깨물면 괜히 호온나지.

은혜 아빠 엄마 깨물다가 혼났어?

시우	반쯤 죽었지이..
준서	무슨 소리야? 아빠가 엄마를 왜 깨물어?
은혜	에이그으으..머리가 그렇게 나빠 뭐에 쓰니.
준서	내 머리가 왜 나빠..
은혜	너 나빠.
준서	안 나빠.
은혜	나빠..
준서	시이/ 안 나빠!!
시우	그래애 안나빠안나빠.
영애	아직 어려서 그런 거야. 머리 나쁜 거 아냐.
준서	(불만)나쁘대잖아요.
시우	빨리 사과해..
은혜	뭐어.
시우	자존심 상했잖아아아아...저 봐 겨울 사과처럼 얼굴 뻐얼개졌어어..
은혜	그래 아직 어려서 그렇다구 해 두자...
준서	두자? 두자?

S# 거실..

   [부루마블 놀이하고 있는 시우와 아이들..]

   [도르르 던져지는 두 개의 주사위.]

시우	(숫자만큼 가면서) 시드니. 음..
은혜	살 거야?
시우	글쎄에.
준서	사 아빠. 땅많으믄 무조건 이기는 거야.
시우	야 그러다 저번에 빚지구 망했잖어. 여기 (종이 돈 주며) 별장 하

나 짓는다.

준서 (그 사이에 벌써 주사위 던진 준서)우와아 따블이다. 나 한번 더 해
야돼. 제주도 좋았어. 나 오십만원 제주도 샀어.

은혜 와 조심해야겠다… 제주도 안가야지.

영애 준서가 일등인데?

준서 근데 진짜 제주도 얼마해요?

시우 진짜 제주도 살라구?

준서 네.

시우 사서 뭐하게.

준서 (주사위 한번 더 던지며) 엄마 주게요. 엄마랑 할머니랑 말이랑 거
기서 살게요. 수영두 맨날 할 수 있잖아요.

시우 엄마랑 할머니랑 말이랑? 그게 다야?

준서 아빠랑 누나랑.

시우 좋았어. 너 내 땅에 오기만 해봐. 땅값 두둑하게 받구 너 알거지
돼두 안 도와줄 거야.

준서 아빠가 먼저 망할 거 같은데요?

시우 어쭈.

은혜 아빠 조심해야 돼. 준서 맨날 일등하잖어.

준서 (주사위 던지고)앗싸아. 나 런던이다. 런던 땅두 산다. 호텔두 하
나 지을 거야. 누나 호텔 하나 줘.

은혜 은행장 엄마 어딨어. 나 돈 꿔야하는데. (두리번거리며)

시우 씻을 거야 곰방 나오겠지‥

S# 화장실

영애 (변기 뚜껑 닫아놓고 그 위에 앉아서 입에 체온기 물고)…………(충

396

분한 시간 있다가 체온계 빼서 보고 눈 감으며 내려앉는)········(눈 감은

채)······(한동안 있다가 일어나 세면대에서 물 틀고 체온계 닦으며)······

S# 침실

영애 (옆으로 누워서)······

시우 (문 열고)뭐해··

영애 엉···(몸 일으킨다)좀 쉬는 거야··

시우 애들 잘 시간이야··

영애 알았어··(침대에서 내려선다)

시우 아퍼?

영애 (움직이며)아프긴 왜 아퍼··

S# 거실

[은혜와 준서 놀던 자리 치우는 중이다··]

영애 은혜야··

은혜 응··(하고 쪽 입 맞춰주고)굿나잇··

영애 은혜두·· 준서··

준서 네··(은혜와 같이 치우는 아빠에게 입 맞춰주며)안녕히 주무세요··

시우 잘자··

영애 (준서 손잡고 준서 방으로)

시우 아빠가 할게··

은혜 다 했는데 뭘··

시우 준서한테 머리 나쁘다 소리하지 마·· 가끔 그러더라.

은혜 말귀를 못 알어듣잖어··

시우 남자가 좀 늦는 부분이 있어··상처받어서 어른돼서도 기억하
면 어떡해. 우리 누나는 날 머리 나쁘다구 구박했다··

은혜 설마..

시우 나쁜 머리도 좋다좋다그럼 좋아지구 좋은 머리도 나쁘다나쁘
      다 그럼 나빠지는 거야..

은혜 진짜?

시우 진짜.

은혜 알았어 이제 안할께.. (입 맞춰주며)아빠 잘자..

시우 유투..(은혜 들어가고)

시우 (등 다 끄고 한 개만 남겨두고 방으로)

S# 침실··

시우 (들어와서 신문 집어 들고 침대로 오른다)······(신문 뒤적이기 시작
      하는데/추석 후의 열흘쯤 뒤 신문이라야 합니다··)······

영애 (들어온다)····

시우 벌써 잠 들었어?

영애 갑자기 크나봐··· 가래··

시우 (영애 오를 자리 제쳐주며)노래는···

영애 노래 부를 새 없었어··(화장대로)

시우 그래서 허전한가?

영애 뭐어···괜찮아··(밤 화장 시작)

시우 ······(보다가 일어나 아내 쪽으로 향해 앉으면서)당신 말야·····

영애 ····(기다리다가)·····뭐어··

시우 어머니한테 전화 한 번 드리지···

영애 ·····(손 멈추고 거울 속에서 보는)····???

시우 기다리실 거야··

영애 잘못했습니다 죄송합니다 용서하세요··(그렇게 하라구?)··

시우 .....(보며)

영애 (다시 손 움직이며)잘못했다는 생각 안 들어. (고집스럽게)

시우 .... 알아...그런데 그런 생각 안 들어두 어른이시니까

영애 (오버랩의 기분)그러구 싶은 맘 조금치두 없어. 어머니 나한테 뭘 해 주셨는데..어머님께 받은 거 아무 기억이 없어..눈 길 한번 따듯하게 주신 적 없어..제대로 쳐다보는 거 조차 안 하신 분이야. 그렇게 한결같이 초지일관 조용히 냉담하실 수 있는 거/어떤 면으로는 아버님보다 더 무서운 분이야...(흥분은 필요 없음)

시우 (오버랩의 기분)그건...어머님 성격이 원래 무거우셔서 그래.. 자식들한테두 마찬가지시잖아.(영애 돌아앉는데)어디 많은 말씀 좋은 말씀/ 그렇게 하셔?

영애 형님한테는 안 그러셔..같이 목욕두 다니시구 쇼핑두 하시구 병원두 다니셔..형님은 큰 애야 부르시면서 나한테는 작은 애야 안 하셔..마찬가지라니 어떻게 그런 소릴 해?

시우 한 집에서 사니까 우리보다는 접촉하는 시간이 많구

영애 (좀 오른다)며느리 된 건 삼년이나 내가 빨라..그래서가 아니야.(화장대로 돌아앉으며) 궁색한 변명하지 마.

시우 .....(보다가)원래 부처님하구만 대화하시구 부처님만 공경하면서 사시는 분이야. 우리두 어머니 따듯한 체온 같은 거 별로 못 느끼면서 자랐어. 장모님하구는 달라.

영애 상관 안해. 시부모 없다 생각하고 살 거야. 그럼 비굴할 거도 서러울 것도 없겠지..

시우 .....(보며)

영애 오전에 어머니 만났었어. 차 보내서 호출하셨더라.

영애   E (보는 시우 위에)시부모한테 맞대항 하는 거 용납 못하신다 구 아버님께 사죄드리라는데 싫댔어. 됐어?

시우   ……

영애   …..(얼굴에 점점 크림 찍다가 불현듯)나한테 그거 하라구 싶니?(돌 아보며 팩 올라서)당신 누구보다두 잘 아는 사람아냐? 그런 말 하구 싶 어? 할 수 있어? 내가 참을성이 모자라다는 거야? 나 잘못했어? 당신 부모한테 고약하게 굴어 섭섭해? 김 샜어?

시우   ?? 여보.

영애   (오버랩의 기분)당신 집안 나 지긋지긋해. 넌덜머리 나. 돈만 있 음 다야? 돈 있는 사람만 살라는 세상이니?

시우   왜 엉뚱한 데루 튀어.

영애   우리 집이 형님네만큼이었대두 똑같았을까?

시우   돈만의 문제가 아니었잖아.

영애   그래애!! 우리 엄마는 떡볶이 장수야. 우리 아버진 대학 총장두 아니었어/.

시우   ??왜 이렇게 고함을 치구 그래. 애들 들으면 어쩔려구.(언짢아 져서)어머니 만난 거 몰랐어.. 싫으면 안 하면 될 거 아냐.

영애   싫어두 해줬으면 하는 거잖아. 십년 넘게 내가 당한 학대는 건 별 거 아니구 생전 처음 할말 한 건 무릎꿇고 빌어야할 만큼 죽을 죄야?

시우   왜 이렇게 마구 어거지에 비약이야. 엉? 왜 그렇게 신경질적이 야. 난 그저 여태 공 들인 거 아까우니까

영애   (오버랩의 기분)아까울 거 없어 괜찮아. 사람두 죽구 사는 데 그 깐 거 하나두 안 아까워.

시우   죽냐?

영애   죽었으면 좋겠냐?

시우   ?? 이 여자가 정말? 바이러스 먹구 깨졌냐? 무슨 말이 그래애!!(하
      는데)

은혜   (문 열고 뿌우우)

영애   (무슨 말인가 반발하려다 돌아보고)

시우   어 (서둘러 침대 내려서 은혜 데리고 나가면서)괜찮아 별일 아냐..
      나가자..

영애   …..(입 꽉 다물며)

S# 거실

은혜   왜 싸워?

시우   (은혜 데리고 은혜 방으로 움직이며)늬들두 가끔 싸우잖아. 부부
      두 서로 의견이 충돌하면 싸움 비슷하게 돼..

은혜   (아빠 손잡고 움직이며 올려다보며)뭐때매 그러는 건데?

시우   그냥…엄마가 싫어하는 말을 했어..

은혜   뭔데..

시우   우웅….늙었다 그랬거든.

은혜   (멈추고)으웅?..왜 그랬어어 엄마 화나게에..

시우   글쎄 그래서 화났어..

은혜   그런 말을 왜 해애.. 아빤 여자 참 모른다..욕먹어 싸네..

시우   글쎄 말야..ㅎㅎㅎㅎ.. (들여보내며)자아..

은혜   E 잘못했다구 빌어어..

시우   알었어어..(문 닫히고)

시우   ….(잠깐 뿌우했다가 움직여 침실로)

S# 침실

시우 (들어와서 보면)

영애 (침대에 머리 끝까지 뒤집어쓰고 벽 쪽으로 누워)……

시우 ……(보다가 침대로 오르면서)잘못했어..

영애 …..

시우 잊어버리구 자아..

영애 …..

시우 (불 끄고 눕는다/자기 쪽 스탠드./영애 것은 꺼져 있고)……(눈 뜨고 있는)……

S# 아파트 현관(아침)

　　　[나오는 네 가족..준서 괜히 은혜 집적거리며 장난치는..]

　　　[좀 뿌우한 영애와 좀 눈치 보는 시우…]

시우 (준서가 싫다는 누나 또 건드리자)얌마 하지 마. 싫다는데 왜 자꾸 그래 피곤하게..

준서 해해해 (아빠에게 들러붙으며 약 오르냐는 듯 은혜 보고)

은혜 어이그으으으 눈치없는 거..

준서 내가 뭐..(입 쑥 내밀며)

시우 (오버랩의 기분)자자 엄마한테 인사..

두 아이 (거의 동시에 엄마에게 뽀뽀해주고)

영애 잘해..

두 아이 응/ 네….

시우 (두 아이 챙기며)다녀 와..

영애 응..

시우 (두 아이 데리고 움직이기 시작하는데)

준서　어 아빠랑 엄마 오늘 뽀뽀 안 했다.

　　　[세 사람 뒷모습으로]

시우　얌마 아까 했어어..

준서　못 봤는데요?

시우　했어했어했어..

영애　....(보며)

S#　주방

　　　[아침들 먹고 나간 어지러진 식탁…]

영애　(준비해 놓은 커피 잔에 뜨거운 물 붓고 있다)……(컵 들고 저으면서
　　　거실로)

S#　거실

영애　(나와 소파에 앉으며 마시려 하는데 약간의 기침/커피 든 손 출렁이
　　　고/커피 잔 내리며)……

S#　침실

영애　(화장대 의자에 체온계 물고 옆으로/거울을 정면으로가 아니고/앉
　　　아 한 점만 보는 듯한/……시간 충분히 주었다가 체온계 뽑아 확인하고/
　　　고개 약간 한쪽 위쪽으로 틀며 입 꽉 다문다)….(그런 채로)…..

S#　거실

영애　(소파에 기대어 앉아 창 쪽으로 고개 틀고)……(하염없이)

S#　엄마네로 가는 길을 생각에 빠져 걸어오고 있는 영애…

상인　E 영애 아니냐?……(영애 못 듣고)얘 영애야..

영애　?…네 아주머니 안녕하셨어요..

상인　누구한테 돈 떼먹혔냐? 어떻게 불러두 못 들어..

영애　네에 아주머니..

S# 엄마의 가게 안··

영애 (들어온다)····

이모 (재료 준비하다 보고)엉? 이 시간에 웬일이야?

영애 그냥····· 엄마랑 이모 보구 싶어서요··(곧장 이모 테이블로 움직이며)

이모 애들 학교 보내구 집 치우느라 바쁠 시간 아냐?

영애 나중에 치우죠뭐···(재료 만지며)설겆이 그대루 놔두구 나왔어요··

이모 ······무슨 일 있니?

영애 ?무슨?···무슨 일 있을 게 뭐···늙나봐요 집안 일 찌날려구 해.

이모 (주먹질하는 시늉하며)어이그 그래 많이 늙었다.

영애 (조금 소리내어 웃는데)

　　E 영애 핸드폰 벨 울린다.

영애 (꺼내서 받는다)뭐어··

시우 F 어딨어··

영애 (약간 돌아앉듯 하며)운동 시작할려구··

S# 아파트 광장 움직이면서

시우 됐어 그럼·· (뭐가 됐어) 아냐 뭐하나 궁금해서 걸었어····성나게 만들어서 미안해··내가 원래 생각이 모자란 사람이잖어. 봐줘··· 끊었어? 듣기 싫어?

S# 가게 안

영애 아냐 전화하기 좀 불편해···응····일해····그래··(하고 끊는데)

이모 뭐야··

영애 뭐가요··

이모 싸웠니?

404

영애 …네‥

이모 왜애‥

영애 살다보면 싸울 일 한두 가지에요?

이모 ‥‥‥(보다가)운동 갈 거야?

영애 ??(했다가)아뇨‥여기라 그럼 엄마 바꿔라 이모 바꿔라 성가셔
서요‥

이모 너 뭐 단단히 골났구나‥‥‥ 뭔데‥

영애 엄마 안나오시네‥ (들어가 보려고 /손 닦으려 행주 집어 드는데)

이모 엄마가 이 시간에 있냐아? 대통령보다 바쁜 사람이이‥‥

S# **어느 독거노인 방‥**

[어떤 할아버지 도배사 장판 굽도리 붙이고 있고/]

엄마 (쭈그리고 굽도리 종이에 본드 풀칠하면서)이 냄새 이거/ 언제 빠
지나아‥

노인 문 좀 열어주면 며칠이면 되지‥(둘 친구처럼)

엄마 이게 본드 냄새지?

노인 섞였지이‥

엄마 이거 많이 들이마시면 눈앞에 별이 그냥 쏟아져 내리구 꽃비
가 마악 내리구 그러나?

노인 해봤어야 알지‥

엄마 (풀칠한 것 건네면서)대충 하지 말구 꼼꼼히 해애‥ 늙구 병 든
거두 불쌍한데 탄까스루 죽게 만들지 말구‥

노인 (받으면서)방두 방이지만 굴뚝 손 먼저 봐 줘‥

엄마 천씨가 낼부터 한 바퀴 돌아준다 그랬어‥

노인 여러 사람 귀찮게 하는구먼.

엄마 그런 소리 말어.. 자식 없으면 우리두 마찬가지 신세야..

노인 자식한테 죽은 사람 취급받는 노인두 많어..

엄마 그런 자식은 천벌깜이구우…

S# 가게

이모 (야채 다듬던 것 밀어둔 채 녹차 봉지 들어 있는 컵에 뜨거운 물 부으면서)인간이 간사하기가 참/얼음 물구두 더워더워 어제 그저껜데 며칠 상관에 뜨거운 게 좋으니..

영애 에어컨 돌리구 전기료 많이 표나요?

이모 돌리기나 했니? 손님두 없는데다 비가 많었잖어.. 몰러 몇 만 원 더 나왔나 어쨌나..아무 말 안하더라 늬 엄마..(찻잔 내주며)

영애 (오버랩의 기분)나중에…만에 하나 엄마 움직이는 거 힘들어지면요 이모/ 엄마랑 같이 시설에 들어가는 게 좋을 거에요..

이모 양로원?

영애 정호댁한테는 기대하지 마시구요.

이모 아이구 야 기대는/세상두 많이 달라졌구 늬 엄마두 그런 생각은 꿈에두 안할 거야..걱정두 하지 마..

영애 그래두 이모…저는요…정호 백일 때까지 기저귀 빨래 해줬었잖어요..학교 갔다 집에 오는 길은 늘 달음박질이었어요..애기 보구 싶어서요…백일 지나구 며칠 안돼서…학교서 돌아왔는데 애기가 없었어요.. 엄마는 ….저 갈데로 보냈다…딱 한 마디 뿐…… 혼자 울면서 엄마가 너무 독하구 싫었어요..

이모 독한 데는 있지이이..

영애 정호 생각 많이 했었어요.. 어떻게 자라고 있나.. 구박뎅이는 아닐까..공부는 잘 하나..

S# 소정의 집 거실/(소파에 앉아서)

소정 (팩하니/ 구박하듯)가만 좀 있어어!!

소모 유정 ??

정호 ?(소정 보는)

소정 왜 주는 거두 안 받아먹는데? 유럽으루 한달 두달 허니문 가는
커풀두 있는데 구박 십일이 뭐가 길다는 거야.(여행 안내 프린트 들고)

정호 꼭 해외루 나갈 필요가 어딨어.. 그냥 국내 여행하자 그랬잖아.
일껀 얘기해서 그러기로 해놓구 갑자기 이러면 어떡해.

소정 가면 되지 어떡하긴 뭘 어떡해.(들고 있던 것 탁자에 팽개치며)

소모 너 왜 거짓말 해…

소정 ??(엄마 보는)

소모 비행기 한번도 못 타본 정호가 동남아 나가자 그랬댔잖아..

유정 (비쭉거리며)사박오일은 시시하니까 홍콩 일본 집어너 열흘은
돼야 한댔다면서.

소정 얘 이 답답한 사람 말대루 나 고속버스루 기차루 끌려다녔음
좋겠니?

유정 단체관광에 껴서 바보처럼 우르르르 쫓아다니는 거 보다 오붓
하게 훨씬 좋겠네. 계절 죽여주겠다. 엉?

소정 너나 그렇게 해.. 더구나 운전두 못하잖아. 차 갖구 가면 모를
까 일일이 버스타구 기차타구 피곤해서 그걸 어떻게 하란 말야.

소모 운전하구 다니는 거보다 훨신 편하지 뭘 그래.

정호 운전 할 수 있어. 차 갖구 가 그럼.

소정 (비웃는)머머머머 연수 고거 받구?

유정 방법 있네에.. 내가 기사루 따라붙자 언니..

소모 (오버랩의 기분)까불지 말구 유서방

정호 (오버랩의 기분)지금 초기에요 어머니 비행기 타는 거 이로울 거
없어요..

소정 아 괜찮아아아

소모 (오버랩의 기분)가만 있어!! (해놓고)이게 늙은 거네..응? 난 그 생
각은 못했어 유서방.

소정 (오버랩의 기분)싱가폴이랑 홍콩이랑 가구싶단 말야아아.

유정 언니 그거 사구 싶어 그러지..

소모 (오버랩의 기분)그거구 저거구 비행기 타는 거 포기해. 유 서방
말이 맞어. 임신 초기에 비행기 타는 거 좋을 거 없어..(일어나며)예약
금 미리 안 보내기 잘했네..일어나 빨리..가봉이나 나가자구.

소정 (부어터지고)

소모 안 일어나?

정호 (일어나 있다가)일어나 빨리.

소정 어우 신경질 나. (발딱 일어나며)나 중절할까봐 엄마.

소모 유정 ??

정호 (김새서 소정 쏘아보는)

S# 아파트 근처 약국…

약사 (소화제 해열제 강장제 처방 보면서)상비약이네요..

영애 네…

약사 (약 챙기기 시작하는데/아주 적게. 늘 먹는다고 생각 안 하고)

영애 (보다가)좀 넉넉하게 주세요.. 한 박스 씩/아니 두 박스 씩/병이
면 두병/

한 (돌아본다)

영애   넉넉히 주세요…

한   예 그러지요…(약 챙기고)

영애   ….(챙기는 것 보며)…..

S# 아파트 주방

[아침에 두고 나간 설거지거리 싱크대에 있고/영애/옷은 갈아입었고 서서 약 먹는다…(컵 놓고 설거지로 들러붙는)……]

E 핸드폰 벨··식탁 위··

영애   (보고 받는다)왜애··

시우 F 어디야.

영애   집에 왔어.

시우 F 벌써?

영애   용건 없으면 끊어. 할 일 많아··

시우 F 어이 시이.

S# 운전 중인 시우··핸즈프리

시우 마누라 기분 어떤가 살피는 거두 용건이다…..아직두 성나 있는 거야?…대꾸가 그런데 뭘….봐 줘어··일이 손에 안 잡혀 엉?…이동 중이야…목동 현장 가는 길…늦을 일 안 만들게. 선생님 심기 불편하신데 제 때 들어가 아부해야지… 좀 웃어주소 임자··엉?

S# 주방··

영애   웃겨 봐. 그럼 웃으께……(들어주고)안 우스워….응 하나두 안 우스워………(듣다가 섞여서)응…됐어 들어 가…..(끊고)…….

S# 쇼핑몰 매장

지나 (통화하고 있다/ 열 좀 받아서)제말 들으세요 오사장님 한 장도 남김없이 완벽하게 잘라서 폐품처리 하세요. 만약 단 한 장이라도

나가 돌아다니는 거 발견하면 오사장님 우리 회사하구는 끝이에
요 아셨죠?….안돼요…안됩니다…그런 불량품은 절대로 그냥 낼수
없어요……(듣다가)오사장님‥나는 가죽옷 오백벌 폐품처리/속 안
쓰린 줄 아세요? 그렇지만 오백 벌 아니라 오천 벌이었대두 결론
은 마찬가지에요‥ 아시겠어요?….네…네…네 그렇게 처리될 걸로
믿어요 그럼…네 끊습니다.(전화 끊는다)

승조 (지나와 상관없이 매장 디스플레이 하고 있는 중이다‥옆에 다른 디
자이너나 점원과 의논하면서 /혹은 의견을 물어보면서/ 전화 끊자)문실
장 여기 좀 와봐‥

지나 아 됐어 니가 나보다 나아…(테이블 위 건드리며)

승조 나중에 시비걸지 말구 보라구우‥

지나 한꺼번에 할래. 피곤해‥바깥바람 좀 쐬구 들어오께……

승조 멀리가지 마…야 핸드폰 갖구 가아‥

지나 (나가려 하며 핸드폰 들어 보이는데)

시우 (유리 밖으로 보인다)

지나 ?쟤 온댔니?

승조 (보고) 아니?

지나 뻐때다 오면 나니?(들어오는 시우에게)

시우 아냐 목동에 호출 당했어‥ 다 됐네‥

승조 다 됐어‥

시우 (둘러보며)모르지만 자린 괜찮은 거 같다‥

지나 잠깐 쉬자‥(승조 돌아보며)

승조 (디스플레이 고치며 한 손 들어 보이고)

S# 휴게 공간‥

지나 (마실 것 들고)가슴/등/옆 절개선이 바이어스 처린데 바이어슬 할려면 아이구 야 내가 뭘 설명을 이렇게 하구 있니 알아듣지두 못할 애한테/ 암튼 어깨는 제 사이즈로 나오고 가슴라인은 한 사이즈 작게 /기형이 돼 버렸어. 몽땅. 잘라서 버리랬어.

시우 그거 오더받은 업잔 어떻게 되는 거야..

지나 영세업자들야.. 결제해 줘야지…며칠 뒤 다른 제품 하나 들구 가 사기 올려주구/

시우 너 일은 잘하는 거냐? 잘하는 척은 하는데..

지나 아직 안 짤리구 있는 거 보면 글쎄?

시우 (마시며)승조는….

지나 일할 땐 괜찮은가봐.. 밤에 들어와서는 꼭 한두잔 씩은 하구 자더라…

시우 어머님하구는

지나 아직 전화 안 받으셔/ 승조 목소리 들으면 그냥 끊으신대.. 불쌍해 죽겠어..(하는데)

승조 E 야 시우야..

　　　[재우와 같이 나타난 승조]

시우 (일어나고)

재우 지나 매장 구경하러?

시우 구경은요…한번 들러두 안 본다구 욕해서 때우느라구요..

재우 (앉으며)하하 당연히 한번은 들여다봐야지 야 그럼

지나 그렇죠 오빠?(앉으며/시우도 앉는다)

재우 그러엄 친구가 뭐가 친군데.

승조 형님 뭐 드실래요.

재우   어 난 놔둬.. 필요없다. 제수씨랑 애들은//

시우   뭐 잘 지내요..

재우   오는 일요일에 애들 데리구 밥 먹을까? 한동안 안보면 애들 얼
        굴이 왔다갔다 해.. 보구 싶다..

지나   준서가 더 그렇죠 오빠..

재우   맞어 너두 그러니?

지나   물론 은혜두 이쁘지만 준서녀석이 좀 더 재밌구 웃기잖아요..

시우   야 은혜 알면 재미없어. 행여 실수로라두 하지 마 형두요..

재우 지나   알아..그러엄..(등으로)

승조   (저 마실 것 갖고 와 앉으면서)지나 매장 어때요 형님,

재우   야야 나한테 그런 거 묻지 마. 나 그런 거 몰라. 난 그저 임대료
        만 속 안 썩이면 베리굿이야..

지나   호호호호/(승조도 조금 웃고)

S# 영애의 거실

영애   (청소기 돌리고 있다)……

        E 현관 벨….

영애   (보고 현관으로/ 비디오폰에 뜬 회장 기사)??…네에..

기사   F 저기..잠깐 내려 오셔야 하겠습니다…

영애   ……왜 그러시죠?

기사   F 회장님 오셨어요..

영애   ……(잠시 있다가)….(결심하고)….올라오시라구 하면 안될까요?…

기사   (좀 당황해서)아니 저 그건….

영애   어디 계신데요..

기사   F 차에 계십니다…

영애　……알았어요…그런데 좀 기다리셔야겠다구 말씀 드리세요‥

S# 화장실

영애　(세수하고 있다)

S# 아파트 현관 앞‥

영애　(단정한 차림으로 나온다)

기사　(기다리고 있다가 앞서고)…

영애　…‥(따른다)…‥

S# 박회장 자동차 밖‥

기사　(운전대 열고 들여다보며)회장님‥

박　타라구 해‥

기사　(보며)

박　뭘 꿈벅거려‥ 내 옆에 태워‥

기사　예‥(몸 빼고 문 닫고 돌아서 뒷좌석 문 열어준다)

영애　??

기사　(타라는 시늉)

영애　…‥(잠시 보다가 겁날 거 없지 하는/)

S# 차 안

영애　(탄다…)

박　…‥(타든지 말든지 동요 없이 저만큼 앞 보며/ 불쾌할 필요 없이 덤덤
하고 어찌보면 무심하기까지 하다)…‥…어떻게 지내니‥

영애　??(잠깐 보는)

박　(가만히)…‥

영애　잘 지내고 있습니다‥

박　그럴 뜻이 없다면서.

영애   네…

박   (돌아보며) 위로금이 양에 안 차냐?

영애   ……(잠깐 돌아봤다가 얼른 도로 고개 앞으로) 네……

박   얼마면 돼‥

영애   ……(앞 보며)

박   음?

영애   아버님 재산 전부 다 내 노시면……생각해보겠어요‥

박   ………(며느리 보며) 그건 못하겠다는 얘기지.

영애   처음부터 그렇게 말씀드렸어요‥

박   갑절은 어떠냐‥ 대학로 꺼 하나 더 돌려주지.

영애   연우한테 말했는데요. 시체가 돼 들려나가기 전에는 못한다구
       요/ 전달 안됐어요? (하며 아버지 본다)……(거의 당당하게)

박   (보며)

영애   못 들으셨어요?

박   ……

영애   네?

박   들었다‥

영애   조금 더 챙기자는 말루 받아들이셨어요?

박   (오버랩의 기분) 건방지게. 간이 배 밖으루 나왔냐?

영애   네 이판사판이에요…

박   ???

S# 자동차 밖‥

       [조금 떨어진 위치에서/]

       [박회장 차에서 내려 아파트 쪽으로 또박또박 걸어오는 영애……]

[박회장 자동차 뒤 유리가 열리고 돌아보는 박회장이 보인다/영애 위치에서…… 잠시 있다가 뜨는 자동차….]

S# 움직이는 자동차 안…

박　……(부우우우우 있다가)치!!(하는데 어이없는 웃음을 머금은)…… (고개 창으로 돌리면서)야/

기사　예 회장님

박　대전 현장/

기사　예…

박　(입 꾸욱 다물고)

S# 아파트 주방··

영애　(싱크대 가장자리 잡고 마른 기침 콜록거리고 하고 있다/ 콜록/ 콜록 콜록/)

제9회

S# 차 안

영애 (탄다…)

박 ⋯⋯(타든지 말든지 동요 없이 저만큼 앞 보며/ 불쾌할 필요 없이 덤
덤하고 어찌보면 무심하기까지 하다)⋯⋯⋯어떻게 지내니‥

영애 ??(잠깐 보는)

박 (가만히)⋯⋯

영애 잘 지내고 있습니다‥

박 그럴 뜻이 없다면서.

영애 네…

박 (돌아보며)위로금이 양에 안 차냐?

영애 ⋯(잠깐 돌아봤다가 얼른 도로 고개 앞으로)네⋯⋯

박 얼마면 돼‥

영애 ⋯⋯⋯(앞 보며)

박 음?

영애 아버님 재산 전부 다 내 노시면⋯⋯생각해보겠어요‥

416

박   ……(며느리 보며)그건 못하겠다는 얘기지.

영애 처음부터 그렇게 말씀드렸어요··

박   갑절은 어떠냐·· 대학로 꺼 하나 더 돌려주지.

영애 연우한테 말했는데요. 시체가 돼 들려나가기 전에는 못한다구

요/ 전달 안됐어요?(하며 아버지 본다)……(거의 당당하게)

박   (보며)

영애 못 들으셨어요?

박   ……

영애 네?

박   들었다··

영애 조금 더 챙기자는 말루 받아들이셨어요?

박   (오버랩의 기분)건방지게. 간이 배 밖으루 나왔냐?

영애 네 이판사판이에요…

박   ???

S# 자동차 밖··

[조금 떨어진 위치에서/]

[박회장 차에서 내려 아파트 쪽으로 또박또박 걸어오는 영애……]

[박회장 자동차 뒤 유리가 열리고 돌아보는 박회장이 보인다/영애 위

치에서…· 잠시 있다가 뜨는 자동차….]

S# 아파트 주방··

영애 (싱크대 가장자리 잡고 마른기침 콜록거리고 하고 있다/ 콜록/ 콜록

콜록/)

S# 같은 주방

[녹즙기에 야채 쑤셔 넣고 있는 영애.]

영애 E 안 쓰러져. 당신들 앞에서 절대 안 쓰러질 거야.

S# 베란다 유리 다부지게 닦고 있는 영애··의자 위에 올라가서···

영애 E 당신들 기쁘게 안해 줘. 무슨 일이 있어도 살 거야···· 나는 살 거야··

S# 은혜의 방

영애 (은혜 옷장 서랍 정리하면서)해야할 일 너무나 많아. ··하고 싶은 일도 너무나 많아·· 멍청하게 여기서 끌려 내려가지 않아······(손 멈추고 멍한)난 아직 반 밖에 못 살았어··· 그 반도/·· 너무나 힘들고 고달팠어···이제부터 제대로 살아볼 참인데 누가 날더러 그만 살래··그런 법이 어딨어 (다시 손 움직이며)그런 법은 없어··(하는데)

준서 E 엄마아아······엄마 어디 계세요?

영애 ? (일어나며)어 그래애···

S# 거실

영애 (은혜 방에서 나와 준서 맞는/아무 일도 없었다)어서 와 우리 아들··(가방 받으려) 근데 좀 시간이 안 맞네? (시계 돌아보며)

준서 (내 주면서)만화방에 들렸었죠오··

영애 안 빌리구 거기서 봤어?

준서 빌릴 거 별로 없었어요··근데 엄마 제가 틀렸어요.

영애 뭐가 틀려?

준서 어쩐지 데리러 오실 거 같은 느낌이었는데 아니더라구요··

영애 기다렸어?

준서 기다린 게 아니라 찾았죠오··(엄마가 들고 있는 소지품 도로 빼내서 제 방으로 가며)

영애 (서서 아들 뒤꼭지 보며)섭섭했구나··

준서　약간요.. 그치만 괜찮아요..(하고 방으로 아웃)

영애　....(보다가 은혜 방으로 움직이는데)

준서　(방에서 상체만 내밀고)운동은 갔다 오셨어요?

영애　그러엄..

준서　그럼 됐어요..(도로 아웃)

영애　뭐가 돼?

준서　E 운동 가시는 날은 마중 안 오셔두 돼요..엄마 피곤하시니까요..
　　(하며 나온다/손 씻으려고)

영애　너 그건 운동 안가는 날은 꼭 와라 소리 같다?

준서　(화장실로 가며)꼭 그런 건 아니구요..하하(화장실로)

영애　......(보며)....(있다가 화장실 앞으로)부치개 해줄려 그러는데 누
　　나 곰방 오게 생겼거든? 기다렸다 같이 먹을래 먼저 해주까..

준서　E 기다릴게요..

영애　그래 착하다 준서..(하는데)

은혜　(들어오며)엄마아아..

영애　어..그래 누나 왔네에?

준서　E 네에..

영애　얼른 씻구 나와..

은혜　알았어..

S#　주방

영애　(들어와서 프라이팬 올려놓은 불구멍에 가스 불 켜고 미리 풀어놓은
　　부침개 반죽 냉장고에서 꺼내 랩 씌워 놓은 거 벗긴다)

S#　화장실

은혜　(손 씻으면서)지우개 찾았어?

준서   (이 닦으면서)아니 없어..

은혜   찾아보기나 했어?

준서   지금 막 왔다 지금 막..찾아볼 새가 어딨니.

은혜   찾아보지도 않고 그럼 왜 없대..

준서   찾아서 나올지 안 나올지 모르니까 그렇지..어쨌든 지금은 없
        단 말야..

은혜   니거 찾거나 말거나 내 지우개는 도로 내놓는 거야..

준서   어이구 치사해 그래 알았다 알었어..

은혜   (수건에 손 닦으며)제발 뭐 좀 잊어먹고 우리 교실에 빌리러 좀
        오지 마라. 챙피해…

준서   나도 챙피해 나도..

은혜   니가 뭐가아?

S# 주방

영애   (프라이팬의 부침개 한 장/ 큰 접시에 옮겨 주면서)뜨거우니까 조
        심해..

두 아이   응 네에..

영애   (돌아서 프라이팬에 반죽 덜고 새 것 부치기 시작하는데)

두 아이   (부침개 젓가락으로 적당히 각각 뜯는데/ 은혜 것이 더 크게 찢어
        진다)

준서   야 혼자 다 먹을 거야?

은혜   아이구 참 그래 알었어 너 먹어라 먹어.(제가 찢은 것 준서에게 밀
        어주고 다시 찢는다)

준서   (부침개 집어서 입에 넣으려 하는데)

은혜   뜨거워. 불어서 먹어어어..

420

준서   후우후우후우

영애   (그러는 아이들 잠깐 돌아보고 좀 웃고 부침개 가장자리 건드려 예
        쁘게 정리하는데)

은혜   E (갑자기) 야 하지 마아…

준서   E (완전 시치미.) 뭐얼?

은혜   E 내 다리 차지 말란 말야..(다리 건들거리면서/식탁 아래서)

영애   (안 돌아보는 채)준서 하지 마..

준서   (계속 발 까딱까딱 하며 먹는)내 발 깨끗해.

은혜   싫어. 하지 마….(준서 말 안듣고 또)으으응?

영애   (부침개 뒤집으며)준서야아..(안 돌아보는 채)누나 싫다잖어어어

은혜   야! 너 아까 만화 책 안줘서 이러는거지. 내 친구 거랬잖아.. 저
        번에 개한테 빌려 왔던 거 니가 콜라 엎질러서 나 미안해 죽을 뻔
        했단 말야..

준서   학교에서만 본댔잖아 누가 집에까지 갖구 온댔어?

은혜   어쨌든 난 개한테 다시는 책 빌려달라 소리 안할 거란 말야..

준서   그래애 잘 생겼다 박은혜

영애   (좋게) 고만 해애. 일절만 해애 응?

은혜   (영애 쪽으로 고개 돌리고)얘 진짜 증말 못됐어 엄마. (하는데 준
        서 발이 또 건드린다)아아 하지 마아아!!

영애   그만하라니까아(잠깐 돌아보며)

준서   (오버랩의 기분)누나는 더 못됐어요. 동생이구 뭐구 국물두 없
        어요. 나는 동생이고 누나는 누난데 내 발이 닿는 것도 싫대요··

은혜   야 박준서! 너 일부러

        [하는데 준서 얄미운 얼굴로 혀를 좌우로 흔들며 약 올리는]

은혜   (미워서 눈물이 날듯. 입 꾹 다물고 노려보고 있다)‥‥

영애   (새 부침개 접시에 옮겨주면서)별 일두 아닌 거 갖구 왜 그래 ‥‥먹
       어‥(하고 돌아서 국자로 새 반죽 뜨는데)

준서   (얄밉게)후우후우후우. (하며 부침개 먹으려는데/ 순간 은혜 젓가
       락으로 탁 준서 머리통을 친다.)

준서   ?? 어이 시이(제 젓가락 은혜에게 집어 던지며)왜 때려!!(영애 돌
       아본다)

은혜   왜 약 올려!!

영애   니들 뭐해 지금/왜 싸워. 그만해애애애?!

준서   (잠깐 죽었다가) 시이 누나같은 거 진짜 없었음 좋겠어.

은혜   나두 너 갖다주구 돼지인형으루 바꿨음 좋겠다.

준서   나두야. 스티카 두장만 주믄 누나 바꿀 거야.

영애   (순간 가스 불 탁 끄고 프라이팬 위에 국자 아무렇게나 던져 넣듯 하
       며)둘다 나가‥(젖은 행주에 손 거칠게 닦으면서)빨리 나가.(소리는 나
       직하나 엄하다)

두 아이   (겁나서)엄마아아‥

영애   ‥‥‥‥‥(싱크대 아래 찬장 구석에서 종아리 채 꺼내들고)나가 빨리.

두 아이   ‥‥‥(별수 없이 비실거리며 나가고)

S# 거실

       [나오는 두 아이와 따라 나오는 영애‥]

영애   (자리 잡고 털부덕 앉으면서)걷어 빨리‥

       [두 아이 바지 걷어 올리는데 아무래도 준서가 서툴다.]

영애   (준서 거들어 올려놓고 두 아이 종아리 한꺼번에 모질게 한 대씩 갈
       긴다/)

준서 (먼저 맞고 팔짝팔짝 뛰면서 도망치려는)

영애 어딜 도망가 이리 와.

준서 (도로 와서 서며)잉잉잉..잘못했어요 엄마아.

영애 뭘 잘못했는데

준서 누나랑 싸운 거요..

영애 스티카 두장에 누날 바꿔?

준서 (잉잉거리며)누나가 먼저

영애 (은혜에게)준설 곰인형하구 바꿔?

은혜 준서가 먼저 누나같은 거 없었음 (하는데)

영애 (북받치며 두 아이 종아리 차례로 한 대씩 번갈아 때린다)엄마가 곰 인형하구 바꿔두 되는 동생 낳아놨어? 스티커 두장짜리 누나 낳아 놨어?

두 아이 잘못했어 엄마아..잘못했어요오.

영애 (두 아이 보며)세상에 둘도 없는 누나에 동생이야..엄마 없으면 준선 엄마대신 누나 의지해야하구 넌/ 엄마대신 준서 보살펴야 해. 그런 누나 동생이 아무 거두 아닌 일에 싸우구 스티커 두장/곰 인형에 미련없이 맞바꾸기 해? 늬들 왜 그래..엄마 너무 기막히구 슬퍼.

은혜 잘못했어 엄마 다시는 안 그럴께..

영애 ……

준서 (은혜한테 쿡 찔리면서)잘못했어요 엄마……(조금 기다렸다가)이 제 안 그럴께요 용서해 주세요..네?

영애 (고개 돌리며 눈물 닦아내는/ 찢어지게)엄마 화내게 하지 마.. 왜 화내게 만들어....엄마 정말 느이한테 화내구 싶지 않아..(하는데)…

두 아이 (엄마 껴안으며)

준서 히이잉/ 울지 마세요 잘못했어요 울지 마세요오..

영애 (두 아이 껴안고)……(억장이 무너진다)

준서 (엄마가 우니까)아아앙 다시는 안 싸울께요 엄마아아.. 앙앙앙....

    E 집전화 울린다...

영애 (두 아이 떼어놓으며)울지 마. 뚝./ 아빨 거야..그만해..어서..(일어

    서려는데)

준서 (어느새 뛰어가 무선전화 들고 와 엄마 귀에 대준다)

영애 네 여보세요..(은혜 엄마 얼굴에 눈물 손으로 닦아주고)

시우 F 잤어?

영애 아니.

시우 F 목소리가 왜 그래.

영애 애들… 야단치구 있었어..

시우 F 왜애..

영애 싸우는 거 미워서..

시우 F 싸우면서 크는 거야..왜 싸웠는데..

영애 애들 바꿔줄게.(은혜에게 수화기 주며)왜 싸웠나 궁금해 하셔.

  니들이 말해.(하고 일어난다)

은혜 아빠 ..

S# 목동 현장

시우 엉 뭐때매 싸우구 야단 맞는 거야.. 늬들 싸우는 거 엄마 아빠 진

  짜 싫어.. 하늘 아래 남매는 단둘인데 엉? 왜 싸웠어 말해봐…엉....

  웅....웅......야야 준서야 누나 말하는데 가만 있어.누나 말 먼저 듣

  구 니 얘기두 들을게 누나 바꿔 엉?

S# 화장실

영애 (세탁기에 애들 빨래거리 넣으면서 혼자 억제하면서 소리 없이 울고 있다)····

S# 일산 지나 매장 복도··

연우 (앞서 나오면서)디스플레이 공부두 했니?

지나 공부라구 할거까지는 없지만 글쎄 왜애?

연우 꽤 그럴듯해 보여서/(같이 걸으며)

지나 승조가 도와 줬어요··

연우 걔가 뭘 알아서.

지나 걔 타고난 게 탁월하잖아. 공부랍시고 한 나보다 훨씬 난 부분 이 있어요··

연우 칭찬이라고 하는 모양이지만 사내자식이 참/ 딱한 놈이야··

지나 뭐 쇼핑하러 나왔수?

연우 따분해서 구경 좀 하러··어떤 매장이 들어와 있나 한 바퀴/ 그 냥 시간 죽이기.

지나 미주 많이 컸지 언니.

연우 컸지이. 애 크는 거 보면 징그럽다··

지나 ??(무슨 말?)

연우 나 나이 먹는 거 실감시키는 증거물이잖아··어느새 오학년이다. 후년이면 중학생/ 미치겠다 인생 참 허무해··무서워 죽겠어··

지나 까르르르 언니느은··

S# 쇼핑몰 야외 커피숍

　　[커피 마시면서]

지나 (화면 시작과 동시에)아니에요. 오픈 직전이니까 이것저것 챙

기느라 나와 있지 오픈 하구나면 일주일에 두 번 들여다 보기두 힘

들어요.. 본사 일이 얼마나 많은데요..

연우   시우 가끔 보니?

지나   그럼요..왜요?

연우   지난 번 나 아버지 심부름 갔었던 거 있지 지나야..

지나   .....(그냥 보는)

연우   부작용 대단해.... 괜히 개 오기 주머니 건드리구 독만 오르게

했어..

지나   (보는/화를 많이 낸다는 얘기 들었음)

연우   아버지구 엄마구 눈에 뵈는 게 없어졌나봐.... 추석에 아버지가

차례 지내게 빠지라 그러셨는데/자기 참석할 자격있는 사람이라

구 딱 부러지게 그러드래..

지나   ??

연우   물론 아버지 차례 안 지낸다구 노발대발 하시구 난리두 아니

었나봐.물론 은혜 엄마 가구 난 뒤에 지내기는 했다지만 그게 있을

수나 있는 일이니?

지나   왜 있을 수 없어요 언니.

연우   ?뭐?

지나   그 언니나 하니까 여태 참구 산 거에요. 나같으면 벌써 예엣날

에 시집에 발걸음 끊었어요.. 그 대접을 어떻게 참구 견뎌요.

연우   얘 목적이 있는데 무슨 일은 못참니.. 우리 집 심플하잖아. 오빠

는 절대 아버지 눈에 안 차 재목두 안 돼 결국 남은 자식 시우 뿐인

데 어떻게 해서든지 노인네들

지나   (오버랩의 기분)결국 시우뿐이면 더구나 참을 필요없죠오오. 언

426

제 물려받아두 물려 받을 건데에에..

연우 얘가 이렇게 뭘 몰라. 상속 포기했잖아아아. 그동안 쫓아다니면서 공들인 거 상속포기 무효시키자는 작전이었다니까아?

지나 ....(좀 싫증나며 보는)....

연우 (둘러보며)나두 여기다 레스토랑 하나 만들 걸 잘못했다..

지나 뭐 재벌집안 여자들 취미생활/ 언니두 하구 싶어요?

연우 시우 뭐라구 안하디?

지나 ??

연우 지 와이프 작전 포기에 대해 무슨 소리 안하드냐구..

지나 걔 그런 얘기 안해요.

연우 그럼 느넨 만나면 무슨 얘기하니..

지나 이건 진심인데 언니. 은혜엄마만 하기 정말 쉽지 않아요..시우 잘 써포트하지 애들 잘 키우지 살림 잘 하지 부족한 게 뭐에요.. 조금치라두 시댁 재산에 침흘렸다면 그렇게 발바닥 닳게 과외 뛰어 집 장만 안해요..사람 다 거기서 거기 아뉴? 시집 부잔데 집은 남자가 알아서 만들겠지 나래두 그랬겠네.

연우 얘 걔가 원래 없는 주제에 자존심은 하늘을 찌르구 오기 하나는 창창한 애야..

지나 그렇게 하늘을 찌르는 자존심이 상속포기 무효화시키려 마음에 없는 작업 같은 거 했겠어요?

연우 ....(보는)

지나 모순이잖아요.

연우 사람이 뭐 한 거풀 뿐이니? 그렇기두 하면서 동시에 저렇기두 한 거야..뭘 몰라 너.

지나 언니라두 좀 우호적이 돼 주구려..너무 안됐어요 언니랑은 친 구기도 하잖아요..

연우 얘 차라리 친구가 아니었음 훨씬 낫겠다..맨날 똑같은 옷에 운 동화 신구 고학하는 거 딱해서 끌어들였던 거 진짜 후회해 야.

지나 좋은 사람이에요 언니이..

연우 ……(뼈언히 보다가)어이그으으 맹물..너 시우한테두 영애 그렇 게 찬양하니?

지나 (웃으며)호홋 나 그럴 새 없어요. 시우는 지 와이프/찬양 정도가 아니라 숭배에 가까우니까 걔 앞에서는 뺄 꼬이지이이이.(하는데)

어린 디자이너 (다가와서/오버랩의 기분)저기요 실장님..

지나 ?왜요?

디자이너 본사 양선생님 전화 왔는데요 단추공장에 아침에 샘플루 보 내신 거 카피 안된다구요…

지나 왜요?

디자이너 그거 진짜..다이아몬드래요….

지나 ?? 에에에에?

디자이너 삼부 오부 전부 진짜 다이아몬드래요..

지나 세상에 기막혀….그거 도루 내 설합에 갖다 놔 달라 그래요..

디자이너 네에.(빠지고)

연우 뭐야..

지나 저번 빠리가 계약서 싸인하구 선물루 받은 단추/아침에 카피 좀 해 보라구 보냈는데

연우 (오버랩의 기분)진짜 다이아몬든 줄 몰랐어??

지나 몰랐죠오오…와아 대단하네 그 사람들.(하는데)

E 연우 핸드폰 울리고

연우 (핸드폰 보고 소지품 챙기며)애 나 가야해.. 네에.. 어 가까운데야. (일어나며) 오분...웅 금방갈께..(끊으며)또 보자.

지나 (일어나 있다가)누구에요? (다르며)

연우 친구.

지나 ?(따라 움직이며) 냄새가 좀 그런데요?

연우 무슨 냄새?

지나 남자 냄새요.

연우 안되니?

지나 ??

연우 너 찻값 내..(하고 나가고)

지나 .....(잠깐 보다가 계산대로 돌아서며)부자가 더 무섭다니까.(중얼거리는)

S# 쇼핑몰 통로(어느새 불 켜지고 밖은 어두워져 가는 중이다)

지나 (화면 시작과 동시에/ 걸으면서 전화)네 사장님 얘기 전달 받았어요.....그런데 그거 다이아몬드 대신 큐빅 박아서 한번 만들어보면 어떨까요.. 금은 써 줘야죠..네...우선 샘플 하나만 뽑아봐 주세요..어떤 느낌인가 보게요..네... 네...

S# 운전 중인 연우/핸즈프리 통화 중

연우 내일 아침 해 안 뜬대요? 웬일이에요 이 시간에 들어와 있구.... 어어 그러시겠죠..또 나가셔야겠죠...나두 늦어요. 꼭 보고할 의무 있나?...기막혀 올케 언니랑 음악회 가요. 왜요.. 늦어요. 열한 시 쯤 되겠죠.....미주 내 자식이기만 한 거 아니구 걔/ 내 얼굴은 알아도 당신 얼굴은 가물가물해요. 먹히지두 않는 소리 말아요..(하고 탁

끊어버린다)

S# 근처 레스토랑

연우 (들어오면서 시선으로 찾고 메뉴 보고 있는 어떤 남자 자리로 움직이는데서)

S# 아파트 전경(밤)

S# 주방

영애 (식탁 차리고 있다/ 서너 가지 반찬에 김치 썬 것/물김치 놓고 있다가 조용해서 바깥쪽 잠깐 돌아보는)

S# 안방··

시우 (와이셔츠 벗다가 멈춘 상태에서)종아리까지 맞았어?

준서 네에··

시우 야아아 (옷 계속 벗으며)엄마가 화가 무지 나셨었나보다아·· 몇 대씩 맞었어··

준서 두대 씩인데 스무 대 만큼이나 아팠었어요··

시우 그랬어?(벗은 와이셔츠 은혜 주며)

은혜 스무대까지는 아니구 열대 만큼은 돼··

준서 아까는 스무대 만큼이랬잖어··

은혜 너랑 싸우기 싫어 그랬다·· 싸우다 또 혼날까봐··

시우 하하 그러게 왜 싸워어. 싸우면 혼나는 거 까먹었어? 엄마가 (침대 걸터앉아 양말 벗으며)사랑의 매까지 드신 걸 보면 알아볼 쪼다··여간해서 매는 안드는데 엉?(벗은 양말 은혜 주며)

준서 그렇지두 않아요 아빠 별로 길게 싸우지도 않았는데

은혜 (오버랩의 기분)잔소리 마아아··스티커 두장에 나 팔아먹는다는 바람에 화나신 거야.

준서 (버럭)웃기지 마 누나가 먼저 (하는데)

영애 (문 열며)아직두 안 끝난 거야?

은혜 아냐아(하며 얼른 욕실로 아빠 빨래 들고 들어가고)

준서 (은혜와 동시에)아니에요 엄마 (하며 아빠 뒤로 숨는다)

S# 주방‥

　[칠리소스에 버무린 왕새우 요리가 식탁 가운데 놓여진다‥]

시우 와아아 이게 뭐냐‥

은혜 제주도 할머니가 보내주신 새우.

영애 (밥공기 놓아주며/오버랩의 기분)밥은 반 공기씩만 떴어‥우선
　새우 접시 먼저 비우구 밥 먹으면 좋겠어‥

시우 밥은 이게 다야?

영애 당신 먹을 건 있어. 아예 더 떠 줘?

시우 먹어보고‥ 자 먹자‥ 감사합니다‥

두 아이 감사합니다‥

영애 감사합니다‥

　[잠깐 먹는 사이 두었다가]

시우 당신 요가 등록했어?

영애 (잠깐 보고)아직……

시우 언제 할려구?

영애 책 좀 먼저 보구… 지나씨가 그러잖어‥ 기초부터 가르치는 데가
　날 거라구‥

시우 그럼 찾아봐‥

영애 그럴 거야‥(하는데)

준서 E 내가 먼저야‥

영애 시우 (아이들 보면)

[새우 한 토막을 은혜와 동시에 포크로 찍고 있다.]

은혜 니가 먼저는 아닌데 내가 양보할게‥

준서 내가 먼저라니까?

은혜 먼저 아냐 우리 둘이 똑같이야‥

준서 내가 먼저 일초 빨랐어‥(찍은 새우 제 접시로 옮기면서)

은혜 우기지 마. 너랑나랑 똑같이 찍었단 말야.

영애 은혜야 준서야‥

두 아이 (엄마 본다)

영애 그거 그렇게 중요해?‥누가 먼저 찍었나가 그렇게 중요한 문
제야?

은혜 준서 아니 아니요‥

영애 그런데 그거 갖구 왜 다퉈‥ 하나두 중요한 일 아닌데‥

은혜 쟤가 우기잖아‥

영애 준서 왜 우겨. 누나가 그렇다면 그런 건데 누나 거짓말 안 하는
사람이잖아.

준서 양보하면 그냥 양보하지 꼭 지가 먼저라구 하니까 얄미워서

영애 지가라니/ 누나한테 지가가 뭐야?

준서 (좀 기죽어서)꼭 ‥‥누나가 먼저라구 /얄미워서/누나는 너무
따져요‥

시우 (먹으며)그래애 은혜가 좀 따지기는 하지이이‥ 엄마 딸이잖아‥

영애 (흘기는 눈으로 남편 잠깐 보면서)누나는 니가 딴소리 하니까 바
로 잡아 준 거야. 내버려뒀다가 너 거짓말로 우기기 대장 될까봐‥

시우 건 안되지이이/ 거짓말로 우기기대장 되면 건 야 몰매깜 밖에

432

안돼애애··건 고쳐야겠다 준서·· 좋은 누나를 뒀네 준서는 복두 많
지 은혜 잘 했어 그래야 누나지 엉?

준서 (찍어다 갖다놓았던 새우 은혜에게 내밀며)그럼 이거 먹어··

은혜 됐어 너 먹어··

준서 사과하는 뜻에서 먹으라구우우

영애 새우가 모자라서 그래? 아직 많잖아·· 준서 그냥 먹어··

준서 (소리 작게 중얼거리는)너무 쪼그만 거라 그랬는데··(웃으며)

은혜 뭐?

시우 하하하 자식/하하 누나 약올리지 마 임마.(아들 건드리며)

S# 거실

[레고로 집 만들기 하면서/유아들이 쓰는 듀플로가 아닌 알맹이가 작
은 레고.]

준서 (자동차 만들고 있고)

[집은 만들어놓고]

시우 야, 뭐해. 소파 만들래니까. 소파.

준서 집에 차두 있어야 되죠오.

시우 얌마 차가 벌써 네 대 째 아냐 그거까지···

준서 대따 부잣집이거든요··

시우 대따 부잣집이니까 그래 제에발 사람들 땅바닥에서 안 지내
게 소파 먼저 좀 만들어다오. 엉?

은혜 소파 내가 만들게 아빠.

시우 좋아. 공장이전이다. 은혜가 소파 만들구 준서 너는 니 차들
갖구, 자동차 판매점 차려 독립해 응?

준서 좋아요.

은혜 좋긴 뭐가 좋아. 아빠 너 내쫓는 거야. 말 안 들어서어··

준서 그런 거에요?

시우 아냐아. 그렇게 멋진 자동차를 네 대나 만들 수 있는 사람은 독립할 자격 충분히 있어. 야 근데 빨간색 네줄짜리 어딨냐?

은혜 왜? 지붕이 부족해? (집 만드는 중입니다)

시우 어. 빨간색 네개짜리 빨리 찾아봐.

은혜 준서가 소방차 만드는데 썼을걸.

준서 (얼른 소방차 치우는데)

시우 너 그 차 팔어.

준서 싫어요. 부숴서 지붕 만들려고 그러는 거 알아요.

시우 너 자동차 판매상이잖어 임마·· 차 팔믄 그만이지, 그거 사갖구 가서 내가 뭘하나 까지 신경쓰믄 너 노이로제 걸려! 빨리 차 팔어.

준서 싫어요. 아빠가 딴 색 지붕 하믄 되잖아요··

시우 야야 다돼 가는데 그거 몇 개만 있음 완성이란 말야. 부탁이다, 엉? 소방차 나한테 팔어.

준서 만원.

시우 (벌떡 일어나 앉으며)? 인석이 아주 팔자를 고칠려구 드네. 여보 당신 아들 블록 몇 개에 만원 내래 들었어?

영애 당신이 시작한 거잖아아.

S# 주방

영애 (설거지 마무리하면서 고개 틀고)파란 거 한 개만 다오 천원 줄게 오백원 줄게 애 버릇 망친댔지?

시우 E 그렇지만 만원은 너무하잖아아아··

S# 거실

시우 야 천원으로 어떻게 해보자 엉? 천원‥‥그럼 이천원‥‥안돼? 그
럼 삼천원‥(에서)

S# 준서의 방

영애 (준서 엎드려 있고 /준서 종아리 쓸어주면서)엄마가 섬그늘에‥
구울 따러 가아고‥‥(가만히)‥‥‥

S# 박회장 집 앞‥(밤)

[사용인들 나와 대기 중이고 박회장의 자동차 와서 멎는다‥]

박 (열어주는 문으로 내려서 안으로 움직이다가 문득 멈추며)정전
이야?

사용인 예 아닙니다 회장님‥

박 그럼 전기료 못내 단전됐냐?

사용인 아닙니다.

박 그런데 불 안 키구 뭐하는 거야‥ 늙은이 코깨는 거 구경하구
싶어??

[사용인 두 사람 후닥탁 튀고]

박 (벼락같이)불켜 빨리!!(하는데)

재우 (거의 넘어질 듯이 굴러 나오고 있다)

S# 거실

[사용인들 나와 대기 중‥정원도‥]

장 (안방에서 나온다…현관께로)‥‥‥

[재우가 문 열어주고]

박 (들어오고)

[모두 목례하는데]

장 어서 오세요. 회장님‥

박   (힐끗 한번 보고 소파로 움직이며)너 좀 오너라..

재우   ??(무슨 일인가 좀 긴장)...

정원   (여자들 들어가라는 신호하고 여자들 아웃되고)

박   (앉는다)

재우   .....(어정쩡한 채)....

박   와 앉어..

재우   .....(아버지 쪽으로)

장   앉으시라잖니..

재우   예...(앉는데)

박   당신두 앉어 봐..

장   나두 필요해요?

박   앉으라구..

장   (앉으며)차 내 오래요?

박   필요없어..

장   필요없으시단다..올라가려무나..

정원   네에..안녕히 주무세요 아버님. 안녕히 주무세요 어머님..

        [두 노인 다 대꾸 없는 채 정원 움직이는데]

박   너 내일 일어나는대로 빌라 팀들 수배해서 별채/샅샅이 손 좀 봐..

재우   ??(무슨 소린지)

박   무슨 소린지 몰라?

재우   예 아아압니다 아버님.

장   별채는 왜요..

박   집은 비워두면 못써.. 귀신 들어와 살림 차리기 십상이야..

장   그래서 뭐에 쓰시게요..

436

박   쓸데가 있으니까 손을 보라지‥내가 쓸려구 그래‥

장   ‥‥‥(보다가)각방 쓰구 싶으세요?

박   (느리게 일어나며)얼마나 걸릴 거 같어.(재우에게)

재우 (벌써 따라 일어나면서)그글쎄요‥점검을 해 봐야 알겠지만 내
     부외부 칠하구 도배하구 저기 지붕도 좀 손을 봐야하구 뒤쪽에

박   각설하구 얼마나 걸려‥

재우 한 삼주는…

박   열흘 안에 끝내‥

장   (거의 같이 일어났다/오버랩의 기분)끝내져야 끝내지요‥어이 들
     어갑시다‥

박   …(움직이는데)

재우 안녕히 주무십시오 아버님 어머님‥

     [두 노인 들어가고]

재우 (이 층 쪽으로)

S# 안방‥

장   (남편이 빼내주는 타이 받으며)아직두 단념을 못하구 찾어 헤매냐?

박   ?(상의 벗다가)…

장   (아무 말 안 한 척)

박   (다시 움직이며)무슨 홍두깨야‥놀래 죽겠어 그러지 마 피곤해
     서 넘어가기 직전이야.

장   그래서 대전 가 찾어서 소원성취했냐 이눔아?

박   ??? 이 사람이 그런데/찾기는 뭘 찾어.

장   (노려보는)

박   현장 둘러보구 현장 일꾼들 밥 먹이구 오는 길이야. 넘겨집기

는/비슷이나 하게 잡어 이 사람아.

장   그래?

박   그래..(마누라 모르는 것 같다/옷 벗으며)

장   해갈하구 이태원 기집애 찾어 헤매는 게 어느 눔인데.

박   ??

장   (연결)대전 근처 가 있단 소리 너보다 내가 먼저 알어 이 드런 인간아.

박   이이거봐 장여사(하며 달려려는 톤/ 벗은 상의 아내에게 안기며)

장   (오버랩의 기분/상의 바닥에 팽개치며)딸자식보다두 어린 년 어떻게 해보자구 그래 북망산천 눈 앞에 둔 늙은눔이 대전까지 기어 내려가 수소문하구 댕기냐 이 구더기두 드럽다구 침 뱉을 눔아?

박   누누누누가/이 사람 정말 무서워 같이 못 살겠네..내한테 사람 붙였어? 어느 눔야 그게.이 기사 그 자식야?

장   이 기사 입 무거운 거 몰라 그런 소리 해?

박   그럼 누구야.

장   낮잠 자는데 우리 아버지가 가르쳐주시더라.

박   이러언....장인어른 그 말씀은 안하셔? 희도 그눔 다 늙어빠져 아무 볼일 못 본단 말씀은 안하셔?

장   볼일 못 보면서 더구나 주딩이 끌구 댕긴다더라..

박   이 마나님이 그런데..(좀 오른다)

장   어이구우우우(주저앉으면서)관셈보살 관셈보살 관셈보살/(하다가 불현듯)각방은 왜 쓰냐 무슨 꿍꿍이야 도대체가.

S# 주방

영애   (약 먹는다)......(약 넘기고 컵 씻어 물 빼기에 엎어놓으며)......

S# 침실

시우 (머리 털면서 욕실에서 나온다)……(아내가 없다)……(머리 닦으며
한 손으로 드라이어 찾아 내는데)

　　E 문득 거실에서 들리는 바이올린 /약하게··

시우 (돌아본다)

S# 거실

영애 (오디오 세트에서 떨어져 소파에 앉으려는데)

시우 (내다보는)안 들어와?

영애 당신이 나와··

시우 머리 말려줘야 하는데··

영애 여기서 하자··

시우 알았어··(잠깐 사라졌다가 드라이어와 빗 들고 나온다/)

영애 꽂구 바닥에 앉아··

시우 그래··(드라이어 꽂아놓고 영애와 바닥에 앉아준다)

영애 (머리 말리기 시작)········

시우 (눈 감고 조금 있다가)·····(돌아보며)이거 뭔지 좀 어색하구 그렇다··

영애 뭐가아··

시우 화장대 의자가 좋아·· 당신 서 있구···

영애 금방 말라··

시우 (앞으로 고개 돌리고 두 팔 뒤로 보내며)당신 안을 수가 없잖아.

영애 ······

시우 어 방법이 있다··(아예 영애 앞으로 돌아앉아 무릎 위에 머리 대고
엎드리듯)·····

영애 나 언제까지 이거 해줘야해···

시우 파파 할아버지 할머니 돼서 죽는 날까지…

영애 길을 잘못 들였어‥후회해‥

시우 후후후후후…(하며 영애의 가슴으로 손이 들어가려)

영애 (손 떼어 밀어내고)

시우 (다시 시도)

영애 왜 이래애‥(밀어내며)가만 있어. 머리 말려‥

시우 알았어 이따 봅시다‥

영애 (드라이어로 시우 머리 가볍게 콩 쥐어박으며)보긴 뭘 봐‥

시우 아아 아프다아아아‥

S# 침실

영애 (침대에 올라가 있다/ 시우 베개 편하게 만지는데)

　　　E 변기 플러시 소리 나고

시우 (나와서 침대로 오르며 안는다)보자구.

영애 (밀어내며)앉어봐 물어볼 거 있어‥

시우 …뭔데‥

영애 나 죽으면… 재혼하나? 해야겠지?

시우 언제 죽을 건데‥

영애 그게 왜 중요해‥

시우 미리 준비해 놓게‥ 재혼할 상대…

영애 준비할 게 뭐 있어‥지나씨가 있는데‥

시우 걘 당신이 싫어하잖아‥ 나두 양심이 있지 야 와이프가 싫어하
　　　 던 여자랑 어떻게 해애‥차라리 딴 여자가 낫지‥

영애 ‥‥(보며)

시우 당신 귀신으루 나타나 괴롭히면 어떡해‥(두 손 치켜들고)늬들

440

그럴 줄 알았다아아 이 거짓말쟁이들아아아아

영애 두 사람 거짓말하구 있니?

시우 ?? 아니?

영애 그럼 그런 말 왜 해..

시우 당신 귀신이 오해할 거란 얘기이이..

영애 재혼은 해야겠지?

시우 글쎄 언제 죽을 건데..(누우려 하며)그거부터 알려줘..

영애 ....(보며)

시우 (누우려다 도로 일어나며)그런데 그런 얘기 왜 해?

영애 (제 베개 만지면서)은혜 친구 엄마/ 식목일에 세상 떴는데 걔 아빠 벌써 재혼한대나봐..

시우 너무 하다아 일년도 안돼서?

영애 은혜 친구애/ 동생들 손잡고 아파트에서 뛰어내려 죽는다 그러드래..

시우 이이?

영애 그냥...당신을 어떨까 궁금해져서.

시우 당신은 나 죽으면 어떡할 건데..

영애 재혼해야겠지..그래두 일년은 채우구 할게..

시우 (가볍게 영애 머리 쥐어박으며)그래 고맙다 일년은 채워 줘서..
(하며 눕고)

영애 (누우며)애들 데리구 놀이터 가자..사파리두 하구 삼림욕하는데 가서 일박이일 놀면서 산책두 하구..

시우 좋지이이..

영애 당신 친구들은 빼는 거야. 우리끼리만 가..

시우 알았어알았어(엉겨붙으며)

영애 (밀어내며)단풍 구경두 가구 싶어··애들 정장 입혀서 발레 구경 두 가구 싶구 오케스트라 연주두 들으러 가구 싶어··

시우 해 해 (엉겨 붙으며)뭐든지 다 해. 하구 싶은 거 다 해. 꽉꽉 밀어 주께··

영애 여유 없잖아··(밀어내며)

시우 괜찮아아아 카드 대출 받어 써. 써봤자 얼마 될 거라구 까짓.

영애 이번 크리스마스에는 나두·····(일어나 앉아 남편 보며) 지나씨처 럼 등이랑 가슴 확 파진 멋진 드레스 입구 전망 좋은 레스토랑에서 우리 네 식구 호사스런 저녁 먹구 싶어··

시우 ·····(보며)

영애 왜···안돼?

시우 기분 묘하다 여보·····(영애 팔에 손 올리면서)그래···당신 그동안 너무 쥐어짜면서 갑갑하게 살았어 알아···미안해···이제부터는 조 금쯤 여유 있어도 돼···우리 대출금도 얼마 안되잖아······응?

영애 왜 그 생각이 날까····

시우 ?····뭐···

영애 나····병원에두 못가구 우리 엄마 집에서 은혜 낳았을 때·····처음 은혜한테 젖 물리고 앉아 있는데·····그러다가 왠지 조용하길래 돌 아봤더니···· 당신·····울고 있었잖아···

시우 ??··내가?

영애 ??

시우 내가 언제··

영애 어머나··기억 못해?

시우 언제 그랬어‥나 그런 적 없어‥

영애 세에상에‥‥ 까먹었단 말야?

시우 그런 적 없어 여보.

영애 내가 소설 쓰니? 생각해봐. 그랬단 말야아‥

시우 ‥‥(생각하는)

영애 안나?

시우 진짜 안나‥내가 그랬었어?

영애 (손 떼어내며)정말 실망이다‥내가 얼마나 감동했었는데‥ 박시우 정말 아름다운 사람이구나/ 이렇게 아름다운 사람/‥차지하구 사는데 시집에서 천덕꾸러기면 어떻구 늙은 여우라는 게 대순가‥(울먹해지면서)죽는 날까지 우리 마음 퇴색시키지 말구 열심히 행복하게 살자(끝은 울음으로/한 손으로 눈 가리며)

시우 ???(다소 황당해서)‥‥(보다가)어이‥‥어이 참(일어나며)‥당신 왜 이래애‥(손 떼내려 하며)그래 잘못했어‥(영애는 손 안 떼며 조금 돌아앉으며 오히려 두 손 다 올라가고)기억 못해서 미안해‥응?‥‥‥아니 그게 울 일이냐? 울기까지 할 일은 아니잖아 여보야‥‥‥(건드리며)여보‥여보 마누라야‥

영애 (손 쳐내면서)그만둬. 필요없어‥결국은 다 내 환상이구 착각이었던 거야‥나 혼자 감동하구 나 혼자 결심하구 나 혼자 애 쓰구 무슨 이런 바보가 있니‥(베개 탁탁 두드려 등 돌리고 누우면서)그래 바본 거 알아‥새삼스럴 거두 없지 뭐‥

시우 ‥‥‥(황당해서 보는)‥‥‥(보다가 슬그머니)어어‥‥이제 생각날려구 한다 ‥‥(건드리며)여보 나 생각날 거 같아.

영애 (쳐내면서)쇼하지 마. 쇼쟁이/

시우 진짜야아 생각나는 중이란 말야아아

영애 (이불 뒤집어 쓴다)

영애 어어이 참 나아……여보… 선생님….누나아아아…(직신거리며)

S# 박회장 집 별채‥(아침)

　[수리 팀들 몇 사람 /집 돌아보는 중이다‥]

남자1 페인트 작업만해도 열흘은 잡아야하는데요 사장님‥

남자2 내부도 아무리 서둘러도 닷새는 걸려요‥ 도배하는데 나흘은
　잡아야 하구요‥

남자3 보일러도 교체해야겠는데요‥옛날 거라서 열량도 떨어지고
　지하실 방수도 다시해야겠다던데 방수팀 어디갔어.(돌아보며)

재우 회장님 열흘밖에 시간 안 주셨는데….날짜 못 맞췄다간 우리 다
　같이 불벼락 맞아요. 어떻게 좀 해 보세요 예?(에서)

S# 어린이 놀이터

　[시우는 준서와 영애는 은혜와 컵 타고 돌고 있다‥자유롭게]

S# 다른 탈것‥

S# 인파 속에 이동 중인 가족/

S# 점심 먹고 있는 가족‥

S# 귀신집 마술 거울 기타 등등 동원

S# 서울로 돌아오는 어린이 공원 전용 버스 /달리는 버스

S# 버스 안에서 영애 시각으로 흘러가는 산천

S# 버스 안

영애 (창밖 보면서)……(기대어 있는 은혜 머리가 더 떨어지자 좀 편하게
　만져주면서 보면)

　[옆자리에 부자 곯아떨어져 있다….]

영애 (물끄러미 보며)······

S# 버스 터미널··

[세워진 버스에서 내리는 사람들 속의 시우 가족····움직이는데··]

재우 E 은혜야아··

모두 (보는데)

시우 야 큰아버지엄마 나오셨다··손 흔들어··

두 아이 큰 아버지이!!큰 엄마아아아!!(동시에 손 흔들며 나누어서)

S# 터미널 밖··

정원 (준서 손잡고 나오며)아이구우우 열시에 도착해서 지금까지?

준서 네에··

정원 (뒤돌아보며)종일 시인나게 놀았구나··

준서 네에··끝내주게 놀았어요··(정원 조금 소리내어 웃고)

재우 (한 걸음 뒤에 은혜 손잡고 연결)탈 거 다 타봤겠다?

은혜 준서는 다 탔어요 저는 더러 빼먹었어요··

재우 왜 빼먹었어.

은혜 그거두 피곤해요 큰 아버지··

재우 하하하(따라오는 시우 내외 보며)제수씨가 피곤하시겠어요.

시우 애들 쫓아다니는 게 그렇죠 뭐··

재우 너 준서 데리구 내차 타구 제수 씨는 은혜랑 저사람 차 타세요··

영애 네 아주버님··

S# 어느 로브스터 식당 앞

[대어지는 두 대의 자동차·· 주차 안내원 붙고 내리는 가족들··]

S# 식당 안··

[종업원이 살아 있는 가재 들고 와서 보여주고 있다··]

[은혜는 찡그리고 보고 있고]

준서   (눈 동그랗게 / 흥미진진하다/만지려)

시우   야 하지 마 물려..(준서 찔끔 손 뒤로 감추고)

재우   준서 다 봤지?

준서   네에..

재우   됐어요..주문은 베로니카가 해요..

정원   회 드시죠 서방님..

시우   알아서 하세요..

정원   회 좀 만들어 주시구요 아이들 잘 먹는 걸로 만들어 주세요..

남자   버터구이로 해드릴까요?

정원   그거두 괜찮지만 좀 /매콤한 게 낫던데요..

남자   예 알겠습니다..(빠지는데)

재우   어 잠깐요..와인 좀 안 할래?

시우   해요..

재우   (와인 주문/)

남자   네 알겠습니다..

준서   내 덕인 줄 알어.

은혜   뭐가..

준서   내가 바다가재 안 먹어봤다 그래서 먹게 된 거 잖아.

은혜   야 난 벌써 망했어.

준서   엉?(왜?)

영애   왜애?

은혜   살아있는 거 죽여서 먹는 거잖아. 불쌍해.

영애   그러니까 왜 보여달래애.(준서에게)안 봤으면 좋았잖아..

정원 그러네

준서 그렇다면 누난 불고기두 먹지 말구 돈까스도 먹지 말아야겠다?

은혜 (얄미워서 보는/무슨 말인지 안다)

준서 먹잖아 다 먹으면서 뭘. 잘만 먹더라.

은혜 살아있는 거 내 눈으로 직접 보고 먹는 거 아니잖아.

준서 소나 돼지도 다 살아있는 거야아.

시우 얌마 그거랑은 조금 달라 준서야‥ 누나 마음이 이뻐서 그러는 거잖아. 너는 안 불쌍해?

준서 불쌍하기도 하지만 그래도 먹고 싶어요‥

재우 흐흐흐흐 자식‥(하는데 와인 먼저 나오고)

승조 E 준서야.(작은 쇼핑백 하나 들고 화면 안으로)

준서 아 아저씨‥

승조 안녕하세요 안녕하세요 형수님.

정원 안녕하세요.(일어나려)

승조 아니에요 일어나지 마세요 형수님. 앉으세요‥

정원 여기 의자 좀 하나

승조 (오버랩의 기분)저 금방 가야해요. 시우한테 전할 게 있어서요. 야 이거‥

시우 (받으며)대체 뭔데,

승조 지나 고모님이 젓갈 뒈가지 보내셨나봐. 너 잘 먹는다구.

시우 지나는 뭐하구.

승조 데이트. 그 외과의…

시우 잘했다 철드나보지?

승조 있는대로 푸푸거리면서 나갔어. 나가지 직전까지 고모님한테 전화루 오방깨지구 눈물이 글썽글썽해서 나갔다 야.

재우 (오버랩의 기분)야 서서 그러지 말구 앉어서 저녁이나 먹자..

승조 저 약속있어요 형님.. 맛있게 드세요..은혜 준서 또 보자..

두 아이 네에..

  [적당히 인사하는데]

시우 (보따리 영애에게 넘기고 일어나려)

승조 야 필요없어 나오지 마. 간다..

시우 (엉거주춤 일어나)가라 그럼.

승조 (손 들어 보이고 나가는데)

  E 핸드폰 벨 소리.

정원 (얼른 백에서 핸드폰 꺼내 보며)아가씨네..네 아가씨.

연우 F 언니 나 어제 밤에 언니랑 음악회 갔어요오.

정원 ?? 그게 무슨

연우 F 아 척하면 삼천리 좀 안되우? 우리 둘이 음악회 간 걸루 알
  구 있으란 말이에요..우리 미주 아빠가 혹시 체크하면 말이에요..

정원 (입 벌어지다가)잠깐만요 아가씨..(하고 입구 쪽으로)

모두 (보고)

S# 레스토랑 밖

정원 (나오면서)아니 저 아가씨..무슨 일인지는 모르지만 저는 그런
  거짓말

S# 박회장 정원

연우 (올라가면서 전화하던 참이다 걸음 멈추면서 빽)아 그 정도 거짓
  말 괜찮아요 글쎄..내가 무슨 나쁜 짓 하구 덮어달라 그러는 줄 알
  아요? 친구하구 있다 들어갔는데 말두 안되는 소리해서 쉬운대

루 언니랑 음악회갔다 그랬으니까 그렇게 알아두란 말이에요.체
크할 리는 없지만요....어유 참 답답해 미치겠네. 아 그만둬요 그
럼..(전화 퍽 끊으면서)맹꽁이 사촌.. 어이그...(하고 올라가다가 문득
돌아본다)

　　[저만큼 일꾼들 붙어서 페인트 사전작업하고 있다..]

연우　....(뭐야 하고는 몸 돌린다)

S# 거실

연우　(들어오며)나 왔어요 아주머니..

조　　어서 와요..미주엄마.

연우　(안방/ 움직이며)얼음 넣어서 녹차 좀 한잔 먼저 주구 약식 좀
녹여줘요.. 배고프네..

조　　알았어요..녹차..(같이 일하던 여인에게)사모님 차는 뜨겁게..
여기는 내가 하께..

여인　네에..

S# 안방

연우　(들어오며)별채는 뭐에요?

장　　(사경하다 멈추며 안 보는 채)뭐긴...수리하잖어..

연우　(앉으며)뭣때매 하는 거냐구요.. 오빠네 내보낼려구요?

장　　걔들을 왜 내 보내..위가 좁아서?

연우　그럼 나 이혼하구 들어와 살라구요?

장　　해내버리는 말이라두 그러지 마. 말이 씨 된다 소리두 몰라?

연우　그럼 뭐에 쓸려구 수리냐구요.

장　　느이 아버지가 쓰신단다..

연우　?? 뭘루?

장   뭘루 쓰실지 알게 뭐냐··무슨 소용이 있어 그러시겠지·· 사람
　　눈 피할 비밀회의 하는데 쓰시던지 아니면 단촐한 손님 초대를 하
　　실러는지

연우   집 어수선하게 무슨 그런 걸 여기서 해요.

장   일요일인데 뭐하러 나와 돌아다녀. 애는 어떡하구.

연우   허서방이랑 한바탕 하구 분통이 터져서 나왔어요··나오니 뭐
　　갈데가 있어야지··

장   ······(뻔히 보는)

연우   웬일루 안 나가구 있나 했더니 글쎄/(하고 잠깐 말을 할까말까
　　하다가 에라)나더러 바람든 거 아니냐구 수운 생트집을 잡잖아··

장   뭐어?

연우   지밑이 쿠리니까 어이구 참 기막혀··

장   너 뭐 그런 소리 들을 짓 하구 다니는 거야?

연우   엄마까지 왜 그루우우? (에서)

S# 레스토랑

　　[가재요리 한참 먹는 중이면서]

재우   (화면 시작과 동시에)뭐 영빈관 비슷한 걸루 쓰실 작정 아니신
　　가 싶은데 모르겠다·· 열명 이내 작은 연회 정도는 충분히 할 수 있
　　는 스페이스잖아··

시우   단골 집 많으시잖아요··

재우   아버님께서 쓰신다 그러시니까 말야·· 이 사람하구 이 궁리 저
　　궁리 끝에 (웃으며)혹시 느닷없이 바깥에 바치는 돈 아까운 생각
　　드신 거 아닌가 그래서··터무니없이 비싸잖아 그런데··

시우   (픽 웃으며)글쎄요··

450

재우 이 사람만 피곤할 일 생겼다..제발 그건 아니길 빈다빌어..

정원 어쩌면 아버님 혼자 편히 낮잠두 주무시구 쉬실 공간이 필요하신 건지두 몰라요. 어머님 들으시는 불경두 아버님은 별로 안 좋아하시구..

재우 그거 당신 희망사항이죠..

정원 네에...(하는데)

   E 재우 핸드폰 벨

재우 (전화 꺼내 보고 놀라서 벌떡 일어나며)예 아버님.

박 F 너 어디야.

재우 예 저 저 쭈욱 쇼핑 몰에 있다가 지금 저녁 먹는 중

박 F 커텐두 바꿔버려.

재우 ??예?

S# 이동 중인 자동차

박 별채말야 이눔아.뭘 띠일하니 그래. 커텐두 바꿔 치우란 말야..
...니가 하지 말구 니 처더러 고르라구 해..너무 늙은이 냄새나게 하지 마. 고상하면서도 세련되게 해.

S# 레스토랑

재우 예 알겠습니다 아버님...예...예 아버님..(전화 끊으면서)후우우우(앉으면서)당신 별채 커텐 책임져요..고상하고도 세련되게 하라셔요..

정원 알았어요..연구해 볼께요..

시우 이 자식들은 먹느라구 정신이 없네. 맛있냐?

준서 네에.

시우 은혜는.

은혜 맛있어요.

영애 안 불쌍해?

은혜 미안하다 그러면서 먹구 있어요‥

재우 ㅎㅎㅎㅎㅎ 짜식/

S# 시우의 거실

[잠옷 입은 아이들 엄마아빠에게 저녁 인사 중. 시우가 한 번씩 차례로 껴안고 뽀뽀하고 잘자? 굿나잇 등등으로 인사/]

영애 (달려드는 준서 한팔에 안고)은혜도 와‥(은혜도 다른 팔에 안기고/차례로 쪽/쪽)행복했어?

두 아이 네. 응‥

영애 엄마두 하늘 땅 만큼 행복했어‥

준서 다음 번에는 싸파리에요 엄마‥

영애 그래 아직 한번두 안 먹어본 거 중에서 제일 먹어보구 싶은 게 뭔가 생각해 둬. 큰아버지가 또 사주신댔으니까.

준서 생각할 거두 없이 벌써 있어요.

영애 뭔데?

준서 페이킹 더억/

영애 ??

시우 야 너 그걸 어떻게 알어.

준서 텔레비전에서 봤죠? 모자 쓴 아저씨가 요만한 마차에 새까맣게 군 오리 (오리 누워 있는 모양 흉내내며)데리구 나오는 거 봤어요 아빠‥대따 맛있다던데요?

시우 자식/눈이 보배다 그래 하하‥

영애 큰아버지 큰일났네에? 우리 준서 비싼 거만 찾는다아‥

452

준서 큰아버지 부자라 괜찮아요··

시우 (준서 궁둥이 철썩 때려주며)그래 임마 그만하구 들어가 자·· 엄
마 피곤해서 눈이 자꾸만 기어들어간다·· 오늘 등 긁어주는 거 없
다아아··

준서 네에에··(들어가고)

은혜 엄마 나는 아무래도 체한 거 같아··

영애 ??그래?···약 먹자··있어 엄마 약 갖구 나올께··(방으로)

시우 (딸 당겨 배 만져주며)거북해?

은혜 응 좀 아플라구 그래··

시우 바보 맛있는 거 먹구서는··(은혜 나온다)내가 먹일게··

영애 (약 내밀고)

시우 (은혜 데리고 주방으로)와·· 물 주께··

영애 ·····(주방으로 사라지는 부녀 보며)······

시우 (아이한테 약 주고 물 먹인다)····

은혜 (약 넘기고)·····

시우 트림 좀 해봐·· 그으윽/

은혜 그으윽/

시우 아니 진짜 트리임.

은혜 안 나와아아··

S# 침실

영애 (침대 가장자리에 앉아서)··········(충분한 사이 두었다가)

시우 (들어오며)아아 되다···알통 밴 거 같아 여보. 다리가 뻑뻐억 해··
애들한테 끌려다니는 게 장난 아니야··당신두 그렇지··

영애 올라가··· 발바닥 지압 해줄게··

시우 (침대에 엎어지면서)아니 그건 아프니까 말구 종아리나 좀 풀
　　　어줘..

영애 ....(침대로 올라가 종아리 만져주기 시작하는데)

시우 아아아아 봐 알통 배겼다구 했지..

영애 엄살은 암튼/..몇살이니.

시우 (아이 소리로)다섯살이에요..(혀 짧은 소리로)

영애 (웃는데 눈물이 떨어질 듯 하다)....

S# 어두운 거실

영애 ......(혼자 앉아 있다)......

S# 아파트 거실

시우 (뛰어들면서)아빠 왔다아아아..어 늬들 아직 옷 다 안 입은 거
　　　야? 옷입구 기다리랬잖아 이눔들아아아.. 늦으면 어떡할 거야 길
　　　엄청 밀리는데에에..

　　　 [옷 입는 중인 두 아이/]

준서 다 했어요..

은혜 아빠는 그렇게 입구 갈 거야? (작업복이다)

시우 어 아 그래그래..(안으로 뛰어들며)와와와와/ 늦으면 아빠 엄마
　　　한테 죽는데에에..일낫다일났어..

S# 엄마 동네 미장원..

　　　 [이모 머리 하고 있고..]

　　　 [영애와 엄마 / 이모 끝나기 기다리고 있다..]

엄마 ...(보다가 소리 죽여)얘...쟤 화장이 너무 야하지 않어?

영애 .....(거울 속의 이모 보고)무어...이모는 그러시잖어요..

엄마 니가 말해 조금 지우라구/.

454

영애 괜찮아요··보통 때랑 같은데 뭘요···

엄마 (딸 보며 좀 불만이지만 그만둔다)····

영애 뭐 꿈같은 거 안 꿨어요?

엄마 꿈은····몸 편한 사람들이나 꿈꾸지 나는 일년에 한두번 꿈구경 하면 많이 하는데 뭘··(궁얼꿍얼)

영애 참 엄마····예단비 안 보냈습디까?

엄마 ??얘기 안했니?

영애 아니 언제··

엄마 늙기는 필시 늙었다. 얘기한 줄 알었네·· 보냈더라··큰 거 한 장 너 보냈더라구··

영애 얼마···천만원?(저도 놀라서)

엄마 그래··

영애 돈은 있나부네··그래서 반 보내 줬어요? 그러는 거라든데··

엄마 이백만 빼구 도루 다 보냈어···하는 거 아무 거두 없는데 무슨 염치루···

영애 잘하셨어요(하는데)

이모 (오버랩의 기분)오늘 따라 왜 이렇게 떡 주무르듯하구 주무르 기만하구 모양을 못내애 정란 엄마아아··

미용사 (중년)아유 글쎄 그러네에에에? 아주머니가 너무 까다로우 니까 그런가봐요··

이모 원 살다살다 나더러 까다롭다는 사람두 다 보네··

엄마 대충 해애애.

이모 대충은 언니는/ 머리가 이게 뭐야. 내가 도깨비 이모야? 뿔 낫잖 어어··(머리통 양 옆이 좀 튀어나온 듯)

S# 호텔 앞

[택시에서 내리는 이모와 영애/엄마..]

[움직이다가 회전문 보고]

엄마 아이구 또 저거네..

이모 어어 저거 언니? 저거였어? 하하하하하.

엄마 웃기는 너 해봐..

이모 아 저 저거 요러어어구 노리구 조 판대기가 나오기 시작하면 팔짝 들어가면 되겠네 원..

엄마 그래 너 해보라구..(하는데 마침 들어갈 타이밍)

영애 (이모 슬쩍 밀면서) 들어가세요 이모..

이모 (엉겁결에 들어가 놓고) 아하하하하하(하는데 나갈 차례다)

영애 이모 나가세요 얼르은.

이모 (용케 우르르 빠져 나가고 떨리지만)쉽네 뭐..

영애 (엄마 손잡고 기다렸다가)들어가요..

엄마 (아이처럼 긴장해서 약간 발이 더듬지만 성큼 들어가고)

영애 (유리 안에 갇혀서 엄마 보며 서글프게 웃는)

엄마 (활짝 웃고)

S# 결혼식장 입구..

[엄마와 시우 하객 맞고 있고 저쪽은 소정모와 외삼촌으로 보이는 남자와 하객 맞고 있다..]

[시장 사람들로 보이는 하객들 한 패거리 들어가면서]

[정원 내외 들어온다..]

재우 안녕하십니까.. 축하드립니다..

엄마 (약간 떠잉해서 사위 보고)

456

시우   제 형이에요 장모님 형수님이시구요.

엄마   아이구 내 정신··(공손하게)안녕하세요··은혜 큰아버지. 몰라 뵈
      죄송합니다··

정원   즈이들 불찰이 큽니다··사둔어른··죄송합니다.

엄마   아이구 무슨 (해놓고 그래도 자랑하고 싶다)저기요··(소모 쪽으로)
      우리 박서방 형님 내외세요··

소모   아 네에에···이렇게 와 주셔서 감사합니다·· 얘 인사드려··(외삼
      촌에게)(재우 내외와 인사 나누는 소정모와 외삼촌)

시우   들어가요··들어가세요··

재우   야 잠깐/여보 잠깐요··

정원   먼저 들어갈께요··

재우   그래요 그럼 입구에 있어요··(시우 조금 끌어내서)아버님이 보
      내신 걸루 화환 보냈는데

시우   저기 있잖아요.

   [돌아보면/ 엄청나게 큰 화환 청윤건설 회장 박희도.]

재우   그래 됐다/ 그리구 이거/(봉투 두 개 꺼내며)하나는 아버님 꺼 하
      나는

시우   (오버랩의 기분)접수 시켜요.

재우   따로 니 장모님 드려·· 식장에 축의금 도둑두 많대 야··

시우   (웃으며)알았어요. (받는데)

S# 신랑 대기실 앞··

영애   ·····(기다리고 있다)

정호   (나온다)누나.

영애   뭐하느라구(늦게 나와)

정호   타이 맨거 풀었다가 (나비타이) 잘 안매져서 혼났어요··

영애   건 왜 풀어.

정호   아무래두 좀 비뚤어서요··다시 맸는데두 마음에 안드네··

영애   신혼여행 다녀와서 엄마랑 하루 밤 자는 건 알지?

정호   그럼요··

영애   소정이두 알구 있겠지 설마.

정호   (좀 언짢아져서)어이 누난 별걱정을 다해요 진짜··

영애   나두 늙어서 그래.

정호   누나가 가진 인상보단 괜찮은 애에요··두구 봐 봐요··

영애   그래 기대해··(하고 핸드백에서 봉투 하나 꺼내 주머니에 넣어주면
       서)이건 매형하구 따로 내가 하는 거야··

정호   그럴 거 없어요오··

영애   그걸루 돌아올 때 엄마 선물이나 이것저것···좀 푸짐하다싶게
       사와··

정호   알았어요··

영애   들어가·· 시간 다 돼 간다··나 소정이 좀 보고··(하며 빠지고)

정호   ····(보며)

S#   신부 대기실··

소정   (앉아 있고)

       [화장 고쳐주고 있다··]

영애   (살그머니 문 열고 들여다보는)

       [화장 고치던 여자-누구세요?]

영애   나 신부 시누이에요··(하며 들어서고)

소정   (돌아본다)

458

영애 어머나아아 소정이 정말 이쁘네에에에….모르면 몰라두 아마 지금까지 이만큼 예쁜 신부 첨일 거 같은데에에?

소정 (배시시 웃으며)설마요오오··화장두 마음에 안들구 컨디션두 나쁘구 그런데요?

영애 전혀 아니야. 아주 이뻐·· 축하해··(손 내밀면서)

소정 (손잡으며)그래주시니까 조금은 위로가 되네요··기분이 좋아 질려구 해요··

영애 (잡은 손 위에 제 손 포개면서)우리 정호 ····잘 위해주구····우리 엄마두 잘 부탁해···결혼하기 전보다 결혼하구 난 뒤가·· 더 많은 노력이 필요하다는 거 알게 될 거야··나. 편하게 생각하구 아무 거나 물어보구 싶은 거/푸념하구 싶은 거/그런 거 생기면 와 응?···내가 열심히 도와줄게··

소정 (웃으며)그게 어떻게 되겠어요··시누두 하안참 세대차 나는 시누데··

영애 ??

소정 그리구 친구 애들이 그러는데 시누하구는 멀게두 가깝게두가 좋대요·· 근본적으로 시누하고는 좋을 수가 없다든데요?

영애 그래?···(쓰지만)그래두 나는 좋구 싶어··우리 한번 안 볼래?(하는데)

유정 (뚜껑 덮인 컵 하나 들고 들어온다)쥬스 왔어··어머 안녕하세요?

영애 안녕하세요··

유정 저러구삐쳐입구 글쎄 오렌지 쥬스가 먹구 싶다잖아요··가지가지야.

소정 너 이거 먹구 물 타왔니?

유정   뭐?

소정   왜 이렇게 싱거워어..

S# 입장하는 소정/

S# 맞절하는 신랑 신부··

S# 나란히 앉은 시우 부부와 시우 옆에 지나 승조··

S# 아이들은 재우 부부가 제 자식인 것처럼 데리고 있고/

영애   (고개 돌려 보면/자기 쪽 하객은 그저 그런데/)

　　　[신부 쪽 하객은 대체로 멀끔하고/]

영애   ….(시선 내리며 짜안하다)…..

S# 엄마의 가게··

　　　[오늘은 쉽니다/ 가 내걸려 있고/]

S# 엄마의 방

영애   (옷 갈아입고 있다/ 평상복으로)

엄마   (자기는 아직 겉치마만 벗어놓고 속치마인 채 영애가 벗어놓은 한복
　　　개켜서 한복 상자에 넣고 있는)….

이모   (자기 한복 활활 벗으면서 풀쑥)에이그 어쨌거나 시워언하다 영
　　　애야..

영애   네에..(하며 앉는다)

이모   신부 엄마가 쌔그죽하거나 말거나 알 게 뭐야.

엄마   쓸데없는 소리 말어.

영애   왜요 이모.

이모   쌔그주욱 하더라아? 우리네하구 자기네 손님 차등이 너머 져
　　　그러나 어쩌나..쌔그죽하면 어쩔 거야.. 우리가 급했나아?

엄마   가 냉수나 한 대접 갖구 들어와..꼭 말을 해야 맛이야?

460

이모 뭐가 무서워 말두 못하구 살어어어? (하며 나가고)

엄마 (옷 벗으면서) 애들 큰아버지가 고맙더라··

영애 (그냥 보며)·····

엄마 우리 쪽으로 오는데 소정이네 손님 잘못온다아 했어··

영애 ····(입 꾹 다물며)····

엄마 정호가 그 크은 화한 /애들 할아버지 꽃이라구 하던데···박서 방이 한 거지?

영애 (고개 꺾고) 아주버님이 했을 거에요···

엄마 ·····왜 그래 또··

영애 엄마 내가 참 엄마한테 못할 짓 많이 해요···

엄마 ···뭐가····엉?

영애 엄마는 아직 사둔들 얼굴 한번두 본 적 없잖아요··

엄마 그깐 게 무슨 상관야·· 너만 잘 살면 그만이지··

영애 내가 미친 애야···그런 결혼은 하는 게 아닌데·· 엄마 피눈물 흘리게 만들구

엄마 (오버랩의 기분) 시끄럽다. 피눈물은 무슨/피눈물 흘릴 일이 그렇게나 없어?

영애 ···(고개 꺾고 입 꽉 다문 채)

이모 (물대접 들고 들어오며) 너 저녁 먹구 가라.

엄마 (오버랩의 기분) 푼수 좀 떨지 마·· 가 애들 밥 안해주구 저녁 먹구 가?

이모 즈이끼리 짜장면이나 뭐 시켜 먹으라지이이? 너 뭐 기도하냐? (에서)

S# 아파트 광장··

[한복 상자 보자기에 싼 것 들고 터덜터덜 들어오고 있는 영애‥]

S# 거실

영애 (들어온다)‥‥여보오‥‥은혜 준서 뭐해애애?

은혜 (제 방에서 뛰어나오며)엄마 조용해‥ 준서는 자구 아빠는 나갔어.

영애 어디?

은혜 이발하러‥

영애 이발을 할려면 결혼식 전에 하지‥

은혜 글쎄 말야‥근데 갑자기 인디안 추장 아들 같아졌다구 좀 손보
구 싶대./ 엄마 금방 올 거라구 그러구 나갔어‥

영애 그래‥(제 방으로 움직이며)뭐하구 있었어?

은혜 게임을 좀 해볼까 그러는 중이었어‥

영애 숙제 먼저 해‥

은혜 알았어‥

S# 침실

영애 (들어와 한복 상자 놓으며 동시에 앉는/피곤하다)‥‥‥

S# 호텔 회전문 안으로 긴장해서 들어가 딸 보고 활짝 웃는 엄마 모습/

S# 영애 가슴이 미어지면서 옆으로 스르르 누우며‥‥‥눈 뜬 채‥‥‥

제10회

S# 거실

    [아이들 레고 놀이 하고 있다…자유롭게 떠드세요‥사이 좀 두었다가]

준서   (안방 돌아보며) 엄마는 뭐하시지?

은혜   글쎄에? 저녁 안 하시나?

준서   내가 한번 봐야겠다‥(하고 일어서는데)

S# 안방

준서   (문 열고 보면)

영애   (아까 그 자세로 잠들어 있다)…

준서   (고개 돌리며) 엄마 주무시는 거 같아‥

은혜   E 으응? 웬 낮자암?

은혜   (문 준서 옆에 고개 디밀면서 작은 소리로) 엄마 아픈가?

준서   글쎄?

은혜   조금 밀어내고 들어와서 자는 엄마 내려다 보다가 가만히 이마에 손 얹어 본다)…

영애   (눈 뜬다)??

은혜 엄마 아퍼?

영애 (몸 일으키며)어 깜박했나봐‥

은혜 왜 자? 아퍼?

영애 아프기는, 너무 고단했지 뭐 외삼촌 결혼식하구 신경쓰구 (머리 만지며)아빠는/

S# **이발소**

시우 (머리 이리저리 비추어 보며)‥됐네요‥

남자 마음에 드십니까?

영애 아 예 됐습니다‥(하며 주머니에 손 들어 가는데)

S# **이발소가 있는 건물 계단 오르는데**

E 핸드폰 벨‥

시우 (꺼내서 보고)어 왜‥

지나 F 나 니네 집 근천데 잠깐…너 좀 보구 싶어서/

시우 용건이 뭔데……용건이 뭐냐니까.

지나 F 니 얼굴이 생각이 잘 안나.

시우 야 객쩍은 소리말구‥곧 저녁 시간 되잖아. 이발하러 나왔어. 애들 기다려‥

　　　[큰길로 나서는 시우.]

지나 F 잠깐이면 돼‥십분만 보여주라 시우야‥

시우 근처 어딘데

지나 F 호수공원.

시우 무슨 일 있는 거야?(에서)

S# **호수공원 근처 버스 정류장**

　　　[버스에서 가볍게 내리는 시우.]

S# 호수공원 안··

시우 (나타나며 두리번거리면서 지나 찾다 보면)

　　[아주 저만큼 그늘에 서서 시우 쪽 보고 있는 웃음기 없는 지나··]

　　[지나 화면으로 시우 들어서면서]

시우 (가볍게)매장에 왔었니?

지나 (시선 피하고 걷기 시작하며)잠깐··

시우 (따라 걸으며)무슨 일야··

지나 ···

시우 회사서 짤렸냐?

지나 우리 사장 나 못짤라··

시우 ·····(잠시 보고는)뭐 때맨데·······야 답답해. 말을 해······엉?····

지나 (그냥 걸으며)·····(가슴이 답답하게 차오르는)

시우 (잡아 세우며)무슨 일야··말을 해야 대꾸를 해 줄 거 아냐.

지나 말할 수 있을지 없을지 모르겠어··시우야 그냥 (고개 돌려 호수 쪽 보며)우리 어디 자리 먼저 잡자··

시우 야 나 애들 기다린다니까아?

지나 칠푼이 애아범 티 좀 그만 내·· 나한테 요만한 시간두 못 내? 시간 재까?

시우 ····(좀 심했나···)십분이랬잖아··

지나 그래 자리잡구 시간 재자··십분 이상 일초두 더 안쓸께··엉?

시우 ···(보며)

S# 자리 잡고 나란히 앉아 있는 두 사람···

　　[둘 다 호수를 보며······]

시우 (잠깐 지나 돌아본다)·····안 해?

지나   (호수 보며) 재촉하지 마.

시우   (호수로 고개 돌리며) 결혼해볼까 해서?

지나   ·····(그냥)

시우   데이트한다면서··

지나   세 번 얼굴보구 결혼하니?

시우   결정하기 전에 한번····보여달라면 주제넘은 건가? (앞 보며)

지나   (오버랩의 기분) 관심안가는 남자랑 마주앉아 밥 먹구 차 마시
          구 말하구 그러는 거 얼마나 고역인지 너 알어?

시우   (보며) 더 만나봐··

지나   나···줄곧 너만 생각하구 있어.

시우   (고개 지나에게)

지나   정말 비참해.

시우   (오버랩의 기분으로) 그런 말은 해서는 안되는 거잖아··

지나   (안 보는 채/오버랩의 기분) 시우야.

시우   (지나 보며) 안 들은 걸로 할께··나 들어간다 (돌아서며)

지나   (오버랩의 기분) 그냥 아무 남자한테나 옷 벗구 덤벼들어 저질
          러버리면/미련 버리게 될까?

시우   (돌아보며) 술 먹었냐??

지나   (오버랩의 기분) 왜 이렇게 널 못 버리구 천치놀음하는 걸까.

시우   문지나.

지나   (오버랩의 기분) 단 일 퍼센트 가능성도 없는 거 너무나 잘 알면서.

시우   ·····(보며)

지나   (일어나며) 나 왜 이럴까.

시우   그래 무슨 생각으로 이러는 거야···

466

지나 (오버랩의 기분)네번째 만날 약속하면서 계속 니 생각만 나는 거야. 뭐할까 애들하구 만화 보구 있을까 와이프 무릎베구 누워 티비 보구 있을까‥

시우 너 실수했어‥(오버랩의 기분/좀 화난)

지나 (오버랩의 기분)알아‥친군척 눈 가리구 아웅 더 이상 할 수 없다는 거‥넌 그러면서 편했는지 모르지만 난 때때로 엄청난 고문이었어.

시우 더 이상 보지 말자.

지나 (보며)알구있었어 입 밖으루 뱉어내버리면 너한테 짤릴 거.

시우 ‥‥‥(보며)

지나 차라리 짤렸으면 좋겠다‥그럴 때두 많았어‥

시우 원하는대루 됐구나.

지나 어차피 짤리는 거 확실하게 짤리자 시우야. 나/ 니 아이 하나 낳게 해줄 수 없니?

시우 (굳어서 보는)

지나 쥐도 새도 모르게 나혼자 키울게.

시우 너 돌았다‥‥‥

지나 (보며)

시우 뺑 돌았어 엉?

지나 ‥‥(보며)

시우 (휙 하니 자리 떠 빠르게 움직인다)

지나 (보며 쓰디쓴 얼굴)

　　　[지나 축축하지 말고 담백하게/순정가련으로 가지 말 것.]

S# 움직이는 버스 손잡이 잡고 서서

시우   ……

S# 운전하고 있는

지나   ……(가득 찬 눈물이 툭툭툭툭 떨어지고 있다)…….(한동안 그대로 있

다가 이어폰 끼고 핸드폰 넘버 찍는다/ 단축은 안 돼 있다)……(기다렸다

가)저 문지난데요 닥터 신..어떡하죠? 갑자기 복통이라서 약속 취소

해야겠어요. ..네…네 아주 심해요..(그럼 병원에)그래서 지금 병원으

루 움직이는 중이에요.. 네….네…네 죄송합니다…(전화 끊으며 이어

폰 뺀다)

S# 아파트 입구로 들어오고 있는 다소 착잡한 시우··빠른 걸음

    E 가슴 주머니에서 울리는 핸드폰/ 받는다··

시우   (보고)어 다 왔어….응 저기 손님이 좀 많았어.근데 나 배터리 다

됐어 끊어지면 그런 줄 알어.

S# 거실

영애   몇분이면 돼?….그래 그럼 상 차리기 시작 한다아아? 엉 빨리 와··

(하는데 끊어진다/전화 잠깐 보고 끊고 주방으로 움직이며)그만 치우

구 손들 씻어. 아빠 다 오셨대··밥 먹자아.

준서   안 치우면 안돼요?

은혜   저녁 먹구 계속함 안돼?

영애   그래 그럼··(두 아이는 욕실로 영애는 주방에 들어가는데)

    E 집 전화벨··

S# 주방

영애   (급히 움직여 싱크대에 갖다놓았던 무선전화 받는다)네에에?

지나   F (좀 처진)핸드폰 안되네요. 시우 아직 안 들어갔어요 언니?

영애   ??(하면서)지금 들어오는 길인데. 핸드폰 배터리 나갔어. 전화

468

하라 그럴게.

지나　F 네 언니 고마워요.(끊어진다)

영애　....(전화 내리면서).....

S#　운전 중인 지나··

S#　주방

　　[두 아이 식탁에 앉아서 화면 시작과 동시에]

준서　아아 배 고프다··

시우　(싱크대에서 비누칠한 손 닦아내며)그래 미안해··다 됐어··

영애　(마른행주/ 새하얀 것 내주고)

시우　(손 닦으며 식탁에 앉는다)앉어어··

영애　(벌써 장갑 끼고 찌개 투가리 들어 옮기며)쪼꼼만··(시우 비켜주고/
　　받침 위에 뚝배기 놓고 뚜껑 연다)

　　[부글거리고 끓고 있는 청국장.]

준서　어이 쿠려(하며 코잡고)

은혜　(동시에)으으으으

시우　하하하하 (아내 돌아보며)그래 청국장의 계절이구나 참··(숟가
　　락 들며)빨리 와.

영애　(앉으며)감사합니다.

세 사람　감사합니다··

시우　(청국장 뜨며)늬들 싫어해두 할 수 없어. 아빠는 이거 무지 좋아
　　하거든. 아빠는 왕이잖어··신하들 꼼짝마라지 뭐.(맛보고)기절하
　　게 맛있다··하하··

영애　(돈까스 튀긴 것 가위로 자르면서)늬들두 좀 먹으면 졸텐데··

은혜　아 싫어··

준서 차라리 똥을 먹죠..

시우 에이 짜식..

영애 콩나물 국 먹어..

준서 먹구 있어요..

은혜 (국 먹으면서)맛있다아..

준서 (먹으며)엉..

시우 그래 매일 따듯하고 맛있는 밥 먹으며 사는 게 얼마나 감사한
일이지 깊이 느껴야 해 느이들. 엄마한테두 감사하구.

준서 네에.

은혜 (동시에)알어알어..

영애 (돈까스 자른 것 아이들 쪽으로 놓아주며)지나씨 전화했더라..

시우 (좀 찔리는/ 보며)언제..

영애 들어오기 직전에..

시우 으응...(그냥 먹고)

영애 이발소에 사람이 그렇게 많았어?

시우 많더라구..

영애 (잠깐 보고)....(무슨 얘긴가 하려다가 애들 보고 그만두고 먹는다)
....(먹다가 잠깐 보며)밥 먹구 전화해 줘..

시우 뭐어...(안 해두 돼)..

영애 ....(보는)

시우 (먹다가 문득 아내와 눈 마주치고)왜..

영애 내가 떼먹은 줄 알 거 아냐..

시우 대수야? 용건 있어 건 거 아닐 거야..

영애 ....(보며)

470

시우　아 뭐 또 승조랑 한잔 안 할래 그딴 얘기겠지‥귀찮아‥

영애　(이 남자 거짓말 한다 시선 내리고 먹으면서)알아서 해‥ 암튼 난 전했어‥

시우　그래애‥(전했어 그래)

영애　…(먹으며)

시우　(열심히 먹는다)

영애　…(안 되겠다 보며)저녁 먹구 잠깐 산책 나가자‥

시우　?? 어 그래‥ 다같이 나갑시다‥

영애　우리 둘이‥

시우　??

준서　잘됐다. 귀찮은데‥

은혜　나두야‥

시우　(아내 눈치 보는)

S# 아파트 밖 놀이터를 향해 오고 있는 부부‥(밤)

영애　(걸음이 조금 빠르고)

시우　(눈치 보며 따라오는 형국)

S# 놀이터

영애　(먼저 와서 돌아보며 기다린다)

시우　……(와 서며 보는)……

영애　머리만 깎은 거 아니잖아‥

시우　……(보며)

영애　왜 감추구 넘어갈려구 그래‥다 아는데‥

시우　(그래도 혹시나)뭐 뭐를/감추기는 뭐를‥

영애　(오버랩의 기분)지나 만났잖아‥

시우　…(잠깐 입벌리고 보다가)그 기집애가 그래?

영애　내 안테나 고성능야. 그냥 알아‥

시우　머리깎구 나오는데 쇼핑몰 매장 들렀다 가는 길이라구/잠깐 한 십분 봤나?

영애　(오버랩의 기분)왜 먼저 말 안해?

시우　그거야 뭐 별일두 아니구 당신이 쪼꼼은 신경쓰는 거 같아서

영애　(오버랩의 기분)무슨 얘기했는데‥

시우　얘기랄 거두 없어 그저. 어 저기 다음 약속까지 시간이 너무 늘어지니까 잠깐

영애　(오버랩의 기분)걔 목소리 보통 때하구 다르더라‥

시우　(보는)‥‥‥

영애　신경쓰여‥ 무슨 얘기했는데‥

시우　아 뭐 그거까지 알아야 해? 별 거 아니라니까 잡담했어 잡담.

영애　(보며)

시우　아 그래 걔 감기 왔더라 감기가 와서(하다가)하 참 이 아줌마 갑자기 웬 강짜가 이리 심해애애.

영애　(오버랩의 기분)박시우.

시우　(좀 올라서)잡담까지 일일이 다 녹음테프 재생해야해?

영애　재생해봐 어디.

시우　싫어…

영애　…(보며)

시우　꼴 우습잖어. 마누라한테 가운데다리 잡히구 사는 눔처럼 일일이 다/ 잡히구는 살지만/아 그래두 오늘은 싫어. 존심 상해 안해‥

영애　머리 참 나쁘다 점점 이상해‥ 나 심정 무척 상해오니까 좀 진지

472

할 수 없니?

시우 ·····(보며)····

영애 이 상황에 나/ 내 남편 여자 문제까지 자신 없어야 하니?

시우 (아내 쏘듯이 보며 나직하게)무슨 얼투당투않은 비약이야 당신··

영애 그럼 얼렁뚱땅 뭉개지말구 솔직하게 말해··들어야겠어··

시우 ····(보다가)나 우습게 보지 마. 당신 남편 깨끗해····답지않은 생
각말구 믿구 끝내···지나 좀 처져있어··이유는 말못해·· 걔 삿적인 문
제구 당신은 모르게 하는 게 지나에 대한 내 도리야·· 존중해 줘··

영애 당신····· 관계없어?

시우 없어··지나의 문제야··

영애 ····(보며 맥이 빠지는/한 손 이마 덮듯 올리면서)만에 하나 거짓말
이면 나한테 죽는다아아··

시우 알았어 죽을께··(하며 어깨에 손 올리고)

영애 나 진짜 왜 이러니··완전 속물이야···

시우 좋아좋아 속물이 귀여워··(어께 안은 채 움직이는/아파트 쪽으로)

영애 (끌리듯 걸으며)왜 감춰 그러니까··

시우 아 성가셔 그랬어. 봐 얼마나 성가시니··

영애 싫증나겠다··

시우 (문득 걸음 멈추며)가만 그럼 속물 아니었다구?

영애 ??

시우 야아아 이렇게 자신을 모르구 사니 행복하겠다··당신 완전 속
물 아줌마야 이 양반아··

영애 ????(약 올라서)

시우 <u>으흐흐흐흐흐</u>(감싸 안으며)····

S# 지나의 오피스텔…

지나 (스파게티 먹으며/ 큰 스푼 위에서 돌돌 말기만 하다 놓고 와인 마시고 말기만 하다 놓고 와인 마시고)

승조 ……(보다가)지나야.

지나 샤랍……조용해…

승조 미치겠다 말을 해애애. 뭐야아아아..

지나 (벌떡 일어나 오디오 세트로 가서 스위치 넣으면 /안네 소피 무터의 〈집시의 달〉이 시작된다/ 나오기 시작하면서 볼륨을 더할 수 없이 확 키워버린다)

승조 ????(하고 보다가 벌떡 일어나 볼륨 죽인다)

지나 (다소 신경질적으로 또 올려버린다)

승조 (지나 좀 밀어내며 줄여 놓고 달려드는 지나 잡아 밀면서)우리만 사는 거 아니잖아 임마아.

지나 (오버랩의 기분)승조야 나 귓빰 좀 한 대 갈겨주라..

승조 자자 가. 가 앉어..가자구.

지나 한대 갈기란 말야 이 자식아아아!!!

승조 (붙여 안으면서)지나야 문지나..

지나 어엉엉엉엉엉엉엉/엉엉엉엉엉엉/

S# 거실

영애 (소파는 두고 바닥에 앉아서/ 녹차 잔 들고)애들 전화는 왔나해서요..

S# 엄마의 가게··

이모 (손님 시중에 바쁘고)

엄마 (떡볶이 뒤적이며)왔지 그럼…벌써 한 뒤시간 됐어…뭐 오늘은 춘천서 잔다더라.. 응..소정이두 바꿔주구…..아이구 얘 개는 원래 나불

나불 안 지껄여..태생이 그런 모양이야./

이모 (움직이며/오버랩의 기분)아이구 정호하구는 잘 지껄인다니까아?

엄마 댁에 볼일이나 보셔....느이 이모/ 참견 안하면 죽잖어....궁금
하면 전화해 봐..핸드폰 갖구 있잖어.(떡볶이 담는다)

이모 (떡볶이 가지러 오면서)아이구 신혼여행 가 있는 애들한테 시누
이가 무슨 전화야 소문 나 언니.(하며 냉큼 떡볶이 접시 들고 손님한테)..

엄마 소문난다구 하지 말란다.(하며 돌아보고)라면 다 됐어..(끓고 있
는 라면 냄비 세 개)

이모 알았네요오오오알았어(에서)

S# 거실

영애 엄마 바쁜가부네 그만 끊을께요…그럼요 다 끝내구 쉬어요..
네에..(끊으면서 생각이 다른 곳으로)

S# 춘천 호반

[어느 호텔 현관을 골나서 퍽퍽퍽 걸어 나오고 있는 소정……(한참 걷
다가 돌아보면 따라 나와야 할 정호가 안 나오고 있다/기막혀)……(주
머니에서 핸드폰 꺼내 찍는다/ 단축)엄마 나….신경질 나 죽겠어…별소
리도 안 했는데 삐져서 저녁도 안 먹고 잠만 잔단 말야…아 별 소리 안
했다니까아?]

S# 소정모의 거실

소모 글쎄 그 별소리가 무슨 소리냐구. 나한테 해봐 한번. 내가 심판
보께.

유정 (편하게 누워 책 보다 상체 일으킨 상태)형부 삐졌대?

소모 (화났다)그런 소릴 하면 어떡해 맹추야. 그 소리에 안 삐질 남자
가 어딨어 천지에.

유정   (오버랩의 기분)뭐랬대?

소모   (더 야단친다)솔직이 밥 먹여줘? 솔직히 마냥 언제나 존 건 줄
       알어? 어머니구 이모구 누나구 다 없는 고아였음 차라리 좋겠단
       소릴 그게 할 소리야?

유정   어머머/

소모   어이구우우 쯔쯔쯔즈 내가 난 자식이지만 참 작품이다아.. 얼른
       들어가 잘못했다 달래서 저녁 먹어....안봤어두 봤어. 너 내가 몰라?

S# 춘천 호반

소정   부부 사이에 못할 말이 어딨어 엄만. 민구 얘기한 건데 고옴방
       뱀눈이 돼 노려보다가 이불 획 뒤집어쓰구 아는 체두 안 한단 말야
       ..(글쎄 들어가 빌어)싫어 안 빌어. 내가 잘못한 게 뭔데..그리구 어
       쩌면 그러구 잠을 잘 수가 있어어? 잠이 와? (자는 거 아닐 거야)아
       냐 잔단 말야..숨소리 들어보면 알아. 신나게 자구 있다니까?

S# 소정모의 거실

소모   자면 깨워. 깨워서 살살거려 이것아..이게 뭐야 신혼여행 첫날
       부터 어이구우우 어이구어이구 (딸이 뭐라고 지껄이는 것 잠시 들어
       주다가)컴플렉스 있는 줄 알구 했으면 건드리질 말어야지 알면서
       왜 건드려.....(듣다가)내가 등 떠밀었어?사고치구 울며 겨자먹게
       만들어놓구는 기집애가 끊어..(픽 끊으면서)딱 지 고모야 이게.

유정   낄낄길낄

소모   왜 웃어.

유정   엄마 잘못이지 뭐..언니 임신하구 열달 내애 막내 고모한테 북
       북 이 갈았다면서. 그랬으니까 언니가 딱 고모겠지..

소모   (찻잔 집으며)나두 그 생각은 해.

476

유정 참 대책없다. 언니는 어떻게 기본두 안돼 있는지 몰라..시집 식
구들 얘기는 절대로 나쁘게 하는 거 아니라던데. (찻잔 들면서)시집
식구 얘기는 엄마/ 남편이 즈이 집 열나게 씹더라두 절대 거들어
선 안된대.. 단 한 마디두..

소모 어디서 주서 들었어.

유정 노혜정 선배..한 마디 거들었다가 나중에 딴 건으로 쌈 붙었는
데 눈에 불켜구 시비걸더래. 너 우리 집 알기를 쥐똥으루 알지? 언
제언제 너 이렇게 말했어 그러면서..학질 뗐다 그러든데?

소모 틀린 소리 아냐.. 언니한테 가르쳐주지 왜.

유정 아 콧방구나 날리지. 얼마나 잘 나셨는데에..(하며 눕고)

소모 (일어나며)어우 어우우 맹탕같으니라구(에서)

S# 호텔 객실

소정 ???

[정호 없다..]

소정 (황당해서 빈 침대 보다가 서둘러 돌아선다)

S# 호텔 안

[정호 찾아다니는 소정]

S# 호텔 다른 곳

[정호 찾아다니는 소정…]

S# 호텔 레스토랑

소정 (들어오다 보면)

[촛불까지 켜진 식탁에서 와인 마시는 정호.. 와인 잔 놓고 스테이크 썬다..]

소정 (기막혀 죽겠고)….(잠시 더 보다가 빠르게 정호 앞으로 가 퍽 앉으
며)이런 법이 어딨어..

정호   (보지도 않고 먹으며)조용해.

소정   이런 법이 어딨냐구.

정호   ....(와인 잔 채운다)

소정   기막혀 돌아가시겠네 진짜.

정호   (여전히 안 보는 채 와인 반쯤 마시고 내려놓는다)

소정   (약간 소리치는)오빠 진짜 이럴 거야 ??

정호   (탁 쏘아보며)어디서 소리 질러.

소정   ??

정호   (다시 먹기 시작)....

소정   ....(보다가)잘못했어..

정호   ....

소정   잘못했다구.

정호   너 그거 진심 아냐.(안 보는 채)

소정   .....(보며 황당해서 울 것 같다)

S# 영애 거실

영애   (커피 테이블 멍하니 내려다보며)....(바닥에 앉은 채)

시우   (문 열고)뭐해..

영애   (돌아보며)그냥 쉬어..뭐해?

시우   책 좀 봤어...

영애   봐아..(책)

시우   반신욕 좀 했으면 하는데...

영애   그럼 해..(하고 일어나는)

시우   아냐 내가 하께..(하고 문 닫으려다 말고)그런데 식초 얼마나 타지?

영애   병 거꾸루 들구 네 번만 눌러줘. 나 하는 거 봤잖아..

시우   알았어..

영애   전화했어?

시우   놔둬어..지가 하겠지..

영애   해줘어..위로가 필요한 거 같든데…

시우   ……알았어..(하고 문 닫는데)

　　　[준서 달려나온다..]

준서   숙제 다 했어요..

영애   책가방두 싸구?

준서   네..(하며 엄마 목에 달려들며)왜 바닥에 앉아 계세요?

영애   이게 편할 때두 있어..

준서   내가 누울 수가 없잖아요..

영애   그래 올라앉을께..(올라앉고 준서 털썩 엄마 무릎 베고 누우려/안
　　아 올리며)아니 이렇게 해 준서야..(갓난아이 안듯 다 안는다)

준서   이제 애기 아닌데…(좀 무안해져서)

영애   싫어?

준서   누나가 놀려요.

영애   괜찮아..엄마한테는 영원한 애기야.. 누나두 마찬가지구..(하는
　　데 은혜 책 하나 들고 나오다 보고)

은혜   응애응애응애..

준서   메에롱 부럽지? 부럽지?

은혜   (책 펴 들며 엄마에게 기대어 옆에 앉으며)체 하나두 안 부럽다..
　　아빠는?

영애   반신욕 하신대..

은혜   땀 또 무지 흘리겠다..

준서 엄마엄마·· 내 짝은 딴애 한테는 지우개 빌려주면서 나한텐 안 빌려줘요. 그래서 꼭 누나한테까지 가게 만들어요. 싸가지에요··

은혜 니가 맹구라구 자꾸 놀리니까 그렇지.

준서 아냐아.

은혜 내가 봤어야. 맹맹구 붕어빵 혼자 먹냐? 그러니까 걔가 막 신경 질내더라··

준서 알지도 못하면서.

영애 너는 친구들이랑 좋아? 어때?

은혜 그냥 뭐·· 예송이가 자꾸 소현이랑 못 놀게 해서 그게 좀 그래. 예송인 너무 욕심이 많아.

영애 우리, 준서랑 은혜 친구들 한꺼번에 모아서 파티할까?

준서 생일 될려면 아직 멀었는데요?

은혜 그래··

영애 그냥 놀고 먹자 파티. 친구들 모아서 신나게 먹구 마시구, 게임하구/꼭 생일 파티만 하라는 법 있나? 우리 맘이지.

은혜 진짜?

준서 (동시에)와 신난다아 야호오오오오!!!

영애 토요일 어때? 먹구 싶은 거 말해. 엄마가 해줄게··

준서 엄마 주먹밥 맛있어요.

은혜 치킨.

준서 떡볶이.

은혜 김밥.

준서 주먹밥 있잖아아··

은혜 그래 너는 주먹밥 나는 김밥.

준서　바보같애

은혜　뭐가 바보냐.

영애　그래 알았어 다 해주께..

은혜　몇명 초대해?

준서　네 몇 명 초대해요?

영애　다섯명 씩만 할까? 그럼 열둘이거든? 얼른 들어가서 먹구 싶은 거랑 친구 이름 적어내..엄마가 친구들 이름은 알구 파티해야지?

준서 은혜　응. 네..(하며 방으로)

준서　앗싸아아 (하면서)

영애　(보며)……(보다가 기침 서너 번)……(눈 질끈 감으며)……

S# **지나의 오피스텔**..

　　[둘이 침대에/지나는 기대어서/ 승조는 그냥…..]

　　[지나 승조/]

지나　(코맹맹이 소리/ 울던 끝/ 아직도 눈물은 지이이 흐르고)..얘 전화 안한다..

승조　(휴지 뽑아주며)당황했을 거야..복잡하겠지 걔두..

지나　(코 패앵/팽 풀어 구기면)

승조　(얼른 침대 위에 놓아두었던 뚜껑 없는 휴지통 들이대고 휴지 들어가고)

지나　(던져 넣으며)내 코 고생한다..

승조　적당히 마무리해. 조금 더하면 문태백이 코 되겠어..빨개..

지나　(그 소리에 킥 한번 웃고)완전 솔로 코미디다..

승조　그렇지 않아..

지나　전화두 안 해 주잖아.. 미친 아이되구 짤리구 꼴 조오타..

승조　.....(보며)

지나　그 남자 만날 생각하니까 너무 싫잖아.. 어우 씨 이 말두 못하나 잘난 척 있는대루 하면서 내가 너무 등신같잖아......뭐 그랬어 승조야..짤릴 때 짤리더라두 빌어먹을 한이나 없게 말이나 해보자....뭐때매 나혼자 골병들면서 기를 쓰구 걔 안 건드릴려구/... 이러구 사나..

승조　그게 사랑이지....

지나　꼭 그런 건 아냐..말했지 그렇게라두 시우 보면서 지낼려는 계산 속이라구..안 보구 사는 건 더구나 자신 없으니까..

승조　(보며)그래..

지나　속은 시원해...갑옷 벗어버린 거 같애...... 너 작업해..

승조　어차피 밤 새야 해..

지나　회사 일 집까지 갖구 오지 마..

승조　어쩔 수 없을 때가 있어..

지나　얘 전화 안한다..

승조　(보며).....(딱해서)

지나　미안하다 소리 하구 싶은데....처분만 바란다구......(아래 보면서)승조야 나는... 아직두 개가 너무 이뻐....

승조　(그냥 다가들어 안아준다).......

S# 거실

　　　[영애와 두 아이 양쪽으로 안고 셋이 노래하고 있다..선곡 자유.]

시우　(욕실에서 나온다/러닝 바람..왕창 나오고 있는 얼굴의 땀 닦으며/ 젖은 머리에는 수건 길게 걸쳐놓고/더워서 푸우푸 거리며)

은혜　아빠 일루 와 땀 닦아주께..(머리는 앞에서부터 풀고 있고/ 잠옷)

시우　어 그래..(하고 세 식구 앞 바닥 마주 앉으며 따로 들고 나온 타월 아

이들 준다)

　　[은혜와 준서 타월 나누어 쥐고 얼굴에 땀 닦아주며]

준서　아빠 우리 놀고먹자 파티할 거에요.

시우　이잉?

은혜　토요일에‥준서 친구 다섯 내 친구 다섯.

시우　갑자기 웬 깜작 이벤트야? 친구 사귀는데 무슨 문제 있나?

영애　그냥…예정에 없이 그러는 거두 재밌을 거 같아서‥

시우　(농담)그럼 나두 결근하구 같이 먹구놀자 해야지.

애들　에에에/(말도 안돼)

영애　(웃으며)애들 편하게 놀게 다른 스케줄 잡던지 아님 회사 책상
　　정리 하든지 그래‥

시우　알았어‥ 야 뭐해애‥ 아빠 땀 나는데에에‥(애들 또 닦아주고)

영애　드라이어 갖구 나오지‥

시우　깜박했네‥갖구 나오께‥(일어나며)그런데 늬들 잘 시간 안됐어?

준서　됐어요.

은혜　(같이)넘었어‥

영애　당신 기다렸어. 자 굿나잇하구 들어가 엉?

준서　(기지개 켜면서)아아

은혜　(팔 벌려 아빠 안으며)아빠‥

시우　엉.(뽀뽀하고)안녕히 주무세요.

은혜　안녕히 주무세요‥(하고 엄마에게 뽀뽀)엄마 안녕‥

영애　안녕.(그동안 준서는 아빠와 뽀뽀하고 엄마에게 달려 붙으며)

준서　오늘은 어쩐지 그냥 잘 수 있을 거 같아요‥

영애　? 그래?

준서   네 한 번 해 보구 안되면 엄마 부를께요.

영애   그래 그럼··(둘 밤인사 하고 제 방 쪽으로/부부는 보고 있고)

은혜   잘자.

준서   유투우우(장난치듯 하며 제 방으로/은혜 제 방으로)

시우   (아이들에게서 아내로 고개 돌린다)

영애   (아직 애들 들어간 방 보는데)

시우   (아내 뺨에 쭉 하고는 갑자기 안으면서)우리두 그만 자자··

영애   (밀어내며)머리 말리자.

시우   낼 출근 안해두 되잖아··다시 감으면 돼··(엉겨붙는)사랑하자 사
랑하자 엉?

영애   아우 척척해애··아직 땀두 나아아··

S# 아파트 전경(밤)

S# 침실··

[나란히 누워 있는 부부/ 시우는 제 자리에 앉아서 흐트러진 침대 이불
정리하고 있는데]

영애   (욕실에서 나온다)

시우   (영애 쪽 젖혀주고)

영애   (오르다가 기침 약간)

시우   뭐야아.

영애   감기 기 있어서 그래··

시우   약 먹어··

영애   먹구 있어···먹는데 안 떨어지네··(누울 채비하며)

시우   약을 바꿔 그럼··

영애   기침이 원래 그렇잖아···(눕다가 다시 기침 두 번)

484

시우 어어?(또 하네)

영애 신경쓰지 마..(돌아누우며)괜찮아..

시우 (누우며)약 바꿔.

영애 알았어..

시우 아아...행복하다아아아..

영애 ...(눈만으로)

시우 이게 행복이지 별게 행복인가.. 등 뜨시구 배부르구 여우같은 마누라에 토깽이같은 새끼들에......(반응 없자)엉? 안 그래 여보?

영애 맞어..

시우 (영애 쪽으로 돌아누우며)반응이 왜 그래..선생님은 행복하지 않으십니까?

영애 행복합니다..

시우 (팔 걸면서)설마 아직두 덜 풀렸어?

영애 (보며)다 풀렸어.. 당신이 행복해서 나두 행복해..

시우 고마워유 누나..

영애 장난치지 말구...(시우 얼굴에 손 대며)..

시우 내가 약속은 잘 지키구 있는 거지유 선생님?

영애 그래...만점 주께....

시우 (눈 감으며 졸리지만)엄마아아 나 만점 먹었어요오오오오..

영애 .....(보며)...........(있다가)

영애 E 안녕? 박시우.

시우 E 어어이 기집애 잘한다까봐..

영애 E 누구 나?

시우 E 아니에요..연우요..

영애 E 내가 반갑지 않은 모양이구나.

시우 E 나요 과외 안해두 대충대충 끼어 들어갈만큼은 돼요.

영애 E 아니든데‥ 바닥 긁기 직전이라든데?

시우 E 아니면 말죠 뭐 까짓. 안되면 곧장 군대갑니다. 나는요 누나

영애 E 선생님이라구 불러.

시우 E (제 말 연결)공부 취미/ 꽝이에요‥ 먹구만 살면 되는 거 아닙
니까?

S# 거실에 앉아 있는 영애‥

시우 E 아버진 내가 건축과 나와 아버지 사업 물려받으라시지만 골
때리게 그걸 왜 해요‥난 그저 할인 마트나 하나 굴려가게 해 놓구
뱃속 편하게 노라리루 살 거에요. 그게 내 인생에 목푭니다‥

영애 E 할인마트 차릴 돈 있어?

시우 E 에?‥‥에이 씨이‥

영애 E 사지육신 멀쩡하게 생겨갖구 윤택한 환경에 복받구 태어나
겨우 아버지 돈으루 평생 떵까떵까 노라리 인생이 목표야? 세상에
어렵구 힘든 사람이 얼마나 많은데 아버지한테 무임승차해서 의미
두 가치두 없는 쓰레기 인생 되겠다구?

시우 E 쓰쓰레기?

영애 E 그래‥너는 안 태어났어도 상관없을 뻔 했다.

시우 E 야너 돈 벌어야 한다면서 그런 말 막해두 되냐?

영애 E 이 자식이 누구한테 야쟈야‥ 영 하찔이구나 너어‥ 인물하구
빽다구가 아깝다 똥개자식아.

시우 어‥어어‥‥어어어어‥

영애 (조용히 일어나 주방으로)

S# 주방

영애 (냉장고에서 물병 꺼내 따라 마시면서)······

F.O

S# 사파리 중인 가족/ 마구 자유롭게···

S# 사파리 2

S# 사파리 3

S# 엄마네 가는 시장통

[아이들 데리고 오고 있는 부부·· 준서는 여전히 장난꾸러기/시장 사람들과 인사 주고받으며/]

S# 엄마의 가게··

[손님이 꽉 차 있으면서 여기저기서 불러대고 이모는 이리 뛰고 저리 뛰고 정신이 없고/ 엄마는 음식 내느라 정신이 없는데/현장에서 손님들과 노인들 주문과 대사들 마구 마음대로 하세요··]

아이들 (왈칵 뛰어들며)할머니이이··

이모 이잉? 아이고오 강아지들 왔구나아아··

준서 어 자리가 없네··

은혜 글쎄?

엄마 엄마는/

은혜 아빠랑 오세요··

준서 (동시에)과일 사갖구 오실 거에요.할머니··

이모 데리구 들어가지 언니? 복잡한데.

엄마 할미랑 들어가자··나가자··(하는데)

시우 (들어오며)소문난 떡볶이 먹으러 왔습니다아.(영애 뒤따라 들어오며 시우 등 잠깐 떠밀고/장난치지 말라는)

이모 아하하하하(시우 소리에 /오버랩의 기분)

엄마 나가자 나가나가/

S# 대문 앞

엄마 (자물통 따면서)웬 바람이 불었어..

시우 자주 못와뵈서 죄송해요 장모님.

영애 (오버랩의 기분)놀러갔었어요.. 밥하기 싫어서…

엄마 (오버랩의 기분)어이 들어가.. 내 챙겨오께..들어가들어가..(식구
　　　들 몰아넣듯 하면서)

S# 엄마의 방··

시우 (벌렁 누우면서)아아아 아빠 노릇 정말 힘든다아아··

준서 (벌렁 누우며)아아 아들 노릇 정말 힘든다아아··

시우 뭐야 임마?

은혜 준서는 따라쟁이잖어어어··

시우 (아들 간질이며)니가 힘든게 뭐야 임마.엉? 뭐가 힘들어··엉?엉?
　　　(아들은 깩깩거리며 마주 간지르려 들고)

영애 (걸레 들고 들어와서 닦기 시작하며)잠깐만 비켜줘들··

시우 무얼 깨끗한데에··

영애 먼지 많이 들어와 비켜 빨리··

시우 (아이 데리고 좀 비켜주며)당신 결벽증 장모님 유전이야··언제
　　　들이닥쳐두 말끔해. 장사하시면서 말야··

영애 ·····

시우 (왜 반응이 없나 아내에게 얼굴 들이민다)

영애 피곤해서 말이 안나와··

시우 이리줘 내가 할게··

영애   놔둬어..

시우   (방 닦는 아내 보다가)은혜 너두 엄마랑 할머니 본 받아야 해..집은 항상 말끔하구 깨끗해야해.. 안 그럼 짜증나 알았어?

은혜   아빠나 양말 벗어 아무데나 던지지 말어..

시우   (은혜 엉덩이 때리며)요 녀석 하하..

엄마   (이모와 함께 쟁반 두 개에 먹을 것 각종으로 잔뜩 들고 들어온다)

영애   (얼른 구석에서 상 꺼내고 시우가 받아서 펴놓고 음식 올리는데)

시우   가겐 누가 봐요. 제가 나갈까요?

이모   자네가 나가서 뭐하게 하하/괜찮어 자기들끼리 챙겨 먹구 돈 내구 가구 그래..우리 집 손님들은 다 양심바른 사람들이거든..

엄마   (오버랩의 기분)걱정할 거 없어..알어서들 해..더분에 우리두 좀 쉬구..얘 좀 쉬자..

이모   엉. 아구구구구 (털썩 앉아 발바닥 주무르며)열한시서부터 첨 궁둥이 부치구 앉는다 얘. 어서들 먹어.

시우   예 먹자먹어 먹어먹어...

영애   사람을 하나 쓰지..

엄마   사람 쓰면 살판 날 사람 하나 밖에 없어..안 먹어?

영애   먹어요..(하나 집는데)

엄마   너는 어째/ 꼴이 언제 깨어날려구 그래..

영애   왜요..

엄마   이사하느라구 힘든 거두 가실 때 됐는데...더 말르는 거 같어 왜..

영애   아니에요..고대룬데 뭐..

시우   (먹으며)이제 푹푹 찔 거에요..팔자 조오아졌어요 장모님..

이모   그래애 그동안 너머 부려먹었다 박서방 듣기 싫겠지만..

시우 네에 소부려먹듯 부려먹었어요‥그래서 이제 왕비마마 떠받

들 듯 떠받들며 살 거에요‥

이모 으흐흐흐 영애는 좋겠다‥(이 동안에도 두 아이는 나름대로 나는

이게 더 맛있다 나는 이거야 등등)

영애 에…좋아죽겠어요‥(하는데)

[마루에서 가방 놓는 소리‥]

이모 ?? 누구야?(하고 앉은 채 몸 빼고 내다 보고)아니 너‥왜 벌써 와아‥

엄마 누구.

이모 정호 왔네?

엄마 으응?

[영애 시우도 함께??]

정호 (들어오며)매형 오셨어요.

시우 뭐야 처남 무슨 신혼여행을 하루만하기루 했어?

영애 아냐아아/ 어떻게 된 거야‥ 소정이는

정호 즈 집으루 갔어요‥

모두 ????

S# 소정의 방‥

소정 (화면 시작과 동시에/침대에서 벌떡 일어나며/유정/침대 옆구리에

앉아서)아냐아 화해했어. 화해하구 내내 잘 지냈단 말야‥

유정 그러다 뭘 또 잘못했길래애‥

소정 잘못한 거 없어.

유정 그런데 왜 이렇게 돼.

소정 몰라아 될대루 되라 그래. 겁안나.

유정 나는 겁나. 신혼여행 하룻밤자구 찢어진 언니 갖게 될까봐 겁

난다구. 내 결혼에 지장있단 말야.

소정 나쁜 기집애. (하는데/오버랩의 기분)

소모 (뛰어들면서)이게 무슨 일이야 엉? 어떻게 된 일야 대체/(유정 벌컥 떼밀고 그 자리에 앉으면서)뭐야 말해. 왜 그랬어. 누구 뒤루 넘어 가는 거 보구 싶어? 너 뭐 또 입 잘못 놀렸냐 말야 어엉?

소정 …(부우…보며)

소모 말 안해? …안 할 거야?

소정 시어머니 그런 장사하는 거 챙피하다구/(소정모 유정-??)차라 리 생활비 대구 아무거두 하지 말게 하자 그랬어..

소모 (기가 차서 말이 안 나온다)

소정 그렇잖어 뭐.. 아무리 직업에 귀천없다 그래두 내 친구들은 다 잘 갔단 말야

유정 모르구 시작했니?

소정 넌 가만 있어어? 엄마두 그랬잖어 뭐..

소모 (오버랩의 기분)너 무뇌아야? 할말 못할 말을 왜 그렇게 못가려 어 이것아아아아.

소정 솔직히

소모 (오버랩의 기분)솔직소리 하지 마. 징그러워. 솔직이 아니라 건 주책푼수에 뭐냐 싸가지가 바가지야. 어이구 어이구우우우 너를 정 말 어떡하면 좋아아아..

소정 평생 돈 벌었다는데 그렇게 못사는 거 난 정말 도저히 이해를 못하겠어/

소모 그말두 한 거야? …응?

소정 ..했어..

소모 (저도 모르게 주먹으로 쥐어박는다)

소정 아냐 왜 때려어어

소모 (오버랩의 기분)평생 죽을힘 다해 열심히 일하구두 어려운 사
      람 세상에 천지야. 아니 어떻게 그렇게 아무 거두 몰라아..

유정 그 할머니 시장통에 소문난 분이잖아. 벌어서 다 독거노인들 보
      살피구 사신다구.

소정 웃기는 거 아니니? 자기두 제대루 못살면서 무슨 남 돕는다구

소모 (오버랩의 기분)쥐어 맞기 전에 입 다물어. 아무나 할 수 있는 일
      아냐...다른 건 몰라두 그점 하나는 그 양반 앞에 니 엄마 꼼짝 못해
      이것아..

소정 (뿌우우우우)

소모 어이구우우우...엇쩌면 그렇게 빼다 박았니이이이..

S# 엄마의 안방

  [모두 아무 말 없고/ 사이 두었다가]

영애 (정호 돌아보며)듣기 싫겠지만 별루라구 했지..

엄마 그런 말 뭐하러 해..

영애 이게 뭐유..이럴 거면서 결혼을 왜 해요.

엄마 무슨 사단인지는 모르지만 아나마나 니 잘못이 커.

영애 엄마

엄마 (오버랩의 기분)어떻게 평생 살겠다구 혼인을 하구서는 이래..

정호 죄송해요.

엄마 말싸움하다 보따리 사는 녀석이 어딨어. 까스라진데 있는 거 모
      르구 했어?

이모 혼인은 원래 눈멀어서 하는 거 아뉴……(아무도 대답 안 하고)그

런데 눈을 너무 빨리 떴다 야..

엄마 니가 너머 품이 좁어.. 내 생각은 그래..사내녀석이 좀 넉너억
한 데두 있구 물렁물렁한 데두 있어야지 이건 그냥 **빡빡하기**만 해
서는 소정이가 너한테 왜 반했는지가 나는 의문이다..

시우 그 댁에서 걱정 많으실 거야 처남...가 죄송하다 말씀드리구 해
결 봐.

엄마 그래 그렇게 해....어서 일어나.(하는데)

　　　 E 전화벨

영애 내가 받을께요..(어른들 얘기하는 동안 준서는 꾸벅거리고 졸다가
엄마한테 쓰러지고 은혜는 어른들 얘기 듣고 있고) 네에에...네...왔어요
...즈이두 그러네요..죄송합니다...잠깐 기다리세요..(정호에게)

정호 전화 바꿨습니다.........(듣다가)소정이 먼저 보내세요 선생님.

이모 (정호 쿡 찌르며)애는 장모더러

정호 그게 순선 것 같습니다....네.... .안녕히 계세요..(끊고 일어나며)
저 건너갈께요..

이모 뭐래 애 보낸대?

정호 알아서 할테니까 신경쓰지 마세요.

영애 (벌컥)어떻게 신경을 안써. 망할 자식아. 알아서 하는 게 이거야?

시우 왜 그래애애..

영애 .....(그만두며)...

모두 ....

S# 아파트 전경(밤)

S# 거실

　　 [부루마블 할 준비하면서]

시우   준서 빨리 할머니께 전화 먼저 드려.빨리..

준서   네..(전화기 든다)

  [주방에서]

영애   (식구들에게 등 돌리고 약 먹는)…

준서   E 할머니 준서에요 안녕하세요?

S# 장여사 안방

장   오냐 우리 준서 잘 지내구 있냐?….엉…응…그랬어? 사자두 보
  구 호랑이두 보구?…그래 재미 있었겠네? ‥응…응…할머니는 느을
  같어‥불경 외구 불경 베끼구 불경 듣구…으ᄒᄒᄒᄒᄒ 그래 오냐오
  냐/오냐 은혜야 할미다‥(하는데)

조   E 사모님 회장님 들어오세요‥

장   아이구 은혜야 할아버지 들어오신단다‥

S# 거실

박   (침울하게 들어오고/뒤따라 재우 들어온다)

정원   (사용인들과 함께 목례)

박   늬 어머니는 웂냐?

정원   아니 계세요 아버님‥

조   준서하구 통화중이세요‥(하는데)

장   (나오면서)이르시네요‥

박   (움직이며)꿀차 한잔 줘요‥

조   네에‥

정원   (남편에게 올라가라는 눈짓하며 주방으로)

S# 안방

장   (옷 받으며)달다구 싫다면서 웬 꿀차는요‥

박   신경을 너무 써서 그런지 편도선이 뜨끔거려..

장   감기 아니에요? 꿀차만으루 되겠어요?

박   (바지 한 다리 벗다가 비틀)

장   (잡아 주고)

박   (아내 잡은 채 바지 벗으며)늙었어어어

장   일찍두 아네..

박   (앉으며 준비된 실크 잠옷 바지 집어 들어 입으며)빈정거리지 말어..골치 아퍼 죽겠어..

장   (옷장에 걸면서)뭘....편도선이 아플 정도로 신경을 써요..

박   내 대신 써줄 눔 어디 있어. 비자금 조사 걸려들 거 같어...

장   (돌아본다)

박   재수없으면 다 늙은 거 오라가라 불려다니며 사진 찍히구 텔레비 나오구에이구우우...나야말루 못해 먹겠다 소리 절로 나올 판이야..

장   ....

박   털어 먼지 안나는 놈 어딨구 선거 때마다 코 안 펜 눔 어딨어..

장   (장문 닫고 앉으면서)나무관세음 보사아알..

박   (옆으로 보면서)절 좀 한바퀴 돌아보지...

장   .....(보며)...

박   아그그그그그(벌렁 눕는다)

장   (베개 넣어주는데)

     E 전화벨..

장   네에에..허서방 웬일이야 전화를 다하구...우리야 뭐 늘상 그렇지...여기 없는데..아직 안 들어갔어??....그래?....이제 들어가겠지..

알았네..들어가거든 전화하라 그러게..그래 그럼(끊는데/허서방 소
리에 돌아보고 있다가 끊는 것과 함께 고개 바로 하며)

박   그눔 너머 놀구 다니는 모양이야..허회장 자식 농사 잘못 지었어..

장   위에서 분물 발치루 내려 가죠.

박   하기는/ 허회장두 대애단하지..

장   누구는 어이그 나무 관세음 보살

S# 둔치에 세워져 있는 자동차

S# 자동차 안

연우   (운전대 옆에/앞 보며)그 소린 하지 말랬지..(돌아보며)이혼 못하
는 이유 얘기해 줬잖아.. 울아버지한테 죽어. 그리구 애 엄마야..애
나 안 줘 그집..

형진   이혼한다구 딸 죽이는 아버지 못 봤어..그리구..애가 그렇게 중
요한 엄마가 이러구 다니나?

연우   아픈데 그렇게 찌를래?

형진   걸핏하면 애 얘기하는 게 우스워. 믿기지도 않고..

연우   어떻게 생각하든 자유야..믿거나 말거나.

형진   가진 거 없는 나하구 새로 시작하는 게 겁나면 그렇다고 해..

연우   .....(보며)

형진   (앞 보며)잘 벌어봤자 뭐 기초부터 막강한 그 집하구는 얘기가
안되니까..

연우   ...(보다가)그렇기두 해..부모 망신시키면서 애까지 내버리구
나와서/자신 없어..

형진   모처럼 솔직하군.

연우   그러구 나와 행복하란 보장은 있어? 어차피 남녀간에 좋은 감

정은 점점 바래져가는 건데 이혼까지 하면서 그럴 만큼 순진하진 않아.. 지금이 좋아.. 조금 지나면 지금 감정 점점 식기 시작하겠지 ..그런 거니까..

형진 그때까지만 놀잔 말이군..

연우 싫증날 기미 보이면 빠아이 하자 첨부터 그랬지.

형진 그래뭐…것도 나쁠 거 없지..

연우 믿을 수 없는거 /정말 믿어서는 안되는 게 사랑이라는 감정이야…

형진 …..(그냥 앞 보며)

연우 나 아니면 죽는다구 그 난리를 쳤던 사람/…결혼하구 일년두 안돼 딴짓하며 돌아치더라.. 사랑 안 믿어..

형진 (돌아보며)당신 우리 아지트 하나 만들면 어때..

연우 ?내가 무슨 돈이 있다구 그래..그리구 왜 내가 그런 걸 만들어.

형진 나보다 낫잖아아..

연우 미처..나 돈 얘기 싫어 응? 기막혀 죽겠네. 가자 시동 걸어 빨리.

S# 침실

시우 (책 들척이고 있는데)

영애 E (조금 열린 문으로 들린다)네…알았어요….네 주무세요..

  [영애 들어온다.]

시우 (책장 넘기며)달라진 거 없다셔?

영애 (침대로 오르며)그냥 잔대..저쪽에서도 소식 없고..

시우 신경쓰지 마..

영애 난 그 소리 젤 싫어 신경이라는 게 쓰지 말자 그럼 안 서지는 거야?(약간 짜증)

시우 ??….알아서 할 거야..맡겨둬.. 설마 그렇게 빵짱이야 낼라구..

영애 (누우며)알게 뭐야……(사이 두었다가)구박뎅이루 어린 시절 보
내서 그런지 애가 좀 꼬인 데가 있구…고약한 오기두 있단 말야..저
대루 끝날 수도 있어..

시우 설마아…애두 아니구 무슨 생각이 있어서 그러구 온 걸 거야..

영애 생각은 무슨..생각이 있는 녀석 같으면 그런 결혼 안해..

시우 왜 그렇게 부정적이야 매사에 너무 긍정적인 아줌마가.

영애 아줌마 소리 듣기 싫어. 하지 마..

시우 ….아줌마보구 아줌마라는데 뭐..

영애 그럼 당신은 아저씨냐?

시우 나야 아직 청년이지..

영애 (몸 일으키며)뭐?

시우 (두 손 손가락 좀 펴진 채로 부채처럼 올리며)용서해주세요오오오.

S# 아파트 전경(이른 아침)

S# 거실

영애 (청소기 부지런히 돌리다가 멈추고 서서)(심호흡해서 내쉬는)……
후우우우…… 후우우우우…(하며 얼굴이 우그러진다)

S# 시우 에이에스 아파트 사무실 안(토요일)

시우 (점퍼 걸치면서)봉수트랩 설치 가구마다 전부다 일괄 체크해서
금주 중으로 완전히 끝내기로 했고 열교환기 배관은 오늘 마무리
됩니다 소장님..네..네 차질 없을 거에요..단단히 다졌습니다..네..
네 알겠습니다..(전화 끊고 여사원에게)나 잠깐 자리 비워요.

여직원 네 과장님..

S# 사무실 밖. 마당

시우 (나온다)

승조   (벤치에 앉아 있다가 보고 손 들어 보인다)

시우   (손 가볍게 들어주고 둘 다 움직인다)…(마주 서며)오랜만이다.

승조   쫌 됐지?

시우   나가자 커피 마시자구‥

승조   어 그래.

S# 근처 커피숍‥

시우   (찻잔 저으면서)부러 안하구 있는 거야‥걔두 생각할 시간이 필
　　　　요할 거 같구 나는…‥솔직히 다시 보지 말자 해 놓구…내키지 않아‥
　　　　전화해서 뭐라 그래‥할말이 없어‥다시는 그러지 마라 다시는 안
　　　　그런다 해두 이미 뱉은 말은 쏟아진 물이나 마찬가지야‥의식 안할
　　　　수가 없단 말야‥부담스러워‥

승조   지나를 좀 더 사랑해라‥

시우   ??

승조   친구로‥사람으로 말야‥걔두 지 마음이 지 마음대로 안 움직여
　　　　그런 거야‥

시우   누가 모르니.

승조   한번쯤 삐져 나올 수두 있구 샐 수두 있잖아. 지나 만하기는 쉬
　　　　운 거 같어? 그렇지 않아 걔 대단한 애야. 감정관리 그만큼 해 온
　　　　거두‥

시우   알아. 인정해‥깨끗한 애니까 지금까지 말썽 안 부리구 잘 왔어.
　　　　그런데 왜 갑자기 미쳐 기집애가. 그게 말이 되는 소리야? 얘기하
　　　　대? 애 하나 어쩌구.

승조   저혼자 오래 전부터 꿍꿍거리던 생각이야‥너보다 먼저 들었어‥

시우   미쳤어미쳤어.

승조 시우야.

시우 날더러 어떡하란 거야. 사람을 왜 그렇게 당황시켜 걔는‥다시 보지 말자 소리 밖에 할말이 없게 왜 만들어. 맹꽁이.

승조 너는 그냥 지나 감정이 성가스럽기만 하니?

시우 ‥‥‥(보다가)성가스럽다기 보다 딱하구 불편해‥

승조 안된 생각은‥

시우 왜 없겠어. 그러니까 잘 받아주구 잘 해 줬잖아‥

승조 니 연락 기다리다기다리다/ 아무 일 없는 척 오바해서 씩씩하게 다니는데 사이사이 너무 아픈 거/‥보여‥

시우 ‥‥‥

승조 전화 해 줘. 없었던 일 해.

시우 그러구 이제부터 본격으루 연극하라구‥

승조 ‥‥(보며)

시우 (그냥 마시는)

S# 샘플실

[여러 벌의 옷 탁자 위에/단추 제작업자/단추 카탈로그/]

지나 이 슬라이드(지퍼 손잡이)한 단계 큰 걸로 바꿔주세요.(단추 업자 메모)

지나 (다른 단추)여긴 왜 우리 로고 없어요. 들어가야 해요‥(메모/뒤집어 보고)속단추 없네요. 달아 주세요.

단추 예‥

지나 (다른 옷)이건 스냅이네. 스냅 새로 개발한 거 있어요?

단추 예 있어요.(카탈로그 뒤져 보여준다)

지나 이건 너무 작은데‥10밀리로 해주세요. 마크를 단추크기에 비

례해서 좀 크게 해주시고‥‥‥좀 더 선명하게 찍어 주세요‥

단추 이게 더 마음에 드시죠? 좀 더 고급이에요‥흑니킬로 제작하면 될 거 같은데‥

지나 (다른 옷)얘는 손목에 수놈이 하나 더 있으니까 오차없이 숫자 맞춰주세요. 나중에 수놈 모자라 뒤집어지게 하지 마시구요‥(다른 꾸러미 들어보이며)이건 뭐죠?

단추 (걸려 있는 옷 두 벌 꺼내 보이며)이 옷 단춘데요‥(검정 빨강)

지나 (단추 옷에 대보며)까만 색은 골드 테두리가 실버보다 훨씬 이쁘네‥그런데 빨간색/ 이 빨강은 좀 죽여줘요.(단추)촌스럽게 너무 튄다아‥

단추 예 가능합니다‥

S# 지나 사무실

지나 (서서 커피 마시는데)‥‥

디자이너 (들여다보며)실장님‥피팅 준비 다 됐어요.

지나 어 이거만 마시구 응?

S# 영애 거실‥

[풍선이랑 잔뜩 파티 준비되어 있다‥]

영애 (찻잔 내며)애들 데리구 일요일마다 교외 나가구 어쩌구‥‥‥좀 지쳐서요.(앉으며)그동안 너무 무리했는지 체력 뒷받침이 안되는 거 같아요‥당분간은 좀 쉬면서 체력보강이나 할까 그래요‥(웃으며)영양가 있는 걸루 잘 먹으면서요‥

정원 그래. 많이 피곤하면 운동이 아니라 무릴 수도 있다더라‥아닌 게 아니라 동서 너무 마른다‥더 마른 거 같아‥

영애 그렇지는 않아요‥

정원 용 한재 먹을래? 내 만들어다 주까?

영애 아니 아니에요 형님..용은 무슨 용씩이나....그런 거 안 먹어두
　　그저 팍팍 쉬어주면 돼요..마음 쓰지 마세요.

정원 집을 이렇게 해 놓구 살자면 쓸틈이 어딨어..너무 신세 볶는다
　　정말..청소만이라두 아줌마를 부르든지..일주일에 두 번 정도라두.

영애 (싱겁게 웃으며)마음에 안 들어요..

정원 (약간 흘기며)어이그으으/(해놓고) 파티한다면서 나 일어날게
　　동서 바쁘니까..

영애 준비 다 돼 있어요..괜찮은데..(따라 일어난다)

S# 아파트 입구

　　[준서 은혜 친구들 모이고 있는 중이다..자유롭게 떠들면서/은혜는 여
　　자 친구와 옷 얘기를 하든지/준서는 준서대로 떠들고 있는데]

　　[영애와 정원 나온다..]

정원 어머나 고생에 이렇게 모였네에?

준서 앗 큰 엄마.. 얘들아 우리 큰엄마 인사드려..(다 같이 인사 합창)

정원 그래애..안녀엉/ 재미있게 놀아아?

은혜 왜 벌써 가세요?

정원 어엉..큰 엄마 지나는 길에 잠깐 들렸어..

준서 어디 가시는데요?

정원 큰엄마네 엄마네..

준서 네에..

영애 아직 친구 다 안 모였어?

준서 누나 친구가 한사람 안왔어요..

은혜 어 온다..혜진아아아..(손 흔들며)

혜진 (마구 뛰어오고 있다)

정원 가께..

영애 친구들 데리구 먼저 올라가..

둘 네/ 응.

영애 큰엄마께 인사..

둘 안녕히 가세요오..

정원 그래애애.. 너무들 이쁘다..(애들 보며)

영애 …(좀 걸려서 보는)

정원 천사가 따로 없잖아?

영애 네에..

S# 거실

　[큰 상에 피자 주먹밥 김밥 과일 등 잔뜩 차려져 있고 둘러앉아 있는 아
　이들/]

영애 (화면 시작과 동시에 금방 튀긴 닭튀김 큰 접시로 두 개 들고 나오며)

　자아아 닭튀김이 나옵니다아아…

　[애들 와아아아//]

영애 시작해 먹어..먹어 응?

은혜 (오버랩의 기분)엄마 주연이가 엄마 요리사 같대.

영애 진짜? 너무 고맙다아아

주연 우리 엄마는 이런 거 안 해 줘요 귀찮대요.

남자애1 우리 엄마두요.

여자2 우리 엄마두요..

남자3 우리 엄마두요..

명섭 우리 엄마는 빵만 잘 만들어요. 빵마안 만들어서 아빠가 지겨

워 죽겠대요.

영애   왜?

명섭   아빠는 방을 싫어하거든요··그런데다 잘 만든 건 옆집 주고, 앞

집주고/ 우리는 실패한거만 먹거든요.

일동   (웃음)

영애   (닭튀김) 뜨거우니까, 불어가면서 먹어.

애들   네에··

혜진   야, 은혜야 요새 수정이 걔 이상하지 아침에 봐두 안녕두 안해.

맨날 신경질만 펴어.

은혜   걔 재투성이 아가씨 될 거야··/ 집이 싫대···

영애   으응?

은혜   얘기했잖아 새엄마 들어온다구··새엄마 들어오면 저는 청소하

구 빨래하구 재투성이 아가씨 되잖아아··집이 싫대··

영애   아마 좋은 새엄마가 들어오실 거야··니들이 잘 위로해 줘···

용희   잘해줄려구 하다가두 자꾸 신경질 피면 옆에 가기 싫어요

혜진   맞어. (하는데, 준서가 지 옆에 친구를 크게 부른다)

준서   (오버랩의 기분)야 오하늘.

하늘   (닭튀김 먹는 채로 본다)??

준서   너 여태까지 한 마디두 안했어. 먹기만 하구.

[다 같이 웃는다··]

S#   같은 거실··

[음악 깔면서]

영애   (열심히 떠들며 열심히 먹는 아이들 사진 찍어댄다)···이모 저모로··

S#   아파트 앞

504

영애   (팔짱 끼고 서 있다가 부리나케 거의 뜀박질로 오는 이모 발견하고

그쪽으로 마주 뛰는)왜 안 올라오시구요 이모오··

이모   (갖고온 떡볶이 재료 넘기면서 /오버랩의 기분)얘 그럴 새 없어.

가게 비워놓구 왔어어어. 니 엄마 소정이 엄마한테 불려나가구 없

어어어·· 나 간다아아.

영애   ??

S#   약국 근처 어느 커피숍··

소모   정말 뭐라구 얘기를 해야할지 면목없다는 말 밖에는

엄마   (오버랩의 기분)피차 같지요 뭐··사내 녀석이 너머 옹졸해서 죄

송합니다··

소모   죄송합니다 해 어서··

소정   죄송해요····

엄마   니가 이해를 해라·· 워낙에 좋은 소갈머리는 아니야··

소정   네에·· 정말 못됐어요··

소모   얘(질색하겠는)

S#   어느 극장 앞··(4시 근처/ 난타든지 뮤지컬이든지)

[승조 시우 기다리고 있다··]

승조   (시계 보며)얘 뭐야 시간 다 됐는데··

시우   안 그럼 문지나냐? 난 별루다/(극장 돌아보며)차라리 영화가

낫지··

승조   야 온다··

[뛰어오고 있는 지나.]

시우   (보며)저거 저러다 또 사고치지··

승조   엉?

시우   발목말야 발목.

승조   야 뛰지 마 발목다친다구 시우가 걱정해애‥

시우   야 왜 쓸데없는 소린 해‥

지나   (와서 숨 몰아 쉬면서)하아하아 죽이게 막힌다. 아직 안 늦었지.

승조   오분 전이야 들어가자 빨리.

시우   (지나 모른 척하며 앞서는데)

지나   (탁 치며)야 오랜만이다.

시우   (보는)

지나   웬일이냐 집에 안 들어가구/

시우   애들 파티한다구 늦게 들어오래‥

지나   어어‥(같이 걸으며)잘 지냈니?

시우   썩 잘 지냈다.

지나   나두 무지 바빴어‥

시우   다행이네.

지나   우리 아무 일 없었다.

시우   (멈추고 돌아본다)

지나   ?? 뭔 일 있었니?

시우   아무 일 없었어 그래. 다시 한번만 까불어‥ 죽인다‥

지나   쏘오리‥

승조   야 빨리와/(입구에서)

S# 영애 거실

[영애까지 끼어서 두 패로 나눠서 노래하며 선수 빼오기 게임/]

[노래—우리집에 왜 왔니, 왜 왔니 왜 왔니…혜진이 꽃을 찾으러 왔단
다왔단다.(혜진이 나서고 상대 팀 대표 나와서)가위 바위 보!(혜진이

506

지고 이기는 것에 따라 팀 이동/한 번쯤 다른 이름으로 반복/)]

S# 공연 구경하고 있는 승조 지나 시우/

S# 거실··수건 돌리기 하는 모습

영애 (소파에서 차 마시고 앉아서 애들 노는 것 보며)·······

F.O

S# 거실··

[등산 차림새의 아빠와 아이들··]

시우 (준서 양말 신기고 있는데)

은혜 (제 양말 신으며)너무 힘든 건 싫어 아빠·· 너무 높은 데까지는
올라가지 말어어 응?

영애 야 그래두 일단 산엘 갔다 그럼 꼭대기까지는 올라가야지 너
그거 몰라? 태산이 높다하되 하늘 아래 뫼이로다 오르고 또 오르
면 못오를리 없건만은 사람이 제 아니 오르고 뫼만 높다 하더라.

은혜 뫼가 뭐야?

시우 산/ 산이야.

준서 나는 괜찮은데. 나는 백두산도 오를 수 있는데.

시우 하하/ 아직 멀었어?

영애 (조끼 걸치면서 나온다)준서야 엄마 모자 어떡했어··

준서 신발장 위에요오··

영애 고마워어··· 가자가자··당신 문단속 했지.

시우 아 하께 금방 하께.

영애 뭐했어어어··물병은 넣었어?

시우 (움직이다가)앗/ 죄송합니다아아··

영애 어우 참 믿구 살겠다아(주방으로 움직이는데)

E 전화벨.

시우 (베란다 창 잠그다가)내가 받을께에··네 여보세요·····왜요·····무슨 일인지 몰라요?

S# 재우의 방

재우 아버님이 설명하시는 분이냐? 거두절미하구 부르라는 말씀 딱 한 마디 하시구 들어가셨어···야 어떻게 여쭤봐··조인트나 까이지···뭐?·····야 등산은 무슨 아버지 호출 하셨는데 잔말 말구 얼른 달려와아··담주에 가면 되잖아. 오늘만 날이냐?··빨리 와 엉?

S# 거실

시우 알았어요···알았어요··(끊으며 물병 시우 배낭에 넣고 닫으며 시우 보고 있는 영애 돌아본다)

영애 무슨 일?

시우 애들은··

영애 나갔어··

시우 불러 들여야겠는데··

영애 왜애··

시우 아버지가 지금 오라 그러신대··당신하구 같이··

영애 ??? 왜··

시우 형두 모른대··그냥 당신 데리구 오라구만 하시구

영애 (오버랩의 기분)혼자 가··난 안가··(하며 물병 도로 꺼내는)

시우 ·····(보며)

영애 발걸음 안하다구 선언했잖아. 혼자 가···(도시락 싼 것도 꺼내고) 실망하겠다··집에서 도시락 까 먹고 야호해야겠다··

S# 운전하는 시우·····(무슨 일이야)

508

S# 박회장 집 대문 앞··

　　　[와서 서는 시우의 자동차··]·

　　　[사용인들 문 열고 인사··]

이기사　키 주세요··

시우　부탁합니다··(들어간다)

S# 정원 안··

시우　(들어오면서)······

제11회

S# 지난주 기억을 돕기 위한 몇 커트 넣어주시고요.

S# 박회장 정원

S# 거실

[별말 없이 차 마시고 있는 시우와 재우‥]

재우   ‥‥(안방 돌아보면서)이젠 목욕두 혼자 안하셔‥한 보름됐나 목욕하시다 넘어지셔서 크은날 뻔했었어‥아주 아찔했었지.(하는데 정원 케이크 얇게 썬 것 한 쪽씩 들고 나와 놓는데)

재우   한 보름 됐죠?

정원   저 지난 주 수요일이었어요‥

재우   어 보름까지는 안됐군.

시우   (보다가)그럼 어머니 같이 들어가세요?

재우   아냐아‥아버님이 또 그런덴 이상하게 부끄럼이 많으시잖아‥이 기사 도움 받으셔‥

시우   ‥‥‥(네에에/정원은 놓아주고 빠지고)

재우   토 달지 말구 그러겠습니다 해‥토달지 마‥

510

시우 무슨 말씀이신지 알아요?

재우 회사 옮기란 말씀 아니겠냐? 어제 기획실장하구 노부사장 날리셨어..

시우 ???...

재우 승진 인사두 안하셨구 내가 보기에두 회사에서 끌어올릴 만한 인물 없어..

시우 뭐 실수들 한 거 있어요?

재우 잘은 모르겠지만 아마 둘이 손잡구 나가서 자기들 사업할 궁리하다 꼬리 잡힌 모양이야.. 누가 고자질 한 거 아닌가 싶어..

시우 딴궁리는 회사 그만두구 해야죠.

재우 그래 말야아..그러니까 너 아무 토달지 말구 하라시는대루 순명해. 알았어? 아버님 늙으셨어.. 목욕두 혼자 못하신다구..

시우 (찻잔 드는데)....

이기사 (바지 다리 말아 붙이고 조심스럽게 나온다)

재우 (일어나며)아 끝나셨어요?

이기사 예 다 하셨습니다..

시우 수고가 많으시네요..고맙습니다..

이기사 뭐얼..(하고 현관 쪽으로)

S# 호수공원

[배드민턴 치며 놀고 있는 아이들과 영애.(자유롭게 떠들면서 하세요. 미처 못 받아도 상관없고 상황에 따라서 암튼 엄마와 새끼들입니다. 영애는 조금 숨이 차고 있지만 그래도 기를 쓰고 하는데/다 같이 제대로 받아치는 것보다는 실수가 많습니다..)]

영애 (숨이 꽤 차기 시작한다/어느 순간 멈추고 숨 고르는)..후우후우후우

준서 빨리 하세요 엄마아아..

영애 (가슴 잡고 약간 구부린 채 아들 돌아 본다)후우후우 후우/

은혜 힘들어?

영애 어 (몸 일으키며)응 좀 그렇거든? 엄마 쉬구 있을께 둘이 해..

준서 네. 좋아요..누나 하자..

은혜 잘 좀 해봐라 제에발..

준서 아 누나나 잘해애애애..

영애 (아이들 두고 움직인다/)

S# 나무 그늘/

　　[피크닉처럼 바닥에 깔개 펴 놓은 위에 큰 타월 겹쳐 깔아 놓고 먹을 것 바구니와 아이들이 벗어놓은 등산복 겉옷 등등..]

영애 (와서 다소 지친 몸짓으로 주저앉으며 가방에서 수건 꺼내 닦으면서 한편 바구니에서 생수 병 꺼내 마신다/ 두어 모금 마시다가 기분 나쁜 기침 서너 번./눈 꽉 감았다가 뜨면서 숨 좀 골랐다가 물 마시며 아이들 쪽으로 시선/)

　　[마구 떠들면서 서로 구박하면서 놀고 있는 아이들이 영애의 시각으로/ 어정쩡한 거리보다는 약간 먼 편이 좋습니다..]

　　[마구 떠들고 마구 웃으면서 노는 아이들 그림에서 한 순간에 오디오가 음악으로 대체되면서….]

영애 (아이들 보고 있는)…..

　　[아이들…..]

영애 …….(마치 눈 안에 사진을 박아 두려는 듯)……

S# 박회장 거실

박 (안방에서 나온다)

[두 아들 서 있고…]

재우 시우 왔습니다 아버님..

박 또 하나는 어딨어. 나오라 그래..(서재 쪽으로 돌아서며)데리구 들어와.

시우 저 저 혼자 왔어요 아버지..

박 ?(돌아보는)....(재우에게)데리구 오라구 안했어?

재우 해했습

시우 애들 하구 집에 있으랬어요.

박 내 말이 개방귀야?

시우 .....

박 ....(보다가 돌아서 서재로 들어간다)

재우 (얼른 들어가라는 시늉)

시우 (서재 쪽으로 움직이기 시작하는데서)

S# 서재

시우 (들어온다)

박 (창문 열고 있다)....(후지지 않은 창문으로/).....

시우 .....(기다리는)

박 (창에서 돌아서며 안 보는 채 중얼거린다)데리구 오라면 데리구 오지 니 멋대루 너 뭐야 이눔아..(야단치는 어조 아닙니다/중얼거리는)

시우 보셔야 언짢기만 하시구 그 사람두

박 (오버랩의 기분)걔가 안온다대?(보며 나직이)

시우 ...내켜하지도 않았구요.

박 ......(가만히 보다가 의자에 앉으면서 안 보는 채 테이블 위 필기 도구 그릇 자리 조금 바꾸며)사표내구 정리해.

시우   .....(보며)

박   (보며)알아 들었어?

시우   ......(보며)

박   좋아라 하지 마. 백기 든 거 아냐.. 상속권은 없지만 그래도 날 애비라구 하면서 최소한 도적질은 안할 거 아냐. 내가 써 주께.

시우   ...(시선 내리며)

박   인수인계 시키는데 얼마나 걸려.

시우   일주일은 주셔야

박   이틀루 끝내. 수요일부터 출근해.

시우   그건 무리에요

박   (오버랩의 기분)하루 더 써 그럼..

시우   .....(보며)

박   (의자 약간 옆으로 돌리는 듯 하며/15도 정도)아파트 비우구 별채 루 들어와..

시우   ???

박   수리 싹 해 놨어.. 아파트 델게야? (하며 얼굴만 약간 돌려 보며)...

시우   .....가족 ...전부가 말씀이세요?

박   (보는 채)오백년 재수 떼놓구 애들만 데리구 올수 있으면 더 이 상좋 거 없구..

시우   .....(보며)

박   (시선 돌리며)못 떼놓겠구 안 떨어진다면 (치! 하는 느낌으로)하 는 수 없지..데리구 와..

시우   (아버지 보며).....

박   나가봐..

514

시우　이사하는 문제는 애들 엄마하구 의논해 보겠어요··

박　??무슨 의논.

시우　혼자 결정할 순 없어요.

박　개코같은.

시우　아이들 학교 문제도 있어요.

박　여긴 학교 없어? 들어오라면 들어와. 군말 마.

장　E 작은 애 점심 먹구 갈래?

시우　네···(하고 목례하고 나간다)

박　(나가는 아들 보며)치이!

S# 거실

시우　(나오며)저 그냥 갈래요 어머니. 산에 갈려구 나서다 왔어요··기
다릴 거에요··

장　아무렇게나 해 그럼·· 준비하는 사람들이 궁금해서 물었어··

시우　예. (나와 섰는 형수에게)저 그냥 가요 형수님··

정원　네 그러세요··

S# 집 대문 앞

시우　(나오면서 키 받아들며)수고하세요··(차에 올라 시동 건다)

S# 동네를 빠지는 자동차··

S# 차 안··

시우　(핸드폰 걸어놓고 기다리는)

S# 영애의 거실

　　　E 빈 집에 울리는 전화벨···

S# 호수공원··

　　　[김밥 먹고 있다.]

영애   천천히 꼭꼭 많이 씹어 먹어..(보온병에서 뜨거운 물 따르면서)
         체하지 말구..(호오호오 물 불어서)물 좀 마셔..(준서에게 플라스틱 컵
         주고)

준서   (한 모금 마시고 컵 내려놓다가 바닥에 컵이 쓰러진다)

은혜   어으 진짜 바보 사촌.(하는데)

    E 영애 핸드폰..

준서   아빠다. 맞죠 엄마..

영애   (벌써 핸드폰 가방에서 뒤져내 보고)맞어.

준서   봐 맞지.

은혜   일이나 저질르지 마아아..

영애   엉 나야....우리 지금 호수공원에 있어..집에서 밥 먹는 거 싫대
         서.. 우리 벌써 시작했는데?...놀만큼 놀았어.. 늬들 더 놀 거야?

준서   쪼꼼만 더요..

은혜   (동시에)아아니.

준서   쪼꼼만 더 놀자아아아..

은혜   어이/

영애   준선 좀 더 놀구 싶대…

S# 박회장 식당

    [점심 먹는 중인 장여사와 박회장 재우 내외….]

    [아무도 아무 말 없이 먹다가….]

장   은혜 애비 왜 부른 거에요..

박   ......

장   예?

박   사표내구 들어 오랬어..

516

장   ....(보고)

정원   ??

재우   (웃음이 돈다)

박   취직 시켜준다구..

장   걔 놀구 있어요?

재우   잘하셨습니다 아버님 정말 잘하셨어요. 이제야말루 회사가

박   (오버랩의 기분)변변치 못한 눔. 애비 칭찬하는 자식눔 어디서
       봤어..

재우   ....

장   그렇게 한 대요?

박   지눔이 안 해 그럼?

장   자알 하셨습니다..회장님 십년 동안 하신 일 중에 제일 훌륭한
       일 하셨네요..

박   이런..

재우   (좋아서 혼자 흐흐거려지는 기분으로 푹푹 떠먹는다)

정원   (가만히 남편 보며)...

박   별채루 들어올 거야..

장   ?? 누가요..

박   누군 누구야 시우 놈이지..

정원 부부   ??

장   ?? 들어온대요?

박   안 들어오면 어쩔 거야..

장   ......(한참 보다가)애들 에미두요?

박   ......

장　예?

박　그래. 귀찮게 왜 자꾸 말시켜 밥 먹는 사람..

장　……(보며)…

재우　아버님 정말/(잘하셨습니다 하려는데)

정원　(슬그머니 남편 건드린다)

재우　(그만두고)

박　오죽 믿을 늠이 없으면……(중얼중얼 해놓고 다시 혼잣소리)오죽
　　믿을 늠이 없으면…

장　나무 관세음보살‥나무 관세음 보살…너 성당에 가야지‥

정원　네 어머님‥

S# 호수공원

　　[두 아이 좀 떨어져서 놀고 있다…]

　　[노는 아이들 보며 김밥 먹고 있는]

시우　……(씹으며)

영애　(더운 물컵 주며)마셔가면서 먹어…

시우　엉…(아이들 보며 그냥 우적우적 먹는)……

영애　(그런 남편 보며)‥……(한동안 있다가 남편과 같은 방향으로 고개)…
　　[노는 아이들….]

시우　……

영애　……말 안해?

시우　묻는 거야? (하며 물컵 집어 들어 마신다)

영애　……(돌아보며)

시우　(컵 내려놓으며)사표내구 …들어오라셔‥

영애　???

518

시우   (김밥 집으며)당장..

영애   ·····(보며)

시우   (먹으며 아이들 보는)

영애   좋은 일이네·····

시우   (돌아본다)····

영애   (보온병 집어 다른 컵에 따른다)···

시우   다야?

영애   당신하구 아이들 위해서····

시우   당신은..

영애   나야 뭐···(하고 물 마신다)·····

시우   안 좋아?..좋아할 줄 알았는데···

영애   좋아..

시우   (갸웃하며)화해하기 그렇게 원하던 사람 반응이 너무 미적지근
하잖아..

영애   그랬어?···그래서 그런다구 했어?

시우   (김밥 놓고 물 집어 들며)맛있게 먹었다..(물 마신다)

영애   ·····(보며)

시우   (물 잔 비우고 내리며 안 보는 채)아파트 비우구 별채로 들어오라셔..

영애   ? ? ?

시우   (보며)당신한테 물어본다 말씀드렸어..

영애   나두?

시우   물론이야..그럼 당신 놓구 들어가니?

영애   ·····(보며)

시우   ·····(보며)

영애 ·····(보며)

시우 당신이 결정해··당신 결정에 따를게··

영애 내가 싫다 그래서 안 들어간다 그럼 나 더구나····이번엔 뭐가 될
 까··오백년 재수에 늙은 여우에 더 붙을게 뭘까··

시우 그런 얘긴 할 거 없구··

영애 ····(보며)

시우 아버지··당신 인정하기루 하신 거야··그러니까 이사 들어오라 그
 러시지··

영애 (오버랩의 기분)애들 데리구 당신만 들어가라··

시우 ·····알았어··그 얘긴 없었던 걸로 하자··물 더 줘··(컵 집어 들며)

영애 (보온병 열어 물 따르면서)····들어가기 바래?

시우 (물 한 모금 마시고)두 가지로 생각했어. 무리 아닐까. 아버지가
 워낙 당신한테 못을 많이 치셨으니까 한 울타리에 들어가는 싫을 거
 다하구····엉뚱하게 잘난 데가 있는 사람이니까 그런 거 다 무시하구
 앗사아 좋았어 들어가지 뭐··그러는 거 하구··

영애 어느 쪽을 원하는데··

시우 (돌아본다)·····

영애 응?··솔직하게··

시우 당신 싫으면 됐어··(아이들 쪽 보며)이사는 하지 말자··

영애 ·····(남편 보며)

　　[노는 아이들···]

　　[영애 시우/ 같이 아이들 쪽 보며······]

S# 박회장 안방··

박 (누워서)······(눈 뜨고)·····

S# 근교 절 법당에서 절하고 있는 장여사와 조여인……

S# 성당

[신도들 속에 끼어서 낮 미사 보고 있는 정원과 재우‥성체 거양식 중/

일어났다 앉았다/]

S# 아파트 광장

[시우 자동차 들어와 멎고 내리는 가족‥]

시우 먼저 들어가‥

영애 주차 하구 와…

시우 (주차하려고)

영애 (두 아이들 손잡고 보고 있는데)‥‥

E 영애 핸드폰 벨 울린다.

영애 (미처 못 듣는데)

은혜 엄마 전화‥

영애 응‥(전화 꺼내 보고)응 그래…응 집에 있어…어딘데…그래 알았

어‥그래 와‥(하고 끊는다)

준서 누구에요?

영애 외삼촌‥

S# 거실‥

[가족 들어오면서]

영애 목욕 먼저 해‥(애들 대답하고)당신 준서 머리 감겨주고.

시우 알았어‥

준서 (엄마한테 달라붙으며)엄마 나두 아빠처럼 땀나는 목욕하구 싶

어요‥

영애 그래? 땀 나올 때까지 참을 수 있을까?

준서 한번 해 볼께요..

시우 알았어 그래 아빠가 물 틀어줄께.자 옷 먼저 벗어.

영애 욕실에 들어가 벗기지?

시우 어 그래..

영애 벗긴 거 세탁바구니에 넣어..

시우 (벌써 준서 데리고 안방으로)

영애 너두..

은혜 (제 방 욕실 쪽으로 움직이며)알았어..

영애 반신욕 하구 싶어?

은혜 아냐 머리 감을 때 부를게..

영애 그래….(하고 주방으로/짐 보따리 들고)

S# 주방

영애 (식탁에 놓고 내용물 꺼내기 시작한다/김밥 먹다 남은 것/보온병/
컵들/과일 남은 것/은박지 접시/과도/휴지 등등……꺼내기 시작하면서
침울)……(그러다가 문득 손 놓고 거실로)

S# 거실

영애 (와서 무선전화기 빼들고 다시 주방으로 움직이며 번호 누른다)……
나에요 엄마…정호 온다 그러네요?

S# 떡볶이 가게

엄마 (떡볶이 일회용 그릇 다섯 개쯤 늘어놓고 넣는 중이다)엉 인사간다
그러더라..전화했디?….여러 소리하지 말구 그저 좋은 낯꽃으루
대해..걔가 철이 없어 아무 거두 몰라 그래. 철들면 괜찮아질 거야
…..아냐 애 한결 나아졌어.. 저두 뭐 느낀 게 있는지 훨씬 나졌어…
아냐아 정말이라니까 내가 왜 더운 밥 먹구 식은 소리 해.. 나 그런

522

사람 아니야.. (하는데)

손님　(먹을 거 주문 추가/)

엄마　에에 잠깐만요오오 이 물건 이거 배달 가서 또 퍼져 논다. 어이 그으 대책 없는 거..그래 끊어 바쁘다..(끊고/다른 접시 하나 집어 떡 담는데)

이모　(들어오며)아이구우우우 날씨 한번 환장하게 좋다아아.. 바람 은 산들산들 이마빡은 따끈따끈/엉뎅이 들썩거려 장사 못하겠네 언니.

엄마　아이구 시끄러. 참새 씻나락 까먹는 소리 말구 배달이나 가어이.

이모　또오?

엄마　염씨네 가게야..

이모　(배달 물건 챙기면서)아무래두 오토바이하나 사야겠다니까아아?

엄마　(주문 받은 접시 들고 움직이며)자전거두 못타는 게.(중얼거리는)

이모　배우지?

엄마　여깄어요..(주문한 사람 대답하고 엄마는 빈 그릇들 챙기는데)

손님　(들어오며)아주머니 떡볶이 오인분만 주세요..

이모　싸가시게요?

손님　예.

엄마　(움직이며)어떡하나 좀 기다려야 하는데..

S# 거실

시우　(청소기 밀고 있다)....

영애　차 마셔..

시우　?

영애　차 달라면서..

시우 어 (청소기 끄고 주방으로)

영애 (식탁에 준비해 놓은 찻잔에 차 따른다)

시우 (앉으며)당신은..

영애 마셔..(하고 싱크대에 있던 제 찻잔에 따른다)

시우 저녁 짜장면 시켜 먹을까?

영애 먹구 싶어?

시우 아니 피곤해 보여서.

영애 괜찮아..콩나물 밥 한번 해 볼까하는데 (하며 싱크대로 돌아선다)

시우 좋지이이..

영애 (/찻잔 놓고 저녁 준비 콩나물 봉지 나와 있고 아래 싱크대에서 소쿠
리 꺼내 놓는다)

시우 (괜히 눈치 보듯 하다가)여기 줘 다듬어주께..

영애 그래 그럼..(하고 소쿠리와 콩나물 봉지 식탁으로 놓고 앉는다)....

시우 (콩나물 건드리며 눈치)왜 그렇게 얼굴이 복잡해..

영애 ? (잠깐 보고 조금 웃듯)만감이 교차하네..결국 불러들이실 거
좀 더 일찍 불러들이시지/이제야 갈길 들어섰구나..

시우 (콩나물 꼬리 따면서)늦으신 거야..

영애 그 동안 걸림돌 돼서 미안해..

시우 무슨 ...그런데 이제부터 당신 각오해둬야 해. 상당한 기간 동
안 휴일/퇴근 시간 제대로 없다고 생각해얄 거야. 업무 파악도 해
야하구

영애 (오버랩의 기분)그렇겠지....섭섭하지만 어쩌겠니..할 수 없지 뭐..

시우 ....(보는)...

영애 우리 애들...안됐다.. 쭈욱 홀애비 자식들 같다가 이제부턴 과부

자식될 판이니··잠깐 좋다 마네 응?···(웃으며)하영애는 운두 없지··
참 안됐다아··

시우   ···(보다가)뭐야아아··

영애   (남편 보며)더 많이 바라보구 더 많이 좋아할려구 했는데···(비죽
거려지는)

시우   ···이 아줌마 애처럼 어이····기분이 나쁜 건 아닌데 여보 당분간
이야··연말까지 만 참아··그 뒤에는 퇴근은 몰라두 휴일은 제대루
찾아 먹을게 엉?

영애   ····

시우   엉?

영애   (끄덕이며)알았어··참을게··

시우   나 없이는 못 살지··

영애   못살아··

시우   나만한 남편 없지?

영애   없구말구.

시우   나 좀 보구 얘기해 여보··눈 맞추구 엉?(하는데)

준서   E 아빠아아아··

시우   어 그래애··

S# 거실

준서   (발가벗고 고추 두 손으로 가리고 온통 젖은 채 내다보며)머리 감겨
주세요오오··

시우   (벌써 나오며)그래그래 알았어 임마·· 야 이 자식 너 그러구 나
온 거야? 그럼 어떡해애··(준서와 사라지며)

시우   E 물 다 떨어지구 어이그으으 엄마 고생시키잖어어··대충이

라두 닦구 나오지 바보.(도로 문 열고)내가 닦을께..내가 하께..(문 닫고)

영애 (나와 움직이려다 멈추고 방문 보며)......(울음이 차오른다)

은혜 (큰 타월로 감고 문 열고 내다보며)엄마 나 머리..

영애 응 알았어..

S# 거실··

　　[막 들어온 참이다··]

정호 애들은요··매형··

시우 낮잠.. 앉어 앉어요··

소정 네에..(하며 주방 쪽 본다)

영애 (주방에서 나오며)물 끓을 때 기다려야겠다··

정호 네에··

영애 앉어어··

　　[다 같이 자리잡고 앉고/]

영애 (앉으며)케익이 너무 크다..작은 걸루 사지··

소정 말 안들어요.. 너무 크면 반도 못먹고 버리게 되니까 작은 사이즈 사쟀는데

영애 (오버랩의 기분)건 소정이 말이 맞어..들을 말은 들어..아무래두 그런 건 여자가 낫잖어··

정호 네···

시우 이렇게 같이 온 거 보니까 화해는 완전하게 이루어진 거 같네 음?

정호 걱정끼쳐 죄송해요 매형··

시우 걱정 누나가 많이 했지이이.. 웬만한 일에는 처남이 양보해..기싸움같은 거 할 거 없어..결정적인 일 아니면 그저 적당히 지는 척 하

는 게 제일이야..

소정 그런 말씀 좀 많이 해주세요..여기 자주 와야겠네..

영애 엄마한테 갔었다면서..

정호 잠깐요..바쁘세요.. 점심해 주신다는데 그냥 나와서 우리끼리 먹었어요..

영애 소정이 밥할 줄 모르니?

소정 ??

영애 할줄 알면 소정이가 밥 해서 이모랑 엄마 드시게 하면 좋을텐데..
(소정이는 기막히고)

정호 라면도 한번 안 끓여봤대요..처제가 끓여주는 거 얻어 먹구요..

영애 자랑 아냐..이제부터 배워야겠네..기본은 할줄 알아야지..이제 어린애두 나오는데 언제까지 친정 엄마 덕으루 마냥 편하게만 그럴 거야......안 그래?

소정 네..

시우 어머니가 작정하구 가르키는 집 딸 아니면 할 줄 아는 거 별로 없이 시집오는 아가씨들 많은 모양이야.. 우리 신입사원 하나두 최근에 장가들었는데 와이프가 도통 물에 손을 안 집어널려그런대.. 아침도 배달 저녁도 배달/그 모양인가봐..

소정 그거 먹을만하대요.

시우 어 어지간한가보대?(영애에게)처음에는 깜박 속았대..솜씨 좋은 와이프 얻었다고 좋아라 했는데 알고보니 배달이더래..

영애 맞벌이래?

시우 그렇지두 않은데 그러나봐.

　　E 주전자 물 끓는 소리

영애   (일어나며)그 아가씨 그 많은 시간 다 뭐에 쓰구 산대?

시우   모르지이..

소정   .....

S# 아파트 현관

　　[나오면서 싸우는 두 사람. 화면 시작과 동시에]

소정   그 말은 뭐하러 해..안 그래도 내가 별론데 오빠가 날 깎아내리면 어떡해..

정호   깎아 내리자고 한 말 아니야..이제부터 배워서 잘 할 거라 소리 할려 그랬어.

소정   그 소린 하지두 못했잖아..깎아 내리기만 하구 끝났잖아.

정호   누나가 딴 말하는 바람에 그렇게 됐어..별 거 아냐.

소정   아니긴/ 어우우 신경질 나..(픽픽 걸으며)자기랑 나랑 같아? 잘 타고난 게 내 잘못이야? (돌아보며)어떻게 다 자기랑 똑 같을 수 있어? 밥해 먹구 학교 다닌 사람하구 어떻게 같으냐 말야.. 난 엄마가 결혼하면 싫도록 하는 게 집안일이니까 아무 거도 하지 말라 그랬단 말야.

정호   그래 알았어..그런데 너 그 자기가 누구야..

소정   ??누군 누구야.

정호   형님이래야 하는 거잖아..

소정   그래애 형니임...(픽픽 걸으며)잔소리 아주머니./

정호   (한심하다)......

S# 거실

시우   (소리내어 웃는다)

영애   (커피 테이블 행주질하며)그렇게 웃을 일이야?

시우 입만 열면 상식을 깨부수는 말이 튀어나오잖아. 처남한테 지구 살랬더니 자주 올테니까 그런 말 많이 해주래··흐흐

영애 걱정이 태산이야. 웃지 마 심난해··

시우 (기지개 켜며)애들 자는 동안 우리두 잠깐 눈 붙이자 여보.

영애 좋은 생각.(일어나며)

시우 (누우며)아으으으 놀아달라고 보채기 없기야.

영애 그래 잘 쉬어··(하며 돌아서는데)

시우 여보 잠깐··

영애 (돌아본다)

시우 (입 내밀고 눈 감고)

영애 (움직여 구부리고 가볍게 입 맞춰주는데)

시우 (안아 엎어지게 한다)

영애 왜 이래애애··

시우 같이 자자 응? 이러구 같이 자자··

영애 이러구 어떻게 자아··난 방에 가 쉴 거야. 당신 여기서 자··(일어나 주방으로)

시우 ·····(상체 좀 일으켜 들어가는 아내 보며 있다가 아예 일어나 앉으며)·····(생각하며)

　　E 전화벨/

시우 네에·· 집에요······(듣다가)아니에요··콩나물 밥 해먹기로 했어요······필요없어요··(영애 내다본다/전화 막고)페이킹 덕 사다 주냐구.형

영애 (아니라고 손짓하고 제 볼일)

시우 괜찮아요··다음에 먹여주면 돼요·····예·····그건 안한다는데요··

S# 정원의 방

재우 왜애…그거야 이해하지만 야 그래두 이럴 때 제수씨 보통 아닌 면모 보여줘야지.. 난 그럴 걸루 기대했는데 실망이다…잘 설득해 봐 너..(정원 차 들고 들어온다) 아버님 크은 결심하셨는데 반항하는 거 같아서 그렇잖아. 도로 역심내시면 어쩌하냐 .. 잘 추라이 해봐 엉? 좋은 게 좋은 거 아냐..얼음 녹기 시작했으니까 점차 만사 오케이 될 거야..집안이 뭔가 될려구 이러나보다..회사두 그렇구…그래… 응…..그래(하고 끊으며)제수씨가 이사 안온다 그런대요.. (티 테이블로 옮기며)

정원 (앉아서 차 따르면서)쉽지 않을 거라고 했잖아요..

재우 안 쉬워도 아버님 명령 떨어지셨는데 거역하면 안되지이..

정원 들어오고 싶지 않을 거에요. 당연하구요..

재우 (찻잔 들며)누가 모르나요..

정원 아버님 예측불허신데….이제부턴 못박는 말씀 안하신다는 보장있는 거두 아니구/이사까지 와서두 또 애들 앞에서 당하구 그럼….내 집 갖구 살 때보다 더 힘들어요..

재우 지난 일은 지난 일이구 이제 다 끝내자는 뜻 아니에요? 그러니까 불러 들이시는 건데 제수씨도 과거지사 털어버리구

정원 (오버랩의 기분)동서 그렇게 한꺼번에 털어 버리기 어려워요.. 꽤 걸릴 거에요..

재우 하기는….워낙에 심히 하셨으니까……(한 모금 마시고 내리면서) 아버님 화 내실텐데에에…

S# 거실

시우 …..(뿌우우우 앉아 있다가 주방에 아내 돌아본다)….

530

S# 주방··

영애 (콩나물 씻어 소쿠리에 건지고 있다)

시우 (나타나며)뭐해··

영애 저녁 준비·· 왜 안자구?

시우 여보 있잖아···

영애 (돌아본다)

시우 형이 걱정한다··큰 결심하셨는데 이사하는 거 비토해서 도로
      역심내시면 어떡하냐구.

영애 (순간 뾰족해진다)그래서 당신 회사 들어오는 거까지 취소하실
      까봐?

시우 그런 뜻은 아니구

영애 (오버랩의 기분)이사 못들어 간다는 말씀 먼저 드려··사표 먼저
      덜컥 내지 말구··

시우 ······

영애 ····(콩나물 건진다)

시우 저기··당신도 큰 맘 한번 먹어줌 어때. 아버지두 그러셨는데
      ······용서하시는 거잖아···용서하시는 거니까··

영애 (오버랩의 기분)박시우··(불러놓고)

시우 ····(보는)

영애 (돌아서며)나는 용서받을 일 없어.

시우 ?/

영애 애초부터 그런 건 없었어. 당신 아들이 지가 좋아하는 여자랑
      결혼했는데 그 여자가 뭘 용서받아야 해··

시우 여보

영애 웃기지 않아? 내가 유치원생두 중고등학생 꼬인 거두 아냐.
‥졸업하구 군에 갔다오구 피하구 또 피해두 막무가내 당신 아들이
그런 건데 내가 용서받았어야 할 일이 뭐야‥

시우 나한테 그런 말 할 필요 없잖아‥

영애 어떻게 해서든 부자지간 악화된 감정 풀려구 용서해주세요 용
서해주세요‥‥기회만 있으면 찔찔 짜면서 그랬더니 당신조차 내가
용서받아야할 죄인이었구나. 정신차려‥당신은 용서받을 게 있었지
만 난 없었어. 제대로 정리하자‥

시우 ‥‥‥(보며)

영애 (도로 콩나물로 돌아서며)뭘 용서해‥죄진 거 없는데 뭐얼/

시우 여보

영애 (올라서/ 좀 아무렇게나)그래 뭐 아무렇게나 그냥 그렇다구 치
자. 당신 아버님 억지 고칠 방법없으니까 내가 죽일년이라 쳐. 그런
데 나 용서해서 그러시는 줄 알아? 천만에 당신 필요해 그러시는 거
야‥용서가 아니라 당신 데려다 써 먹을려구 그러시는 거란 말야‥
감사할 일 아니야‥

시우 그럼 나만 들어오라 그러시지 왜 이사까지 하라셔.

영애 가르쳐 줘?(손 멈추고)

시우 ?? 뭘‥

영애 (돌아보며)옆에 데려다 놓고 아침저녁 틈틈이 괴롭히구 학대
해서 내발루 걸어나가게 만들려는 작전이야‥

시우 뭐?

영애 (도로 돌아서며)아니라 그러지 마. 당신 아버지 그런 분이야.

시우 (언짢다)너무하잖아. 어떻게 그렇게까지 심하게 말해‥맺힌 맘

충분히 이해하지만 너무하는 거 아냐?

영애   이해해?‥그거두 충분히?(좀 비웃어지는)당신이 뭘 알아

시우   왜 몰라. 내 마음에 그리 썩 드는 아버진 아니지만 그래두 내 아버지야‥거칠구 예측불허구 때로 가혹하시지만 음모나 술수는 안쓰시는 분야.

영애   허!(콧방구)

시우   ??지금 콧방구 날렸어?

영애   그래‥ 어쩔래‥

시우   ……(쏘듯이 보며)

영애   (거칠게 좀 터지듯)당신 아버님 머리 속엔 어떻게 해서든 나 몰아낼 생각 밖에 없으셔.

시우   우리 아버지 머리 속에 들어갔다 나왔니?

영애   들어갔다 나왔다. 아님 바로 얼마 전까지도 오백 년 재수!(울음 차오르며)차례 지내게 눈에 보이지 말라던 양반이 갑자기 왜 들어오래‥갑자기 영혼이 바뀌기라두 하셨니? 벼락 맞으셨대?

시우   생각 바꾸기 어렵지만 바꿀려면 한 순간이야.

영애   왜 이제야 바꾸셨대!! 십년동안 안 바꾼 생각 뭐때매 바꾸셨대.

시우   (버럭)당신 말대루 내가 필요하셔서겠지!!

영애   (콩나물 바구니 들어 탕 싱크대에 놓으며)애들 데리구 당신만 들어가. 그래 우리 그만 살구 헤어지자. 그러는 게 좋겠다.

시우   무슨 말이 그 모양이야!!

영애   당신은 좋아라 펄펄 뛰며 들어가구 싶은데 그렇게 못해주니까 그만 살자구!!

시우   못들어감 안들어감 그만이야. 당신한테 맡긴다구 했잖아.

영애   이게 맡긴 거야?…

시우   ….(보다가)..잘못했어..두번 다시 안 할게..(하고 나간다)

영애   ……(입 꽉 다물고 손으로 얼굴 훔쳐내는데)

S# 테라스로 나오는 시우….

시우   …..(나와서 뿌우우우)……..

S# 실루엣/ 아파트 광장……낮에서 밤으로 넘어가고….

S# 테라스

영애   (찻잔 들고 멍하니 서서 내려다보며)………(맥 없이 거실로)

S# 거실

영애   (찻잔 탁자에 놓고 준서 방으로/ 노크한다)

준서   E 네에..

영애   (문 연다)

S# 준서의 방

영애   (들여다보며)책가방 쌌어?

준서   네 그럼요..

영애   굿나잇 인사 안해?

준서   (침대에서 만화 보다가 내려서며)해야지요..(나가고)

S# 복도

영애   (안방으로 들어가는 준서 보다가 은혜 방으로/노크)

은혜   E 네에..

영애   (문 연다)

S# 은혜의 방

영애   (문 열고)뭐해?

은혜   (돌아보며)내일 입을 옷/(옷 챙기면서)

534

영애 (들어서며)아까 챙겼잖아..

은혜 딴 거 입구 싶어졌어..(제가 고른 옷 들어 보이며)어때?

영애 괜찮으네..

은혜 마음에 안들어?

영애 니가 입구 싶은 거 입어..잘 맞췄는데 뭘.....아빠한테 굿나잇 하
구 와..

은혜 그럴 참이었어..(일어나 엄마 올려다보며)근데 왜 싸웠어?

영애 안 싸웠어.

은혜 거짓말쟁이..우리보구는 거짓말하면 안된다면서 엄마 아빠두
가끔 거짓말해.

영애 (따라 나가며)미운 소리 해서 잠깐 골난 거야.

S# 거실

　　　[방에서 나오며]

은혜 누가 아빠가?

영애 엄마두 아빠두 둘이 다..

은혜 그게 쌈이지 뭐..누가 이겼어?

영애 무승부..

은혜 이긴 사람 없을 줄 알았어..

영애 어떻게..

은혜 이긴 사람이 없으니까 둘이 다 입 내밀구 있지.. 안 그럼 이긴
사람이 진 사람한테 아양떨구 이쁜 짓하구 그럴텐데..

영애 (웃어버리고)얼른 들어가..(문 열고 딸 넣어주고 문 닫는다)

S# 침실

은혜 (들어오다 보고)아빠아..(팔 벌리고)

시우 (침대에 아들과 앉아 있다가/팔 벌리며)어 우리 딸‥(안고 뽀뽀하고)

은혜 안 갈 거야?

준서 글쎄에에? 나는 오늘 여기서 한번 자볼까 그러는데?

은혜 어이구 눈치도 없어. 빨랑 내려와 야.

준서 아빠가 괜찮다 그랬는데?

은혜 니가 여기서 자면 어떡해애. 엄마랑 아빠 화해하시게 빨리 내
려와 빨리.(잡아끌면서)

준서 (안 끌려 내려오려 하면서)엄마랑 아빠 안 싸웠대.

은혜 아빠 거짓말하는 거야. 이 바보야‥누나 말 들어 빨리 내려와아
아아....

준서 (끌려 내려오며)거짓말 하시는 거 나두 안다알어..

　　　[두 아이 나가고]

시우 (애들 나가는 것 보다가 놓아두었던 책 집어 든다).....(잠시 보다가
책장 한 페이지 넘기고.....또 잠시 있다가 침대에서 내려선다)....

S# 거실

영애 (찻잔 놓고 앉아서 멍하니).....

시우 (문 열고 본다)......

영애 ......

시우 안 들어와?

영애 .....좀 있다 들어갈게..

시우 ......내가 나가?

영애 ...놔둬...조용히 있구 싶어...

시우 (나와서 내려다보며)......

영애 ....(찻잔 집어 든다)

시우   ····(보다가 옆에 앉으며)여보야··

영애   조용히 있구 싶다구···

시우   ·····(보다가)당신 좀 변한 거 같아·····얼마 전부터·····휴가 때부터····

영애   ····그래?

시우   ·····소화능력 좋은 사람이잖아·· 무신경한 사람 아닌데 필요이
상 예민하지는 않구 어떤 때는 나보다도 통머리 크구 매사에 긍정
적이구/·····딴 사람 울면서 할 얘기도 웃으면서 할 수 있고····그렇
잖아··

영애   그러구보니 꽤 괜찮은 여자네··

시우   근사하구 훌륭하지·· 몰랐어?

영애   애 많이 썼구나 너···하영애···늙나부지··

시우   갱년기 클리닉···

영애   ??(돌아본다)

시우   참 아직 해당 안되나?

영애   기막혀··

시우   아니이 너무 예민해서 전에 없이 날카롭게 자꾸 화를 내니까
····당신 모르지 요즘 들어 사람이 틀려진 거 모양 화 많이 내··

영애   ··(고개 돌리고)···

시우   갑상선 체크는 ···안했지 사람 말 무시치구···

영애   ·····

시우   진짜 심각하게 하는 말인데····병원에 한번 가봐···자꾸 화내는
거 아무래두 이상해·····고장난 데 있으면 고쳐서 살아야지···응?···

영애   좀 쉬면 ··괜찮아질 거야···피곤해서 그래····

시우   과외두 안하는데····그동안 지친 게 한꺼번에 나오나?

영애 그럴지두…(울먹해지며)자꾸 화내서 미안해‥ 안 그러구 싶은데…
‥그렇다…

시우 (한 팔로 안는다)‥‥

영애 (기대면서)미안해…불편하게 안 해 주구 싶은데‥‥자꾸 그래져
‥미안해‥

시우 내 말대루 병원에 가봐‥정신없이 뛰다가 한가해지면서 갑자
기 병나는 사람 많아‥그 케이슨지두 몰라‥긴장 풀어져서 응?

영애 ……

시우 내일 당장 가‥

영애 ……

시우 약속해/(하고 떼어내며)당신 또‥‥(하다가 철철 울고 있는 영애에)
……왜 그래애애……이 아주머니 정말 이상하다.

영애 (몸 떼고 돌아앉으며 휴지 뽑아낸다)

시우 …내가 아버지한테 가는 거 싫어?

영애 무슨 말두 안 되는 소리 해‥

시우 그럼 왜 울어‥

영애 …(눈물 찍어내는)

시우 어엉?

영애 (가볍게/부러/)아버님께 불려 들어간다니까 박시우하구 같이
보낸 세월이 한꺼번에 떠오른다 머‥서러워두 서럽단 내색두 못
하구 엇쌰엇쌰 오바해서/ 다섯만큼 행복해도 열만큼 행복해 해야
지‥‥그러면서 살았던 거 새삼스레 분하구 원통해서 운다‥말 안
되니?

시우 (다시 안아주려)‥‥

영애   (밀어내며) 만지지 마.. 징그러워..(하고 주방으로)

S# 주방

영애   (약 꺼내서 넘긴다)

시우   무슨 약이야..

영애   머리 아퍼.. .

시우   습관성 된다아..

영애   …(컵 씻는데)

시우   내 뭐랬어.(일어나며) 성질 피면 머리 아프다니까아..

영애   …(컵 씻으며)

S# 아파트 앞(아침)

　　　[애들 데리고 나오는 가족..]

시우   자 인사아..

준서   (엄마에게 뽀뽀해주고) 오늘 뭐 하세요?

영애   글쎄 그냥 집에 있을까하는데…왜 묻는지 알아. 그래 가께./

준서   네 ㅎㅎㅎㅎ(좋아서)

은혜   으ㅎㅎㅎ(준서에게 흉내내 보이고 엄마에게 뽀뽀)

영애   준서랑 만화방에서 기다리께 그리 와..

은혜   진짜?

영애   시장 보자..

은혜   알았어..

시우   자 가자 가자아아아…

영애   여보 나 잠깐..(시우에게)

시우   ??

영애   부탁있어.

시우 어 뭔데 말해.

영애 이번 토요일 오후에 단풍 보러 떠나자..

시우 어어 그거

준서 등산 안가구요?

은혜 등산 갈 차례잖아아..

영애 어 그래.. 산에 가서 단풍 보는 거야..

시우 여보 그거 말야 내년 가을루 미루면

영애 (오버랩의 기분)아니 안돼..꼭 이번에 보구싶어..아버님께 말씀

드려봐..아니 꾸중 들더라두 꼭 가야해.. 우리 네식구 단풍 구경..나

꼭 하구 싶어..

시우 알았어 그래..해 봅시다..

영애 꼭이야..안해주면 죽어서두 화낼 거야./

시우 어이 뭐 그렇게까지 무섭게 굴어 알았어알았어 들어가..가자

아아아..

　　　[아이들 다시 한번 엄마한테 손 흔들며 아는 체하고 아빠 쫓아 뛰고]

영애 ......(보며)

S# 거실

영애 (두 다리 끌어올려 껴안고 소파에 앉아서).........

S# 세탁기에 빨래 집어넣고 있는 영애/흰 빨래 색깔 빨래 분류해가면서....

S# 은혜의 방/

　　　[침대 이불 바꿔서 세팅한다..(숨차서 좀 헐떡이면서)]

S# 욕실..

　　　[벗겨낸 준서와 은혜 이불 커버 욕조에 넣고 천천히 밟고 있는 영애.....]

S# 호텔 한식당..

연우　(비빔밥 비비다가 멈춘 상태에서)은혜 엄마는 어떡하구.

장　(비비며)별채루 이사 들어올 거야..

연우　?? 시우네 들어오라구 수리한 거에요?

정원　네 아가씨.

연우　은혜엄마는요?

장　? 무슨 소리야.

연우　같이요?

장　같이지 그럼.

연우　아버지가 그러래요?

장　쯔쯔쯔쯔

연우　(비비던 젓가락으로 그릇 좀 치듯 놓으며)그럴 걸 아버진 왜 나한
　　테 그런 심부름은 시키셔요. 아버지두 진짜 괴상하셔. 나만 괜히 인
　　심잃구 어우 참..

장　…(비빈 거 맛보고)먹자..

정원　네에.

연우　우리 아버지두 완전 개구리 띠셔..

장　?

연우　안 그루?(다시 비비기 시작하면서)어디루 튈지 알 수가 없잖아요.

장　그렇다구 아버질 개구리에 비유해?

연우　어떻게 그렇게 맥없이 꺾이셔어? 무슨 그럴만한 계기 있어요?
　　시우가 석고대죄라두 했수 언니?

정원　어머님 기도 덕분일 거에요..

연우　십년만에 기도빨 멕혔나?

장　쩟/ 밥이나 먹어..

연우 질기게 버티더니 버틴 보람 있네‥ 인간승리다‥

정원 (잠깐 시누이 보고 나서 장여사도 보고 밥 뜨면서)마음 고생 많이 했죠오. 존경스러운사람이에요.

연우 버텨서 그만큼 소득있다면 안 버틸 여자 없어요‥존경스럽기는, 누구는 좋겠다‥이제 사모님 소리 제대루 듣겠네‥세탁소 아저씨 택배 아저씨 경비 아저씨한테 말구두‥

장 (먹으며)생기는 거 없이 고연시리 틱틱거리지 말어‥그래서 얻은 게 뭐야‥괜히 시우하구 엇각이나 나구 인품은 개품되구 그게 뭐야…

연우 암튼 김은 샜네‥이제 걔가 실세 와이프란 말이지? 잘 보여야 떡 나눌 때 큰 거 돌아오나?

장 쯔쯔쯔쯔

S# 본사 엘리베이터에서 나오고 있는 시우‥

　　E 핸드폰 벨 울리고/현관으로 움직이면서/

시우 (보고) 네 아버지‥본사에서 나가는 길이에요‥네 아침에 냈습니다……저기 그건…애들 엄마가 내키지 않아해요 아버지‥

S# 움직이는 자동차 안‥

박 싫대?‥‥왜 싫대…나는 좋아서 그러는 줄 안다대?‥‥알었어‥ 끊어‥(끊고)주제에 싫기는‥‥

S# 만화방‥

　　[아이들 속에 끼어서 준서와 함께 책 보고 있는 영애…]

영애 (문득)……(가만히)배 고프지‥

준서 어‥누나 올 때 아직 안 됐어요?

영애 (시계 보며) 다 됐어‥우리 나가서 기다릴까?

S# 만화방 앞··

영애 (준서 데리고 나오면서)후우우우····빌려다 집에서 보는 게 좋겠
다··공기가 좀 그래··

준서 ??난 아무치두 않은데요?(하는데)

은혜 E 엄마아아···

준서 누나다··

　　[뛰어오는 은혜··]

S# 백화점 식당

　　[점심 먹고 있는 아이들과 영애··(준서 은혜가 먹고 싶다는 것으로)]

은혜 근데 엄마 우리 산에 가는데 왜 할아버지께 말씀드려?

영애 ···(먹다 본다)

은혜 (연결)할아버지가 우리 놀러가는 거두 허락 받으래?

영애 그게 아니라·· 아빠 있잖아. 할아버지 회사루 옮기실 거야··

준서 왜요?

영애 할아버지께서 그러라구 하셨대··잘된 일이야 같은 건설회산
데 할아버지 회사 두구 딴 회사 다니는 거 좀 그랬거든. 아빠가 할
아버지 회사로 가서 일 열심히 하면 좋잖아··

준서 월급 많이 주신대요?

영애 아니 그건 몰라··그래서 아빠 얼마동안은 바빠서 우리하구 같
이 시간 많이 못 쓰실 거야··

은혜 할아버지 무서워서?

영애 회사 옮기면 그래··그런 거야 원래··

준서 아빠랑 엄마랑 다같이 있어서 좋았는데··

영애 글쎄 말야··엄마두 좀 그래··그치만 뭐 할 수 없지··아빠 빼구 우

리 셋이 신나게 놀자..

준서 아빠가 빠지면 신이 안나니까 그렇죠오..

영애 ....(보며)

S# 슈퍼에서 시장 보고 있는 세 사람..

S# 지나의 사무실..

지나 (눈 위에 찬 물수건 얹고 의자에 기대어 있다/음악 나오고 있고)

연우 (들어오다 보고)애

지나 (수건 떼고 돌아본다)언니..

연우 뭐하는 거야?

지나 (일어나며)간밤에 좀 펐더니 죽겠어요..

연우 누구랑/

지나 승조요.. 회사 회식하면서 몇 잔 먹은 거 연결했는데 좀 심했어요..앉아요..

연우 좀이 아니라 상당히 했나부다. 지금까지 그러는 거 보니까..

지나 커피요?

연우 필요없어. 오늘 치 다 마셨어..

지나 (앉으며)하루 치가 몇잔인데?

연우 석잔.

지나 웬일이에요?

연우 쓸만한 거 있음 매상 좀 올려줄까 해서..

지나 없어요?

연우 아직 안 봤어...너 있대서..

지나 언니 팔자가 젤이유..

연우 겉보기에는. 시우하구 아버지 냉전 끝난 거 알지?

544

지나 ? ? 에?

연우 아직 모르는 구나··우리 아버지 시우 끌어들이신대··애들 놓구 나가란 거 없었던 일 만들구 걔네 식구들/별채로 이사시키나봐…

지나 …(보다가)잘 됐네요··좋은 소식인데요?

연우 솔직한 감상 아니지 / 김 새는 느낌 아냐?

지나 (보며)보여요?

연우 보인다··

지나 나 데이트하구 있어요··

연우 ? ? 그래?

지나 외과의에요 멀쩡하게 생겼구 매너 아주 좋아요. 피차 바빠서 자주는 못 만나지만요··

연우 누구네 집 아들인데?

지나 병원 집 아들이래요··

연우 괜찮네에·· 넌 병원 집 딸이었잖아··

지나 (오버랩의 기분)언니 나 시우가 불행하기 절대 안 원해요. 시우 한테서 은혜엄마 뺏으면 걔 아마 돌아버리거나 완전히 망가져 폐 인 될 거에요··

연우 …(보며)

지나 내가 그걸 원하겠어요? 언니 그렇게 생각해요?

연우 따지지 마 야. 누가 뭐랬다구 그래··

S# 아파트에 주차하고 있는 영애의 자동차…

　　　[차에서 내리는 셋/ 짐들 나누어 들고 움직이는데]

경비 이제 들어오세요?

영애 아 네

준서 은혜 안녕하세요‥

경비 야이자식들아 아침에 봤잖아 하하‥저기 사모님 (주머니에서 자동차 키 꺼내면서)조금 전에 회사 직원이라고 하면서‥‥

영애 ??(키 보면서)

경비 저기 저 차에요‥저 은회색‥

영애 (보면)

　　　[주차되어 있는 은회색 중형 새 자동차‥]

경비 E 등록증하구 검사증 차안에 있답니다‥

영애 우리 집 확실해요?

경비 그럼요‥(키는 손바닥에 내민 채)회장님께서 보내셨다 그러든데요?

영애 네‥(하며 키 받아든다)

경비 그럼‥(영애 답례하고 경비는 빠지는데)

은혜 할아버지가 엄마?

영애 아빠 찬가봐…회사 옮기시니까 선물하셨나봐‥

준서 저 게 우리 아빠 차란 말이에요?

영애 그런가부네?(가볍게)들어가자‥

준서 엄마 자동차 구경 안하구요?

영애 구경하구 싶어?

준서 그럼요 엄마아

은혜 (동시에)응 엄마‥

영애 (키 주며)그럼 구경하구 올라와‥ 그것들 이리 주고(짐들)차문 어떻게 여는지 알지?

은혜 그러엄.

준서 (동시)그럼요오.(둘 팔짝팔짝 뛰듯이 자동차로)

영애 (보며)잠그구 올라와야해…

애들 으응/네에에/

S# 승강기 안의 영애/

영애 (물건들 꺼안고 숫자판 보며)…….

S# 거실

  [영애 들어오는데 핸드폰 벨 울리고 있다/]

  [짐들 와르르 현관 입구에 부려놓고 전화받는다‥]

영애 엉…지금 막 들어오는 길야‥짐 때문에 빨리 못 받았어…애들 하구 백화점/시장 좀 봤어‥(짐 한 손으로 들 만큼씩 주방으로 옮기느라 왔다 갔다 하면서)백화점에서 ***먹었어‥사표는 냈어?‥뭐래? …‥아쉽다 그래야지 그럼 아쉽다 소리도 못듣구 직장생활 했음 그 남자 뭐에 써 인사치렐지두 모르지만‥(웃으며)아냐 그냥 약 올릴려구 하는 말이야‥근데 있지 여보 아버님 당신 차 보내셨다‥ 자동차 얘기지 무슨 얘기겠어‥단박에 표난다. 박시우 인생 업그레이드 되는 거‥새삼스럽게 그동안 엄청 미안했네‥

S# 사무실

시우 (서랍 정리하면서)쓸데없는 소리 뭐하러 해‥그래 쓸데없는 소리지‥당신 타 먼저 거 내가 탈께‥그래 됐어‥들어가‥응…아냐 늦을 일 없어‥늦게 됨 전화할께‥응‥(하고 끊는데)

  E 핸드폰 벨

시우 어 나야‥

승조 F 야 축하한다. 드디어 아버님하구 화해했다면서.

시우 너 어떻게 알아.

S# 인테리어 현장

승조 방금 지나 전화 받았어‥연우누나 만났나보더라‥축하해‥십년
묵은 쳇증 확 뚫린다‥그럼 그보다 더 축하할 일이 어딨어 야‥아버
지 회사두구 남에 회사 다니는 거 /남 보기에두 수퉁맞구 그랬는
데 정말 기쁜 소식이지. 축하해축하해‥지나두 좋아하더라/ 어 바
쁘대‥지 축하까지 대신 하라더라.

S# 지나 작업실

지나 (의자에 기대어 앉아서)‥‥‥‥‥(있다가 털듯이 전화 수첩 집어 찾아
내고 버튼 찍는다)네 사장님 저 문지난데요

S# 거실

　　[준서 은혜 스케치북 /피아노 책 들고 각각 방에서 뛰어나와]

　　은혜 방에 피아노가 있나요?

　　[엄마와 인사 주고받으며 뛰어 나가고]

영애 (주방으로)‥‥‥(냉장고에서 비닐에 썻어둔 야채 봉지 꺼내 놓고 녹즙
기 꺼내는데)

　　E 현관 벨…

S# 거실

영애 (나와서 수화기 들며 보면)

　　[화면에 엄마‥]

영애 (서둘러 문 열어주고 현관으로/)엄마 웬일이에요?

엄마 (들어서며)애들 봤다‥

영애 네에‥

　　[주방으로 움직이는 모녀‥]

엄마 (움직이며)김치가 맛있게 익어서 김치만두 좀 해봤어‥냉동 칸
들어가기 전에 먹으라구‥애비 잘 먹잖어‥

영애　애들두 좋아해요··

엄마　서늘한데 뒀다가 저녁에 먹어 치우구 말어··많이 안 갖구 왔어··

영애　(풀어보며)많겠는데 뭐··냉동시켜두 괜찮아요··(뚜껑 열어 보고) 세 번은 먹겠네/.

엄마　이모가 자꾸 주워담더라··

영애　(만두 /저녁에 먹을 분량 그릇에 덜어내면서)앉아요··

엄마　가야지 바뻐어··

영애　뭐어··이모 혼자서두 날르는데··

엄마　너 내일 나하구 보약지러가자·· 살좀 쪄야지 안되겠어··

영애　보약은··그런 돈 있음 엄마 약이나 잡수세요··

엄마　딴 소리 말구··

영애　약먹는 거 싫어··정호네는요··

엄마　(나머지 만두 뚜껑 닫으며)뭐 잘 지내는 모양야··

영애　(덜어낸 것에 랩 씌우면서)박서방 아버님 회사루 옮겨요··

엄마　??

영애　(그릇 들고 다용도실로 나가면서)아버님이 불러 들이셨어요··

엄마　아이구 그거 반가운 소리네··(딸은 없지만)이 소리가 듣구 싶어 그렇게 오구 싶었나부다아··

영애　(들어오며)그랬수?

엄마　진작에 그랬어야지 원 그 양반두 쯔쯔쯔쯔 이거 너어··

영애　(통 집어 냉동고로)이번 주 안에 옮길 거에요··사표 냈대요··

엄마　잘됐다·· 알던 이 빠진 거보다 개운하네··부자지간에 의난 거 해결되는데 그게 무슨 십년 씩이나 걸릴 일이라구 어이구후우··너 크은 짐 덜었다····

영애 네에…

엄마 박서방하구 풀기 시작하셨으면 너한테두 달러지시겠지··내
      뭐랬니 고생 끝에 낙이 온댔지··지성이면 감천이구··

영애 그러네요··엄마 말이 딱 맞네요··

엄마 (고개 내린 채 작게)애썼다··박서방두 알어 주겠지 내 새끼 골병
      든 거…

영애 ·····(보며)

엄마 어이구후우 내가 그냥 아까운 내 자식 사람 취급 못받구 가슴
      에 피멍들어 사는 거 생각을 하면 (말을 못 잇는다)

영애 ·····(보며)

엄마 (나가려고 움직이면서)어쨌거나 과거지사는 과거지사…(영애 따
      르고)설렁설렁엉 물에 씻어 흘려 보내구 그렇게 사는 거야…고진감
      래 못보구 죽는 사람두 많어··(딸 돌아보며 한 손 딸한테 얹으며)그저
      하늘에 감사합니다아 그래··고맙습니다아··

영애 (울먹. 끄덕이며)네에…

엄마 간다··

영애 가세요··(따라나서려)

엄마 나오지 마··나올 거 없어··

영애 그래두우··엄마 차비 좀 드릴까?

엄마 얘는 차비는 무슨/차비없이 움직였을까봐?

영애 아니에요 엄마 잠깐요··(안방으로)

엄마 얘 시끄러 나오지 마··(하고 나간다)

S# 아파트 입구··

엄마 (울음이 꽉 찬 얼굴로 헛청헛청 나와 움직여 저만큼 가는데)

영애　(뛰어나와서 엄마 잡고 손 끌어 돈 쥐어주는데 지폐로 이십만 원쯤)

엄마　아이구 애 왜 이래애··

영애　괜찮아요 엄마.

엄마　차비 있어··그리구 무슨 차비가 이렇게 많어 싫어 애.

영애　(울음 터질듯하며)그냥 받아줘요오··여태껏 맘 놓구 용돈 한번 못 했잖어어··

엄마　(무슨 말인가 하려는데)

영애　(연결)나 이래두 될만큼 벌어들였어. 그동안 엄마한테 너무 짰 던 거 미안해요···잘못했했어어···(두 손으로 얼굴 가리며)정말 잘못 했어요오오오

엄마　······(뻐언히 보다가)원 별소릴 다 듣겠네·····울 일두 많네·····울 지 마··그래 알었어 받어가께····엉?····영애야····얘애 ···

S#　주방

　　[녹즙 마시는 영애····]

S#　거실

　　[요가 호흡하고 있는 영애·····]

　　[빨래 개키다가 멍해져 있는 영애···]

　　E 현관 벨

　　[처음에 못 듣다가 문득 느끼고 일어나 현관으로 비디오폰 보고]

영애　누구세요··

남자　(화면 속)배달 왔습니다아··

영애　??배달시킨 거 없는데요··

남자　하영애씨 앞으로 문지나 씨가 꽃배달 시켰는데요 사모님··

영애　?? (한 채 현관문 열면)

[들어오는 꽃바구니/]

남자　싸인 해 주세요..(꽃바구니 놓고 내밀며)

영애　(싸인해주고)

남자　안녕히 계세요..

영애　수고하세요.(남자 아웃되고/꽃바구니 두 손으로 들어올려 커피 테
　　　이블로 옮겨 놓고 보며).......(생각하는)......

S# 피팅하는 공간

지나　(모델에게 옷 입혀 놓고 피팅하는데 핸드폰 벨)잠깐요..미안합니
　　　다..네에..아 언니...무슨 의미는요..시우 자리 옮기구 이사한다면서
　　　요, 축하할 일이잖아요.그래서요......카드 못 넣어서 미안해요..꽃집
　　　까지 움직일 시간 없어 그랬어요. 이해해 주세요..그 대신 카드에
　　　쓸 말 전화루 얘기할께요...으음......인내는 쓰나 열매는 달다를 증
　　　명한

S# 거실

지나　F (연결)아름답고도 완벽한 여인 영애언니..내내 행복하세요..
　　　우후후후후 쑥이다..

영애　그쪽은 쑥스럽구 나는 몸둘 바를 모르겠네.. 갑자기 웬 감당못
　　　할 찬사야..

지나　F 화끈했어요?

영애　응..고마워..

지나　F 천만에요..언니 나 일하는 중이에요

영애　그래...잘 있어 지나씨..

지나　F 네..들어가세요..

영애　어엉..(전화 끊기고 송수화기 놓으면서)........(시선이 꽃으로)...

S# 아파트 광장(밤)

S# 주방

은혜 준서 (먹고 난 제 빈 그릇들 들고 싱크대에 옮겨 놓으면서)

은혜 아빠는 뭐야아. 일찍 들어온다 그래놓고..

준서 송별회 하신대잖아..우리가 이해해야지이..

영애 그래애..

은혜 그럼 일찍 들어온단 말이나 하지 말지?

영애 그때는 송별회 스케줄이 없었겠지이..

은혜 찬 밥 만들었잖아.

영애 볶음밥 만들어먹음 돼.. 얼른 들어가 숙제들 해 응?

준서 과일까지 먹구 들어감 안돼요?

영애 방으루 갖다 줄께..먹으면서 하구 숙제 다하면 씻구 나와 알았어?

은혜 응..

준서 (동시)네에..(두 아이 빠지고 설거지로 들러붙다가)

영애 (문득 멈추면서 맥이 쭈욱 빠지는/…천천히 심호흡 해보는데…김이 샌다)

S# 욕실

영애 (샤워하면서 흐느끼고 있다)……

S# 침실…

영애 (머리 말리며 울고 있는)……

S# 거실

   [아이들 잠옷 차림으로 뒹굴며 놀고 있는데]

S# 테라스

영애 …..(머엉하니 생각에 빠져 있는)….

S# 엄마 가게 /정신없이 바쁜 이모와 엄마

S# 소정모의 거실

[과일과 차 마시면서 화면 시작과 동시에]

유정 까르르르르르 웃긴다.. 어떻게 백살 노인처럼 운전을 해요 형부우우..

소정 내가 아주 깝깝해 죽는다죽어..

소모 까불지 마..나는 니가 걱정야 니가.. 저건 운전대 잡구 나간날 사고치구 들어온 물건이잖아.(정호에게)

유정 맞어.이쪽눈알(왼쪽 손으로 가리며) 하나 왕창 부시구 들어왔어.

소정 오른 쪽이었어 얘.

유정 (손 오른쪽으로 바꾸며)그랬나?

정호 운전 버릇 나빠..(소정에게)그렇게 운전함 안돼.

소정 오빠나 잘해 내 걱정말구..

정호 앞 뒤 옆 아무 상관없이 늬들 알아서 해라 나는 나의 길을 가련다 그렇게 운전하면 사고치기 십상이야..

소모 너 들어. 딱 유서방 말 고대루야 너 운전하는 거.

소정 옆에서 잔소리하는 거 귀찮아 운전대 줬더니 자긴 백살 노인이면서 그래두 잔소리는 여전하네..

소모 약되라구 하는 말이 어떻게 잔소리야.

정호 소정이한테는 제 말은 다 잔소리에요 어머니.

소모 그렇게 까불다 언제건 큰코 다치지..

소정 오빠처럼 운전하는 게 오히려 사고 더 난다니까? 어물어물 우물우물

소모 그거야 초보니까 그렇지 넌 초보 때 안 떨었어?

554

유정 언닌 초보 때두 안 떨었지 엄마·· 남의 차 찌익 지가 긁어놓구 지
가 큰소리 치구··엄마 잊어먹었어요? 상대 남자 입만 딱딱 벌리고
말을 못하는 거 봤잖아··

정호 어떡했는데··(소정에게)

소정 뭐 차 잘못 대놔서 긁었으니까 내 잘못 아니라구 우겼지··

정호 어이그으으(하며 소정 코 잡아 흔든다)

소정 (기분 좋게 흔들리며)으흐흐흐 오빠 졸리다··(정호는 눈치 보고)

S# 테라스

영애 ·····(멍하니····)

은혜 (문 열고)엄마 안 춰?·····엄마··

영애 ·····?···왜··

은혜 안 춰? 감기 들어어어··

영애 걸쳤는데 뭐··괜찮아. 약간 쌀쌀한 게 엄만 기분 좋아··

은혜 아빠 늦나봐. 준서 졸리대··

영애 알았어··

S# 거실

영애 (들어오며)준서 졸려?

준서 네··(놀이 자리 치우면서)누나두 좀 치워라 얌체 같아··

은혜 놔두구 엄마랑 들어가··내가 치우께··

준서 엄마아··

영애 (아들 손잡았다가 안아 올리며)그래 자자··(하는데 아이가 무겁다)
어우···언제 이렇게 무거워졌어어··

준서 으흐흐흐흐(껴안으며)

은혜 (치우며)키는 안크구 무거워만 지면 어떡해··

준서 (엄마에게 안겨 움직이며)무거워졌다 클 거야 뭐.

은혜 피이..

S# 준서의 방··

　　[준서 눕히고 이불 덮어주며]

영애 기다리다 잠들었다 잠들었다구 전해 주께··

준서 네에…

영애 안 엎드려?

준서 너무 피곤해서 그냥 잘 수 있어요··

영애 노래는…

준서 안 해 주셔두 돼요··

영애 ……(잠시 보다가)니가 그러니까 엄마 서운하다··

준서 뭐가요?(눈 감은 채 옆으로 돌아누우며)

영애 등 두 긁지 마라 노래두 하지 마라··크구 있다는 증건데 좀 섭
　　섭해··

준서 내가 크는 게 싫어요?

영애 아니이 그렇진 않아··

준서 그럼 긁으세요··노래두 하구요··

영애 ……(보며)……(있다가 아이에게 입 맞춰주고)잘자아?

준서 ……

영애 (불 꺼주는데)

준서 (어둠 속에서 뒤늦게)엄마두요··

영애 (잠깐 돌아보고 조금 웃고 나간다)

S# 거실

영애 (나오는데)

556

은혜   엄마 나두 자‥

영애   (팔 벌린 딸 안고 뽀뽀하고 들여보내고)‥‥(잠시 들어가는 딸 보다가 거실 움직이는데)

    E 현관 벨‥

영애   ??(이 시간에/ 비디오폰 보면/)

    [화면 속의 박회장‥]

영애   ??‥‥(화면의 박회장 보다가 고개 조금 틀면서)

    [염증일까 전의일까‥]

제12회

S# 시우의 거실

　　　[앉아 있는 박회장과 영애‥‥‥]

박　　(가만히 영애 보면서)‥‥‥

영애　‥‥(시선 내리고)

박　　‥‥‥(잠깐 고개 돌려 창 쪽 보면서)

영애　‥‥‥

박　　‥‥‥(한동안 그대로 있다가 고개 돌려보며 나직이)이사를 못하겠다 그랬다면서…

영애　‥‥네…

박　　…오기냐?

영애　‥‥‥

박　　…니 오기는 익히 알아‥‥‥오기루 버틴 세월 아니냐‥‥‥허나 오기두 부릴 때 부리는 거야‥‥‥들어오라면 군말없이 들어오지 주제에 무슨 오기야‥

영애　(시선 내린 채)주제에 감히 말씀드려요‥볶아 잡술려구 그러시는

558

거 뻔히 알면서 들어갈 만큼 미련하지 않아요…

박　……(보며)

영애　어떤 방법을 쓰셔두….저는 못 치우세요‥

박　….(보다가 잠깐 고개 돌리며)치!! 볶아 먹어두 맛이나 있겠니?

영애　?(잠깐 시부 보고 도로 시선 내리는)

박　….너는 나보기 끔찍할 게구 나는 너보기 끔찍하구 피장파장이다만 이사해 들어오도록 해‥

영애　싫습니다.

박　……(보다가)봐하니 머리가 그다지 아둔하지는 않은 거 같으니 이제부터라두 책 좀 보구 내년 봄에 야간이라도 편입학 되도록 해봐‥

영애　??

박　호텔경영학 공부 좀 해 둬라. 필요할 일 있지 싶으니까‥

영애　……(보며)

박　알아 들었냐?

영애　….무슨 말씀인지 이해를 못하겠어요‥

박　공부해 두란 말이야 쓸데 생기면 채용해 줄 테니까‥

영애　…..(보며)

박　고생 많았어…참을성 인정하구 시우 놈 내조….잘한 거 알아….여러 생각 말구 이사 들어와 살어‥ 며느리루 인정해‥

영애　……(보며)

박　그럼 그렇게 알구 간다‥(하며 일어서는데)

영애　(앉은 채)시효 지났습니다 아버님‥

박　??

영애　이제…..인정 안해주셔두 아쉬울 거 없어요‥(시선 내린 채)구걸

하던 동냥 그릇……(목이 메이면서)버렸어요··동냥 주신대두··그릇이 없어 못 받습니다··

박　누가 동냥 준댔어.

영애　이사 안 가요 즈이들·· 이제와 새삼스레 그런 시작····안하고 싶어요.

박　집으루 들어오라는 건 널 며느리루 받아준다는 소리야.

영애　(오버랩의 기분/약간 오르며)조금도 감사하지 않아요··필요없습니다.

박　???

영애　(울음 터지며)만신창이가 되도록 짓밟아 노시구 이제 와/···인정한다 한 말씀이면 아버님은 그것으로 간단하실지 모르지만···· 짓밟힌 사람은 그럴 수가 없어요. 아버님 인정/시효 지났어요··조금두 감동스럽지 않아요··

박　시효는 무슨 같잖은 시효야·· 문짜 쓰지 말어··

영애　……

박　내일이라두 집 비우구 이사부터 하구 당장 공부 시작해.

영애　(반발하듯)저한테·····그렇게 낭비할 시간이 없어요··

박　?? 왜 시간이 없어·· 집안 일 하는 사람 둘이나 있어·· 너 과외두 하구 다녔잖아··

영애　……

박　여러 말 시키면 짜증나·· 피곤하다··(하고 현관으로)

영애　……(그냥 앉아서)····

박　(나가고)

영애　……(문소리에 원망스러운 얼굴로 돌아보고 울면서)·····(기막히고 황

당하고 믿고)

영애 E 시효 지났어요‥‥‥용서 못해요. 절대 죽어서두 용서 안할 거에

　　요… (한 손/팔목 안/ 이마에 붙이면서)‥‥‥‥‥(흐느낀다)

S# 욕실

영애 (얼굴에 물 끼얹었다가 기침이 터지는데 이번에는 좀 길어졌다)‥‥‥(세

　　면대 잡으면서)‥‥(콜록콜록)‥‥‥

S# 거실

　　[소파에 얇은 덮을 것으로 몸 싸고 두 다리 올려 모아 잡고 앉아서]

영애 ‥‥‥‥(어깨는 늘어진 느낌)

　　E 문소리와 함께

시우 E 여보 나 왔어어‥

영애 (일어난 남편 쪽으로)생각보다는 이르네‥

시우 어 애썼지이‥(안 늦으려/하며 안으려)

영애 냄새난다‥(조금 밀어내며)

시우 많이 안 먹었는데…여보 나 얼음 냉수 좀‥

영애 응 그래./(주방으로)

시우 ‥‥‥‥(상의 벗으며 소파로 /꽃 보고)이건 뭐야.

영애 (냉수 준비하면서)뭐어‥(내다보고)지나씨가 보냈더라‥ 축하한

　　다구.

시우 뭘 축하해‥(하다가)아아‥ 근데 무슨 꽃이냐‥생전 구경두 못했

　　던 것들이다‥

영애 나두 비슷해‥ 돈 많이 썼겠어‥

시우 날렵하기는‥(기대어 앉으며)

영애 (물컵 작은 쟁반에 받쳐들고 나오며)그래 누구는 날렵하게 보고

하구...

시우 ?? 나 아냐...내가 얘기한 거 아니구(승조가 했나봐)

영애 (물 주며)아무러면 어때..수시루 전화 오가는 거 누가 모르니?

시우 (컵 받아 들고)진짜 아냐 요새 개 정신 없나봐 어제두 안하구 그
저께두 소식 없었어.

영애 (앉으며)열렬하게 변명하는 게 더 수상타.

시우 진짜 나 아냐..누나랑 만나 들었나봐. 승조가 그러는데..(물 마
신다)

영애 ??두 사람 ..자주 만나나?

시우 더러 보겠지..백화점이랑 로데오 거리 순례밖에 할 일 없는 사
람 아냐.. 가끔 지나한테두 들르겠지..

영애 벨루다..둘이 서로 우리 집 정보 주고받기하는 거 아냐?

시우 피해의식야.. 할 일이 그렇게 없을라구..(물컵 들고 일어서며)아
아 되다 빨리 씻구 자야지.. (방으로)

영애 (시우가 벗어놓은 상의 집어 들고 방으로 들어가기 전에 거실 불 끈
다).....

S# 박회장 거실

박 (들어온다)

[장여사와 정원/ 사용인들.. 인사하는데]

장 어서 오세요..수고가 많으십니다..

박 ....출출해...(그냥 안방으로)

조 뭘 준비해 올릴까요 사모님..

장 글쎄에...인절미 좀 녹이지..

조 네에..

박   (들어가며)달걀 좀 삶어봐‥‥

장   인절미 녹일까하는데요‥ 달걀 퍽퍽해요‥

박   먹구 싶다는 거 들여와‥(들어가며 문 닫는)

장   알었어요‥(여인들에게 손짓하며)인절미두 준비해요‥

조   예 사모님‥

재우   여보‥달걀 좀 넉넉히 삶지‥

정원   (웃으며)그럴께요/(여인들 따라 움직이다가)

S# 안방

   [말없이 옷 벗고 시중드는 장여사‥]

장   (충분한 사이 두었다가)저녁이 시원찮었어요?

박   비싸기만하구 맛대가리가 있어야지.

장   일찌거니 들어와 집에 밥 자시면 좋잖아요‥

박   노나?‥‥일하러 다니는 거야‥

장   곁들여 딴 볼일두 보죠‥

박   바가지 좀 긁지마 등치값두 못하구선.

장   ??누구 등치는 누구만 못해서 그러구 다니나?

박   시끄러시끄러. (양말 벗어 던진다)

장   (보며)

박   (나머지 한 짝도 벗어 던지고)

장   (못마땅하지만 그냥 양말 챙긴다)‥

박   (두 손으로 양 발목을 잡듯이 하고)오백년 재수가 이사 안온대‥

장   (양말 집다가 돌아보는)‥‥누가 그래요‥

박   누가 그러든 그게 대수야?

장   왜 짜증은 내요‥ 무슨 말을 못하겠네‥‥ 시우가 그래요 지 처가 싫단다구?

박   …그래‥

장   (양말 두 개 뭉치면서)들어오구 싶겠어요? 데려다 놓구 눈에 띠기
       만 하면 쥐잡듯 잡을려면 즈이끼리 살게 그냥 둬요‥

박   누가 그래‥

장   누가 하는 사람이요‥

박   치‥

장   아니면 각서 써 공증해 놓구 들이든지요‥ 구린 입두 안띤다구‥

박   지깐 게 뭔데 이유가 많어‥

장   굳이 끌어들일 건 뭐에요‥ 처음부터 들여놨으면 모를까 새삼
       스레

박   (오버랩의 기분)마당이 아까와 그래‥

장   ??

박   이건 마당이 넓으니 뛰어다니는 어린 것들이 있기를 하나 쩟/

장   ……(가만히 보며)

박   애 불러서 얘기 좀 해‥

장   (보며)…

박   임자라두 좀 푸근푸근 그럼 좋잖어‥ 원 평생 눈감은 돌부처니
       무슨 재미가 있어야 살지‥

장   ‥‥(잠시 꼬려보다가 기어이)재미가 없어서 헷짓하구 다녔냐? 내
       가 본디부터 돌부처야? (하는데)

박   (갑자기 심장의 통증……오만상이 우그러진다)……

장   ??? 왜 그래요‥

박   <u>으으으으으으</u>….재우 재우….재우 불러‥

564

장 (후닥탁 나가면서)큰애야 애 큰애야!! 재우야아..

정원 (주방에서 뛰쳐나오며) 왜 그러세요 어머님.

장 니 아버님 병원 모셔야겠어 재우 어서 내려오라 그래..빨리빨리이..

정원 네 네에 어머님.(하고 계단 오르는데)

재우 (나타나며)어 여보 달걀 아직

정원 (오버랩의 기분)여보 아버님 편찮으신가봐요. 얼른 내려 와요.

재우 ???왜애애..!!!

정원 모르겠어요 병원 모시구 가야 한 대요..빨리 움직여요 빨리요 빨리..

재우 (후닥탁 안방으로)어머니..

S# 안방

장 (남편 옆에 쭈그리고 앉아서 남편에게 허둥지둥 바지 가랑이 끼우며)어 들어와아..

재우 (들어오며)왜 그러세요 아버님 어디가 어떻게 편찮으신 거에요 예?

박 (통증은 가라앉는 중이다 찌그린 눈으로 아들 옆으로 보며 나직이)니가 의사야? 니가 뭘 알어.

장 (남편 다리 철썩 때리면서)안 죽었거든 다리 좀 들어. 힘들어 죽겠어어..

박 아직 안 죽었어.. 법석 떨지마.. (하다가 다시 심장이 옥 죄이는)으으으으으..

재우 (눈이 등잔만 해지면서)아버님아버님..

S# 영애의 거실

[어둠 속에 울리는 전화벨…]

S# 영애의 침실

[잠들어 있는 부부…]

　E 전화벨은 침실 전화에서도 울리고…

영애 (받는다)네에에.

재우 F 제수 씨 시우 놈 좀 깨우세요 빨리요.

영애 무슨 일이세요 아주버님.

S# 정신없이 심야를 달리는 박회장의 자동차 안

재우 (운전대 옆에서)아버님께서 쓰러지셨어요 제수씨/ 빨리 시우
　　　깨워요.(하는데)

박 (뒷좌석에 기대어 있다가 냅다 재우 머리통 갈긴다)이눔아 내가
　　언제 쓰러졌어..(정원 시부 옆자리에 있다가 놀라고)멀쩡한데..

재우 아 예..쓰러지신 건 아니구 쓰러지시기 직전이었어요 어 야 시
　　　우야 아버님 지금 병원가시는 길야 너 빨리 뛰어..엉 아버님 말씀
　　　으루는 (아버지 돌아보며)누구 아구 쎈 사람이 심장을 쥐어 터뜨릴
　　　려구 하는 것 같으시대..

박 길게 말할 거 없어 오백년 재수 좋아해.

재우 (돌아보며)예 아버님. 시우야..(하는데 끊어졌다) 끊었어요.

S# 침실/

[불 환히 켜져 있고 시우 서둘러 옷 입고 있다. 손길이 떨린다..]

영애 (점퍼 같은 것 내주면서 잠깐 눈치 보다가)당신 병원 안 물었어.

시우 가실데 한군데 밖에 없어..가면서 전화하믄 되구..갔다 올게..
　　　(후닥탁 튀어나간다)

영애 ..(잠깐 있다가 급히 차 키 찾아들고 나가며)여보 자동차 키이.

S# 거실

시우 (신 신으며)아냐 택시/ 택시 타께‥(하고 바람같이 나가버린다)

영애 ……(남편 나간 현관문 보며)……(그래애 자식이 저런 거지‥)……(느리게 움직여 현관문 단속하고 거실 소파로)……(앉는다)……

S# 병원 현관 입구에 대어지는 택시에서 뛰어내리는 시우‥ 현관으로 뛰다 보면

재우 (전화 중)양박사님 나오셨어요 어머니‥(시우 멈추고 형 쪽으로) 네 응급처치받구요‥내일 아침(옆에 온 시우 보며)일찍 정밀검사 하시겠대요‥ 네 괜찮으세요…염려마시구 쉬세요‥ 그건 검사가 끝나야 확실해져요 어머니…안 나오셔두 돼요 집사람하구 제가 있는데 뭘요…네……주무세요…(끊으며)놀랬지‥

시우 아니 왜 갑자기 심장이 그래요‥ 정기적으루 체크하시는데요‥

재우 종합검진으루 안 잡히는 거 많아야‥그러니까 이삼개월 전에 체크하구 갑자기 암 선고 받구 그러잖아‥

시우 어떡하구 계세요‥

재우 들어가뵈‥ 주무신다 그러셨는데 모르겠다‥(아우 팔에 손 대면서)

S# 박회장의 안방‥

장 ……(뿌우우우)

조 ……(보고 있다가)좀‥누우세요 사모님…

장 ……(있다가 문득)어이 가 쉬어…

조 네에…(하고 조심스럽게 일어나 조금 더 보다가 나가고)

장 ……(뿌우우 있다가 소납 들어다 놓고 앉아 염주 들고 불경 소리 작게 내어 외우기 시작한다)………

S# 영애 거실/

[불 환하게 켜놓고 앨범 정리하고 있는 영애……(휴가 사진들)……(한 장씩 보고 붙이고 보고 붙이고)……]

E 전화벨··

영애　네에··(받아서)

시우　F 안 자지?

영애　자려던 참이야··어쩌신데··

시우　F 낼 일찍 정밀검사 들어가··크게 심각하지야 않겠지 뭐··워낙 건강체질이시니까 괜찮으실 거야··

영애　당신은··

S# 병원 현관

시우　주무셔서 못 뵀어··중간에라두 깨시면 잠깐 뵙구 들어가 출근 할게. 아니면 여기서 출근하구····형이랑 형수님. 그래···빨리 자··전 화 괜히 했다··끊어.

S# 거실

영애　끊어··(끊고)……

S# 입원실/ 상당한 특실··

박　（잠들어 있고）

정원　（소리 안 나게 휴지 물 축인 것으로 냉장고며 창틀이며 먼지 닦아내 고 있고）

[특실의 응접소파]

재우　（물병 하나 따면서 소곤거리는 소리로）늘 감탄하는 거지만 우리 아 버님 선견지명엔 놀랄 지경이야··

시우　??（재우가 내미는 물병 받으며）··

재우　（제 물병 따면서）병원에 들어오실 거 어떻게 아시구 너 불러들이

568

시냐 말야..

시우 우연의 일치에요.(물 마신다)

재우 그 우연의 일치가 바로 선견지명에 작용이라니까…그런 일이 한두번이냐? 암튼 대애단한 분이셔..직감두 빠르시구..(마신다) 이 사는 언제하기루 했어..

시우 안한대요..

재우 ….다시 얘기 안했어?

시우 싫대요…

재우 어이 참 그럼 어떡하냐..

시우 아버지가 하신 게 있잖아요…그 사람이라구 아버지에 대한 거 부감 없겠어요..

재우 그야 그렇지만 그래두 아버님 명령이신데..

시우 겁나죠오..생각만해두 끔찍할 거에요..집에 들어가는 거..

재우 이제 그렇게까지야 하시겠니?

시우 그걸 어떻게 믿어요…내키는대루 하시는 분인데…형수님도 종 종 당한다면서요..

재우 우리야 뭐 할 일을 못하구 있으니까 그 정도는 감수해야지…

시우 (그냥 물 마신다)….

재우 제수씨가 한번 접으면 좋은데…

시우 고집 쎄요..한 번 아니다 그럼 끝인데요 뭘…시간이 좀 지나면 모를까 지금은 가망 없어요..

재우 (아버지 침대 쪽 기웃이 보며)용납하실까?…

시우 글쎄요…

　　[잠들어 있는 박회장]

S# 앨범 정리하고 있는 영애‥‥

S# 밤에서 새벽으로 밝아오는 아파트 광장‥‥

S# 거실

영애 (소파에 얇은 것 덮고 잠들어 있다)‥‥‥‥

    E 방에서 들리는 자명종 소리‥

영애 (눈 뜨고 잠시 있다가 부스스 일어난다)‥‥‥‥(잠시 멍하다가 무겁게 소파에서 내려선다)‥‥(머리 손가락으로 빗어 넘기듯 하면서/하품하다가 반 토막은 입안으로 넣고)‥‥

S# 병실

정원 (일어나 앉으려는 박회장 도와주고 있다)‥‥(두 아들 서 있고)

박 (일으켜지면서)늬 둘은 들어가‥하나는 출근하구 너는 이따 검사 끝날 시간 맞춰 와‥

재우 그래두 입원실을 비우는 건

박 (오버랩의 기분)도둑맞을 거 있냐? 어이 가 시우하구 따루 할 애기 있어‥

재우 예 아버지‥(하고 아내에게 눈짓하고 정원 재빠르게 소지품 챙기는데)

박 늬 어머니한테 아직 죽을 때 아니니까 걱정말라구 해‥

재우 예‥

박 가‥

둘 그럼 아버님‥아버님 즈이 그럼/(적당히 인사하고 시우에게도 눈짓하고 나간다/시우는 조금 따라나가는 척)

박 (눈 두 손으로 아이처럼 벅벅 비비면서)가까이 와 봐‥

시우 (다가서고)

박 준서 에미한테 까불지 말구 들어오라 그래‥

시우 저 아버지 그건 당분간은

박 (여전히 안 보는 채 오버랩의 기분)계획이 있어 그래‥먼 장래에 호
텔 하나 만들 거야‥공부시키구 훈련시켜서 써먹을 참야…

시우 ???

박 딴 집 여자들 하는 거 왜 못해‥배짱두 있구 집념두 보통이 아니
야…암팡져서 곧잘 해낼 거야‥

시우 ‥‥(아버지 보며)십년이나 걸려야 하셨어요?

박 ‥‥‥

시우 아버지.

박 (오버랩의 기분)사업적인 쓸모야‥싫은 건 싫은 거구‥

시우 ‥‥‥

박 (여전히 아래 보면서)잡생각하지 말구 하라는대루 하라 그래‥(보
며)사내 자식이 여편네 하나 다루지 못하구 그게 뭐야‥빙충이같
은 눔…

시우 (시선 내린다)

박 가 봐‥할말 다 했어‥(하고 침대에서 내려서려)

시우 (부축하려)

박 (밀어내며)주사 뺐잖어‥놔둬‥(화장실 가려고 움직이다가)참 자
동차 보낸 거 명의는 니거지만 애들 에미 줘‥너는 회사 차 타‥(하
고 들어간다)

시우 ‥‥(보며)

S# 학교 앞 근처

영애 (두 아이 양손에 하나씩 잡고 오면서/평상시처럼)엄말 뭘루 보는
거야‥그런 거 까먹을 사람야? 기분 나쁘다 박은혜‥

은혜 요새는 까먹기두 하잖아 뭐‥

영애 어이구 한두 번 그런 거 너무 울궈 먹는다‥챙피하게‥

준서 누나가 원래 그렇잖아요‥

은혜 뭐가 그러니.

준서 두구우 두구 울궈 먹는 거‥옛날 옛날에 있었던 일두 또 말하구
      또 말하구 / 골 때리는 누나래요‥

영애 이쁜 말 좀 써라 박준서. 골 때리는 게 뭐야‥

준서 골아픈 누나죠오…

영애 그보다두 머리 아프다는 게 더 이쁘겠다‥

준서 맛이 안나죠.

영애 무슨 맛?

준서 그런 게 있어요‥(하는데)

     [학교 오던 친구]

준구 준서야아

준서 어 승환이다‥(이미 달려가면서)이 승화아안‥

영애 (멈추며 보며 웃는데)

은혜 엄마 이제 됐어.

영애 그래‥이따봐‥

은혜 어엉‥(하고 저도 뛴다)

영애 ‥‥(보며)

S# 거실 주방

     [아이들 아침 먹고 나간 상에서 밥 먹고 있는 영애…식욕이 없다‥밥 푹
     덜어내고 물 마시는데 현관문 소리 들리며]

시우 E 나 왔어‥

572

영애   (일어나 나간다)

S# 거실

영애   (나오며)밥 먹어야지..

시우   (안방으로 움직이며)씻으러 들어왔어..아침은 나가서 적당히
   해결할게.

영애   밥 있어. 씻구 나와..

시우   (돌아보며)생각이 없어. 거의 못 잤어..당신은 좀 잤어?

영애   너무 잘잤어..그럼 씻어.. 나 먹는 중야..

시우   먹어..(하고 안방으로)

S# 주방

영애   (와 앉으며 물 만 밥 먹기 시작)

S# 침실

영애   (남편 옷 챙겨 내고 있다.)

   E 물소리 마지막으로 들리고 시우 나와서 스킨 바르고 머리에 빗질 좀
   하고 그 동안 영애는 주머니 비워 바꾸고 손수건 챙기고····그 침묵 동안
   시우는 아내한테 잠깐씩 신경 쓰고···옷 있는 곳으로 오자

영애   (와이셔츠 집어 주고)

시우   (입는다···팔목 단추는 스스로)

영애   (바로 목 단추만 빼고 그 아래 단추 채워 주는)

시우   ·····(보며)

영애   ····(모르는 척/ 마치고 바지 집어 준다)

시우   (목 단추 채우고 받아서 입으며)어쩌시냐구 안 물어?

영애   검사 받으실 거라면서··

시우   잘 주무셨냐구··

영애　....

시우　안 우러난다 그거지..

영애　....

시우　그래두 애들 할아버지잖아..내 아버지시구..(내미는 타이)아냐 안 할래..

영애　(넥타이 장으로)

시우　(상의 집어 들어 입으며)아버지 말야..(괜히 눈치 보듯)먼 훗날 당신한테 뭔가 맡기실 모양이셔..

영애　호텔?

시우　??(멈추고)

영애　어제 오셨었어..

시우　그래? 왜 말 안했어..

영애　상관없는 일인데 뭐하러 말해..

시우　....(보다가)자신없어?

영애　떡볶이 집 딸 주제에 무슨 그런 거창하구 화려한 야심이 있겠어.. 자신 물론 없구(남아 있는데)

시우　(오버랩의 기분)아냐 그렇게 생각할 일 아니야..당신 충분히 해낼 수 있어..과외선생으로 그저 주부로 썩기 정말 아까운 사람이 당신이야..왜 그렇게 자신을 과소평가해..얼마든지 할 수 있어 누구보다 잘 할 수 있어..

영애　여보.(오버랩의 기분)

시우　(오버랩의 기분)공부하구 훈련받구 연수두 다니구 오년에서 십년 쯤 갈구 닦으면 당신 빛나는 다이아몬드 돼 장담해.

영애　.....(보며)

시우 아버님 악수하자구 당신한테 손 내미신 거야.. 게임 오버.. 다 끝났어.

영애 나 악수 안해..

시우 ??

영애 시효 지났어.. 출근이나 해.(하며 움직이려)

시우 무슨 소리야.

영애 출근하라구.

시우 (조금 김새서)갑자기 왜 그렇게 독하게 굴어..아버지 그러시는 거 오히려 귀엽다더니 헛말이었어? 뭐 추석날 사건 때문에? 새삼스 럴 거 없는 그날 일 때문에 이렇게까지 독하게 굴 거 없잖아..

영애 ....(보며)

시우 노인네가 생각 바꾸셨잖아..당신 위해서 당신 일거리

영애 (오버랩의 기분)나 위해서?..나 위해서 갑자기 호텔 만드실 계 획 만드셨을까 박시우?

시우 어쨌든 당신한테

영애 (오버랩의 기분/소리칠 필요는 없고 감정만)왜 진작에 안 그러셨 어..왜 진작에 안 품어 주셨어..십년을 구박하구 학대하구 경멸하 구 모욕하면서 걸레 취급하시구 이제 와서 악수하재? 내가 흘린 피 눈물이 언만지 당신이 알아? 아버지 귀엽다면서 웃을 때 내 가슴 얼마나 찢어졌는지 알기나 해? 내놓구 못 울구 거죽으루 웃으면서 이 가슴이(가슴 두 번 두드리며)미어지게 울며 살았어 나아..

시우 .....(보며)

영애 속없는 푼수팅이모양 하하호호/ 시우야 나 그렇게 마냥 행복 하기만 했던 거 아냐.. 때때로 미치게 불행했지만 너한테 애들한테

는 행복한 척/행복해 자지러질 것처럼 연극한 날 많아‥ 그런 날은 너 잠자는 옆에서 광대놀음 하는 내가 너무 서글프구 불쌍해서 죽 어버리구 싶었던 적두 많아‥

시우 (안으려고)

영애 (밀어내며)모르면 가만 있어‥니가 나를 어떻게 알겠니‥너는 내가 아닌데‥‥너는 내가 아닌데에‥(급기야 울음이 터진다)

시우 (다시 안으려)

영애 (밀어내며)이제부턴 그렇게 안 살 거야. 나 하구 싶은대구 내 맘 움직이는대루 /누구 눈치두 안 보구/너 기분 좋게 해주는 게 내 의 무구 사명인 것처럼‥‥그렇게 안 살아‥억울해서 더는 안해‥안할 거 야‥(하고 나간다)

시우 ‥‥‥(나가는 아내 등 보며)‥‥‥

S# 주방

영애 (들어와서 식탁 아침 먹은 자리 치우기 시작한다/ 자연히 다소 손길 이 거칠다)‥‥‥

시우 (들어서서 보며)‥‥‥

영애 ‥‥‥

시우 전화할게‥

영애 ‥‥‥

시우 (돌아서는데)

영애 잠깐 있어‥

시우 (돌아보고)

S# 거실

영애 (나와서 커피 테이블 아래 바구니에서 잡동사니 있는/티브이 리모

컵/메모지 등 새 자동차 키 꺼내 들고 시우 쪽으로 움직여 내민다)

시우   필요없어..

영애   갖구 나가..새 자동찬데 잘 부탁한다 인사는 해얄 거 아냐....

시우   ....(키 내려다보며)그거...당신 차래...아버님이....(기가 좀 죽었다)

영애   ......(보다가)난 필요없어...

시우   (별수 없이 받아드는데)

영애   (왈칵 안으면서).........

시우   (안고).......

S# 아파트 현관 앞··

[시우와 영애 나온다…]

영애   따라 와...

시우   (말없이 따르고)

영애   저거야... 저 은회색...

시우   (대꾸 없이 자동차로 가서 문 열고 탄다)

영애   ....(서서 보는)

[출발하는 자동차….]

영애   ......

S# 심장 검사 중인 박회장

S# 심장 검사 중인 박회장/

S# 검사실 앞··

정원   (기다리고 있는데)

연우   (급한 걸음으로 나타나면서)언니··

정원   아가씨 오세요?

연우   대체 무슨 일이유··아버지가 왜애··

정원 결과 곧 나오겠죠.

연우 심각한 거래요?

정원 글쎄 그런 거 같진 않은 분위긴데 모르죠 뭐··

연우 이 인간은 얼굴 내밀 일만 있으면 출장이야 부러 그러는 거모양··

정원 또 어디 가셨어요?

연우 베트남에 공장인가 뭔가 만든다잖어요··

정원 바쁘시니 어쩌겠어요··

S# 아이들 학교

[다른 엄마들과 함께 급식 당번 하고 있는 영애…자유롭게 애들 떠들고/먹자 파티에 왔던 은혜 친구들 섞여서 셋쯤 영애에게 음식 받으며 인사하고 영애 일일이 이름 기억해서 답례하는데]

은혜 (식판 들고 다가서며 엄마 본다)

영애 (비운 그릇 놓고 새 음식 옮기며 미처 못봤다가 보고)어머 안녕하세요?

은혜 안녕하세요?

영애 (제가 해놓고도 웃어버린다)····

S# 입원실

박 (간호사 도움으로 침대로 오르면서)죽을 병인가 살병인가 궁금해 왔어?

연우 어우 아버지느은.

박 실망하지 말어. 아직 죽을 때 아니야··

연우 허서방은 어제 베트남 출장 갔어요··

박 그간눔으 자식 누가 궁금한데.

연우 그러니까 아버지 너무우 스트레스 받으면서 그러지 마세요··

578

연세두 생각하셔야지 일 좀 줄이시구 실무자들한테 대충 맡겨요··

시우가 가면 훨씬 나아지겠지만··

박 시끄러 씻나락 까먹지 말구 너나 잘하구 살어·· 허서방 그 자식

아주 내났냐? 누구처럼 에프비아이라두 부쳐 단속해 이눔아··

연우 단속한다구 돼요?

박 바가지두 긁어주구··

연우 뻔뻔스러워 먹히지두 않아요··되려 난린데요.

박 아무리 그래두 여편네한텐 신경이 쓰이는 법이야·· 마냥 놔 멕

이지 말구 당겼다 늦췄다 해··

연우 (햇쭉)엄마처럼요?

박 ?(흘기며)미친 거 내가 뭘 어쩌는데··

연우 으흐흐흐흐.(하는데)

정원 (커피포트에 물 담아들고 들어온다)

연우 은혜엄만 언제 온대요?

정원 글쎄요··이제 오겠죠 아가씨··

연우 여유있네에? 무슨 배짱야. 언니한테만 맡겨놓구··

S# 영애의 거실

영애 (서둘러 들어오며)박준서어···

준서 E 네에에에··

[대답 먼저 하고 나온다··]

영애 점심 먹었어? 햄버거 맛있었어?

준서 (끄덕이며)맛있었어요··엄마두 잘 하셨어요?

영애 아마 잘했을 걸?

준서 그랬을 거에요··엄마는 못하는 게 없으니까··저 숙제해요 얼른

옷갈아 입으세요··(제 방으로 돌아서며)

영애 그래 그럴께··(움직이는데)

준서 (돌아보며)아 쫌 아까 아빠한테서 전화 왔었어요··아빠는 엄마 오늘 학교가시는 거 모르시던데요?

영애 어 얘기할 새가 없었어··뭐라 그러셔?

준서 뭐 또 스트레스 엄청 받으셨나봐요, 전화하시다가 토해야한다 그러시면서 급하게 끊으셨어요··엄마가 해 보세요··

영애 (좀 걸리며)알았어··(준서 들어가고)

S# 침실

영애 (들어와 소지품 놓고 침대에 걸터앉으며 핸드폰 꺼낸다/단축)

　　　E 전화 끈 상태 메시지··

영애 (끊으며)······

S# 병원 휴게실이거나 레스토랑이거나 차 마실 수 있는 곳··

시우 체격은 갸날퍼도 대범한데도 있고 낙천적이면서 긍정적인 사람이에요··웬만한 일에는 화내는 대신 우스개로 넘어가고 먹은 맘도 별로 없는 /특별히 악감정 품은 사람도 없고 /물론 아버지한테는 많이 섭섭한 게 있겠지만 아버지까지도 긍정적으로 생각하러 들던 사람이에요··

정원 알아요 서방님··정말 누구도 흉내못내게 훌륭한 사람이죠···그래서 나 동서 좋아해요··

시우 그런 사람이 최근에 많이 변했어요···전 같으면 별 문제 안될 일에도 화를 만장같이 내고 전혀 아무 것도 아니던 일에도 예민하게 반응하고···아버지 제안도 안 받겠대요

정원 (그냥 찻잔 들어 마신다)····

580

시우 ……(보다가)아무튼…사람이 달라졌어요. 뭔가 분명히 이유가 있을텐데 그걸 모르겠어요··혹시 저 모르는 무슨 일/··아시는 거 있으면 말씀해 주세요··형수님한테 무슨 말 없었어요?

정원 그런 게….뭐가 있겠어요·· (내쫓으려 했던 것이 걸리면서) 저두 아는 게 없어요 서방님··

시우 ……(보다가)그럼 그 사람하구 얘기를 한번 해봐 주세요··왜 그러는 건가··무슨 생각을 하구 있나··

정원 (오버랩의 기분)그동안 누르구 눌러뒀던 게…한계가 돼서 폭발하는 거 아닐까 싶네요··너무 힘들었잖아요··

시우 저두 그렇게두 생각해요. 그렇게 생각하면서도 좀 지나친 거 아닌가…내가 모르는 무슨 일이 있는데 내가 모르는 건 아닌가 그래서요.

정원 ….(보며)

시우 보통 때 그 사람 같으면요 형수님··아버지께서 저렇게 나오시면 ……아마도 한바탕 대성통곡 하구 나서….아버지 이겨먹었다고 낄낄거리며 그냥 깨끗이 받아들였을 거에요··

정원 그건 서방님은 아버지시니까 그래요··

시우 정말 뭐 아시는 거 없어요?

정원 없어요…

시우 ……

정원 얘기는 한번 해 볼께요…

시우 ……네 그래 주세요··

연우 (와서)얘 엄마 오셨어··

　　[두 사람 일어난다…]

[복도를 걸으면서]

연우   어깨가 무겁겠다..주저앉지는 마라..

시우   도와줘..

연우   일찌감치 밑바닥부터 아버지한테서 시작했으면 좋았잖아.. 요즘 정서두 그런데 느닷없이 사주 아들 요직 낙하산/어떻게들 받아들일지 모르겠다..상당한 기간 애 좀 먹을 걸?(정원 한 걸음 뒤에 따라오다 슬그머니 화장실로)

시우   각오하구 있어..(계속 걸으며)

연우   사주 아들 무조건 평가절하 시키려 드는 게 인심이야. 아버지 잘둔 덕에 무녀리 폼잡구 산다 생각하더라.. 허서방 그 케이스 아니니..

시우   출장이라구?

연우   베트남..

S# 입원실

[들어오는 남매..]

시우   오셨어요?

장   (영감 다리 주물러주면서 잠깐 돌아보고) 점심 먹었어?

시우   회사에서요.

장   은혜 에미는 감기라구?

시우   독감이 심하게 들었어요...아버지께 이로울 거 없을 거 같아서 집에 있으랬어요..

장   애는..

연우   글쎄 같이 오는 줄 알았는데 샜나부네?

S# 화장실에서 나오는 정원…입원실 쪽으로 걸어오는데

582

의사 E (영애 진단 내렸던 의사)어이구 안녕하세요..

정원 ??어머 박사님 안녕하세요..

의사 웬일이에요 총장님은 며칠 전에 뵀는데요..

정원 네에 저기 시어른께서 입원하셔서..

의사 아아....

정원 뵀다구 아버지께 말씀드릴께요..

의사 그러세요..

정원 그럼..(목례하는데)

의사 아 참 그런데 그 먼저 같이 검진 예약했던 언닌가 친군가 그분 요즘 상태는 어때요..

정원 ??

의사 아 모르는군요..됐어요..그럼..(하며 움직이려는데)

정원 박사님..

의사 (돌아본다)....

정원 .....(보며)

S# 의사의 방..

의사 (들어오면서)본인이 알리기를 원치 않는데 의사가 발설하는 건 의사 윤리에 저촉될 수 있어요.. 잘못하면 소송 깜이에요..그런 예도 있었구요..

정원 (오버랩의 기분)제 동서에요 선생님..가족이라구요..

의사 환자 동생한테 암이라는 거 알렸다가 소송 당한 의사가 있어요.. 형 병원에 있는 동안 그동생이 아무도 모르게 혼자 형 재산을 가로채기 했대요.

정원 선생님.

의사　본인한테 들으세요‥ 더 이상은 곤란해요‥‥(책상 위 종이 만지며)

정원　‥‥‥(의사 보며)

S# 의사의 방 밖‥‥복도‥‥

정원　‥‥‥(나와서 멈추고)‥‥‥‥(안되겠다/상의 주머니에서 핸드폰 꺼내 찍는다)‥‥‥아가씨‥‥나 잠깐 자리 좀 비워요‥‥어머님께 말씀드려주세요‥‥‥아니 저기 성당 일손돕기 가는 날인데 가서 얼굴만 보이구 금방 올께요‥‥‥

S# 병원 주차장‥‥

정원　(빠른 걸음으로 와서 자동차 리모컨으로 열고)

S# 차 안

정원　(푹 던지듯 들어와 앉아서)‥‥‥‥‥(앞 보며/ 후들거리는 상태)‥‥‥

S# 아파트 놀이터‥‥

준서　(와자지껄 친구들하고 인사불성으로 놀고 있는 중)

　　　[정원의 자동차 들어온다‥]

S# 거실‥‥

영애　(테라스 쪽 햇볕이 화창하게 들고 있는 가운데 쪼그리고 두 다리 모으고 앉아 마치 햇볕을 받는 것처럼 손 오므려 대고 내려다보고 있는)‥‥‥

　　　E 은혜가 치는 피아노 소리 들리고‥‥‥

　　　E 현관 아래층 벨‥‥

　　　[비디오폰에 정원 뜨고]

영애　(움직여 화면 보며)웬일이세요‥‥

정원　F 응 나야 동서‥‥

영애　(문 열어주고 주방으로)

584

S# 주방‥

영애 (찻물 주전자에 냉장고의 생수 꺼내 붓고 불에 올리고 찻잔 준비…티
백 찻잔에 넣고 거실로)

S# 거실

영애 (나와서 편하게 어지러져 있는 쿠션이며 신문들 제자리에/ 챙기고/
은혜 방으로 가 방문 연다)

S# 은혜의 방

영애 (들어와서 은혜 옆에 앉으며)좀 발전한 거 같네?

은혜 (멈추며)아냐아 난 소질이 없나봐‥틀리는데서 자구 틀리니까
신경질나.

영애 신경질까지 날 건 없구 열심히 하다 보면 안틀리구 넘어가 지
는 날 있을 거야‥ 맨 처음 시작했을 때 생각해봐 도미쏠도미쏠 하
다가 지금 얼마나 잘쳐어어어? (과장해서)

은혜 엄마가 피아노 선생님이었음 좋겠다‥박은혜 너는 왜 도대체
늘지를 않니 연습했어 안했어 안했지? 어우 싫증나.

영애 그럼 못써. 안타까와 그러시는 건데‥

은혜 그건 알어.(하고 다시 시작하는데)

영애 근데 큰 엄마 오시는데 인사만 드리구 나가서 노는 게 어떨
까‥얘기하는데 방해되거든‥

은혜 알았어 나는 신나지 뭐‥

　　E 현관 벨‥

영애 오셨다‥(벌떡)

S# 거실

영애 (은혜와 함께 나와)네에‥(하며 문 열고 정원 들어서는데)

은혜 큰엄마 오셨어요?

정원 응 그래..안녕..

영애 놀러 나가는 길이에요..

정원 그래 나가 놀아..

은혜 네에..(뛰어나가고)

영애 (주방으로 움직이며)앉으세요..녹차 준비 중이에요.(주전자 우
     는 소리)어 타이밍 맞춰 끓네...

정원 (주방 쪽 보며).....

S# 주방

영애 (물 따르면서)검사는 마치셨어요?

정원 (들어서며)응 일찍 시작하셨어...협심증이시래..앞으루 관리 잘
     하시라구..아니면 협심증이 심근경색으루 발전할 수 있는 건가봐..

영애 나가서 마셔요...

정원 그냥 여기 앉자..(앉으며)...(눈 내리고)

영애 햇빛이 좋은데...(혼잣소리처럼 하고 찻잔 내며)가을 햇빛이 저렇
     게 저런지 모르구 살았어요..

정원 (본다)

영애 (눈 맞추고)병원에 안 나타난다구 어머님 대신 야단치러 오셨죠..

정원 동서 재검 결과 왜 제대루 얘기 안해...사람이 왜 그래애..

영애 어디서 아셨어요..

정원 병원에서 황박사님 만났어. 상태가 어떠냐 물었다가 모르는 눈
     치니까 더 이상 말씀 안하셔..어디가 어떤 거야..아픈 사람이 왜 이
     러구 있는 거야. 대체 어떤 거길래 입 닫구 이러구 있어. 치료해얄
     거 아냐..

586

영애   (앉는다)……(앉아서)

정원   동서

영애   (오버랩의 기분)치료방법이 없대요 형님…

정원   ……뭐라구?

영애   (쓰게 웃으며)나 굉장한 사람이에요 십만명에 하나 꼴이래요 내 병이…원인도 모르구요 원인 모르니까 치료약 아직 없고 그냥 사는 날까지 살다 죽는 거래요··

정원   (울음 터뜨리며)동서어··

영애   (울먹여지면서)말해서 뭐하겠어요··말해서··얻을 게…일원어치 두 없는데에…·말해 버리면 그 순간부터 나는 죽을 사람인데 우리 애들하구 그이하구 끝나는 날까지 다같이 날마다 붙잡구 울구불구 …그거 밖에 할 일이 뭐가 있어요…

정원   그렇지만 다같이 알구 같이 뭔가 방법을 찾아봐야지··다른 나 라엔 혹시 살길 있나 개발 중인 약이라두 있나 할 수 있는 방법은 다 동원해 봐야지 이렇게 혼자만 묻어두구 있음 어떡해애··

영애   (고개 꺾고)물어봤어요··없다는데 어떡해요오··

정원   그래서 포기부터 해버렸어? 동서 목숨 그렇게 가치없어? 애 들하구 서방님한테 어떤 사람인데/··하나님 부처님한테 매달려서 라두 살수 있으면 살아야지 초연할 일이 따루 있어 동서.

영애   (앙 울음 터뜨리며)남편 자식 두구 죽는 사람이 어떻게 초연해 요 형님··그런 거 아니에요··(하는데 기침 터진다)……

정원   ??

영애   (기침 진정시키고)그런 게 아니에요오

정원   (입 꽉 다물고 울며 일어나 영애 품어 안는다)····

[두 여자 안고⋯⋯우는⋯⋯]

S# 양로원··

[음식상 한 옆으로 밀쳐 놓고 노랫가락에 맞춰 노인들 춤판이 벌어져 있다.]

[한옆으로 밀쳐진 음식상에 먹는 노인도 너댓 있고 그 시중은 소정과 정호가 들고 있는데]

[엄마와 이모도 노인들과 함께 어우러져 춤추는데⋯한동안 춤 계속하다가⋯]

노인   (엄마와 손 마주 잡고 춤추는/소리소리 지르는)저 여편네 소리 잘 하네에에./

엄마   여편네가 뭐여 아주머니이··(마주 소리 지르는)핵교 선생이구먼··

이모   (딴 사람과 손잡고 덩싯거리며 고개 빼고)우리 시장 건어물 집 딸이에요 아주머니이이··

노인   메느리가 아주 참하네에에··

엄마   참하다마다요··배우같이 이쁘지요오오?

노인   으으웅 아주 똑 따먹게 이뻐어어··

이모   아하하하하 소정아아. (소정 돌아보는데)

이모   너 똑 따먹게 이쁘시단다아아··

소정   (웃으며)네에에··(해놓고는 정호에게)따먹기는 내가 대추야 밤이야··

정호   벌써 제가 다 먹었어요오오··(소리 지르지는 말고 소정 귀에 대고)

소정   (때리며 흘기며 웃는)

이모   (느닷없이 소리 따라 하는데 엉뚱한 소리가 나고)

엄마   (어이그 하는 얼굴로 이모 발 걸고)

이모   (미끄러지면서)아하하하하하하

S# 영애의 거실

[두 여자 가만히·······정원은 영애 지켜보면서······한동안 있다가]

정원   동서가 안 하면 내가 할 수 밖에 없어··

영애   (안 보는 채)할께요··

정원   ·····언제··

영애   회사 옮기구····일 좀 익숙해지는 눈치면요··

정원   동서··

영애   지금은 말 못해요···그이 데려가는 거 (쓴웃음)아버님 오랜 숙원 이셨는데····그거 망치구 오백 년에서 ····천년 재수 없는 년 될 수 없 잖아요···

정원   ····(보며)

영애   가능한 일이라면 마지막까지 아무두 모르게 하다가 가구 싶었 어요···연우랑 아버님한테 이렇게 꺾여 주저앉는 거····정말 너무나 자존심이 상해요··

정원   일 익숙해질 때까지 기다릴 새는 없어·· 회사 옮기구 며칠 있다가 얘기해···

영애   ····

정원   그때까지는 나두 입 다물구 있을게···

영애   (한숨같은 호흡 섞어)알았어요··

정원   ·······(이윽히 보다가)나두 알아볼만큼 알아볼게·· 분명히 길 있 을 거야 희망 놓지 말어··

영애   ·····

정원   응?//

영애   (끄덕이며)틈틈이 부정하구 사이사이 반항하구…그래요…그런데…틀린 거 같아요…

정원   안돼 그러지 마……그러지 마 응?

영애   (그냥 입술 깨물고)….

S#   성당에 무릎 세워 꿇고 앉아 간절하게 기도하고 있는 정원/ 어느 순간에 눈물이 툭툭툭 떨어진다

S#   거실

영애   (소파에 지쳐서 누워 한 손 이마에 올리고 있는)……(눈 감고)…..

      E 전화벨…

영애   (몸 무겁게 일으켜 받는다.)…네에..

연우   F 너 독감이라면서..병원에 안 올려구 쇼하는 거니 진짜 아픈 거니.

영애   (나직이)너 언제쯤 그 유치한 껍질 벗어버릴래.

연우   F 뭐?

영애   우리 이제 그만하자..진짜 싫증난다..

연우   F 얘 너 얼마 전부터 아주 내놓고 얘 재하는데

S#   운전 중인 연우/

연우   너 진짜 시누이가 어떤 건지 맛 좀 한번 볼래?

영애   F 니 맛 볼만큼 봤어..시고 떫고 쓰고 비려. 더 이상 보구 싶지 않아..

연우   ???(너무 기막히다가 그만 낄낄 웃어버리며)야 하영애..그거 우리 허서방한테 써먹으면 딱이겠다..뭐라구? 시구 떫고 또 뭐지? 어 쓰구 비리다..기차다.. 그런데 영애야..우리 그만하자 응? 너랑 나랑 으르렁거릴 거 뭐 있니..너 올 아버지한테 사면 받어서 나두 개운

해..야 실세 와이프 잘 부탁한다. 몸조리 잘해....끊어어.(끊는다)

S# 거실

영애 (수화기 놓고 다시 쓰러지려는데)

　　E 다시 울리는 전화벨…

영애 (받는다)네 여보세요……어 자구 있었어…애들 밖에서 놀아……
　　들었어…아니 안 아파…

S# 시우 사무실

시우 (서서 사물 박스에 담으며)처지지 마 여보.. 당신 아버지한테 안
　　갈 거 같아서 독감 걸려서 아프다구 방어선 처났으니까 그런 줄 알
　　어..나 착한 남편 아니니?....응…어 오늘두 송별회 있대….몰라아
　　같이 일할 땐 별로 좋아하는 거 같지도 않더만 갑자기 인기있네?
　　…엉…응…여보 기운 좀 내..미안해 다 내 잘못이야 내가 죽일 놈이
　　야 응?..

S# 영애 거실

영애 됐어. 끊구 일 해….(전화 끊으며 숨 반토막 들이쉬어 내뿜고 가만
　　히 있는 화면이 하얗게 바래지고)……

S# 임원 회의실

　　[한 이십 명 정도..재우도 물론 끼어 앉아 있고/]

　　[박회장 눈 지그시 감고 기대어 있고. 화면 시작과 함께..]

총무부장 오늘 날짜로 우리 청윤건설 기획실장으로 업무 전반을 총
　　괄하실 박시우 실장님을 소개합니다.. 박실장님은 아시다시피

박 생략해..(나직이)

총부 ??(잘 못듣고)

재우 생략하라세요..

총부   아 예…박수로 환영해 주십시오..

　　[모두 박수하고]

시우   (인사하고)박시웁니다..아직 경험도 일천하고 검증된 능력도 없습니다만 여러분들의 회사에 대한 충정을 기본으로 우리 청윤을 건실한 기업으로서의 자부심을 느낄 수 있는 회사를 만드는데 일조하고 싶습니다.. 사심없는 협력과 지도편달 부탁드립니다.. (꿈벅)

　　[모두 박수 치는데]

박   (일어나며)불만 있는 사람 사표쓰구 나가.. [모두 다 일어났고 재우 아버지 부축하며 따라 나간다..]

시우   ….(보며)

S# 시우의 사무실

　　[인사 교환 중…]

총부   자금부 이홍설 부장입니다..

시우   (악수하며)반갑습니다..

총부   개발기획부 김 종권부장입니다..

시우   잘 부탁합니다..

총부   홍보마케팅부 최상부장입니다..

시우   부탁합니다..

S# 같은 사무실/

총부   (현장 소장들/작업복 차림들)분당 호프타워 원을 담당했던 현장 소장입니다..현재 호프타워 투에 주력하고 있습니다..

시우   박시웁니다..

남자   박상운입니다..

592

총부   성석동 스타 팰리스 현장소장입니다.

시우   안녕하세요..

남자   이 봉원입니다.. 잘 부탁드립니다..

시우   저야말로 잘 부탁드립니다.

총부   안산 역사 현장 소장입니다..

남자   (시우보다 위로 보이는/먼저 손 내밀며)송종국입니다..기대가 큽
니다..

시우   (손잡으며)열심히 해보겠습니다..

S# 총무부장의 브리핑

총부   현재, 안산 역사와 레이크 텔은 완공되었고, 100% 분양으로
잘 진행되었습니다.

재우   너 아는지 모르지만 오피스텔은 다른 오피스텔과 개념이 달라
..복층 설계야..너 그 인 허가에 회장님이 얼마나 총력을 다하셨는
데..물론, 절대적으로 합법적인 것야.. 아무도 생각 못하는 걸 생각
해 내신 탁월하신 발상/정말 기가 막히시다.. 폭발적인 인기였잖
냐.. 안 그래요 안부장?

총부   네..게다가 공용면적 일부를 회사부담으로 하고, 실평수를 세
평씩 추가해서 실제 같은 평형이래도 실평이 세평 더 넓게 분양되
었기 때문에 불경기에도 백퍼센트 분양 완료 됐습니다./

S# 라페스 매장 돌면서

총부   이 모올은 회장님께서 근 이년 동안 산타모니카 하라주쿠 비롯
해서 거의 지구를 두 바퀴나 도신 뒤 컨셉을 정하셨죠.. 회장님께서
어느 일보다 애착을 가지시고 추진하신 사업이 바로 이 라페스입
니다..

E 시우 핸드폰 운다..

시우 잠깐요..(전화 꺼내 보고)어 나야..

S# 어느 백화점 스파게티 전문식당

지나 (승조 앞에서 스파게티 먹고 있고)승진 축하해..오늘 첫출근이지.
승조랑 내 화분 받았니?어 우리 지금 점심 먹어..너한테 가 같이 먹
을까 했는데 승조가 바쁜 애 괴롭히지 말라구 뜯어말려서/뭐? 너
진짜 꼭 그렇게 말해야겠니?

승조 뭐라는데

지나 니가 진정한 친구랜다..

승조 (엄지 손가락 들어 보이고)

지나 애 근데 우리 한번 뭉쳐야지 그냥 지날 순 없지? 언제루 잡을까..
그래 그 당분간 정신없을 건 알어.. 당분간 봐 줄테니까 언제루 하
나구.. 김새네.. 알았어 승조 안 바꿔두 되지? 알았어.(끊으면서)건
드리지 말랜다..

승조 내 뭐랬어..

지나 잘 해내겠지?

승조 그러엄. 너 개 일하는 현장에 안 가봤지..애가 바람머리에 날라
리같아두 일하는 거보면 멋져.. 전혀 나대지두 않으면서 짚을 거 정
확하게 짚구 인간적이구..현장 사람들이 시우 어떻게 대하는지 보
면 대충 점수 나오거든.. 서로 농담 주고 받으면서 할 말 다하구 들
을 말 잘 듣구/시우가 적재적소에 싱거운 소리 잘하잖아..

지나 애가 친화력은 있지..

승조 너 안됐다.. 시우보기 만만치 않을 걸?

지나 괜찮아... 꼭 봐야 맛인가? 못 보구 그리워하는 거두 나름대루

594

달콤하니까..

승조   (보는데)

지나   E 못보구 살아본 적 없어야지 머..

지나   그거두 지낼만해..더구나 언제라두 목소린 들을 수 있잖아..

승조   어기짱 놓지 말구 이제 그만 시우 놔 버려...

지나   (손 쥐었다 펴면서)이렇게?

승조   그래..

지나   안 노면 어쩔건데..

승조   너만 골병들잖아 바보야..

지나   시우 이제부터 니 일거리 좀 만들어 주겠지?

승조   너 그거 개인적인 친분 만으루 안되는 일이야.. 자연스럽게 엮
어지면 모를까..부담주는 친군 되기 싫어.

지나   사랑하는 홍승조..

승조   ...(보고)왜...

지나   니 머리 춰보여..

승조   하하하하 아하하하하

S# 유정의 발레 학원··

[한창 수업 중인 유정과 꼬맹이들···]

영애   (두 아이와 함께 꼬맹이들 발레 가르치고 있는 것 구경하고 있는데)

준서   ·····(흥미진진 보고 있다가 느닷없이 엄마 손 놓고 떨어지며 발레 동
작 따라서 흉내낸다)···

영애   (웃으며 한동안 보다가 아이 잡아끌면서 그러면 방해된다는 시늉)····

준서   (그래도 하고 싶어 죽겠다/빠져나가려 하고 영애는 잡고/ 은혜는 엄
마 도와주려 준서 같이 잡아 주고)

S# 발레학원 앞··

영애 (아이들 데리고 나오면서)남 공부하는데 그런 법이 어딨어 그냥
　　가만히 서서 점잖게 구경만 해야지 방해되잖아··

준서 엄마 나두 발레할래요··

은혜 어이구 애 관둬라관둬··

준서 왜 왜 관둬?

은혜 너 안돼··

준서 왜 안돼··

은혜 키가 작아서 안돼.

준서 크면 될 거 아냐··

은혜 언제 클 건데··

준서 지금 크구 있어··

영애 됐어 다툴 거 없어…클 때 되면 어련히 클까봐··아빠 닮아서 많
　　이 클 거야··멋있게 클 거야.

은혜 아빨 안 닮았으니까 걱정이지··

영애 은혜 그만해··(하는데)

소모 이게 누구세요오?

영애 (멈추며)어머··안녕하세요··

소모 안녕하셨어요·· 친정에 오시는 길··(했다가)오시는 길인가 다
　　녀가시는 길인가··

영애 이제 오는 길이에요···애들이 저번에 작은 따님 학원에 들렸었
　　다구 구경가재서 잠깐··

소모 어어 그러셨구나··그래 구경 잘했니?

둘 네에··

596

영애 (두 아이 손 잠깐 흔들며) 왜 인사 안드려. 인사 먼저 드려야지‥

두 아이 안녕하세요‥

소모 오호호호 그래 아줌마 누군지 알아보겠어?

준서 아줌마 아니구 할머니시잖아요 엄마‥

영애 준서야‥

S# 근처 케이크집…

소모 아이구 황당하기 이루 말할 수 없었죠오‥ 원 신혼여행에서 파토나는 집안 얘기 말루만 들었지 어디 내일일 수도 있단 생각 해본 적 있나요‥

영애 네에‥

소모 자식 너무 비위 받아주면서 오냐오냐 니가 제일이다 키우는 게 아닌 거 아주 절감을 해요‥그게 첫 자식이구…내가 공부하느라 그게 백일 되기 전부터 다섯 살 때까지 친정어머니한테 맡겨뒀었어요…친정부모님하구 동생들이 그냥 있는대로 소정이소정이 그래놔서…애써 키워주신 부모님껜 송구하지만 애 버려논 거 같아요‥

영애 (긍정 못 하겠지만) 네에‥‥

소모 그래도 요즘 잘 지내요‥

영애 모쪼록 그래야죠‥어른들 걱정끼치지 말구‥

소모 유서방두 쉽지는 않아요‥아시겠지만‥

영애 네에‥

소모 에이구우 모르죠오‥어쨌거나 즈들 좋아 한 결혼이니 뭔가 둘이 맞는 게 있겠죠‥

영애 (그냥 웃으며 음료수잔 든다)

[두 아이는 아이스크림 먹고 있고‥]

　　E 영애 핸드폰 울린다‥

영애　?‥죄송해요 잠깐‥(조금 돌아앉으며)나에요‥애들하구 엄마
한테 좀 들르려구‥아니 지금 가는 길이에요. 당신 어때요‥

S# 시우 사무실

[산같이 쌓여 있는 서류 꼭지들 대충 한 권씩 옆으로 빼며 제목만 살피
는 중이다]

시우　그렇지 뭐‥괜히 왔나봐. 이건 완전히 일거리에 압사당하겠어‥
수명 단축될까 겁난다. 당신 과부 만들면 안되는데…애들은‥전화
안받든데‥어 데리구 나왔구나‥그럼 됐어‥‥응‥저기 근데 여보/당
신 여기 구경 한번 안 올래? 당신 남편 사무실두 좀 보구…아버지
가 사무실 아주 괜찮게 만들어 노셨네‥보여주구 싶어‥

S# 케이크집‥

영애　나중에…나중에 보지 뭐…응…네‥그럼…늦을 거 각오하구 있
어‥요…알았어요…(하고 끊는데)

준서　엄마왜 아빠한테 이랬어요 저랬어요 해요?

은혜　그거두 몰라?

준서　왜 그러는 건데?

은혜　할머니 계시니까 그렇지 바보야‥

두 여자　(웃어버리고)

준서　엄마 누나 말 맞어요?

영애　그래 맞어‥

소모　애들 앞에선 거짓말을 못해 호호호호

S# 떡볶이집‥(약간 느슨한 손님)

598

[두 아이 뛰어들며]

두 아이   할머니이이이..

이모   (김밥 말다)아이구구구구 웬일야 평일에..

영애   그냥 오구 싶어서요..

준서   우리 할머니는 안 계세요?

이모   이녀석아 나는 남에 할머니야?

영애   (오버랩의 기분)엄마 안계세요?

이모   니 엄마 양로원 잔치하구 병나셨다..

영애   ??

이모   E (연결)들어가 봐. 꾸웅꿍 감기 몸살이 호되게 걸렸어..

S# 엄마의 방

엄마   (앓는 소리 내며 물 마시고 있는데)

    E 바깥의 기척 소리..

엄마   (돌아보는데)

영애   (들어선다)

엄마   ?? 왜 왔어.. 애들은 어떡하구..다 저녁때..

영애   (앉으며)대강 좀 하구 살라니까 말 안듣구 아프면 엄마만 손해지 아유 참..

엄마   (휴지 뽑아 코 풀면서)내코 떨어져 나가구 말지 이거..아이구우우..(하며 딸 보고 울듯한 딸)아 걱정할 거 없어..춤을 너머 춰서 몸살났어 몸살난 김에 감기 들어온 거구..

영애   무슨 춤?

엄마   (웃으며)얘 이번에는 소리하는 선생이 하나 같이 갔어..건어물 집 딸이 소리하는 선생이잖어..저번에 뱅아포 사러 갔는데 마침 딸

이 왔있더라? 그래 지나가는 말로 언제언제 양로원 노인잔치 있는
데 소리 한번 해주면 노인들 조오아 할텐데 그랬더니 글쎄 선뜻 나
서잖아. 하자구…그래서 같이 갔지‥어얼마나 좋아들 하는지‥내내
내 덩실덩실 춤췄지‥자알 놀았지 뭐‥

영애 그러구 병 나 누웠죠‥

엄마 낄낄낄 그거두 된일이더라‥삭신이 그냥 안 쑤시는데 없이 쑤
시구 아이구 간만에 혼나네‥호호호호

영애 독감 예방 주사는 맞었어요?

엄마 어어 이제 맞을려구 해애‥

영애 애는 뭐하는 거야 그런 거두 미리 안 챙기구‥(하는데)

소정 E 저 왔어요 어머니‥

엄마 오오냐‥들어와라‥암마 말어‥

소정 (들어서며)오셨어요? 애들 봤어요‥(배식 웃으며)

영애 그래‥

소정 (약봉지 내놓으면서)식후 삼십분에 드세요‥오렌지주스 가게
냉장고에 잔뜩 갖다 넣었으니까 계속 잡수시구 꼬리두 하나 엄마
가 사주셔서 갖구 왔어요‥감기에는 잘 드셔야 한다구요‥

엄마 아이구 고마워서 어쩌니‥

영애 그런데 올케‥

소정 (본다)‥

엄마 애

영애 (상관없다)정호한테 전해‥어떻게 독감예방 주사두 못 챙기냐
구 /딴 일하는 사람두 아니구 직업이 약사면서 도대체 무슨 생각을
하구 사는 앤지 모르겠다 그러더라구 꼭 전해‥

엄마 아서 하지 마··

영애 꼭 전해.

엄마 아 안 그래두 맞자아 맞자 그러는 걸 내가 차일피일 했어··

영애 거짓말 좀 하지 마세요··작년에두 재 작년에두 내가 챙겼잖아
        요 하기는 뭘해··

엄마 아 왜 그래애··

영애 이제 결혼두 했구 철들 때 되구두 남았어··내가 많이 화내더라
        구 해··

소정 형님 그거 저 들으라구 하시는 거죠··

영애 ??

소정 (웃으며)그렇게 들려요··

영애 그렇게 들렸어두 전혀 틀린 건 아냐···남자는 무심해서 일일이
        못 챙길 수 있어 타고난 효자 아니면··정호는 아무래도 타고난 효
        자는 아닌 거 갖구··(하다가 기침)···

엄마 ??? 너두 감기구나··

영애 아니에요··올케가 대신이라두 좀 신경 써 주면 좋겠어··

소정 네···감기 떨어지면 제가 맞춰줄께요··

영애 ?올케··

소정 ??

영애 학교 어디 외국서 다녔어? 어떻게 말법을 그렇게 몰라··경어 쓰
        는 거 제대루 안돼?

엄마 은혜야··

영애 가르칠 건 제대로 가르쳐요 엄마··맞춰드릴께요 그러는 거야··
        어머니를 보면 막 키우진 않으신 거 같은데 어떻게 말이 그렇게 이

쁘질 않니··

소정 (뿌우우우)

영애 ·····(보다가) 화내서 미안해 올케···엄마때매 속이 상해서 그래·· 이해 해 응?

소정 네에····

영애 아우 정말 우리 엄말 어떡하면 좋으니이이··

엄마 (좀 골났다)어떡하면 좋기는 느이 엄마가 뭐가 어째서··아직 어리구 차차 배우면 되는 눔으 걸 갖구 뭘 그렇게 정색을 하구 나무래·· 애 무안시럽게··

영애 ??

엄마 E 너 출가외인이야··지나치게 간섭하러 들지 말어··내가 알어서 해··시누 노릇한다 소리 듣기 십상이지···손아래두 아니구 손위가

엄마 그저 모자라두 몰라구 어여뿌구 귀엽게 봐주면서 그래야지 쯧 내 며느리한테 뭐라 그러지 말어·· 나 싫어··

영애 ·····(보는데/ 약간은 기막히지만 왜 그러는지 안다)

소정 (어머니에게 무릎걸음으로 다가들며)어머니이이이···

엄마 오냐 다 너 잘되라구 하는 소리니까 고깝게 듣지 말어·· 저 사람이 선생 출신이라 그래···틀린 꼴을 너머 못봐·· 그게 험이야··

영애 ??? (했다가 픽 웃어버린다)

S# 아파트 전경(밤)

S# 거실···

영애 (혼자 다림질하고 있다)······(하다가 잠시 손 멈추고 숨 들이마셨다가 내쉬는/ 조금씩 답답해오고 있는)·······(머엉하니····)

　　E 전화벨···

영애 ....(잠깐 못 듣다가 옆에 갔다 놓은 무선 집어 들어 받는다)네에··

장 F 내다...애비 들어왔냐?

영애 아직 안 들어왔어요.

장 F 감기는 좀 어떤 거야··

영애 ....어지간 해요··

S# 장여사의 거실

정원 (차 내며 눈치 보는데)

장 그래 그럼 너 회장님 언제 찾아 뵐거야······병원에 나흘 계시다 어제 퇴원하셨어··병원으루 못 와 뵀으면 집으루 와서 뵈야지 얼른······전화 끊었니?······못됐다··애들 애비 들어왔구 이사까지 하라구 하신 마당에 이러는 거 아니잖어·····죄송합니다가 무슨 뜻이야···오겠다는 거야 안 오겠다는 거야·····그 말 한번 듣기 어렵구나··오전에 잠깐 나가 일 보시구 들어오시니까 그렇게 알구···

S# 영애의 거실

영애 네····네····(전화 끊고 후루루 한숨 내쉬며 다시 기침)······

S# 사무실

시우 (서류에 묻혀서 골똘하게)······

S# 영애의 거실··

S# 침실···

영애 (옆으로 누워서 새우잠)······

시우 (들어온다/살그머니)·········(옷 벗어 아무렇게나 허물처럼 버려두고 침대로 들어가는데)

영애 몇시야····

시우 두시 좀 넘었을 거야···

영애   ……

시우   깨워서 미안해…

영애   ……

시우   (눕다가)왜 술 냄새가 나냐…

영애   소주 한잔 마셨어….

시우   …..별일이다….왜…

영애   다 잊어버리구…잠 잘려구…..

시우   (보다가 아내 어깨에 손 대면서)……….

F.O

S# 박회장 집 대문 앞··

    [영애의 딸딸이 세워져 있고…]

S# 정원 중간쯤/……천천히 올라오고 있는 영애…..

〈2권에서 계속〉